社区矫正个案技术

主　编：张　婕　唐锦江
副主编：高　俊　王东萌　赵向兵
参　编：罗鸣春　陈　柳　宋玉婷　赵　丽
　　　　赵洪金　潘志敏　倪正鹏　舒　姝

北京理工大学出版社
BEIJING INSTITUTE OF TECHNOLOGY PRESS

版权专有 侵权必究

图书在版编目（CIP）数据

社区矫正个案技术 / 张婕，唐锦江主编. --北京：北京理工大学出版社，2024.11.
ISBN 978-7-5763-4261-1

Ⅰ. D926.7

中国国家版本馆 CIP 数据核字第 20246RE438 号

责任编辑：王晓莉　　**文案编辑**：王晓莉
责任校对：周瑞红　　**责任印制**：施胜娟

出版发行 / 北京理工大学出版社有限责任公司
社　　址 / 北京市丰台区四合庄路 6 号
邮　　编 / 100070
电　　话 / （010）68914026（教材售后服务热线）
　　　　　（010）63726648（课件资源服务热线）
网　　址 / http：//www.bitpress.com.cn

版 印 次 / 2024 年 11 月第 1 版第 1 次印刷
印　　刷 / 涿州市新华印刷有限公司
开　　本 / 787 mm×1092 mm　1/16
印　　张 / 18.5
字　　数 / 425 千字
定　　价 / 92.00 元

图书出现印装质量问题，请拨打售后服务热线，负责调换

社区矫正学丛书编委会

主　任 李　辉

副主任 马永清　佴　澎　王　峻　余蕊娅　周建军　于　涛

编　委 李林声　黄金泉　张　婕　唐锦江　李红武　杨丰合

　　　　　张姣妹　刘俊辉　虎贵华

总 序

社区矫正是人道主义原则、社会防卫思想及犯罪人治理的事业。党和政府高度重视社区矫正事业，并以时不我待的精神与科学谨慎的态度积极、稳妥地推进社区矫正制度的建构和完善。2013年11月，中国共产党第十八届中央委员会第三次全体会议通过的《中共中央关于全面深化改革若干重大问题的决定》明确提出要"健全社区矫正制度"。2014年4月21日，习近平总书记在听取司法部工作汇报时明确指出，社区矫正已在试点的基础上全面推开，新情况新问题会不断出现。要持续跟踪完善社区矫正制度，加快推进立法，理顺工作体制机制，加强矫正机构和队伍建设，切实提高社区矫正工作水平。习近平总书记的重要指示，充分肯定了社区矫正工作取得的成绩，对社区矫正工作的目标、任务、措施等作了全面论述，提出了明确要求，为进一步做好社区矫正工作、完善社区矫正制度指明了方向。根据习近平总书记的重要指示，最高人民法院、最高人民检察院、公安部、司法部（以下简称"两高两部"）2014年8月颁行的《关于全面推进社区矫正工作的意见》正式、全面地推行社区矫正制度。2019年，《中华人民共和国社区矫正法》颁布；2020年，《中华人民共和国社区矫正法实施办法》颁行。至此，中国特色的社区矫正制度正式形成。

从社区矫正制度的渊源、社会防卫的思想与犯罪人治理的目的出发，社区矫正兼具社区刑罚、刑罚执行的性质。从我国的情况来看，社区矫正还处在非监禁刑罚执行制度的层面，是宽严相济刑事政策在刑罚执行方面的体现，较好地体现了社会主义法治教育人、改造人的优越性。但从动态发展的层面看，社区矫正制度势必包含社区刑罚的内容，具有更为丰富的内涵和更加深远的旨义。其中，作为社区刑罚的社会矫正制度将在社会防卫思想的指引下，进一步依法扩大社会权力的作用，推动犯罪人治理体系和治理能力的现代化。考虑到社会支持的根本作用及其动员、参与方式，尽管西方国家的社区矫正及其帮困扶助工作终归是资产阶级利益的体现，不是为了广大人民群众的根本利益，但其也从社会防卫的需要出发广泛动员社会力量参与犯罪人的治理及其帮困扶助工作。就此而言，西方主要国家的社区矫正制度也有一定的借鉴意义。

社区矫正学是专门研究社区矫正行为、现象及其规律的学科或科学。尽管社区矫正学的专门研究蓄势待发，犹如春前之草，但积土成山，绝非斯须之作。卢建平的《刑事政策与刑法》（中国人民公安大学出版社），吴宗宪的《社区矫正导论》（中国人民大学出版社），王顺安的《社区矫正研究》（山东人民出版社），翟中东的《中国社区矫正制度的建构与立法问题》（中国人民大学出版社），周建军的《刑事政治导论》（人民出版社），郭建安、郑霞泽主编的《社区矫正通论》（法律出版社），王平编写的《社区矫正制度研究》（中国政法大学出版社）等作品较早奠定了社区矫正思想和制度的基础，对社区矫正学的正式产生具有重要的支撑作用。对此，我谨代表丛书的全部作者致以诚挚的感谢！然而，社区矫正学不是一门自洽、自足的科学。从根本上说，社区矫正学是深嵌于现代社会的，以犯罪人治理为根本的知识体系。随着社会的动态发展与犯罪人处遇的不断改善，社区矫正的理念、目的、方法和要求都将不断调整、变化。唯其如此，方能称之为学科或学问。

在中国特色社会主义进入新时代，中国社会迈入全面建设社会主义现代化国家的历史条件下，国家治理体系与治理能力的现代化建设对社会防卫与犯罪人治理的系统化、精细化提出了更高的要求。从最近的全国政法队伍教育整顿来看，社区矫正的实际执行还存在理念、目的、社会力量参与、社会工作方法应用等方面的不足。为此，我们系统编写了包含《社区矫正学》《社区矫正原理与实务》《社区矫正社会工作》《社区矫正心理工作》《社区矫正个案矫正》《社区矫正文书写作》共6部作品的"社区矫正学丛书"，以满足社会行刑及犯罪人治理工作的需要。总的来说，"社区矫正学丛书"的编写既是深耕细作社会矫正学科体系的斗升之水，也是社会行刑工作的咫尺跬步，社会防卫思想及其犯罪人治理的事业亟待更多、更好的作品。

《社区矫正学丛书》由云南司法警官职业学院牵头，云南师范大学、云南民族大学、云南警官学院等省内外高校的专家学者参与，历经两年完成。编写组克服了立法调整、人员变动的困难，并以迄今最新的社区矫正法律制度体系为基础，完成了《社区矫正学》的写作任务。初稿形成后，又报请云南省司法厅审核，云南省司法厅高度重视本丛书的审稿工作，抽调来自院校、厅局相关业务处理室、州市县司法局的业务骨干，系统全面地进行了审定，并提出了修改意见。在此，我们要一并感谢为本丛书的编写与出版给予关心支持的云南省司法厅及相关高校。向本书的作者们致以崇高的敬意！

编　者

序 言

社区矫正是刑事执行领域的重要实践，也是深入推进全面依法治国的具体落实。社会力量参与其中既是社区矫正的必然要求，也是构建社会治理共同体的实质回应。社区矫正制度的推行不仅体现了刑罚执行的人道主义精神和社会化趋势，而且是国家治理体系和治理能力现代化的必要组成部分。社区矫正工作亟待专业化、社会化和科学化。

社区矫正是基层社会治理现代化建设的重要内容，规范社区矫正工作具有现实意义。从既往的研究和实践看，许多研究者和实践者将社区矫正视为一种单一的刑罚执行过程，而忽略了社区矫正需要帮助社区矫正对象解决犯因性问题和适应性问题的事实，忽略了社区矫正需要帮助社区矫正对象恢复社会功能的必要性。社区矫正理念应聚焦精准矫治，突破其高质量发展的瓶颈，尤其是需要打破社区矫正工作局限于"管住人、不出事"的观念，破解社区矫正工作忽视对社区矫正对象帮助和教育的困境。矫正社会工作在社区矫正中的应用具有迫切性、重要性、必要性和可行性。

矫正社会工作是为社区矫正对象提供的专业化服务，旨在矫治其犯因性问题和适应性问题，以促进社区矫正对象适应社会生活。社会工作者的介入避免了社区矫正管理工作者的双重身份问题，提升了社区矫正工作的专业性。社会工作的"人在情境中"的理念和社区矫正的行刑理念具有高度的一致性。社会工作的"优势视角"和"中立态度"有助于挖掘社区矫正对象的潜能和资源，有利于促进社区矫正对象恢复身心健康，回归家庭和社会。社会工作的理论流派和具体技术为矫治社区矫正对象的犯罪心理和行为恶习提供了有力工具，帮助其解决心理问题、突破现实困境，促进其再社会化的完成。矫正社会工作顺应了政府社会治理现代化要求，有助于社会工作全面深入地参与社会治理，体现了专业发展的时代特征。

社区矫正专业旨在培养具有坚定的政治信仰，德法兼修，忠于宪法和法律，具有法学、教育学、心理学、管理学和社会工作等专业知识和专业技能，能够从事社区矫正、监狱矫正、基层司法行政等工作的复合型、应用型高级专门人才。《社区矫正个案技术》作为社区矫正专业核心课程教材，对于社区矫正专业人才培养具有重要意义。在众多聚焦于理论阐述的教材中，《社区矫正个案技术》以其技术性、务实性和专业性脱颖而出，填补了我国社区矫正个案矫正技术教材的空白，为社区矫正的实践者提供了宝贵的指导和参考。技术是人类为实现社会需要和社会发展而不断创造和更新的手段、方法和技能的总和。技术的发展离不开科学理论的指导，同时又推动科学理论的更新。《社区矫正个案技术》立足实践，呈现了社区矫正个案矫正的工作内容、工作流程和工作方法，科学回应了社区矫正个案矫正工作"做什么"和"怎么做"的问题。《社区矫正个案技术》作为注重实务的专业教材，对于培养社区矫正专业人才，提升社区矫正工作的专业性和实效性具有重要价值。

《社区矫正个案技术》一书介绍了社区矫正和社区矫正个案矫正的基础知识，描述了社区矫正个案矫正的条件、模型和报告；更加难能可贵的是，结合案例详尽介绍了社区矫正个案矫正建立关系技术、资料收集技术、个案概念化技术、个案矫正干预技术。该教材呈现的个案矫正技术环环相扣、层层推进，为广大读者提供了专业规范、切实可行的方法、手段和技能。尤其是个案概念化技术的深入描述将专家视角、理论依据和实践内容紧密衔接，体现了行业发展和专业实践的前沿，展现了学术的进步和教材的先进性，有效支撑着社区矫正个案矫正工作的精准性和有效性。该教材阐述了大量的矫正案例和丰富的技术训练方法，反映了编委人员的理论视野、实务经验和教学理念，有利于广大读者在案例中学习、在实践中学习、在情境中学习。

《社区矫正个案技术》的核心内容揭示了矫正社会工作预防、康复和发展三大社会功能的机制和过程。该教材呈现了社会工作融入心理学、社会学等学科后所形成的个案技术，尤其突出了对心理咨询技术的借鉴和融通；且相关技术在社区矫正实践中的运用已经取得显著效果。该教材呼应了新时期高素质司法行政人才和矫正社会工作人才培养的需要，为社区矫正行业工作者提供了宝贵资源，充分体现了教材的前沿性、实用性和科学性。通过对该教材的学习，广大读者能有效提升社区矫正个案矫正专业技能。我相信社区矫正将在未来社会治理中发挥更加重要的作用，为实现社会和谐稳定与可持续发展贡献更大的力量。

郭永玉
2024 年 9 月于南京

前 言

我国的社区矫正工作经历两个阶段的试点后，2009年在全国试行。2012年制定《社区矫正实施办法》；2014年出台《关于全面推进社区矫正工作的意见》；2019年出台《中华人民共和国社区矫正法》。社区矫正贯彻党的宽严相济的刑事政策，有利于推进国家治理体系建设，是在社区的开放环境下矫正符合条件的违法犯罪人员的一种非监禁刑罚执行方式。社区矫正旨在对社区矫正对象进行监督管理和教育矫正，促进其顺利融入社会，预防和减少犯罪。

社区矫正工作涉及多学科交叉融合，如犯罪学、管理学、社会学、心理学、教育学等学科。社区矫正工作内容多样，包括教育矫正、劳动矫正和矫正社会工作等。本书将社区矫正工作所属学科定位于社会工作，研究矫正社会工作。矫正社会工作是社会工作在矫正体系中的运用，以促进社区矫正人员与其社会环境更好地相互适应。社区矫正个案矫正基于刑事个别化原则，采用个案社会工作方式，运用专业技术和规范方法解决社区矫正对象的犯因性问题和适应性问题等，帮助社区矫正对象恢复功能和回归社会。社区矫正个案矫正的研究与推广对于切实提升社区矫正对象的矫正质量，对于促进我国社区矫正工作的科学化发展等具有重要意义。

长期以来，我国社区矫正个案矫正工作更专注于理念和流程，而个案矫正技术的分类和运用亟待明晰和推广。本书以社区矫正个案矫正工作为基础，聚焦个案矫正技术的分类、定义、实施、作用、注意事项和实例运用等，进行深入探讨和全面描述。本书第一章社区矫正个案矫正导论介绍了关于社区矫正个案矫正的总体思想和知识框架；第二章社区矫正个案矫正的准备描述了社区矫正个案矫正的条件、模型和报告等，整体展现了社区矫正个案矫正的工作条件和流程；第三章社区矫正个案矫正建立关系技术涵盖了个案矫正工作中的倾听、共情、尊重等建立关系技术的具体操作与应用实例；第四章社区矫正个案资料收集的技术阐述了个案矫正工作中观察、指导性倾听、提问等收集资料技术的具体操作与应用实例；第五章社区矫正个案概念化技术阐释了精神分析、行为治疗等多个理论流派指导下的信息综合和建立假设技术的具体操作与应用实例；第六章社区矫正个案矫正干预技术描述了精神分析、行为治疗等多个理论流派指导下的个案矫正干预技术的具体操作与应用实例。值得注意的是，考虑伦理规范和示范效果，所有的社区矫正个案均为多案例修改、整合，并做匿名和信息模糊处理。本书借鉴了个别心理咨询技术的逻辑理念和实践性知识，以技术描述为主体，兼顾背景和理论简介。

　　本书以教科书形式编写，结合思政教学内容，呈现社区矫正个案矫正技术的实践性知识与具体操作，逻辑清晰、内容充实、指导性强。本书提供了大量个案矫正案例，有助于学员的技能获得与实践运用。但社区矫正个案矫正工作还需要社会工作者将理论与技术融合，在理论指导下开展实践工作。使用本书时，建议学员需具备相关理论基础，尤其是对于第五章和第六章的学习。同时本书适合于从事司法工作、社会工作、心理咨询的研究工作者和实务工作者参考借鉴。

　　本书作为社区矫正个案矫正技术的首创之作，具有定位明晰、可操作性强的特点。但始生之物，其形必丑。囿于编者的理论储备与实践经验有限，本书存在诸多不足，仍投砾引珠，欢迎专家学者、广大读者不吝批评指正。成书不易，特别感谢在本书成稿过程中始终给予支持的相关单位和台前幕后的工作者！

张　婕
2024 年 1 月 13 日

目　录

第一章　社区矫正个案矫正导论 …………………………………… 1
第一节　社区矫正概述 …………………………………………… 2
一、社区矫正的发展 ……………………………………… 2
二、社区矫正的概念 ……………………………………… 5
三、社区矫正的性质 ……………………………………… 7
四、我国社区矫正的主要内容 …………………………… 9
第二节　社区矫正个案矫正概述 ………………………………… 17
一、社区矫正个案矫正的概念 …………………………… 17
二、社区矫正个案矫正的特点 …………………………… 23
三、社区矫正个案矫正的属性 …………………………… 24
四、社区矫正个案矫正的任务 …………………………… 25

第二章　社区矫正个案矫正的准备 ………………………………… 30
第一节　社区矫正个案矫正的条件 ……………………………… 31
一、社区矫正个案矫正的宏观条件 ……………………… 31
二、社区矫正个案矫正的物理条件 ……………………… 32
三、社区矫正个案矫正的主观条件 ……………………… 33
四、社区矫正个案矫正的伦理问题 ……………………… 35
第二节　社区矫正个案矫正的模型 ……………………………… 37
一、个案矫正建立关系阶段 ……………………………… 38
二、个案矫正收集资料阶段 ……………………………… 39
三、个案概念化阶段 ……………………………………… 43
四、个案矫正干预阶段 …………………………………… 45
五、个案矫正结案和评估 ………………………………… 46
六、个案矫正跟进阶段 …………………………………… 49
第三节　社区矫正个案矫正报告 ………………………………… 49
一、初始访谈 ……………………………………………… 49

二、个案矫正初始报告 ……………………………………… 55
　　三、访视 …………………………………………………… 58
　　四、个案矫正整体报告 …………………………………… 60

第三章　社区矫正个案矫正建立关系技术 ………………………… 64

第一节　倾听 …………………………………………………… 65
　　一、倾听的概念及作用 …………………………………… 65
　　二、非指导性倾听的实施技术 …………………………… 66
　　三、倾听的注意事项 ……………………………………… 74
　　四、倾听的运用 …………………………………………… 76

第二节　共情 …………………………………………………… 77
　　一、共情的概念及作用 …………………………………… 77
　　二、共情的层次水平 ……………………………………… 78
　　三、如何正确表达共情 …………………………………… 80
　　四、共情的注意事项 ……………………………………… 85
　　五、共情的运用 …………………………………………… 85

第三节　尊重和温暖 …………………………………………… 87
　　一、尊重的概念与实施 …………………………………… 88
　　二、温暖的概念与实施 …………………………………… 90
　　三、尊重和温暖的运用 …………………………………… 92

第四节　真诚 …………………………………………………… 93
　　一、真诚的概念及作用 …………………………………… 93
　　二、真诚的实施技术 ……………………………………… 94
　　三、表达真诚的注意事项 ………………………………… 96
　　四、真诚的运用 …………………………………………… 97

第五节　积极关注 ……………………………………………… 98
　　一、积极关注的概念及作用 ……………………………… 98
　　二、积极关注的实施技术 ………………………………… 99
　　三、积极关注的注意事项 ………………………………… 100
　　四、积极关注的运用 ……………………………………… 101

第六节　结构化技术 …………………………………………… 101
　　一、结构化技术的概念及作用 …………………………… 101
　　二、结构化技术的实施要点 ……………………………… 102
　　三、结构化技术的注意事项 ……………………………… 104
　　四、结构化技术的运用 …………………………………… 106

第四章　社区矫正个案资料收集的技术 …………………………… 109

第一节　观察技术 ……………………………………………… 110
　　一、观察的概念及作用 …………………………………… 110

二、观察的实施技术 ……………………………… 112
　　三、观察技术的注意事项 ………………………… 116
　　四、观察技术的应用 ……………………………… 117
　第二节　指导性倾听技术 …………………………… 118
　　一、指导性倾听的概念 …………………………… 118
　　二、指导性倾听的分类 …………………………… 118
　　三、指导性倾听的作用 …………………………… 128
　第三节　提问技术 …………………………………… 129
　　一、提问技术的概念 ……………………………… 129
　　二、提问技术的分类 ……………………………… 129
　　三、提问技术的作用 ……………………………… 134
　　四、提问技术的注意事项 ………………………… 134
　　五、提问技术的应用 ……………………………… 137

第五章　社区矫正个案概念化技术 …………………… 140
　第一节　个案矫正个案概念化概述 ………………… 141
　　一、个案概念化的发展 …………………………… 141
　　二、个案概念化的意义 …………………………… 142
　　三、个案概念化的性质 …………………………… 142
　第二节　精神分析个案概念化技术 ………………… 142
　　一、概述社区矫正对象的问题 …………………… 143
　　二、描述社区矫正对象的模式 …………………… 143
　　三、回顾社区矫正对象的成长经历 ……………… 148
　　四、建构联系 ……………………………………… 150
　第三节　认知行为疗法个案概念化技术 …………… 156
　　一、描述社区矫正对象的问题 …………………… 156
　　二、探索问题的促发因素 ………………………… 157
　　三、探索问题的维持机制 ………………………… 158
　　四、探索问题的机制起源 ………………………… 161
　　五、建构联系 ……………………………………… 162
　第四节　人本主义疗法个案概念化技术 …………… 163
　　一、概述社区矫正对象的问题 …………………… 163
　　二、识别社区矫正对象的状态 …………………… 164
　　三、探索社区矫正对象的不一致 ………………… 167
　　四、建构联系 ……………………………………… 169
　第五节　家庭治疗个案概念化技术 ………………… 171
　　一、对个案的诊断概念化 ………………………… 171
　　二、对个案的临床概念化 ………………………… 172
　　三、对个案的文化概念化 ………………………… 176

四、对个案的治疗概念化 177

第六章 社区矫正个案矫正干预技术 180

第一节 个案矫正干预技术概述 181
一、个案矫正干预技术的发展 181
二、个案矫正干预技术的作用 182
三、个案矫正干预技术的性质 182

第二节 精神分析个案矫正干预技术 183
一、均匀悬浮注意 184
二、自由联想 186
三、梦的解析 189
四、反移情 191
五、支持性技术 194
六、表达性技术 198

第三节 认知行为个案矫正干预技术 201
一、自动化思维处理技术 202
二、识别中间信念矫正技术 205
三、核心信念的识别与矫正 209
四、与不合理信念辩论 212
五、正念练习 214

第四节 人本主义个案矫正干预技术 220
一、共情 220
二、无条件积极关注 234
三、一致性 240

第五节 家庭治疗个案矫正干预技术 247
一、家谱图技术 248
二、循环提问技术 261
三、外化技术 266
四、重构技术 271

参考文献 276

后记 278

第一章　社区矫正个案矫正导论

本章导图

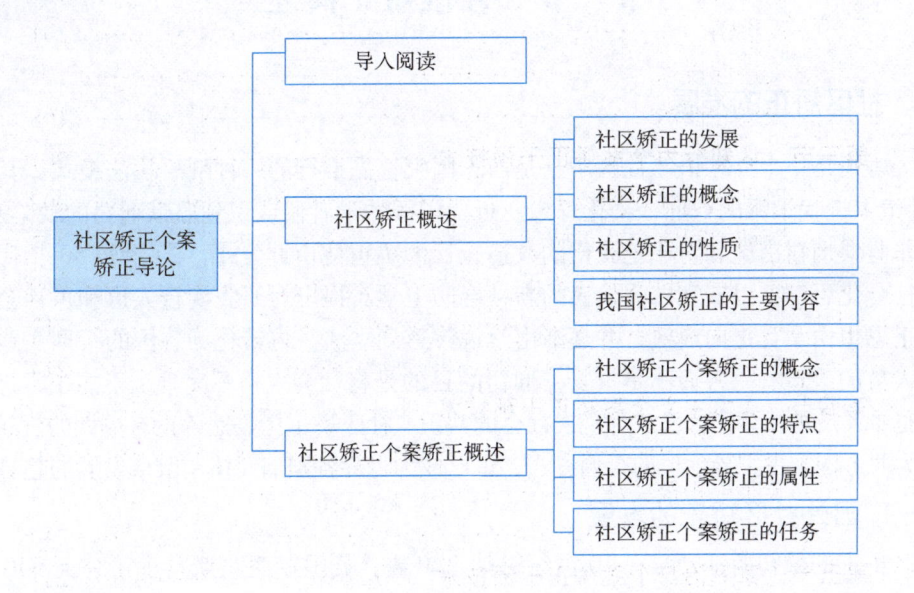

```
                    ┌── 导入阅读
                    │
                    │                    ┌── 社区矫正的发展
                    │                    │
                    │                    ├── 社区矫正的概念
                    ├── 社区矫正概述 ────┤
社区矫正个案         │                    ├── 社区矫正的性质
矫正导论 ───────────┤                    │
                    │                    └── 我国社区矫正的主要内容
                    │
                    │                              ┌── 社区矫正个案矫正的概念
                    │                              │
                    │                              ├── 社区矫正个案矫正的特点
                    └── 社区矫正个案矫正概述 ─────┤
                                                   ├── 社区矫正个案矫正的属性
                                                   │
                                                   └── 社区矫正个案矫正的任务
```

导入阅读

党的二十大报告指出：中国式现代化是物质文明和精神文明相协调的现代化。要大力发展社会主义先进文化，加强理想信念教育，传承中华文明，促进物的全面丰富和人的全面发展。作为中国特色社会主义法律制度的组成部分，社区矫正制度虽然发端于西方国家的监狱改革实践，是"舶来品"，但在进入中国大地后，仍然产生了符合中国国情传统的变化。新时代以来，我国的社区矫正制度更加注重依法执行的制度定位，明确社区矫正的任务是执行刑罚、监督管理、矫正教育、危机干预、社会救助、恢复秩序等，制度设计更加注重中国特色，注重人本主义。结合中国特色社会主义理论与中华优秀传统文化的社区矫正制度在实行中展现出更加强大的生命力。

社区矫正萌芽于18世纪后半叶英国关于反对监狱非人道化刑罚的监狱改革理论及实践；诞生于19世纪中期美国具有保护观察性质的缓判决和英国累进处遇制度的假释；成熟于20世纪70年代英国实行的社区服刑。20世纪中期以来，社区矫正在世界范围内逐渐成为许多国家刑罚的一种重要措施并得到了发展。随着我国改革开放的不断深化、社会物质生活水平不断提高，以人为本的思想观念不断凸显，人们对刑罚执行运行趋势的认识日益深刻，社区矫正也日渐得到认同和重视，并逐渐成为我国司法制度改革的焦点所在。

作为我国现代刑罚文明进步的标志，社区矫正工作正在从试点过渡到全面铺开，这既是我国经济、政治和法治进步的体现，也是历史发展的必然选择。社区矫正工作的深入开展不仅是我国刑罚制度的一项具有里程碑意义的重大改革，也是我国在运用刑罚方法控制犯罪策略上的方向性转变，使刑罚适用模式从以监禁为主导向以非监禁为主导过渡和转变；惩罚犯罪将由保卫社会为主导转向保卫社会与保卫犯罪人和受害人权利同时兼顾。而将社会工作的服务理念运用于犯罪改造，是司法领域的一个创新，为我国最终确立以刑事一体化思维模式、刑事一体化行刑体系和刑事一体化运作机制为标志的刑事一体化理念奠定坚实基础。

第一节　社区矫正概述

一、社区矫正的发展

社区矫正是一个外来语。社区矫正是西方国家首先推行的一种刑事执法模式，其理念源于19世纪末近代学派的行刑社会化思想。近代学派的学者们认识到监狱刑罚的缺陷和不足，提出了非监禁刑罚措施和对罪犯人格的改造，社区矫正便由此发端。20世纪50年代兴起了罪犯再社会化思潮，以安塞尔为代表的新社会防卫学派提出对罪犯实行人道和再社会化，使社区矫正思想由孕育走向成熟，并逐渐由学说渗透到立法，再转化为各国的行刑实践，注重对犯罪人员的改造、完善而不是报复，刑罚的目的是将社会人格不完善、不能正常进行社会生活的犯罪人员再社会化，已成为现代社会的共识。社区矫正比监狱矫正有更大的优越性，目前已成为西方国家占主导地位的行刑方式，也已成为世界各国刑罚体制改革发展的趋势。[①]

（一）国外社区矫正的发展

社区矫正的最初萌芽，早在10世纪时就已出现。英国亚西路斯旦王于公元940年制定的法律中规定：应处死刑的15岁少年，不执行其刑而委托僧侣予以监督，倘其再有触法行为时，始处其原曾判决死刑。[②] 十六七世纪英国的犯罪人流放制度已经初具社区矫正某些措施的雏形。但这些在当时的整个刑事司法中仍然只是个别的现象，而且此后相当长一段时间内皆是如此。1907年，英国制定了《保护观察（缓期执行）法》。这种与监督联系在一起的暂缓监禁和附条件释放的实践为现代缓刑的诞生铺平了道路。19世纪初，英国的爱德华·考克斯对少年初犯以誓约方式代替徒刑的执行，并任命特别调查官负责监督，直至19世纪末，监督责任改由民间团体负责。此种措施，显然已具有现代社区矫正的形态。1879年，英国制定的《略式裁判法》规定，对于轻罪犯实行社区矫正，此为英国最早的社区矫正正法案。英国也成为世界上第一个建立和推广社区矫正措施的国家。英国在1972年的《刑事司法法》中规定，在英格兰和威尔士实行社区服务。[③] 随后，1976年，欧洲理事会部长

[①] 王丹丹，黎键. 社区矫正社会工作服务指南 [M]. 北京：中国社会出版社，2016：2-3.
[②] 侯国云. 刑罚执行问题研究 [M]. 北京：中国人民公安大学出版社，2005：282.
[③] 吴宗宪，陈志海，叶旦声，等. 非监禁刑研究 [M]. 北京：中国人民公安大学出版社，2003：314.

会议根据《欧洲犯罪问题委员会报告》，通过了（76）第 10 号决议，要求成员国积极通过社区服务来改造罪犯。

在美国，17 世纪初有了类似于誓约制度的惯例，让被告人立下保证，尔后将其释放，没有采取监督措施。1841 年，美国马萨诸塞州的鞋匠约翰·奥古斯都主动向波士顿法院申请以指导、监督的方式援助一位酗酒犯罪者，在他经过三周的监督、考察后，法院对该酗酒者以一分钱的罚金撤销了本应执行的拘禁。这就是美国历史上最早的缓刑实践，也是社区矫正的萌芽。此后，奥古斯都积极从事此项工作，由他保释、扶助的犯罪人有 2 000 余名，由此开创了民间志愿人员参与社区矫正工作的先例并成为典范。1876 年，马萨诸塞州正式制定了社区矫正法。凡具有改善可能的犯罪人员，均可适用该项法案，交付社区进行矫正。由此，社区矫正制度得以在马萨诸塞州正式确立。此后，美国明尼苏达州、伊利诺伊州和密苏里州等多个州都先后建立了社区矫正制度，并有了社区矫正立法。缓刑也从个别州的地方机构实践扩大到各州和联邦政府的全国机构实践。到 1923 年，美国各州都通过了成年人缓刑法，1925 年国会通过了联邦缓刑法。① 至此，缓刑制度在美国得以完全确立。1954 年，美国监狱协会更名为矫正协会，标志着西方国家在行刑的理念和实践上发生了较大变化。20 世纪 60 年代末 70 年代初，以社区为基础的矫正获得了美国公众的支持，特别是随着"报应刑主义"刑罚执行观被"目的刑主义"的刑罚执行观所代替，社区矫正成为刑罚适用的主导模式。

除了英、美国家之外，当今世界许多国家都建立起了社区矫正制度，并制定了相应的法律。这些法律虽然表现形式不同，但是，都为社区矫正制度提供了法律的支撑，促进了社区矫正制度的发展。目前，世界上多数发达国家在社区中矫正的罪犯人数都比较多，有些国家甚至超过在监狱中服刑改造的罪犯人数。这意味着许多国家对于被判处刑罚的犯罪分子主要不是关押在监狱里，而是放在社区中进行教育改造。

总而言之，社区矫正的历史嬗变，离不开西方监狱制度的变革。19 世纪末以来，基于新古典学派重刑主义的又一次兴起，监狱人满为患成为许多国家共同面临的难题。监狱监禁，既消耗国家的司法资源，又影响囚犯的待遇，不利于人权保护。为此，如何减少监狱在押犯数量，扩大非监禁性刑罚和非监禁措施的适用，扩大社区服务或社区矫正的执行，是各国面临的共同任务。② 在联合国的指引与推动下，特别是 1955 年在日内瓦举行的第一届联合国防止犯罪和罪犯待遇大会上通过的《联合国囚犯待遇最低限度标准规则》、1985 年在意大利举行的第七届联合国预防犯罪和罪犯待遇大会上通过的《减少监禁人数、监外教养办法和罪犯的社会改造》，以及 1998 年 7 月 28 日联合国经济与社会理事会的第 44 次会议上通过的《开展国际合作，以求减少监狱人满为患和促进替代性刑罚》等文件，均明确倡导尽可能避免监禁，将监禁作为最后一种迫不得已的手段使用，从而大大促进了国际社会在刑罚制度中对社区矫正的使用。③ 社区矫正从 20 世纪 20 年代开始形成，进入 21 世纪以后，已势不可挡。④

（二）国内社区矫正的发展

尽管社区矫正制度肇始于西方国家的刑罚改良运动，发展在西方社会的法治土壤中，不

---

① 梁茹茹. 美国社区矫正制度的历史发展及对我国的借鉴 [M]. 北京：中国政法大学出版社，2005：11.

② 王丹丹，黎键. 社区矫正社会工作服务指南 [M]. 北京：中国社会出版社，2016：2 - 3.

③ 贾宇. 社区矫正导论 [M]. 北京：知识产权出版社，2009：11 - 13.

④ 王顺安. 社区矫正研究 [M]. 济南：山东人民出版社，2008：2 - 3.

过，中华人民共和国在几十年来刑事执行工作的进程中，一直在探寻和实践着社区矫正的理念。在各个时期的刑事政策和刑事立法中，社区矫正制度都有着某种程度的体现。在长期的刑事执行和罪犯改造的实践中，中国行刑机关探索出一套有着中国特色的社区矫正的做法，并为广泛推行与完善社区矫正制度而不懈努力。

中国的社区矫正改革是多个地方、不同层面努力和探索的结果。在各地的探索中，上海的试点工作成效最大。2002年，上海市委政法委发布《关于开展社区矫治工作试点的意见》；2003年7月10日，最高人民法院、最高人民检察院、公安部和司法部联合发布《关于开展社区矫正试点工作的通知》，开始第一批试点。2004年发布《司法行政机关社区矫正工作暂行办法》，2005年发布《关于扩大社区矫正试点范围的通知》，开始第二批试点。2009年发布《关于在全国试行社区矫正工作的意见》，社区矫正开始在全国范围推行。2011年，《刑法修正案（八）》通过，明确规定"管制、缓刑、假释的罪犯依法实行社区矫正"，使社区矫正制度在法律中第一次得到确认；2012年通过的新修订的刑事诉讼法进一步规定："对被判处管制、宣告缓刑、假释或者暂予监外执行的罪犯，依法实行社区矫正，由社区矫正机构负责执行。"这两部法律中的相关规定，提供了开展社区矫正工作的法律依据，进一步增强了社区矫正工作的法律基础。同年，最高人民法院、最高人民检察院、公安部、司法部联合发布了《社区矫正实施办法》，这是当时指导社区矫正工作的最高法律效力的文件，对于社区矫正工作的深入推进确实起到了重要作用，社区矫正工作开始进入一个重要的发展时期，但从法律层面来看，实施办法属于准司法解释性质的部门规范性文件，法律效力不高，特别是对参与社区矫正工作的各部门职责、分工不明确，协同配合方面存在着很多难以解决的问题。

经过17年的不懈努力，2019年12月28日，十三届全国人大常委会第十五次会议表决，全票通过了《中华人民共和国社区矫正法》（简称《社区矫正法》），2020年7月1日开始正式施行。《社区矫正法》作为我国第一部全面规范社区矫正工作的法律，全面总结、提炼了17年来社区矫正工作改革、发展、创新所取得的成果和积累的经验，进一步确立了社区矫正制度的法律地位和基本框架，强调了社区矫正工作要坚持监督管理与教育帮扶相结合原则，体现了专门机关与社会力量相结合原则，明确了坚持依法管理与尊重和保障人权相统一的原则；在完善社区矫正制度、推进社区矫正工作高质量发展，健全我国刑事执行制度、推动国家治理体系和治理能力现代化，深入贯彻落实全面依法治国基本方略、保障公正司法等方面都具有重要意义。社区矫正法充分体现了保障人权、宽严相济、科学矫正、社会参与、修复融入的现代刑罚执行精神。它的颁布实施，填补了我国社区矫正工作缺乏统领性主干法律依据的空白，标志着社区矫正工作迈出了跨越性的步伐，进入了新的发展阶段。社区矫正工作取得了令人瞩目的成绩，截至2019年年底，全国累计接收社区矫正对象达478万，累计解除社区矫正对象411万，社区矫正对象的再犯罪率一直维持在0.2%的低水平。

小贴士

清末时，山西巡抚赵尔巽向皇帝请奏《请各省通设罪犯习艺所折文》，阐明了当时清朝笞、杖、徒、流、死等传统刑罚的弊端。赵尔巽认为，徒刑等传统刑罚，在惩罚和改造罪犯方面的效果不佳，同时大量消耗国库经费。他请奏在清朝各地开设"罪犯习艺所"，将部分命盗杂案犯人送到其居住地"罪犯习艺所"学习技艺，以此替代原有效果不佳的各类徒刑。1903年4月29日，清廷在反复斟酌其建议后颁布了《各省通设罪犯习艺所章程》。

可以说，清朝各地的"罪犯习艺所"是具有代表性的近代社区矫正制度的实体雏形。由此可见，我国的社区矫正制度并非全然为舶来品，而是部分来源于我国传统文化中不计其数的优秀成分。党的二十大报告指出："中国特色社会主义法治体系离不开中国特色社会主义法治理论的指导。"国家十四五规划也要求："深化执行体制改革，促进司法公正。"建设具有新时代中国特色社会主义的社区矫正制度对深入贯彻落实全面依法治国基本方略、保障公正司法、建设社会治理体系等方面都具有重要意义。

二、社区矫正的概念

（一）社区矫正的定义

社区矫正一词，是由英文 community corrections 或 community – based correctie 直译而来，主要为英美法系国家使用。在欧洲、日本和我国香港、台湾地区，又称"社区刑罚""社区制裁与措施""社会内处遇""社区遇""更生保护""更生服务"等。由于各个国家和地区的法律对社区矫正的性质、定位、适用范围、管理模式和矫正方式规定不同，对社区矫正的理解和认识也存在很大差异，对社区矫正的概念尚没有一个统一的定义。从有关社区矫正的资料看，各方面对社区矫正所下定义可谓众说纷纭，综合来看大体分为四类。

1. 最狭义的社区矫正定义

社区矫正是对社区刑罚的行刑与矫正活动，其目的是克服监狱监禁矫正工作的缺陷与不足。如美国学者大卫·杜菲认为，社区矫正是刑罚的一种，称为社区刑罚（community penalties）。具体包括如社区服务、家庭监禁、复合刑罚（split sentence）、间歇监禁（intermittent confinement）等。我国学者普遍认为，英国社区矫正属于社区刑罚，但又认为此种刑罚是由多个单独的社区矫正令组成，属于多元化的刑种，而非单一的刑种。法院对此多以命令的形式作出决定，以至于形成了多种形式的法院社区矫正令。[①] 英国1972年《刑事司法法》规定的社区服务刑及执行是最典型代表。

这一类型的定义将社区矫正限定为各种"社区刑罚"的执行活动，其"社区性"在于执行的刑罚本身是开放式而非监禁性刑罚。社区矫正对象是被法院判处社区刑罚的罪犯，传统缓刑、假释虽然也具有社区性，但没有被涵盖在其中。具体矫正措施，包括各种各样的社区刑罚，如社区服务、罚款、赔偿、家庭监禁、社区寄宿等。

2. 狭义的社区矫正定义

社区矫正就是非监禁的行刑与矫正活动，其目的是矫正罪犯心理和行为恶习，促使其顺利回归社会。我国多数学者采用这种观点，认为社区矫正是指社区矫正组织依法对法院和其他矫正机构裁判为非监禁刑及监禁刑替代措施的罪犯予以在社区中执行刑罚与矫正活动的总称。2003年最高人民法院、最高人民检察院、公安部、司法部《关于开展社区矫正试点工作的通知》中也作类似定义，认为社区矫正是与监禁矫正相对的行刑方式，是指将符合社

[①] 陈俊生，郭华. 国（境）外社区矫正立法［M］. 北京：法律出版社，2013：3.

区矫正条件的罪犯置于社区内，由专门的国家机关在相关社会团体、民间组织及社会志愿者的协助下，在判决、裁定或决定确定的期限内，矫正其犯罪心理和行为恶习，并促使其顺利回归社会的非监禁刑罚执行活动。

这一定义将社区矫正定位为非监禁的刑事执行活动，不仅包括了本来就具有"社区刑罚"性质的非监禁刑，如一些国家的社区服务、我国的管制等，也包括传统的监禁性刑罚的变更执行方式，如假释、暂予监外执行，同时还包括缓刑等附条件不执行监禁刑的刑罚缓执行制度。

3. 广义的社区矫正定义

广义的社区矫正定义，是指刑事司法全流程的各个环节，对犯罪人规定并采用的各种非监禁措施的执行与矫正活动。如美国学者博姆认为，社区矫正是指在看守所和监狱环境之外监督犯罪人并向他们提供服务的一个矫正领域。我国也有学者认为：社区矫正是一种不使罪犯与社会隔离并利用社区资源改造罪犯的方法，是所有在社区环境中管理、教育罪犯方法的总称。[①]

这一类型的定义将社区矫正定位为，为避免监狱等专门监禁设施内执行刑罚而产生的各种弊端，对罪犯所采取的各种非监禁的教育矫正措施。从而突出了社区矫正的"社区性"。社区矫正的具体措施也极为广泛，如暂缓起诉、暂缓宣判、家中监禁、缓刑、假释、工作释放、学习释放、监外教育等。

4. 最广义的社区矫正定义

社区矫正是在社区开展的各种制裁与措施的执行与矫正活动。如美国明尼苏达州1973年通过的社区矫正法，将社区矫正对象的范围扩大到刑满释放人员。日本的更生保护制度就将更生保护对象范围扩展至所谓实施了"非行"的人。我国部分学者认为，广义的社区矫正不仅应当包括非监禁刑和监禁刑中适合在社区服刑的对象，还应当包括行政拘留人员、司法拘留人员、特定的违法人员等。

这一类型的定义将社区矫正定位为，在社区实施的预防违法犯罪人员重新犯罪的所有措施。适用对象不仅包括犯罪人，还包括特定违法人员、刑满释放人员。具体矫正措施也最为广泛，包括对违法者的保护观察，对犯罪者的暂缓起诉、暂缓宣判、附条件中止刑事诉讼程序，罚款、赔偿、缓刑、社区服务等社区刑罚，对被监禁者在执行中的假释、赦免等，以及对刑满释放人员的安置帮教、保安处分等。[②]

（二）社区矫正的分类

1. 教育矫正

教育矫正是指司法行政机关依法对社区矫正对象组织开展的教育学习、社区服务、适应性帮扶等教育矫正活动。社区教育矫正工作由县级司法行政机关、司法所具体负责实施，可采用培训、讲座、参观、参加社会活动等多种形式，对社区矫正对象进行形势政策教育、法制教育、心理健康教育、公民道德教育及其他方面的教育活动，以增强其社区法制观念、道德素质和悔罪自新意识等。

---

① 康树华. 社区矫正的历史、现状与重大理论价值［J］. 法学杂志, 2003（5）.
② 王爱立, 姜爱东. 中华人民共和国社区矫正法释义［M］. 北京：中国民主法制出版社, 2020.

2. 劳动矫正

劳动矫正针对某些违法行为，用劳动方式使社区矫正对象改正错误，重塑其思想和行为，使其重新认识和遵守法律、积极参与社会活动，成为对社会有正面贡献的公民。具体而言，劳动矫正是一种强制性的纠正措施，通过劳动等方式，引导相关人员进行自我教育和思想转变，以达到矫正思想和行为的目的。此外，劳动矫正还有助于改善社区矫正对象的生活状态和提高自身能力，从而起到合法化、稳定化和奖励化的作用。

3. 矫正社会工作

社区矫正的性质虽然是刑罚执行，但其最终目的是通过对服务对象的矫正，帮助其回归社会。这就需要运用专业的工作理念和方法，帮助服务对象解决现存的诸如社会态度、歪曲认知、不良行为、负面情绪和家庭问题等，并恢复其社会功能，激发潜能，促进其自我发展，进而顺利回归社会。

矫正社会工作指将社会工作实施于社区矫正中，它是运用社会工作专业理论和技术，为罪犯在审判、服刑、缓刑、刑释或其他社区处遇期间提供思想教育、心理辅导、行为纠正、生活照顾等，使之消除犯罪心理结构，修正行为模式，回归社会的具有福利性质的专业工作。矫正社会工作包括小组矫正和个案矫正，本书聚焦介绍社区矫正的个案矫正技术。

（三）社区矫正的内涵

社区矫正是为了实现罪犯的再社会化目标，将符合社区矫正条件的罪犯置于社区内，由专门的国家机关在社会团体、民间组织及社会志愿者的协助下，矫正其犯罪意识和行为恶习，并促进其顺利回归社会的非监禁刑罚执行活动。社区矫正兼具司法、教育、心理和社会等各方面的知识，充分运用一切社会资源，尽可能塑造一种与正常社会相仿的矫正环境，努力促进罪犯与社会保持良好的互动关系。可见，社区矫正的基本特点就是立足于社区，依赖于社区，强调社会力量对矫正工作的参与，使罪犯在不与社会隔离的状况下实现再社会化、重新回归社会的刑罚目的。

社区矫正的实施必须且只能以人民法院、公安机关、监狱管理机关作出的发生法律效力的判决、裁定和决定为依据。社区矫正的执行主体是社区矫正组织。社区矫正组织是由司法行政机关、人民法院、公安机关、监狱管理机关等部门和人员组成的特定的国家机关履行社区矫正职能。就矫正力量而言，社区矫正的执行虽然离不开专门矫正机构的指导和帮助，但社会力量的帮教则是其赖以顺利施行并取得成效的主要因素。社会工作者（后面简称社工）和志愿者是社区矫正有效实施的重要力量。社会参与性将社区矫正与一部分非监禁刑相区别，如果没有社区参与的特征，没有犯罪人在社区中接受帮助和监督的过程，这样的非监禁刑也不属于社区矫正。

三、社区矫正的性质

（一）社区矫正具有制裁性

社区矫正在我国是作为刑罚执行方式存在的，而刑罚的执行以刑事制裁性为首要特征。被判处刑罚的犯罪分子，要受到执行机关的监督、管理和改造教育，公民权利受到限制，人身自由也受到限制，体现了制裁、刑罚的特点。接受社区矫正的人员，其罪犯身份并没有改变，所判处的刑罚也没有改变，虽在社区中服刑，但社区矫正组织要在相关基层组织和人民群众的协助下，对其进行管理、监督和教育，实施矫正。对于刑法、刑事诉讼法所确定的法律义务和社区矫正有关管理规定与行为守则，其必须遵守。如不予遵守，就要承担治安处罚、重新收监等消极的法律后果，并且这是以国家强制力保障实施的。

（二）社区矫正具有非监禁性

非监禁性主要是针对传统的监禁刑而言的，监禁矫正是罪犯改造的最后一种手段，社区矫正则是把社区当作罪犯治疗中心。社区矫正的执行场所是开放的社区，不是封闭的监狱。矫正对象生活在开放的社区环境中，不脱离社会，可以正常生活、工作和学习，可以依托和借助社区的各种资源和社会力量，对矫正对象进行教育矫正和社会适应性帮扶，促进其顺利回归社会。非监禁性表明，社区矫正对象具有一定的人身自由，虽然他们的人身权会受到一定的限制，但只是部分限制而不是全部限制或剥夺。他们仍有很大的行动自由和活动空间，日常的工作和生活不受影响，这也是社区矫正与传统的监禁矫正的主要区别之一。换言之，对于适用社区矫正的罪犯不予关押，将他置于开放的社区环境中，通过全方位的帮助和引导，使他们真正融入社会而不至于成为游离在社会边缘的异类，被视为"病态人"或者"监狱人"。①

（三）社区矫正具有缓和性

社区矫正惩罚的缓和性指的是相较于传统的禁闭型处罚，社区矫正的处罚性要轻得多，一方面，社区矫正不会对罪犯进行禁闭，在某种范围内罪犯享有一定的人身自由；另一方面，社区矫正对于罪犯的处罚措施以及处罚行为也要缓和得多。对于罪犯惩罚的缓和性主要表现在罪犯的生命权以及一定范围内的人身自由不受剥夺。

（四）社区矫正具有专业性

社区矫正具有较强的专业性。社区矫正需要有社会工作的专业理论作为指导，社区矫正的实施要求社工掌握专门的工作方法与技巧。社区矫正社会工作者要做好社区矫正工作，除了需要具备社会工作专业价值观外，还必须具备相关专业知识和方法。社区矫正改造罪犯，是非常专业化的工作，需要有各种知识背景的工作人员来承担。社区矫正要求社区矫正社会工作者在社会工作专业价值观的指引下，运用社会工作、心理学等专业理论、方法和技巧，为社区矫正对象及其家人提供服务。

（五）社区矫正具有现实性

社区矫正具有双重性质。一方面，社区矫正具有刑罚执行性质，个案矫正是社区刑罚的执行，而惩罚性是刑法的本质属性，同时也是刑罚执行活动的本质属性。社区矫正既然是社区刑罚的执行活动，其本质属性当然也是惩罚性。另一方面，社区矫正具有社会工作性质，作为一种有别于传统刑罚执行方式的新型矫正方式，其特点在于，它是一种开放式的，借助于社会力量和社会资源矫正犯罪人的活动。从这个意义上讲，社区矫正又具有一般社会工作的特点，这也是社区矫正作为一种刑罚执行方式其先进性之所在。社区矫正的社会性不仅在于其执行场所、执行主体的社会性，还在于这一制度将社会工作的专业理论与技术实施到犯罪矫治体系之中，协助犯罪或行为偏差者认清自我，改造或矫正行为模式，重建符合社会规范的生活方式，回归社会，并成为所在社会的一员。

---

① 贾宇. 社区矫正导论［M］. 北京：知识产权出版社，2009：26－27.

四、我国社区矫正的主要内容

(一) 社区矫正的对象

《社区矫正法》第二条规定:"对被判处管制、宣告缓刑、假释和暂予监外执行的罪犯,依法实行社区矫正。"很明显,社区矫正对象被严格限定为四类罪犯。

社区矫正对象一般罪行较轻,主观恶性较小,社会危害性不大,或是初次犯罪或是经过监管改造,确有悔改表现、不致再危害社会的。

1. 管制

管制的一般适用情形是犯罪性质不严重、社会危害性小、人身危险性小的罪犯。我国刑法规定可以适用管制的犯罪主要集中在妨害社会管理秩序罪和妨害婚姻家庭罪等。如初次打架、寻衅滋事,就可以判处管制。

2. 缓刑

依据刑法规定,对于被判处拘役、三年以下有期徒刑的罪犯,根据其犯罪情节和悔罪表现,认为适用缓刑确实不致再危害社会的,可以宣告缓刑。宣告缓刑的犯罪主要集中在危险驾驶罪、交通肇事罪、寻衅滋事罪、故意伤害罪等。法律还规定不满18周岁的未成年人、怀孕的妇女、75周岁以上的老人应当适用缓刑。

3. 假释

假释是对被判处有期徒刑、无期徒刑的犯罪分子,在执行一定刑期之后,因其遵守监规,接受教育和改造,确有悔改表现,不致再危害社会,而附条件地将其予以提前释放的制度。被裁定假释的罪犯依法实行社区矫正,假释考验期限即为社区矫正期限。

4. 暂予监外执行

暂予监外执行的罪犯包括三类罪犯:一是患有严重疾病需要保外就医的;二是正在怀孕或者正在哺乳自己婴儿的妇女;三是生活不能自理,适用暂予监外执行不致危害社会的。从暂予监外执行的法律规定来看,这一类罪犯适用社区矫正并不是因为罪行轻微,主观恶性较小,而是因为出现了客观状况,如身体健康状况恶化、怀孕或哺乳婴儿,不适宜在监狱关押,出于人道主义的考虑,把他们放到社区实行社区矫正。

(二) 社区矫正的任务

《社区矫正法》第一条明确规定社区矫正的目的是"为了推进和规范社区矫正工作,保障刑事判决、刑事裁定和暂予监外执行决定的正确执行,提高教育矫正质量,促进社区矫正对象顺利融入社会,预防和减少犯罪"。依据《社区矫正法》规定,社区矫正的基本任务至少应包括六个方面:执行刑罚、监督管理、矫正教育、心理干预、社会救助和恢复秩序。

1. 执行刑罚

执行刑罚不仅是社区矫正存在的依据和保证,而且也是社区矫正工作的首要任务。这是因为,目前我国社区矫正对象的范围还很有限,社区矫正对象均为法律意义上的罪犯。因此,对社区矫正对象而言,刑罚的惩罚性仍然是其最主要的特性。作为社区矫正对象的罪犯必须服完法定的刑期,必须承受法定的身份,必须履行法定的义务。在《社区矫正法》中,对社区矫正对象的交付接收、请销假审批、居住地变更审批、训诫、警告、提请治安管理处罚、采取电子定位装置、撤销缓刑与假释的条件、暂予监外执行收监执行的条件、减刑的条件、社区矫正的解除宣告等涉及刑罚执行的内容都做了较为详细的规定。这些规定也成为社区矫正工作中执行刑罚的依据。

2. 监督管理

具体而言，监督管理主要包含以下五项工作：一是监督社区矫正对象遵守法律、行政法规；二是监督履行判决、裁定、暂予监外执行的决定等法律文书确定的义务；三是履行社区矫正机构关于报告、会客、外出、迁居、保外就医等监督管理的规定；四是落实针对社区矫正对象的矫正方案；五是了解掌握社区矫正对象的活动情况和行为表现等。这五项工作属于执法行为，只能由法定的主体，即社区矫正机构及其工作人员承担。

3. 矫正教育

矫正教育是社区矫正工作的基本任务之一，它贯穿于社区矫正工作的全过程，是社区矫正工作成败的关键。社区矫正的最终目标是矫正社区矫正对象的犯罪心理和行为恶习，将其转化为守法公民，并最终促使其顺利回归社会。要实现这一目标，仅仅靠严格的监管措施是远远不够的。监督管理是基础，教育帮扶才是核心。依据《社区矫正法》第三十六条的规定："社区矫正机构根据需要，对社区矫正对象进行法治、道德等教育，增强其法治观念，提高其道德素质和悔罪意识。对社区矫正对象的教育应当根据其个体特征、日常表现等实际情况，充分考虑其工作和生活情况，因人施教。"《社区矫正法》第三十七条规定："居民委员会、村民委员会可以引导志愿者和社区群众，利用社区资源，采取多种形式，对有特殊困难的社区矫正对象进行必要的教育帮扶。"这些规定使教育矫正工作更加具有可操作性，对保障社区矫正最终目标的实现具有重要的意义。

4. 心理干预

社区矫正心理干预是社区矫正工作中的重要组成部分，其目的在于帮助社区矫正对象解决心理问题，培养社区矫正对象的积极心态，增强他们的自我认知、自我调节和问题解决的能力，促进其心理健康状况的改善，为他们重新适应社会提供支持。社区矫正心理干预包括对社区矫正对象的心理危机干预。

社区矫正对象先后经历了犯罪、逮捕、审判和监禁，遭受了一系列的重大挫折，再加上其社会化进程的失败及生物因素和心理因素的综合作用，更容易出现不同程度的心理问题。因此，对社区矫正对象进行定期心理评估，为其建立心理档案，通过开展心理健康教育讲座、团体心理辅导和个别心理咨询等，帮助他们培养正确的认知方式，改变消极的情绪体验，掌握自我调试技巧，从而实现心理状态的改善。社区矫正工作对于预防和解决社区矫正对象的心理问题，使其树立生活的勇气和信心，进而提高矫正效果具有重要作用。社区矫正对象突然遭遇严重灾难、重大生活事件或巨大精神压力，可能出现心理危机，他们无法利用现有的资源和常用的应对机制处理超出预期的事件和遭遇，深深陷入痛苦、不安状态，常伴随绝望、麻木不仁、焦虑等问题。社区矫正工作需要及时介入，帮助处于心理危机的社区矫正对象脱离危机状态、恢复平衡。

5. 社会救助

社区矫正是一项极其复杂的系统工程，仅仅给予社区矫正对象更多自由和融入社会的机会还很不够，必须以社会工作的理念和方法，引进和依靠各种社会力量、对社区矫正对象进

行以再社会化为目的的扶持、挽救和帮助。现代犯罪理论认为，犯罪人犯罪的原因是多方面的，是社会因素和个人因素综合作用的结果，所以，犯罪人的犯罪是法律问题，更是社会问题。要矫正犯罪人的犯罪行为，不但需要给予其法律上的警告和惩罚，要求其承担相应的刑事义务，也需要从社会工作的视角给予其自立自强所必要的救济和帮助。《社区矫正法》第四十三条规定："社区矫正对象可以按照国家有关规定申请社会救助、参加社会保险、获得法律援助，社区矫正机构应当给予必要的协助。"目前要实现对社区矫正对象的社会救助，主要靠建立社区扶助制度、法律援助制度、社会保障制度等来实现。

6. 恢复秩序

《社区矫正法》第四十二条规定："社区矫正机构可以根据社区矫正对象的个人特长，组织其参加公益活动，修复社会关系，培养社会责任感。"恢复秩序包括基于恢复性司法的理念，通过适当的经济赔偿，使被害人的损失得到一定程度的补偿，实现犯罪人与被害人的和解并使犯罪人融入他所在的社区和家庭网络中去，并在被害人、社区及其他人员的主动参与下，恢复因犯罪而被破坏的社会秩序。

恢复性司法的理念基础是将报应性正义取而代之以恢复性正义的理念。主要着眼点在于恢复被犯罪破坏的社会关系，在司法程序中体现了对当事人的权益保护，从某种角度上看是以人为本的观念在刑罚领域的体现，是法治人道化、民主化的体现。恢复秩序的核心价值在于：一是社区矫正对象的再社会化与健全人格的修复。社区矫正通过开放式的矫正措施，修复社区矫正对象人格缺陷，实现和社会的全方位联系，增强其适应社会的心理和行为能力，促使其顺利完成再社会化过程。二是社区矫正对象社会谋生技能的训练或修复。三是树立被害人、社区矫正对象、社区利益平衡理念。四是树立恢复关系的司法理念。在社区矫正中尽量寻找与犯罪以及预防惩治犯罪有关的所有因素，包括被害人、社区矫正对象、家庭、社区等，通过他们自愿积极地交流并达成谅解，以寻求一种各方都能接受的对犯罪的回应，恢复被犯罪破坏的社会关系。

综上，实现社区矫正对象人格重新社会化，顺利回归社会、预防再犯是社区矫正的主要任务和目的之一。为达到该目标，社区矫正工作需要运用社会工作模式，充分利用各种社会资源，并由具备社会工作和心理学相关理论和技术的社工和志愿者对社区矫正对象进行个案矫正，矫正其不良心理和行为，使其认罪服法，弃恶扬善，最终重新适应社会生活，顺利回归社会。因此，本书第三章至第六章将主要介绍社区矫正个案矫正的具体技术。

> **小贴士**
>
> 党的二十大报告指出，要发展壮大群防群治力量，营造见义勇为的社会氛围，建设人人有责、人人尽责、人人享有的社会治理共同体。社区矫正是以社会工作的方式，在社区范围内对轻刑犯开展的监督管理与教育帮扶为一体的刑罚执行制度。这一复合的性质使得社区矫正成为建设共建、共治、共享的社会，提升社会治理效能的重要制度。

（三）社区矫正的力量

《社区矫正法》第九条规定："县级以上地方人民政府根据需要设置社区矫正机构，负责社区矫正工作的具体实施。社区矫正机构的设置和撤销，由县级以上地方人民政府司法行政部门提出意见，按照规定的权限和程序审批。司法所根据社区矫正机构的委托，承担社区矫正相关工作。"《社区矫正法》第十条规定："社区矫正机构应当配备具有法律等专业知识的专门国家工作人员（以下称社区矫正机构工作人员），履行监督管理、教育帮扶等执法职责。"第十一条规定："社区矫正机构根据需要，组织具有法律、教育、心理、社会工作等专业知识或者实践经验的社会工作者开展社区矫正相关工作。"《社区矫正法》第十二条规定："居民委员会、村民委员会依法协助社区矫正机构做好社区矫正工作。社区矫正对象的监护人、家庭成员，所在单位或者就读学校应当协助社区矫正机构做好社区矫正工作。"为此，要明确社区矫正工作者的构成，首先应确立社区矫正工作者的标准，然后依据标准确定人员范围，再以在社区矫正工作中的法定地位、作用、身份特征、权利义务、职责范围来归为不同的类别。

1. 社区矫正机构的专门国家公职人员

社区矫正的主体是国家建立的专门矫正机构，执行的权力不能由社区自主，只能由专门机构来行使。社区矫正是一项严肃的刑事执行制度，因此，必须由法定的国家执行机关及其工作人员依法履行职责。《社区矫正法》第八条第一款规定："国务院司法行政部门主管全国的社区矫正工作。县级以上地方人民政府司法行政部门主管本行政区域内的社区矫正工作。"

社区矫正是一项严肃和专业的刑事执行活动，涉及罪犯的自由和权利的限制或剥夺，必须严格于法有据，严格按照法定程序进行。所以，这项工作也必须由专门的国家机关和专门的工作人员负责实施。《社区矫正法》第十条规定："社区矫正机构应当配备具有法律等专业知识的专门国家工作人员（以下称社区矫正机构工作人员），履行监督管理、教育帮扶等执法职责。"社区矫正机构工作人员是指具有法律、教育、心理、社会工作等专业知识，在社区矫正机构中履行监督管理、教育帮扶等执法职责的专门国家工作人员。

2. 社工

社区矫正是一种将罪犯置于社区内进行教育改造的非监禁刑罚执行方式，它强调的是在社区环境中对罪犯进行监督、教育和帮助，以促进其顺利回归社会。因此，社工在社区矫正工作中发挥着不可或缺的作用。根据《关于进一步加强社区矫正专职社会工作者队伍建设的指导意见》，社矫专职社工的工作职责包括辅助开展调查评估、交付接收、矫正宣告、报告报到、建立矫正小组、制定矫正方案等，以及协助开展教育学习、心理矫正、公益活动等。这些职责进一步明确了社工在社区矫正中的专业化角色和作用。

社区矫正对象生活在开放的社区中，其面临的社会评价、工作生活环境、交友环境等，远比监禁更为复杂，更何况与监禁矫正相比，社区矫正工作起步较晚，并非像监禁矫正那样有数十年的矫正经验可以利用。因此，社区矫正工作人员的任务和工作量异常繁重、复杂，具体而言，其工作任务主要体现在以下几个方面：

（1）心理辅导与干预。社工运用专业知识和技能，对社区矫正对象进行心理辅导和行为纠正，帮助他们消除犯罪心理，修正行为模式，提升社会适应能力。

（2）社会关系的修复与重建。社工帮助社区矫正对象改善和修复与家庭、社区的关系，促进其社会功能的恢复。

（3）资源链接与服务提供。社工为社区矫正对象链接社会资源，包括就业指导、技能培训、社会救助、法律援助等，帮助他们解决实际困难，提高生活质量。

（4）社区参与与公益活动的组织。社工组织社区矫正对象参与社区服务和公益活动，

通过这些活动增强他们的社会责任感和集体荣誉感。

（5）风险评估与矫正方案的制定。社工参与对社区矫正对象的风险评估，协助制定个性化的矫正方案，提高矫正工作的针对性和有效性。

综上，社工专业介入有助于提高社区矫正工作的质量，促进社区矫正对象的顺利社会融合。然而，目前在实践部门的工作人员很多是从其他部门甚至事业单位转岗调剂过来的，学历和专业分布参差不齐。为确保社区矫正工作顺利有序，也为了保质保量完成好社区矫正工作，需要借助社会力量参与社区矫正工作。有关机关和单位可以向社会购买社会服务，借助社会上从事教育、法律、心理、社会工作、社会学和管理学等方面工作的社会工作者，参与到社区矫正工作中来，共同完成好社区矫正工作。[①]

3. 社会志愿者

社区矫正社会志愿者是指热心社区矫正工作，有一定的法律政策水平和专业知识，并经司法行政部门和志愿者组织登记，自愿无偿协助开展社区矫正工作的人员。对社区矫正工作志愿者在选拔时应当具备下列条件：拥护宪法、遵守法律、品行端正，热心社区矫正工作，有一定的法律政策水平、文化素质和专业知识。

一般来说，社区矫正中的志愿人员具有下列特点：第一，他们不一定具备开展社区矫正工作的专业技能，也不要求他们人人都有从事社区矫正工作所需要的专业技能。第二，他们并不是专职的社区矫正工作人员，而是兼职人员。他们仅仅在自己的主业之外或者在退休之后，利用一定时间从事社区矫正工作。第三，他们不是领取薪水的工作人员。他们只能根据开展工作的情况，领取一定的工作津贴。第四，与获得的报酬相适应，志愿人员承担的义务和责任也要比专业人员少。第五，志愿人员的工作时间不固定。他们根据社区矫正机构的需要和自己的情况，从事一定时间的社区矫正工作。第六，志愿人员的流动性较大。他们是否继续从事社区矫正工作，完全取决于自己的情况，而不受社区矫正机构的制约，不接受社区矫正机构的强制性管理。这些人员主要包括专家学者、离退休干部、村（居）委员会成员、高等院校学生等。

4. 社区基层自治组织

社区基层自治组织，是中国在城市和农村按居民的居住地区建立起来的居民委员会或者村民委员会，是城市居民或农村村民自我管理、自我教育、自我服务的组织。社区矫正是将符合条件的社区矫正对象置于社区内，在执行刑罚的前提下，对社区矫正对象监督管理、矫正教育、帮助保护和社会救助、以最终促使其回归社会。因此，社区基层自治组织作为社区矫正的工作场所和主要平台，应与司法行政社区矫正机构形成合力，充分发挥社区自治组织的凝聚力和号召力，在现有矫正队伍的框架内，由村（居）委会牵头组建社区矫正帮教队伍，对社区矫正对象开展教育帮扶。

5. 社会团体、其他单位

社区发展需要培育成熟的社会中介组织、社会团体。社区的公益事业不仅要使用政府资源进行，还要利用社区资源进行。社区矫正将社区矫正对象置于社区内进行教育改造，充分发动社区力量参与教育改造，不仅能有效保证社区矫正的质量，而且可有效控制社区矫正对

---

① 王红星. 社区矫正工作实务［M］. 武汉：华中科技大学出版社，2022：11.

象的人身危险性。

由于内容具有复杂性、手段具有多样性，社区矫正工作需要多方面的参与。例如，社区内的医疗机构，可以参与社区矫正对象的心理矫治过程；社区内的教育机构，可以参与社区矫正对象的文化知识学习、职业技能学习等矫治过程；社区内的企业，可以为社区矫正对象提供职业技能培训、学习机会，甚至提供就业机会。因此，不能单纯地将社区矫正工作看成惩罚、监督、管理，更重要的是把社区矫正工作看成帮助社区矫正对象恢复与社区共存的和谐状态的工作。按照这种角度来理解，社区内可供开发并用以参与社区矫正的资源非常丰富。

6. 社区矫正对象的监护人或者家属

社区矫正工作应当充分重视社区矫正对象的监护人或家属的作用，因为他们是矫正对象社会支持网络的重要组成部分。首先，在接收社区矫正对象时，社区矫正机关应评估其家庭环境，了解家庭成员的态度、家庭关系的稳定性以及家庭对矫正对象可能产生的影响。其次，为监护人或家属提供必要的教育和指导，帮助他们了解社区矫正的目的和意义，提升他们在教育、沟通、情绪管理等方面的能力，使他们能够更好地支持矫正对象。再次，建立社区矫正机关与监护人或家属之间的定期沟通机制，及时分享矫正对象的进步和遇到的困难，寻求家庭的支持和配合。最后，为有需要的家庭提供心理咨询、法律咨询、经济援助等服务，帮助解决家庭中可能影响矫正效果的问题。通过上述措施，社区矫正机关可以更好地利用家庭资源，促进社区矫正对象的顺利改造和社会融入。

如果矫正工作能够取得社区矫正对象监护人或者家属的支持，矫正工作成功的可能性将大大增加。原因包括以下三点：①社区矫正对象的监护人或者家属对社区矫正对象最为了解，对社区矫正对象犯罪的心理动因结构、选择犯罪道路的过程等非常了解。因此，获得社区矫正对象家属的支持，将帮助社区矫正机关制订更有针对性的矫正方案。②社区矫正对象生活在特定的家庭之中，社区矫正对象的家属对社区矫正对象的行为模式、生活习惯、社会交往、生活动态等都非常了解，对社区矫正对象的心理变化也很了解。如果将社区矫正对象的家属发展成为矫正力量，将及时获取社区矫正对象的矫正信息，便于调整矫正方案或者应对可能出现的危机。③社区矫正对象的家属成为矫正力量之后，对其进行适当的培训、使其掌握一定的矫正技能，在亲情、关爱的支持下，矫正工作取得成功的可能性无疑将大大增加。①

（四）社区矫正工作的原则

《社区矫正法》第三条的规定明确了社区矫正工作的原则和目标："社区矫正工作坚持监督管理与教育帮扶相结合，专门机关与社会力量相结合原则，对社区矫正对象进行分类管理、个别化矫正，有针对性地消除社区矫正对象可能重新犯罪的因素，帮助其成为守法公民。"

1. 监督管理与教育帮扶相结合原则

社区矫正工作是将罪犯放在社区内，整合社会资源和力量对罪犯进行改造，使其尽快融入社会的一种非监禁刑罚执行活动。因此，既要对罪犯进行监督管理，又要对其不良心理和

---

① 何显兵. 社区矫正辅助力量建设研究 [J]. 犯罪与改造研究，2007（2）：45-48.

行为恶习进行帮扶，使他们顺利回归社会。入矫后的罪犯即为社区矫正对象。

对社区矫正对象的监督管理，主要是监督社区矫正对象遵守法律、行政法规，履行判决、裁定、暂予监外执行决定等法律文书确定的义务，履行司法行政部门关于报告、会客、外出、迁居、保外就医等监督管理规定，落实对社区矫正对象的工作方案，了解掌握社区矫正对象的活动情况和行为表现，避免发生脱管、漏管，防止重新违法犯罪。健全完善考核奖惩制度，探索建立日常考核与司法奖惩的衔接机制，探索运用信息通信等技术手段，创新对社区矫正对象的监督管理方法，提高矫正工作的科技含量。

对社区矫正对象的教育帮扶主要是指社区矫正机构、教育、人力资源社会保障等部门，有关人民团体、自治组织以及其他社会力量对社区矫正对象开展社会工作、劳动教育、心理咨询、职业技能培训、就业指导、社会关系改善等教育帮扶活动。如进行思想教育、法制教育、社会公德教育，组织有劳动能力的矫正对象参加公益劳动，增强其认罪、悔罪意识，提高社会责任感。在社区矫正中，对社区矫正对象开展矫正社会工作是一个重要方面，即运用社会学、心理学等的知识、技能和方法，通过开展心理评估、心理健康教育、个体与团体心理辅导，以及心理危机干预等一系列活动，帮助社区矫正对象消除不良心理，矫正犯罪心理，调节负面情绪，增强社会适应能力。

2. 专门机关与社会力量相结合原则

社区矫正工作是一个复杂的系统工程，涉及多个部门和组织，需要多部门的通力合作。《社区矫正法》第八条至第十三条的规定将各部门和社会力量在社区矫正中的职责分工进行了明确：国务院司法行政部门主管全国的社区矫正工作；县级以上地方人民政府司法行政部门主管本行政区域内的社区矫正工作；人民法院、人民检察院、公安机关和其他有关部门依照各自职责，依法做好社区矫正工作；人民检察院依法对社区矫正工作实行法律监督；地方人民政府根据需要设立社区矫正委员会，负责统筹协调和指导本行政区域内的社区矫正工作；县级以上地方人民政府根据需要设置社区矫正机构，负责社区矫正工作的具体实施；社区矫正机构的设置和撤销，由县级以上地方人民政府司法行政部门提出意见，按照规定的权限和程序审批；司法所根据社区矫正机构的委托，承担社区矫正相关工作；社区矫正机构根据需要，组织具有法律、教育、心理、社会工作等专业知识或者实践经验的社工开展社区矫正相关工作；居民委员会、村民委员会依法协助社区矫正机构做好社区矫正工作；社区矫正对象的监护人、家庭成员，所在单位或者就读学校应当协助社区矫正机构做好社区矫正工作；国家鼓励、支持企业事业单位、社会组织、志愿者等社会力量依法参与社区矫正工作。

社区矫正过程中，国家提供体制基础和秩序保障，社会力量融入教育矫正活动中，调动社会力量，利用社会资源对矫正对象进行教育矫正和社会适应性帮扶。专门机关与社会力量相结合是国家治理与社会参与有机统一、协调共进的重要体现，更是国家治理体系、治理能力现代化的必然要求。

3. 尊重和保障人权原则

社区矫正的目标是使社区矫正对象能够重新回归社会，在矫正工作中如何保护社区矫正对象的合法权利，将直接影响社区矫正工作的效果。社区矫正对象权利的保护是尊重和保障人权的基本要求，我国宪法也明文规定了"国家尊重和保障人权"，其中包括罪犯的人权。社区矫正对象是被置于社区进行矫正的罪犯，有的权利可能被剥夺或者限制，但基本权利必须得到保障。《社区矫正法》第四条第二款规定，社区矫正工作应当依法进行，尊重和保障人权。社区矫正对象依法享有的人身权利、财产权利和其他权利不受侵犯,在就业、就学和享受社会保障等方面不受歧视。《社区矫正法》第三十四条规定,开展社区矫正工作,应当保障社区矫正对象的合法权益。社区矫正的措施和方法应当避免对社区矫正对象的正常工作和生活造成不必要的影响;非依法律规定,不得限制或者变相限制社区矫正对象的人身自由。社区矫正对象认为其合法权益受到侵害的,有权向人民检察院或者有关机关申诉、控告和检举。受理机关应当及时办理,并将办理结果告知申诉人、控告人和检举人。

4. 分类管理与个别化矫正原则

众所周知,犯罪行为的表现形式是千差万别的,引起犯罪的原因也各不相同。因此,对服刑人员实行刑罚个别化,已是世界各国刑罚制度的一项重要原则。对社区矫正对象实行分类管理、个别化矫正是正确开展社区矫正工作,确保社区安全,提高社区矫正对象教育矫正质量,预防和减少犯罪的前提和基础,是衡量一个国家矫正工作水平的重要指标之一。

《社区矫正法》第二十四条规定,社区矫正机构应当根据裁判内容和社区矫正对象的性别、年龄、心理特点、健康状况、犯罪原因、犯罪类型、犯罪情节、悔罪表现等情况,制定有针对性的矫正方案,实现分类管理、个别化矫正。矫正方案应当根据社区矫正对象的表现等情况相应调整。第三十六条规定,社区矫正机构根据需要,对社区矫正对象进行法治、道德等教育,增强其法治观念,提高其道德素质和悔罪意识。对社区矫正对象的教育应当根据其个体特征、日常表现等实际情况,充分考虑其工作和生活情况,因人施教。第五十二条规定,社区矫正机构应当根据未成年社区矫正对象的年龄、心理特点、发育需要、成长经历、犯罪原因、家庭监护教育条件等情况,采取针对性的矫正措施。社区矫正机构为未成年社区矫正对象确定矫正小组,应当吸收熟悉未成年人身心特点的人员参加。对未成年人的社区矫正,应当与成年人分别进行。

《社区矫正法》之所以将分类管理、个别化矫正纳入工作原则,主要考虑了四类社区矫正对象适用社区矫正的情形和依据不同。管制、缓刑罪犯一般犯罪情节较轻;假释罪犯较管制和缓刑罪行严重,在就业、融入社会方面存在困难。暂予监外执行罪犯则是因为患有严重疾病或怀孕、哺乳自己婴儿,不适于关押而置于社区矫正的罪犯。四类矫正对象刑罚内容不同,违反法律、行政法规的法律后果也相差很大,社区矫正工作中应当关照罪犯个体的差异性,进行分类管理、个别化矫正,才能取得良好的矫正效果。

> **小贴士**
>
> 《中华人民共和国社区矫正法》是世界上第一部由主权国家颁布且适用于全国范围的统一的社区矫正法律,而且是由占世界五分之一人口并具有较为深厚的监禁执行历史传统的大国制定并实施的。《社区矫正法》主要以我国社区矫正的成功实践为基础制定,其中规定的社区矫正基本制度,具有明显的中国特色。具体如采用了"社区矫正"概念、采取了国家法律的立法形式、确定了身份单一的适用对象(社区矫正对象都是罪犯)、统一了社区矫正的执法队伍、规定了全国统一实行的法律制度等方面,均具有鲜明的中国特色。
>
> 在世界上一些国家中,包括美国、英国、加拿大、澳大利亚、新西兰、德国、法国、日本、俄罗斯,均未颁布国家立法机关制定的社区矫正法。芬兰在1996年颁布了《社区服务法》,不过该法仅仅涉及社区矫正的一个方面。俄罗斯和丹麦颁布了刑事执行法一类

的法律，但是，这些法律是综合性的刑事执行法律，而社区矫正仅仅是刑事执行领域的一个方面，因此，这些法律均不是内容全面的社区矫正法。目前的少数几个名称为"社区矫正法"的立法，都是一些层级较低的地方性立法，例如，美国亚拉巴马州、俄勒冈州和明尼苏达州的社区矫正法。

因此，可以说我国的《社区矫正法》向国际社会展示了中国刑事法律制度的创新，表达了中国在社区矫正方面的认识和探索，展示了中国在社区矫正领域的实践和经验，贡献中国在社区矫正研究和工作中的智慧，并且在国际社会社区矫正的发展历史上也具有重要的历史地位。

第二节　社区矫正个案矫正概述

一、社区矫正个案矫正的概念

（一）矫正的概念

矫正，又称矫治，原是医学上的专门用语，意指通过手术或药物治疗，使身体部位的形状或技能方面发生畸变的患者得到康复，以重新过上和正常人一样的生活过程。例如：矫正口吃、矫正斜视、矫正牙齿、矫正脊柱等。

"矫正"概念引入社会领域，成为司法方面的专门用语，意指国家司法机关和工作人员通过各种措施和手段，使犯罪者或具有犯罪倾向的违法人员得到思想上、心理上和行为上的矫正治疗，从而重新融入社会，成为其中正常成员的过程。

"矫正"概念在司法领域有较广泛的适用范围和较高的使用频率，例如：从制度的层面讲，它指的是刑罚和监狱制度及其功能，谓之"矫正制度"或"矫治制度"。从机构的层面讲，它指的是对罪犯行刑的领导机关或实施场所，谓之"矫正局""矫正所"。从理论的层面讲，它指的是刑法的指导思想或学说，谓之"矫正原则"或"矫正主义"。从实践的层面讲，它指的是国家行刑机关为预防罪犯再次犯罪而进行的活动，谓之"矫正工作"或"矫正措施"。可见，"矫正"是针对罪犯或有犯罪倾向的人所确立的司法制度和司法手段。司法领域的矫正制度和矫正措施有以下几方面的功能。[1]

1. 惩罚

矫正作为一种刑罚执行过程，给受刑人造成一定的损失和痛苦，使其对加害于他人或社会的行为作出补偿，这是矫正制度和措施所固有的基本属性。这种损失和痛苦包括：物质性的损失，如一定权益的被剥夺或限制；非物质性的损失，如名誉、地位受到损害。

2. 隔绝

矫正作为监狱制度的实施，起到了把受刑人与外部社会隔绝的作用，既表现为对受刑人自由权利的剥夺或限制，又大大减少了罪犯对整个社会和公民的危害，同时也为实施各种矫正措施提供了先决条件。

---

[1] 王思斌. 社会工作概论［M］. 北京：高等教育出版社，2014：342.

3. 威慑

矫正制度和措施对于受刑人所起到的惩罚和隔绝的作用，反映到社会一般成员的心理上，则会产生威慑、警戒的作用，使人们因对惩罚和隔绝的恐惧而不敢违法犯罪。

4. 改造

矫正制度的最终目的是改造罪犯，使罪犯通过一系列思想和行为的矫正治疗，最终成为无害于他人、有益于社会的新人。

（二）社会工作的概念

社会工作产生于西方国家工业化、城市化和从传统社会向现代社会的转变过程中，它是专业化的社会服务。本书所说的社会工作是由英文 social work 翻译过来的。在一些国家，这类服务活动又称社会服务（social service）或社会福利服务（social welfare service）。这里的"社会的"（social）一词有比较复杂的涵义，它可以指非经济（非牟利）的，可以指非生物个体的，并具有人与人之间关系的含义。这样，社会工作或社会服务、社会福利服务指的就不是纯物质性的帮助，而是指包含了人文关怀的人性化服务。它是以人为本，以帮助受助者走出困境为目的，同时又是非牟利的和专业化的服务。[①]

一百多年来，社会工作的内容和形式都发生了一些变化，比如当今社会工作对价值观的强调，对助人方法的注重，对助人过程的理解都是社会工作发展之初所不能比拟的。但是社会工作的基本内涵却是不变的，它是秉持助人的价值观，运用科学方法，帮助有困难的人走出困境的专业活动。社会工作是以利他主义价值观为指导的专业助人活动。

社会工作是复杂的社会活动，由于不同国家和地区社会工作实践的差异和复杂性，我们很难对之给出一个简洁的定义。如联合国 1960 年出版的《国家社会服务方案的发展》指出，社会工作是协助个人及其社会环境，以使其更好地相互适应的活动。弗瑞德·兰德（Fried Lander）认为，社会工作是以科学的知识和技能协助个人达到社会与个人的满足与自主的专业服务过程。芬克（Fink）认为社会工作是一种艺术和科学，它通过提供助人的服务来增强个人和团体的人际关系和社会生活功能。从上面的论述中可以看到对社工、科学知识和方法、改善受助者的不利处境、个人与社会环境更好地相互适应、人的发展等内容的强调。

综上，社会工作是秉持利他主义价值观，以心理学、社会学、管理学等知识为基础，运用科学的专业方法，帮助有需要的困难群体，解决其生活困境问题，协助个人及其社会环境更好地相互适应的职业活动。这一定义指出，社会工作本质上是一种职业化的助人活动，其特征是向有需要的人特别是困难群体提供科学有效的服务。社会工作以受助人的需要为中心，并以科学的助人技巧为手段，以达到助人的有效性。社会工作要做的是改变，包括改变受助者不适行为，改变他的不利境遇，改善当事人与环境的关系，促进人与环境的良性适应，以及促进人的发展。[②] 社会工作由以下五个要素构成。

1. 社工

社工是服务和帮助的提供者，是社会工作过程的首要构成部分，没有社工，社会工作活

[①] 王思斌. 社会工作概论 [M]. 北京：高等教育出版社，2014：342.
[②] 王思斌. 社会工作概论 [M]. 北京：高等教育出版社，2014：8-9.

动就无从谈起。社工不但持有利他主义的价值观,而且应该受过一定的科学训练,掌握科学有效的社会工作方法。社工可以指某一社会工作者个人,也可以指某一具体的社会工作机构。他们是社会问题的评估者、专业服务的提供者、服务过程的引领者和帮助者、改变行为的协助者。他们是社会工作的主体。

2. 受助者

受助者又称服务对象、工作对象或者案主。受助者是遇有困难,自己不能解决并愿意接受社工帮助的人。他们能够表达自己的意愿,并采取行动与社工互动,他们也是社会工作的主体。受助者是服务的接受者,没有受助者,社会工作就失去了必要性。另外,只有受助者的生活状态和心理状态得到改善才是社会工作成效的衡量标准。

3. 社会工作价值观

社会工作价值观是社工所持有的助人观念。它包括对助人活动的看法、对自己与受助者关系的看法等。社会工作的价值观是利他主义,尊重受助者的权利和选择。它认为社会工作是一种真正的服务过程,而不是社工在行使手中的权力。社会工作的价值观是社会工作的灵魂,这使它与其他助人活动区别开来。

4. 专业关系

专业关系是指社工基于专业服务的需要同受助者建立的关系。按照社会学的角色理论,它是社工与受助者两个角色之间的规范化的互动模式。社工在向受助者提供服务的过程中发生着频繁的互动,也会形成多种关系,其中既包括按规范行事的专业关系,也包括因深入交往而产生的、带有某种情感的人际关系。为了保障专业服务的展开和深入发展,达到预期的助人目标,社工要恪守专业关系。当然,在不同文化背景下,专业关系也可能会有各自的特点。

5. 助人活动

助人活动是社会工作的关键,它是助人愿望的传导者,同时也是助人和受助的实现过程。在助人活动中,社工传输的是精心考虑过的、科学的、能够满足受助者需要的信息和服务,而受助者输出的则是需要和对来自社工的帮助行为的理解和反应。助人活动是社工与受助者角色、文化、情景、传输手段等多种因素结合而成的行动体系。在某些场合,助人活动表现为干预行动,即社工对某些不合理或负面现象的干预,通过干预使这些现象得以向期望的方向转变。

(三) 个案社会工作的概念

个案社会工作,简称个案工作,是与团体社会工作、社区工作并列的社会工作三大直接服务方法之一。个案社会工作也是社会工作中发展早、较完善的工作方法,它以个人或家庭为主要的服务对象。个案社会工作由慈善活动发展为专业的助人活动,要求社工在社会工作专业价值理念的指引下,遵循社会工作的伦理守则,运用专业的技术和方法,运用个别化的方式对有需求的对象开展服务,解决困难,恢复功能。

随着社会变迁速度的加快,个人或家庭在社会生活中常常会遇到很多社会适应问题,如贫困、失业、疾病、人际关系紧张、工作压力和家庭破裂、吸毒、酗酒等。当这些问题超出了他们本身的力量所能解决的限度时,就需要寻求社会专业人士的帮助。有些问题并不是靠社会制度或社会政策的制定就能预防或解决的,而是需要运用各种社会工作的方法帮助个人或家庭挖掘个人发展潜能,端正社会角色的认识,满足社会生活上的需求,调整社会生活环境，以增强个人或家庭的社会适应能力。

在社会工作专业发展的近百年历程中，个案社会工作的服务内容在不断地发展变化，国内外学者从不同的角度或侧重点对个案社会工作进行研究并给出不同定义。如社会工作的奠基者玛丽·里士满（Mary Richmond）认为"个案社会工作包含着一连串的工作过程，它以个人为着眼点，通过对个人以及所处社会环境作有效的调适，以促进其人格的成长"。这是个案社会工作最早的定义。美国社会工作学者鲍尔斯（Swithum Bowers）认为，个案工作是一种艺术，这种艺术以人际关系的科学知识和改进人际关系的专业技术为依据，启发和运用个人的潜能和社区的资源，促使案主与其所处的环境（部分或全部）之间有较佳的调适关系。另外，他还强调科学化的人际关系和知识及技巧是服务的基石。他的这一定义被认为是最具有代表性的定义。1994年5月出版的《中国社会工作百科全书》在研究总结既有定义基础上，对个案社会工作作了如下概括："个案社会工作是社会工作中的一种基本方法，以个别方式，对感受困难、生活失调的个人或家庭（案主）提供物质帮助、精神支持等方面的服务以解决他们的问题，增强其社会适应能力。"[1] 从上述定义中，我们不难发现，学者的研究角度不同、侧重点不同，那么最终形成的定义也不甚相同。总的说来，个案社会工作的概念应当包括以下内容：个案社会工作首先是一个助人的活动过程；个案社会工作需遵循社会工作的基本理念、价值观，运用专业的技术和方法开展服务；个案社会工作是一门专业的工作方法，它与一般的志愿者公益活动有根本不同，具有很强的专业性；个案社会工作是以个人或家庭为服务对象，调动自身及其周围的资源改善个人与社会环境之间的适应状况的活动；个案社会工作是一系列的工作过程，它包括社工与服务对象一对一的相互影响、相互作用的过程；个案社会工作的过程是解决问题、恢复功能、激发潜力的过程；个案社会工作的目标是通过个人和社会的良性互动，实现个人和社会的福祉。

综上，个案社会工作是指专业社工以专个个案社会工作，即社工在"助人自助"的价值理念指导下，采取一对一、面对面的服务方式，针对有需求、遇到困难的个人或家庭运用专业的工作方法或技巧，提供物质和精神方面的服务，旨在帮助服务对象（案主）解决困难、激发潜能，实现个人或家庭的发展功能，增强其社会适应能力。[2]

（四）矫正个别化的概念

根据《社区矫正法》第三条、第二十四条和第三十六条的规定，社区矫正工作实行分类管理、矫正个别化，尊重个体差异，根据社区矫正对象的具体情况因人施教。矫正个别化即个性化矫正，是在刑事执行阶段落实刑罚个别化的重要举措，是犯罪治理理念与路径升级，从事后惩罚向事前预防的重大转型，也是社区矫正走向成熟的必然选择，其内容不仅包括根据矫正阶段和犯罪类型的不同实施差异化监督管理，还包括根据社区矫正对象的不同类型给予教育和帮扶措施的区别对待。[3] 因此，针对社区矫正对象的危险程度、心理状态和实际需求，实施矫正个别化具有重要意义。

刑事执行是整个刑事法律程序中浓墨重彩的一笔，关系着法律目标的最终实现。已经达成共识的是，一般预防与特殊预防作为刑罚的目的同时存在，在刑事执行阶段应当优先考虑

---

[1] 许莉娅. 个案工作 [M]. 2版. 北京：高等教育出版社，2013：2-3.
[2] 董云芳，王春燕，张健. 个案工作 [M]. 济南：山东人民出版社，2012：2-3.
[3] 王爱立. 中华人民共和国社区矫正法解读 [M]. 北京：中国法制出版社，2020：132.

特殊预防，将犯罪人的重新社会化作为"执行"的目标。在刑事执行过程中，重在特殊预防兼顾一般预防，此阶段需要以矫正个别化为基本理念，考虑犯罪人的不同情况，制定有针对性和有效性的矫正方案，消除其内在犯罪动机，增强其对外部不良环境的行为控制能力，真正实现改善犯罪人的目的。矫正个别化是实现特殊预防进而实现刑罚正义、促进罪犯矫正的具体路径，是以人为本思想在刑事执行阶段的落实，对于犯罪人回归社会具有重要意义。

基于社区矫正预防、减少犯罪和促使犯罪人顺利回归社会的双重目标，在个别化矫正过程中，既不能完全采用重刑主义策略，也不能陷入泛爱模式的人道主义泥沼，而应以社区矫正对象的人身危险性程度和个人实际情况设计不同的矫正方案。

这种依据社区矫正对象再犯风险程度的高低确定矫正强度，根据社区矫正对象的具体情况，充分考虑犯因性需求，寻找并按照最佳证据，结合个人特点和意愿来实施矫正活动，并根据社区矫正对象不同阶段证据的变化调整矫正措施的支持方式，体现了循证矫正的思维，[①] 有利于在行为监督与矫正恢复之间实现平衡。

（五）矫正社会工作的概念

矫正社会工作是社会工作在矫正体系中的运用。它是指专业人员或志愿人士，在专业价值观指引下，运用专业理论和方法、技术，为罪犯（或具有犯罪危险性的人员）及其家人，在审判、监禁处遇、社会处遇或刑释期间，提供思想教育、心理辅导、行为纠正、信息咨询、就业培训、生活照顾以及社会环境改善等，使罪犯消除犯罪心理结构，修正行为模式，适应社会生活的一种福利服务。[②] 矫正社会工作包括以下四方面的含义。

1. 矫正社会工作是一种社会福利服务

社会工作作为一种职业，本身就是在社会福利制度内的各种专业化服务，是社会福利的发送渠道和实现环节。矫正社会工作也具有社会工作的基本属性，它同儿童、妇女、老年、残疾人等领域的社会工作一样，是通过组织动员社会资源，改善处在困难处境中的社会成员的生活状况，使之适应社会生活的一种带有福利性的社会服务和保障。矫正社会工作同其他领域社会工作相区别的只是服务的对象较为特别。

2. 矫正社会工作是为特殊社会弱势群体——罪犯或违法人士提供的福利服务

罪犯或具有犯罪危险性的违法人士的行为对社会和他人的利益造成了损害，从这个角度讲，他们是社会安全和公众利益的危害者，似乎是强者。而实际上，这些人之所以违法犯罪，很重要的原因是其社会化过程的阻断或弱化造成社会适应能力的降低甚至消失。他们无法通过社会公众所认可的途径和方法来维持其在社会中的正常生活。所以从这一角度讲，他们是社会的弱者。尤其当他们的行为被社会判定为违法或犯罪，受到社会的制裁和惩处时，其社会地位更处于与社会主流背离的不利层面，是社会的一个特殊弱势群体。

3. 矫正社会工作是司法矫正体系中的社会福利服务

首先，矫正社工所从事的福利服务有其法律上的依据。许多国家和地区对于此类服务都有立法方面的规范，矫正社会工作是依法提供的社会福利服务。其次，矫正社会工作贯穿于对罪犯进行司法矫正的各个方面以及整个过程，包括审判、监禁处遇、社会处遇以及刑释等

[①] 肖乾利. 社区矫正基本问题研究［M］. 北京：法律出版社，2022：239.
[②] 王思斌. 社会工作概论［M］. 北京：高等教育出版社，2014：342-344.

各个环节。最后，矫正社会工作的目的与司法工作的目的相一致，即预防犯罪、维护社会安全。所以说，矫正社会工作是司法矫正体系的有机组成部分。

4. 矫正社会工作是一种专业化的社会福利服务

对罪犯的矫正是个复杂的、长期的、系统的工程，需要由各方面的专业人士共同合作才能达到目的。矫正社工是矫正团队中的重要成员，他同其他成员的区别点就在于：他是在社会工作专业价值观指引下，运用专业理论和方法、技术，为罪犯（或具有犯罪危险性的人员）及其家人提供服务。在任何一种处遇方式中，个案社会工作都是最普遍运用的服务模式。通过社工与受助人之间建立的专业关系，使矫正的目标在个案工作过程中得以实现。如果将相同类型的罪犯作为一个团体进行矫治，那么就运用了团体社会工作的方法。至于在社区处遇的诸多方式中，运用社区资源以协助罪犯及其家庭，则必须将社区工作的方法作为主要手段。故此，社会工作的专业服务在矫正过程中发挥着不可替代的重要作用。

（六）社区矫正个案矫正的概念

社区矫正个案矫正，是指基于刑事个别化原则，社区矫正机构依据社区矫正对象产生犯罪的不同问题，采用有针对性的治疗、调适、干预和教育等技术，达到特定矫正目的的专门活动。具体说来，个案矫正是指社区矫正机构以社区为依托，根据社区矫正对象的需求、人身危险性、心理行为特点、行为认知情况、犯罪原因和矫正的难易程度等，运用个案社会工作方法和技术，由社区矫正工作者对被判处管制、缓刑、单处剥夺政治权利、假释和暂予监外执行的犯罪人，根据他们存在的不同引发犯罪或可能引发再次犯罪的生物生理、心理和环境问题，所制定的有针对性的治疗、干预、调适、教育等方案和把方案付诸实施的活动。

社区矫正个案矫正对提高矫正质量、降低重新犯罪率具有重要的意义。个案矫正工作贯穿社区矫正工作的始终，由于社区矫正对象自身在认知、情绪、行为等方面存在或多或少的问题，因此，通过个案矫正的方法对其进行个别化介入是矫正社会工作服务最重要的环节之一。[①]

在开展针对社区矫正对象个人的个案矫正中，要系统地运用个案社会工作的基本服务方法和服务技巧。第一，正式接案，并和社区矫正对象正式建立合作关系。在此基础上，针对个案社区矫正对象进行相关资料的收集和整理，再进行预估，确定社区矫正对象的基本问题。第二，与社区矫正对象共同制定个案矫正目标和计划。第三，运用个案社会工作服务技巧，按照所制定的服务计划开展服务。在这个过程中，涉及很多具体的个案工作技巧，除了一些基本的个案工作技巧（如倾听、聚焦、面谈等），也有很多系统的理论和方法可以选择（如心理社会治疗模式、危机干预治疗模式、行为治疗模式、人本治疗模式、理性情绪治疗模式等），具体的服务技巧需要在个案服务中根据社区矫正对象的具体情况而定。第四，评估。要对整个个案矫正服务进行过程评估和结果评估，评估可由与社区矫正机构有正式合作关系的第三方评估机构进行。第五，结案和跟进。在评估之后，如果达到预期目标或者因为一些特殊原因需要提前结束服务时，个案矫正服务即进入结案阶段。结案意味着一段服务的结束，对社区矫正对象结案后的生活应给予鼓励，并通过定期回访等形式对社区矫正对象进行后续的跟进。

---

① 范燕宁，谢谦宇，罗玲，等. 社区矫正社会工作 [M]. 北京：中国人民公安大学出版社，2015：102.

在面向个案社区矫正对象的个案矫正服务中，要特别注意对社区矫正对象的认知、行为及社会交往模式方面的矫正，很多社区矫正对象在这些方面存在问题，他们的违法犯罪行为也往往与此有关。在个案矫正工作过程中，一定要结合社区矫正对象自身的具体情况，考虑社区的环境资源状况，选择合适的方法进行适度干预。

个案矫正还包括面向家庭的个案矫正，以家庭为个案矫正的服务对象。很多社区矫正对象的家庭是其问题的根源，家庭结构、家庭关系和家庭互动模式都会对社区矫正对象的认知、情感、性格产生影响，从家庭入手进行个案矫正能够有效地解决社区矫正对象所面临的问题，起到良好的矫正效果。在这个过程中，需要掌握基本的家庭治疗方法和技巧。例如，熟悉家谱图技术，能运用家谱图理解社区矫正对象的问题与家庭的关联，促进社区矫正对象及其家人对社区矫正对象的适应性问题或犯因性问题等建构更为恰当的理解。

二、社区矫正个案矫正的特点

（一）环境的开放性

社区矫正个案矫正的环境是社区。社区是和一定区域相联系的社会生活的共同体。社区环境是开放的，它的核心要素是有一套相互配合的、适应社区生活的制度和相应管理机构；一套相对完备的生活服务设施；基于一定的经济、社会发展水平和历史文化传统的社区文化、生活方式以及与之相连的社区成员对所属社区在情感上和心理上的认同感和归属感。目前我国社区矫正中的社区，在城市以由若干个居民委员会构成的街道为基本社区，在农村以由若干个村民委员会构成的乡镇为基本社区。社区矫正个案矫正即是在将社区矫正对象置于社区，对其人身自由进行一定程度的限制的前提下进行的。这种环境的开放性，为社区矫正个案矫正提供资源的同时也增加了矫正工作的难度，所以，社会工作者应因地制宜，因人而异，运用个案工作的方法，逐一开展个案矫正工作。

（二）主体的专门性和特定性

个案矫正工作的主体只能是社区矫正机构工作人员和在其指导下开展工作的社区矫正社会工作者及志愿者。从实践来看，个案矫正的具体工作主要由具有专业知识和实践经验的社区矫正社会工作者承担。接受矫正的主体，即社区矫正对象是被依法判处管制、缓刑、假释和暂予监外执行的罪犯。显然，目前我国社区矫正尚未构建起专门的矫正机构，未形成一支专门的、职业化的矫正工作者队伍，社区矫正对象范围相对较小，矫正项目也比较简单。但随着我国刑罚制度的日趋现代化、行刑理念的变革、司法体制改革的加快、社区矫正试点的扩大，通过法律设置专门的社区矫正机构、全面推行社区矫正和全面实施《社区矫正法》，将是我国社会主义法律制度及体系改革发展的一项重要任务。主体的专门性和特定性，也将是社区矫正个案矫正的特点之一。

（三）目标的特定性

有针对性地消除可能重新犯罪的因素，帮助社区矫正对象顺利融入社会，成为守法公民，预防和减少犯罪，维护社会稳定，是社区矫正的根本目标。通过采取分类管理、个别化矫正的方式，有针对性地消除社区矫正对象可能重新犯罪的因素，帮助其成为守法公民，既是个案矫正服务的内容，也是个案矫正服务的目的。尽管对每个社区矫正对象采用的矫正内容和技术不同，其直接目的和任务也各不相同，但使其成为守法公民，是社区矫正机构和个案矫正的根本目标。

（四）时间的限定性

对社区矫正对象实施个案矫正的时间是确定的，即只能在社区矫正期间实施个案矫正。正常情况下，矫正期限届满即结束个案矫正工作。如果社区矫正对象在矫正期间重新犯罪或因违反法律、社区矫正的监督管理规定而被撤销缓刑、撤销假释收监执行，或者适用暂予监外执行情形消失而被收监执行的，即使个案矫正的任务没有完成，社区矫正期间的个案矫正工作也必须结束。

（五）关系的专业性

社区矫正个案矫正是以矫正关系为基础进行的一项专门活动。社区矫正社会工作者是执行矫正职能的专业人员。矫正社会工作者与社区矫正对象的关系是为实现社区矫正对象顺利融入社会，预防和减少犯罪的目标而结成的专业工作关系。在工作过程中，社会工作者必须明确自己在矫正关系中的职责和角色，运用相关社会工作的知识与技术，以社区矫正对象为中心，为其提供专业化服务。

（六）工作的科学性和技术性

个案矫正工作是以科学的专业知识为基础，运用严谨的科学方法与技术，具有独特的工作形式与职业道德，提供系统专业教育和专业培训，需要相当丰富的实践经验，所以个案矫正工作的方法具有鲜明的科学性和技术的可操作性。在个案矫正中，除了一些基本的个案工作技巧（如倾听、聚焦、面谈等），也有很多系统的理论和方法可以选择（如精神分析个案矫正模式、人本主义个案矫正模式、认知行为个案矫正模式、家庭治疗个案矫正模式等），在个案矫正工作过程中，一定要结合社区矫正对象自身的具体情况，考虑社区的环境资源状况，选择合适的方法进行适度干预。

（七）过程的系统性

个案矫正特别重视探索社区矫正对象的外部生活环境和内在需要之间相互作用所带来的影响。因为外部环境问题往往造成内在心理问题，而内在心理问题又会加剧外部环境问题，它们相互影响，形成复杂的社会心理问题。因此，在个案矫正工作的过程中，运用系统论的思想，注意挖掘利用社区矫正对象所处环境中的一切物质和精神资源，改善其所处的社会环境，促使社区矫正对象及其家庭改变其内在的生活态度、行为模式，强化其社会适应能力。

三、社区矫正个案矫正的属性

（一）社区矫正个案矫正是刑事个别化的具体体现

社区矫正个案矫正，是指基于刑事个别化原则，社区矫正机构依据服刑人员产生犯罪的不同问题（犯因性问题和适应性问题等），采用有针对性的治疗、调适、干预和教育等技术，达到特定矫正目的的专门活动。个别化（individualization），简单地说就是指承认和尊重人的差异性。法律上的个别化，主要指分析法学理论中的法律个别化和刑事法学理论中的刑事个别化。刑事个别化是指刑罚立法设置、刑罚适用和刑罚实现，必须依据犯罪人的犯罪原因的差异，进行立法、裁判和执行的问题。[1]

---

[1] 宋行. 服刑人员个案矫正技术[M]. 北京：法律出版社，2006：1-2.

社区矫正个案矫正的外在表征是将社区矫正对象置于社区进行矫正,通过必要的监督限制社区矫正对象的人身自由,基本属性是作为监禁的替代措施和非监禁刑的非刑罚化处遇。因此社区矫正个案矫正是刑事个别化的具体体现。

(二)社区矫正个案矫正属于社会工作的范畴

社区矫正个案矫正需遵循社会工作的基本理念、价值观,运用专业的技术和方法开展服务。因此,从其性质上,社区矫正个案矫正属于个案社会工作方法。个案社会工作是社会工作三大方法之一,是由专业社工通过直接的、面对面的沟通方式,运用有关人员和社会的专业知识和技术,对个人或家庭提供心理调适和环境改善等方面的支持和服务。其目的在于协助个人和家庭充分认识自身拥有的资源和潜能,完善人格和自我,增强其适应社会和解决困难的能力,从而达到个人或家庭的良好状态。

社区矫正对象个案矫正是以社会工作的基本理论为基础,吸取心理学技术的一种特定的以人为对象的活动。因而,社区矫正对象个案矫正;与个案社会工作方法一样,同样具有服务、救助、帮助等基本属性。

在社区矫正的实践工作中,影响人们把服刑人员的个案矫正工作纳入社会工作领域的主要因素,是矫正关系的建立。基于犯罪是阶级对立关系这一哲学上的本质认识和矫正在刑罚执行中的嵌入,认为强制是矫正关系的本质属性。社会工作尤其是个案社会工作关系的建立,是以工作对象的自愿为前提和基础的。仅有压力源,是无法获得有效矫正的,因为人类行为总是在其动机的驱动下进行的。无论服刑人员基于自由、物质、精神还是其他需要的满足,只有其形成了矫正的内驱力,才能自觉地接受矫正和达到有效矫正。在我国一些社区矫正工作试点中,开始试行矫正机构提出矫正意见、服刑人员自愿接受矫正和法院在此基础上做出相应刑事判决的样式。刑事和解也在我国刑事司法实践中开始试用。这无疑突破了人们传统的司法理念,为建立以"信任"和"助人自助"为基础的矫正关系,提供了实践支撑。

四、社区矫正个案矫正的任务

社区矫正个案矫正的任务是由社区矫正机构的性质、目的和职责所决定的。主要有以下任务。

(一)消除犯因性问题

消除犯因性问题是个案矫正的根本任务。通过运用建立关系技术、资料收集技术、个案概念化技术、干预技术等,帮助社区矫正对象正确认识引发或可能引发其犯罪的犯因性问题,采取针对性措施进行矫正,促进社区矫正对象的心理健康、正确的行为认知,提高其社会生活适应能力,防止社区矫正对象产生新的可能引发犯罪的犯因性问题,避免其重新犯罪,实现预防和减少犯罪,维护社会和谐稳定的目的。这是个案矫正的根本任务,也是社区矫正机构的核心任务。

(二)解决适应性问题

社区矫正对象在矫正期间,因生活在开放的社区,所以不可避免地会受到各种各样的生活事件或行为的影响,这些影响会造成社区矫正对象新的应激行为反应,表现为适应上的困难。这些应激反应,往往会通过各种不良行为方式甚至是犯罪的形式表现出来。不仅影响社区的安全和正常秩序,更有可能形成新的引发社区矫正对象犯罪的犯因性问题。保证社区的安全和秩序、维护社会的和谐稳定是开展社区矫正的前提和保障。因此,针对社区矫正对象在矫正期间出现的生理、心理和环境问题,进行必要的调适、治疗、教育等,防止社区矫正对象产生应激反应,提升对身份和环境的适应,是社区矫正机构对社区矫正对象进行个案矫正的一项首要任务。

(三) 帮助社区矫正对象重新融入社会

每一个人从自然人转化为社会人都必须经历社会化的过程。个案矫正促进社区矫正对象的再社会化。再社会化,又称重新社会化,是指原有社会化失败之后不得不进行重新社会化,或者原有社会化的环境、社会规范、价值标准等发生了改变,必须重新学习以适应社会的要求。社会化,是指个体在特定的社会文化环境中,学习和掌握知识、技能、语言、规范、价值观等社会行为方式和人格特征,适应社会并积极作用于社会的过程,是人与社会交互作用的结果。每个人必须经过社会化才能使外在于自己的社会行为规范、准则内化为自己的行为标准,这是社会交往的基础,并且社会化是人类特有的行为,只有在人类社会中才能实现。社会化涉及两个方面:一是社会对个体进行教化的过程;二是与其他社会成员互动、成为合格的社会成员的过程。用弗洛伊德的话说,社会化就是个人学习控制天性的冲动,就是"把野兽关到笼子里"。当一个人背离了当时的社会规范和价值标准,甚至实施了违法犯罪行为,说明其社会化失败了,必须由特定的机构(如监狱、社区矫正机构等)对其进行强制再社会化。通过再社会化,可以习得一定的劳动技能,树立法制观念,增强社会责任感,改变过去的恶习和生活方式等,促使其由被迫接受矫正向自我约束、自我教育的状态过渡。所以,这里的"再社会化",是指"改变原已习得的价值标准和行为规范,建立新的价值标准和行为规范,确立新的生活目标的过程"[①]。

社区矫正工作并不是简单地帮助社区矫正对象去处理所遇到的问题,而是协助其通过自身的努力,独立面对问题、处理问题,从而改变生活状态,并重新建立与家庭、社会、环境的良性关系,重新融入社会。

> **小贴士**
>
> 将社区矫正对象的居住地作为社区矫正执行地,而不是以社区矫正对象户籍所在地作为社区矫正执行地,这考虑了我国人口流动性大的实际情况,极大方便了社区矫正对象的生活和工作。具有中国特色的社会主义社区矫正法律制度,在刑事执行中认真考虑了社区矫正对象的合理关切和切身利益。这也充分体现了党的二十大报告中所主张的以人民为中心、重视人的全面发展的人本主义精神。

(四) 联系和整合社区矫正资源

社区矫正个案矫正工作主体的多元性,需要针对社区矫正对象的个案特征进行资源整合。《社区矫正法》第十三条明确规定:"国家鼓励、支持企业事业单位、社会组织、志愿者等社会力量依法参与社区矫正工作。"社区矫正个案矫正工作是一项综合性的社会系统工程,需要建立以政府为主导,全社会共同参与的工作格局,走专门机关与群众路线相结合的

---

① 周晓虹. 现代社会心理学 [M]. 上海:上海人民出版社,1997:161.

综合治理之路。通过动员和组织社会各方面力量积极参与社区矫正工作，整合并利用社会资源，发挥各自优势，对社区矫正对象开展工作，提高矫正质量和水平，既是社区矫正个案矫正工作的一大特色，也是社区矫正个案矫正工作的一大优势。正因为如此，社区矫正工作的主体就具有多元化的特点，既有社区矫正机构的专门国家工作人员，又有在其指导下开展工作的社工、社会志愿者；既有社区矫正机构开展社区矫正工作，又有企事业单位、社会组织、社会团体等参与社区矫正工作。

社工一方面在工作过程中集合案主本身的资源，协调各种社会资源为案主服务；另一方面帮助案主协调与他人、家庭、社会环境的关系，整合各种社会力量，共同参与社区矫正，针对每个社区矫正对象的特殊情况制定矫正方案，为社区矫正对象获得救助、学习技能、接受教育、提高生存能力和社会适应能力拓宽渠道和资源，增强案主的社会适应能力。

（五）解决社区矫正对象的现实问题和心理问题

助人是社区矫正个案矫正的另一重要本质特征，也是个案矫正的重要功能之一。社区矫正对象往往存在以下问题：一是心理失调或对环境感到不适等问题，导致其社会化进程未全面完成；二是社区矫正对象遇到各种困难，如家庭经济困难、没有固定住所、疾病、社交困难、工作压力过大造成心理失衡、人际关系紧张等，这些困难严重地影响了社区矫正对象正常的生活和工作；三是难以实现自身发展。有的社区矫正对象囿于自己的罪犯身份，缺乏实现自身发展的动力和信心，难以发现和发挥自身的潜能，遇到困难后不知所措，难以克服。这些困难或问题都有可能成为引发社区矫正对象重新犯罪的原因。造成这些问题的原因，一方面是社区矫正对象外在的个人生活环境发生急剧变化所带来的一系列困扰。这个外在环境，既包括宏观的社会大环境的变化，如形势政策的变化、社会转型、产业结构的升级等，也包括个人生活的小环境的变化，如家庭、人际关系、职业、生理状况、个人身份的变化等。另一方面，是由于社区矫正对象个人内在人格不够完善导致不适当的心理状态和机制，使行为方式、处世态度发生偏差，产生焦虑、不安、忧郁、紧张、无能感与无助感等消极情绪反应。

社区矫正机构矫正资源的有限性和法治要求下的权力边界的有限性，客观上要求社区矫正对象个案矫正还必须具有社会化特性。要提高社区矫正对象个案矫正的有效性，必须建立起良好的社会支持系统，为社区矫正机构的个案矫正提供必要的资源。通过经济补助、低保、医保等社会保障措施，改善社区矫正对象生存条件，解决其生活困难；通过职业介绍或提供免费的职业培训，促进其自身发展；通过调解和协调与家庭成员、同事的人际关系来改善其个人生活环境，创造一个使其得以变好的环境，避免极端行为的产生，从而起到预防其重新犯罪的作用。

针对社区矫正对象出现的心理、人格或行为问题，社工遵循助人自助的理念，运用个案社会工作相关理论和工作方法开展心理调适和矫治，帮助社区矫正对象消除各种不良心理，改变其认知和行为，使其走出困境。社工通过提供个案服务和心理支持，恢复社区矫正对象因为身体或心理障碍造成的功能失调，激发社区矫正对象潜能，提升其信心、决心，进而增强解决问题的能力，最终使其能够逐渐适应环境，获得个人的成长，在未来的生活中有能力解决自身的问题，防止心理、行为发生越轨或再次陷入困境。本书主要介绍个案矫正的干预技术，并未涉及诸如解决现实问题等个案矫正的其他内容。

案例速递

社区矫正对象孙某某撤销缓刑监督案
（检例第131号）

【关键词】

社区矫正监督　违反规定外出　出境　调查核实　撤销缓刑

【要旨】

人民检察院应当加强对社区矫正机构的监督管理和教育帮扶社区矫正对象等社区矫正工作的法律监督，保证社区矫正活动依法进行。人民检察院开展社区矫正法律监督，应当综合运用查阅档案、调查询问、信息核查等多种方式，查明社区矫正中是否存在违法情形，精准提出监督意见。对宣告缓刑的社区矫正对象违反法律、行政法规和监督管理规定的，应当结合违法违规的客观事实和主观情节，准确认定是否属于"情节严重"应予撤销缓刑情形。对符合撤销缓刑情形但社区矫正机构未依法向人民法院提出撤销缓刑建议的，人民检察院应当向社区矫正机构提出纠正意见；对社区矫正工作中存在普遍性、倾向性违法问题或者有重大隐患的，人民检察院应当提出检察建议。

【基本案情】

社区矫正对象孙某某，男，1978年9月出生，2016年7月6日因犯非法买卖枪支罪被天津市滨海新区人民法院判处有期徒刑三年，宣告缓刑四年，缓刑考验期自2016年7月17日至2020年7月16日止。孙某某在北京市海淀区某镇司法所接受社区矫正。2019年，北京市海淀区人民检察院在日常监督时发现孙某某存在未经批准擅自外出、出境等应当撤销缓刑情形，依法监督社区矫正机构提请人民法院对孙某某撤销缓刑，收监执行原判有期徒刑三年。

【检察机关履职过程】

线索发现　2019年，海淀区人民检察院在日常监督中发现，社区矫正对象孙某某在被实施电子监管期间，电子定位轨迹出现中断情形，孙某某可能存在故意逃避监管等违法违规行为。

调查核实　海淀区人民检察院开展了以下调查核实工作。一是通过查看社区矫正综合管理平台和社区矫正档案，发现司法所对孙某某进行监督管理时，缺乏实地查访、信息核查等监管措施。二是向铁路、航空、出入境等部门调取孙某某社区矫正期间出行信息，并与请假批准手续记录对比，发现孙某某在被实施电子监管期间故意对电子定位装置不充电擅自外出一次，在被摘除电子定位装置（因法律法规调整，孙某某不再符合使用电子定位装置条件）后又利用每个月到司法所当面报到的间隔期间擅自外出20余次，最长一次达19天，其中违法出境2次、累计11天。三是对孙某某进行询问，其对未经批准擅自外出的事实予以承认。

监督意见　海淀区人民检察院经审查认为，孙某某在社区矫正期间多次违规外出并两次违法出境，违反了《中华人民共和国刑法》第七十五条、《中华人民共和国出境入境管理法》第十二条及《社区矫正实施办法》（2020年7月1日废止，有关规定内容被2020年7月1日起施行的《中华人民共和国社区矫正法实施办法》吸收）第二十五条规定，且情节严重，于2019年5月24日向海淀区司法局提出纠正意见，建议其向法院提出撤销缓刑建议。同时，向海淀区某镇司法所制发《纠正违法通知书》，依法纠正社区矫正监管教育措施落实不到位等问题。为促进本辖区社区矫正工作全面规范提升，海淀区人民检察院对近三年办理的社区矫正监督案件进行全面梳理，针对发现的监督管理中存在的普遍性、倾向性问题，于2019年10月21日向海淀区司法局发出《检察建议书》，建议：建立有效监督管理机制，综合运用实地查访、信息化核查、通信联络等方式，准确掌握社区矫正对象实际情况；加强与出入境管理部门以及公安派出所的沟通协作和信息互通，采取有效措施防止社区矫正对象违法出境和违规外出等问题的发生。

监督结果　2019年6月19日，海淀区司法局向天津市滨海新区人民法院制发《撤销缓刑建议书》。2019年7月22日，滨海新区人民法院作出刑事裁定，撤销孙某某宣告缓刑四年，收监执行原判有期徒刑三年。同时，海淀区司法局采纳检察建议进行了整改：一是完善自身督察机制。采取专项督察、定项督察、随机督察、派驻督察等方式，进一步强化社区矫正监管教育措施的落实；二是完善与出入境管理部门及公安派出所的协作和信息互通机制。在采取原有出入境备案措施基础上，全面落实社区矫正对象护照、港澳台地区通行证暂停使用制度；同时加强与公安派出所的信息互通机制，及时排查社区矫正对象有无违规出行和违法出境等情况；三是加强社区矫正与法律监督配合机制。邀请检察机关共同研判社区矫正执法风险、开展线上线下警示教育，形成司法合力，以监督促社区矫正规范提升；四是对相关责任人员予以党政纪处分。

第二章　社区矫正个案矫正的准备

本章导图

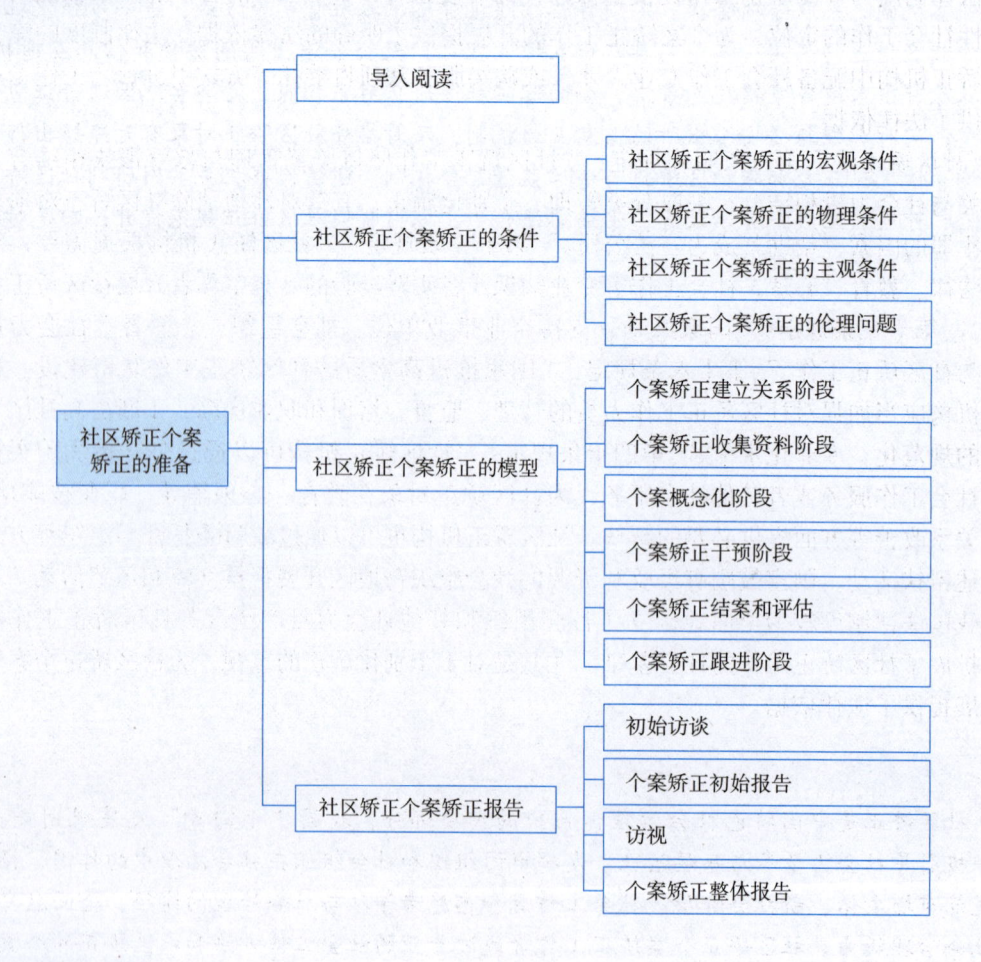

```
社区矫正个案矫正的准备
├── 导入阅读
├── 社区矫正个案矫正的条件
│   ├── 社区矫正个案矫正的宏观条件
│   ├── 社区矫正个案矫正的物理条件
│   ├── 社区矫正个案矫正的主观条件
│   └── 社区矫正个案矫正的伦理问题
├── 社区矫正个案矫正的模型
│   ├── 个案矫正建立关系阶段
│   ├── 个案矫正收集资料阶段
│   ├── 个案概念化阶段
│   ├── 个案矫正干预阶段
│   ├── 个案矫正结案和评估
│   └── 个案矫正跟进阶段
└── 社区矫正个案矫正报告
    ├── 初始访谈
    ├── 个案矫正初始报告
    ├── 访视
    └── 个案矫正整体报告
```

导入阅读

　　社区矫正是对社区矫正对象开展的矫正其犯罪心理和行为恶习，并促进其顺利回归社会的非监禁刑罚执行活动。社区矫正工作实行分类管理、矫正个别化，尊重个体差异，根据社区矫正对象的具体情况因人施教。党的二十大报告指出，要坚持以人民为中心的发展思想，维护人民根本利益，增进民生福祉，不断实现发展为了人民、发展依靠人民、发展成果由人

民共享，让现代化建设成果更多更公平惠及全体人民。社区矫正的个案矫正体现了对矫正对象个别化矫正的重视，关注个案中的矫正对象的生命尊严、学习生活、个人发展，致力于通过个别化的矫治技术，实现作为个体的人的适应、康复和发展。

第一节　社区矫正个案矫正的条件

一、社区矫正个案矫正的宏观条件

（一）社区矫正个案矫正的制度条件

法律制度为社区矫正工作提供了保障性的制度条件。《社区矫正法》确立了社区矫正中矫正性社会工作的定位，为个案矫正工作的开展提供了明确的法律依据。法律制度的完善为社区矫正机构中配备社会工作专业人才，或购买服务和项目委托等方式引进社会工作专业力量提供了法律依据。

《社区矫正法》第三条明确规定："社区矫正工作坚持监督管理与教育帮扶相结合，专门机关与社会力量相结合，采取分类管理、个别化矫正，有针对性地消除社区矫正对象可能重新犯罪的因素，帮助其成为守法公民。"第十一条规定："社区矫正机构根据需要，组织具有法律、教育、心理、社会工作等专业知识或者实践经验的社会工作者开展社区矫正相关工作。"第十三条规定："国家鼓励、支持企业事业单位、社会组织、志愿者等社会力量依法参与社区矫正工作。"第十六条规定："国家推进高素质的社区矫正工作队伍建设。社区矫正机构应当加强对社区矫正工作人员的管理、监督、培训和职业保障，不断提高社区矫正工作的规范化、专业化水平。"第四十条规定："社区矫正机构可以通过公开择优购买社区矫正社会工作服务或者其他社会服务，为社区矫正对象在教育、心理辅导、职业技能培训、社会关系改善等方面提供必要的帮扶。社区矫正机构也可以通过项目委托社会组织等方式开展上述帮扶活动。国家鼓励有经验和资源的社会组织跨地区开展帮扶交流和示范活动。"

我国法律制度较为全面地确立了社会组织和其他社会力量广泛参与社区矫正工作的机制，扩展了社区矫正工作的社会基础。尤其是对于个别化矫正的重视，为社区矫正个案矫正的开展提供了法律依据。

> **小贴士**
>
> 社区矫正是中国特色社会治理体系中的重要部分，我国"十四五"发展规划提出，要积极引导社会力量参与基层治理，发挥群团组织和社会组织在社会治理中的作用，畅通和规范市场主体、新社会阶层、社会工作者和志愿者等参与社会治理的途径，全面激发基层社会治理活力。社区矫正个案矫正工作者通过专业的社会工作方法和社区矫正的个案矫治技术，为构建共建共治共享的社会治理体系贡献自己的力量。

（二）社区矫正个案矫正的现实条件

社区建设为推行社区矫正制度提供了现实条件。社区矫正是现代社会发展的产物，是社区建设和社会共建共治共享的自我管理的结晶。社会工作介入社区矫正的目的是让社区矫正对象的合理需求能在社区范围内得到较好满足，为其在社区环境中的再社会化创造条件，消除社区矫正对象的不良心理与行为，实现增权赋能，恢复人的社会功能，使其顺利融入社会。社区建设为矫正性社会工作的开展，包括个案矫正的实施提供了切实的条件。

社区是一定地域中居民生活的共同体，是群众参与社会生活的重要场所。随着经济和社会发展水平的不断提高，社区日趋紧密地将特定范围内的居民联系起来，在社会管理中承担愈来愈多的职能。而社会生活中的许多问题，也将越来越多地依靠社区资源、社区服务和社区成员的帮助来解决。在现代社会，社区承担着个人社会化、社会参与、社会福利等多项功能。民政部发布的《关于在全国推进城市社区建设的意见》中指出，社区是"聚居在一定地域范围内的人们所组成的社会生活共同体。目前城市社区的范围，一般是经过社区体制改革后做了规模调整的居民委员会辖区"。美国学者[①]认为社区矫正应立足于社区，并运用社区之资源以增补、协助和支持传统犯罪矫正之功能；社区矫正是对社区矫正对象在一定社区中进行制裁的一些措施。社会工作介入社区矫正的目的是让社区矫正对象的合理需求能在社区范围内得到较好满足，为其在社区环境中的再社会化创造条件，使社区矫正对象在社会工作者和社区居民的帮助下形成健全人格，实现增权赋能，恢复人的社会功能。应加强社区建设，特别是社区工作制度建设，建立和完善社区矫正社会工作制度，建立健全社区矫正工作在社区发展的长效机制。

二、社区矫正个案矫正的物理条件

（一）社区矫正个案矫正的常用场所

面谈是接案阶段的重要工作，面谈的场所安排往往需要精心准备，一般情况下安排在社区矫正机构的专门的会谈室，以便获得社区矫正机构的配合。但是如果社区矫正对象的问题有着特殊性，面谈的场所也可以安排在医院、学校、居委会、社区矫正对象家中等。在非专业场所中，社工需要取得该场所负责人的支持，适当布置面谈场所，让社区矫正对象感受到被重视和被尊重，感受到安全等。在现实条件的制约下，部分社区矫正机构未能配备专门的会谈室，或者会谈室不能满足专业的条件。社工接案时，需要适当调整会谈室的布置，为专业关系的建立奠定基础，为社区矫正对象的改变提供条件。

（二）社区矫正个案矫正的专业场所

专业的面谈场所有助于个案矫正工作的实施，在访谈过程中不仅社工在影响社区矫正对象，面谈的空间场所也在影响社区矫正对象。访谈场所应具备以下条件。

1. 私密性

一个会谈室能否满足社区矫正对象对私密性和保密性的要求，会影响社区矫正对象对社工的信任与开放程度。影响保密性的因素很多，包括隔声是否良好、进出面谈室的门是否分开以及面谈室是否安静等。室外环境要相对安静，没有嘈杂的噪声干扰社工与社区矫正对象之间的交流。

2. 舒适性

个案矫正会谈室首先要考虑使社区矫正对象感到安心、舒适，同时环境应具有适度的唤

---

① BRANHAM L S, MICHAEL S H. The Law and Policy of Sentencing and Corrections [M]. Saint Paul: West Academic Publishing, 2005: 266.

醒水平,以促使社区矫正对象觉得足够放松,从而能够探索自己的问题,主动自我开放与表露。会谈室一般要光线柔和、安静舒适、色调优雅、温度适宜,使双方在一种身体舒适、心情轻松的环境下进行会谈。除了直接的言语和非言语交流之外,房间的布置、家具的颜色、画像的摆挂、阳光的投射等都传达着无声的信息。房间的布置要适合社区矫正对象表达自己的想法和感受。一些海报和标语可能会阻碍社区矫正对象的内容表达和情感宣泄。

3. 专业性

会谈室面积一般以 10 m² 左右为宜,不显得空旷也不狭窄局促。室内配备沙发、椅子、茶几和钟表等基本家具和物品。配置和摆放的基本原则是必须为个案矫正面谈工作服务,而不能起干扰作用。会谈沙发或椅子应是社工与社区矫正对象成 90°~150°的斜对角为宜,这样既可避免面对面目光直视所带来的紧张、局促感,又能便于观察,促进交流沟通,容易产生情感共鸣并构成信任关系。茶几放置座位中间起到心理缓冲作用。一般情况下,沙发或椅子的挑选应避免厚重的扶手,无扶手的沙发会降低防御性、提升开放性。通常不建议选用两把椅子作为个案矫正的座位。会谈室中有多个沙发如单人、双人及三人沙发合理摆放时,社区矫正对象进入会谈室能选择不同的位置入座。社区矫正对象对座位的选择往往能投射其内心状态、人际关系等复杂的信息。

三、社区矫正个案矫正的主观条件

(一)社工的基本素养

1. 牢固的专业理念

社工的专业理念是保证高质量完成个案矫正工作所必需的素养。

(1)社工在开展个案矫正工作时应建立正确的社会工作价值观,遵循以人为本、助人自助的价值原则;追崇热爱人类、服务人类、促进公平、维护正义和改善人与社会环境的理想境界等。

(2)社工在开展个案矫正工作时应尊重社区矫正对象的人格与尊严,保障其合法权益,帮助其修复社会关系,重新融入社会。

(3)社工在开展个案矫正工作时,既要注意和社区矫正对象建立情感链接,取得社区矫正对象的信任,又要与社区矫正对象在感情上保持一定的距离,避免社区矫正对象过度依赖矫正社工。

2. 扎实的专业理论基础

社工应系统学习社会工作及个案工作的相关理论,并熟悉犯罪心理学等相关的理论知识,包括:

(1)对于人类社会及历史现象、发展规律、思想流派等有深刻的理解和认识,学习和掌握调查、分析、研究的方法;

(2)熟悉社会工作基本理论,掌握个案工作的常用理论;

(3)熟悉犯罪心理学相关理论;

(4)熟悉国家政策、社会保障与社区矫正相关的法律法规。

3. 娴熟的专业技术

(1)社工应熟练掌握社区矫正个案矫正的基本模式,熟悉个案矫正不同阶段的任务和方法。

(2) 社工应熟练掌握个案工作的基本技巧，包括建立关系技术（倾听、共情、尊重、温暖等）、资料收集技术（观察技术、指导性倾听技术和提问技术等）、个案概念化技术、个案矫正干预技术。

(3) 社工需掌握特定流派取向的个案工作的专业技术，包括建立关系技术、收集资料技术、个案概念化技术和干预技术。如熟练掌握精神分析取向的个案矫正技术，包括通过支持性技术建立关系并收集资料，通过自由联想收集资料并进行个案概念化，通过均匀悬浮注意和解释等进行干预等。

（二）社工的心理素质

社会工作者在社区矫正工作中不仅需要具备专业素质，还需要具有健康的人格与良好的心态。主要表现如下。

1. 自我觉察

个案矫正工作中，社工是开展工作的重要工具。社工保持良好的自我觉察对于社区矫正工作的顺利开展有着重要的作用。社工需要保持价值中立的原则，但社工在面谈时容易被社区矫正对象激发特定的情绪感受。社工需要客观清晰地了解与觉察自己的想法和情绪感受，在识别自身反移情的基础上更好地帮助社区矫正对象。

2. 自我成长

个体在成长的过程中均会经历困惑与挫折。社工在特定的家庭环境及社会环境中成长，也存在个人的局限和困难。社工需要重视自我成长，接受自我体验或者进行自我分析，觉察个人的局限，更好地发展自我、整合自我。社工在自我认识上存在盲区，很可能放大或忽略社区矫正对象面临的困境，也可能将个人的问题投射到社区矫正对象上。这些都是社会工作专业规范中不允许出现的问题。自我成长是社工面临的重要议题，需要不断地认识自我、发展自我、整合自我。

3. 自我接纳

自我接纳是对自我价值的肯定，是健康人格的表现，也是社工必备的品质素养。所谓自我接纳，是对自我的认同和接受，包括对自己的种族、肤色、出身、家庭、相貌、能力以及个人的经历与现状等各方面的认同，既包括自己的优点和长处，也包括自己的缺点和不足，并能够在工作中扬长避短。

4. 自我统一

自我统一是指一个人主观上的自我期望与客观实际的自我协调统一，他人（家人、朋友、同事、领导、社区矫正对象）对自己的期望和评价以及自己对自己的期望和评价的协调统一，个人内在的自我（思想、感受）与外在的自我（言行表现）相互一致。人们对于自我的认识与理解是多角度、多层面的。美国社会心理学家埃里克森在他的人格发展阶段理论中提出了"自我同一感"的概念，认为一个实现了自我同一感的人至少有三方面体验：①他感到自己是独立的、独特的，有自己的个性，不仅能与别人一起活动，而且也能分离成个体；②自我本身是统一的，其需要、动机、反应模式是可以整合一致的，而且从时间上看，自我有一种发展的连续感和相同感；③所设想的自我与所察觉到的其他人对自我的看法是一致的，并深信自我所努力追求的目标以及为达到这个目标所采取的手段是被社会所承认

的。具体表现为坦诚、表里如一。[①]

（三）社工的基本能力

正如社工的基本素养中所提到的，社工需掌握娴熟的专业技术。社工的基本能力是个案矫正工作的胜任基础。上文所述的"专业技术"将分为建立关系、资料收集、个案概念化和干预几个阶段进行具体描述。而社工在处理社区矫正工作中出现的问题时，能够体现社工的基本能力。

1. 个案矫正中常见的问题

社区矫正作为我国法律规定的一种行刑方式，具有强制性。个案矫正工作作为社会工作的具体形式，常与教育矫正、劳动矫正等并行开展。社区矫正对象在寻求专业人士的帮助时，可能存在一定的担心和顾虑。社工需要具备能力消除案主的顾虑。在介入开始时，社工通过阐述工作的原则并引导社区矫正对象讨论自己的担忧，同时运用多项建立关系技术，逐步消除其顾虑。社区矫正对象可能存在矛盾的心理，比如一方面渴望改变现状，另一方面又感觉到失望和无助。社工需要保持接纳态度，和社区矫正对象探索内心的矛盾与不安，逐步将其消解。

2. 面对非自愿的社区矫正对象

社区矫正个案矫正中不少社区矫正对象缺乏主动求助的动机，而是迫于法律要求去接受辅导服务。尤其是开展家庭治疗时，某些社区矫正对象及其家人往往带着敌对情绪，不愿意与社工合作。首先，社工要充分理解社区矫正对象的想法和处境。社区矫正对象可能不了解社会工作的性质和作用等，也可能由于被强迫和被强制而产生反感和抵触。社工需要理解和尊重社区矫正对象，说明社区矫正对象必须接受服务的缘由，并了解社区矫正对象的感受和想法；说明作为社工的角色和责任，以及机构和社工对社区矫正对象的期望。其次，社工应接纳社区矫正对象表达可能的不满。社区矫正对象对被强制接受个案矫正工作可能存在抱怨和不满。社工可以对社区矫正对象的感受进行共情，还可以和社区矫正对象讨论合作与否的后果，也可以激发社区矫正对象改变动机。社工需探索对社区矫正对象有意义的个人目标，并将其个人目标和强制性目标结合起来，以更好地帮助非自愿的案主。最后，社工需要激发社区矫正对象的资源和力量，还需要保持温柔地坚持、避免一味退让。

四、社区矫正个案矫正的伦理问题

（一）社会工作伦理的意义

伦理是社会在发展中不断总结的群体生活的规则，用来引导人类的行为以维护行业和社会的秩序。社会工作伦理是由社会工作者依据其哲学信念和价值取向发展而成的，用来表明专业特征并指导其行为，在工作过程中必须遵循的一系列的行为准则和标准，是引导与规范助人专业活动的依据[②]。社会工作伦理是社工职业行为的规范和准绳，也是社区矫正对象信任社工的基础。

社会工作伦理守则是社工自我约束的道德规范；是社工的行为准则，也是服务对象接受

[①] 郑宁. 个案工作实务 [M]. 北京：高等教育出版社，2014.
[②] 郑轶. 个案工作实务 [M]. 北京：中国轻工业出版社，2014.

社工协助的基础；是社会工作者与服务对象之间共信的基础，也是社工与其他专业工作者互相信任的媒介；社会工作伦理守则是社会人士评价社会工作职业行为的标准。

社会工作伦理守则有利于促进社会工作专业化和职业化发展。社会工作伦理守则对社会工作实务具有评估、评鉴或考核的作用，是专业工作者自查、自评的参考标准；有利于维护社工的利益，保障社工的权益；是社工面对专业伦理困境时，寻求专业支持、获取解决对策的参考依据；有利于保护案主的利益，提升服务品质，规定了社工最基本的职业行为标准，为保障服务质量和服务效果提供了专业标准。

（二）个案工作的伦理

个案工作、小组工作和社区工作是社会工作的三大方法，均遵守社会工作伦理。国际社会工作界对社会工作伦理守则内容达成共识包括：第一，工作者对案主的伦理责任涉及下列方面：对案主的义务，自我决定，正式同意，能力，文化能力和社会多元性，利益冲突，隐私和保密，查阅记录，性关系，生理接触，性骚扰，贬损语，服务费用，缺乏自决能力的案主，服务的中断，服务的终止；第二，工作者对同事的伦理责任涉及下列方面：尊重，保密，科技合作，纠纷，辅导，服务的转介，性关系，性骚扰，同事受到的损伤，同事失去工作能力，同事的不道德行为；第三，工作者对工作机构的伦理责任涉及下列方面：督导和辅导，教育和培训，评价表现，案主记录，工作表，案主的转介，行政，继续教育和员工发展，对雇主的义务，劳资纠纷；第四，工作者作为专业人员的伦理责任涉及下列方面：能力，歧视，个人行为，蒙骗和欺诈，损伤，错误言论，恳请，荣誉归属；第五，工作者对社会工作专业的伦理责任涉及下列方面：专业的完整性，评估和研究；第六，工作者对全社会的伦理责任涉及下列方面：社会福利，公众参与，公共紧急时间，社会和政治行动[①]。

（三）社区矫正个案矫正的主要伦理困境

社区矫正个案矫正工作中，社工的工作对象是符合社区矫正条件的社区矫正对象及其家庭。社工常常不可避免地处于社区矫正对象与他人、家庭、社会各种复杂的矛盾关系中，常常需要面对各种伦理困境。对社区矫正对象及其家庭进行个案矫正时，常见的主要伦理困境包括：告诉案主真实情况与保护案主的矛盾；法律、法规、政策与治疗目标之间的冲突；保密和特殊的知情权的冲突；提供服务违反了案主的意愿；结束服务违反了案主的意愿。

个案矫正工作中，适用的伦理原则常见多种，运用不同原则往往有不同的结果。面对伦理原则的多样性，社工需要对伦理原则冲突情形遵照优先级进行处理。实际运用中，社工需要优先满足高一级原则要求，再满足低一级原则要求。伦理原则具体优先等级如下。

伦理原则1：保护生命。这一原则适用于所有人，既保护案主的生命，也保护所有其他人的生命。这一原则高于所有其他义务。

伦理原则2：平等与差别平等。这一原则提出所有人在相同的条件下应得到同样的对待，即同等情况下有权得到平等对待。同时，如果不平等与有待解决的问题有关，不同情况的人应该有权得到区别对待。

伦理原则3：自主和自由。社工的实际工作应当培养个人的自决、自主、独立和自由。尽管自由高度重要，但是也不能超越个人自己或其他人的生命权或生存权。一个人无权基于自己有自主决定权而伤害自己或他人。当有人要这样做的时候，社工有义务加以干涉，因为

---

① 郑轶. 个案工作实务 [M]. 北京：中国轻工业出版社，2014.

伦理原则1要比这一原则有优先权。

伦理原则4：最少伤害。这一原则认为，当面临的困境有造成伤害的可能性，社工应该避免或防治这样的伤害。当不可避免会伤害到与问题有牵连的一方或另一方时，社工应该永远选择造成的伤害最小、带来的永久性伤害最少和伤害最容易弥补的方案。

伦理原则5：生活质量。社工选择的方案应该推动所有人，包括个人以及社区公众有更好的生活质量。

伦理原则6：隐私和保密。社工的实际工作决定应该加强每个人的隐私权和保密权。专业人员有责任在尽可能与法律上的要求和案主的意愿保持一致的情况下，保护案主和工作对象群体的隐私。然而，如果披露资料能够防止对他人造成严重的暴力伤害的话，保密就不是神圣不可侵犯的原则。

伦理原则7：真诚和毫无保留地公开信息。社工的实际工作决定应该坦诚相告，能向案主和其他人充分披露所有相关信息。社会关系和专业关系要有信任才能保持良好状态。而信任的建立反过来又以诚实待人处世的态度为基础，它能让人把意想不到的损害降到最低程度，这样相互期许一般就都能实现①。

> **小贴士**
>
> 党的二十大报告指出：全面推进科学立法、严格执法、公正司法、全民守法，全面推进国家各方面工作法治化。《社区矫正法》《中华人民共和国社区矫正法实施办法》以及各地根据法律精神制定的关于社区矫正的法规、政策等是社区矫正工作开展的首要依据，社区矫正个案矫正必须完全在法律框架内进行。社区矫正工作者应当遵守社区矫正的法律规范和职业伦理道德规范。

第二节　社区矫正个案矫正的模型

个案矫正工作模型，是指开展社区矫正个案矫正服务的操作程序和具体步骤。国内外学者依据不同的划分标准，将其划分为不同的程序或步骤。一种是按照服务阶段来划分，如康普顿和盖乐威将个案社会工作的过程分为三个阶段：接触阶段主要包括问题界定、目标定向、调查和资料收集、评估；合约阶段包括评估、行动计划、预先诊断；行动阶段包括计划执行、结束和评估②。另一种是按照服务内容来划分，布雷默、廖荣利等人把个案社会工作流程分为接案和建立关系、资料收集与分析、诊断与计划、治疗和服务、结案和评估、持续的治疗等六个阶段。基于社区矫正中刑事执行与社会工作相统一的基本观念，通过研究社区矫正工作中矫正工作实际的工作过程，本书将社区矫正个案矫正模型凝练为六个阶段：关系建立阶段、资料收集阶段、个案概念化阶段、干预阶段、结案阶段、跟进阶段。

---

① 郑轶. 个案工作实务 [M]. 北京：中国轻工业出版社，2014.
② COMPTON B R, GALAWAY B. Social Work Processes [M]. Pacific Grove：Brooks/Cole Publishing Company, 1994：56.

一、个案矫正建立关系阶段

（一）个案矫正专业关系的内涵

在社区矫正对象个案矫正工作开展初期，个案矫正工作者应该致力于良好专业关系的建立，为此，必须了解与实施达成良好专业关系的基本条件。社区矫正对象是一群特殊的服务对象，既具备普通公民的社会性，又被贴上"矫正对象""服刑人员""罪犯"等角色标签。社区矫正对象的心理和行为表现具有一定的特殊性。社工必须具备基本的工作态度和能力，才有可能同社区矫正对象建立良好的专业关系，并促进社区矫正对象的发展。

个案矫正专业关系的建立必须以关系双方的相互认同、相互信任为基础。个案矫正专业关系意味着社区矫正对象和社工之间建立安全的、友好的关系，社区矫正对象对社工有着依赖和信任的联结感。介入过程中深层而一致的情感过程是建立专业关系的关键。根据矫正工作的目标、任务和职能，社工往往需要充当资源整合者、使能者、调停者、教育者、倡导者等多重角色。而社区矫正对象则因为对矫正工作的认知、自身需要和价值观等因素，对专业关系中自身角色的定位有不同的认识。社工跟随社区矫正对象、通过技术介入和情感投入，和社区矫正对象建立专业关系，以保障个案矫正工作的顺利开展。

（二）个案矫正专业关系的特点

1. 条件性

个案矫正的专业关系具有条件性。矫正工作遵守特定的设置，对工作环境具有一定的要求，对社工的专业素养有基本要求，需要社区遵守职业伦理，按照约定时间、频率展开工作等。正是因为个案矫正中的条件和约束，保障了专业关系的安全和稳定。比如保密和保密例外，使得专业关系安全、可信，有据可依。

2. 时限性

个案矫正的专业关系具有时限性。对社会工作的专业关系而言，关系的建立就是以结束关系为目标。社会工作的整体目标是帮助案主改变困境、适应社会。当工作目标达成时，意味着专业关系的终止。从社区矫正的视角看，个案矫正的专业关系受到社区矫正对象的入矫时长等因素的限制。社工开展个案矫正工作尤需考虑在有限的时间内尽可能地达成具体的矫正目标，改善社区矫正对象的社会功能，消除其犯因性问题、改善其适应性问题。

3. 持续性

个案矫正的专业关系具有持续性。专业关系在现实的时空里会以结束关系为目标，但往往会内化在社区矫正对象的心中，持续保持影响。个案矫正的专业工作给社区矫正对象带来的影响，会持续保留在其内心里。专业工作中的倾诉与倾听、探索与思考、情绪与情感等，可能被社区矫正对象不时回忆，也可能以隐性记忆的形式保留。个案矫正的专业工作给社区矫正对象带来的影响，也会由社区矫正对象投射到外在世界中产生持续影响。

4. 服务性

个案矫正的工作目标是帮助社区矫正对象实现心理、行为的矫正，顺利融入社会，适应社会生活。因此，专业关系必须以社区矫正对象的需求和问题为本，矫正对象是关系的中心。在专业关系存续期间，个案矫正社工的工作内容、工作时间、工作方法、矫正措施等都要围绕社区矫正对象的需求和问题而进行。如果个案矫正社工在专业服务中有任何满足个人心理需要的动机和行为，如试图通过讨好社区矫正对象从而与其建立良好私人关系等，都会偏离工作目标，影响专业关系的建立。

（三）个案矫正建立专业关系的要点

1. 融入矫正工作全过程

个案矫正建立专业关系的过程主要在接案阶段，需要和资料收集过程交织进行。专业书籍将社区矫正个案矫正模型分割成特定的阶段，旨在方便从业者理解与操作。在实际的工作中，建立关系需要融入个案矫正全过程中，尤其在资料收集阶段需要高度重视。

2. 运用专业技能

专业关系意味着社区矫正对象和社工之间建立安全的、友好的关系，有着深层的、信赖的联结。社工面对社区矫正对象，表达应体现出平等的关系，比如，避免询问："你有什么问题？"或"有什么需要帮助的？"，而是采用："有什么需要和我谈的？"前一种提问方式更容易暗示社区矫正对象为问题的制造者或者社会异类，暗示社工处于专家的位置。而后一种提问方式表达出平等的关系，暗示社区矫正对象本身拥有解决问题的资源和力量。真诚、倾听和共情等技术是建立关系阶段大量使用的专业技能（详见第三章）。

3. 评估工作能力

社工在开展个案矫正工作时，需要评估自身的工作能力。当社工的受训背景、工作经验和工作能力等不足以支撑特定对象的矫正工作时，需要妥善处理双方的关系和矫正工作。转介是个案矫正工作中常用的工作方法。当社工面对不能提供服务的社区矫正对象，通过内部或外部的转送，介绍案主到其他社工或其他服务机构以获得更为匹配的社会工作专业服务。转介常在建立关系阶段进行，需要注意工作原则和工作步骤，既需要符合社区矫正的工作要求，又需要防范对社区矫正对象造成负面影响。

二、个案矫正收集资料阶段

社区矫正个案矫正的基本目标是解决社区矫正对象的心理和行为问题、恢复或增强社区矫正对象的社会功能，促使其回归社会。根据"人在情景中"的观点，社工需要了解社区矫正对象的基本情况和所在情境，即不仅要了解社区矫正对象个人的相关信息，更要探索社区矫正对象所在的环境以及社区矫正对象与环境之间的交互作用。收集资料阶段为个案概念化阶段和干预阶段提供具体信息。实际上，收集资料阶段贯穿个案矫正全过程。资料收集通常从社工接手个案时开始，大量的资料收集通常在社工与社区矫正对象接触的初始阶段——建立关系阶段开始与建立关系同时进行。

（一）资料收集的原则

1. 优先关注社区矫正对象重视的问题

最初的资料收集往往是以社区矫正对象为主，社工更多采取跟随的状态。社区矫正对象了解到社会工作的性质和作用后，会逐步明确自身期待解决的问题。通常这样的问题是造成社区矫正对象情绪困扰的直接原因。社工跟随社区矫正对象的倾诉，收集相关资料；通过提问技术等，优先探索社区矫正对象重视的问题并收集相关的信息。社工优先关注社区矫正对象重视的问题，体现了以案主为中心的工作理念，有利于建立良好的关系。

2. 重点关注矫正机构重视的问题

社区矫正工作对改变社区矫正对象的犯罪心理和行为恶习有着明确的要求。社工不仅需要跟随社区矫正对象的个人目标，还需要重点关注强制性目标。社工通过与矫正机构管理人员进行沟通和阅读社区矫正对象的相关材料，明晰矫正机构重视的问题。通常在探索矫正机构重视的问题时，社工已和社区矫正对象初步建立良好的关系。本阶段的资料收集往往是社工采取更为主动的态度，也需要融入大量的共情、倾听、积极关注等技术，体现以案主为中心的工作理念。此外，社工也可以将此阶段收集资料的任务巧妙地拆分到最初的资料收集中，即在优先关注社区矫正对象重视的问题时，兼顾收集矫正机构重视的信息。

3. 从专业视角扩展资料收集范围

社工在收集资料过程中需要根据自身采纳的理论和方法拓展资料收集范围。社工从专业的范畴往往需要收集一些未被社区矫正对象提及的信息。依托于前期良好的关系，社工依据专业的理论拓展收集不同的信息。比如采用精神分析理论与方法的社工，需要收集社区矫正对象童年的经历、童年和重要他人的关系，社区矫正对象的自由联想和梦等。而采用家庭治疗理论与方法的社工，需要收集社区矫正对象当前的家庭和同伴等相关的重要信息，社区矫正对象的父系和母系三代相关的重要信息等。

4. 从具体情况确定资料收集程度

资料收集既需要有全面性又需要有选择性。原则上，资料收集得越全面完整、越具体深入，越有利于个案矫正的实施。但是资料收集的广度和深度既受限于社区矫正的时间，又取决于社工和社区矫正对象的关系，囿于社区矫正对象改变的动力和社工介入的效果，还和社工采用的理论和方法有关。在多因素的限制下，社工需要围绕社区矫正对象的个人目标和矫正机构的强制性目标，根据具体情况确定资料收集的程度。

（二）资料收集的内容

个案矫正工作强调"人在情景中"，认为个人的行为是个人与外在环境互动的结果，问题的解决需要个人的努力和环境的支持。个案矫正旨在帮助社区矫正对象改变犯因性问题和适应性问题，增强社区矫正对象对环境的适应能力，帮助其更好地融入社会。资料收集的内容从系统层面可以分为个人系统、家庭系统、小群体系统、组织系统和社区系统。

1. 个人系统

一是收集社区矫正对象的基本资料。包括收集其籍贯、年龄、性别、教育程度、婚姻状况、职业、收入、主要社会关系、犯罪类型、服刑情况等；重要的生理状况和心理状态，如有无残疾、遗传病以及长期慢性疾病，目前健康状况如何等，注意排除或者找出生理因素与社区矫正对象面对的问题之间的关联性等。二是探索社区矫正对象的问题与资源。一方面是通过矫正机构、社区走访等工作了解社区矫正对象当下的问题及可能的原因；另一方面是通过和社区矫正对象沟通，了解其主观认为的问题及可能的原因；此外还需了解社区矫正对象解决问题的资源、过去的经验、解决问题的动机等。社工对社区矫正对象解决问题的动机收集的相关信息越多，越容易调动社区矫正对象的积极性。三是收集社区矫正对象的适应功能和发展状况。如观察社区矫正对象的服饰、外表、情绪状态、沟通方式、自我认知、对社会角色的理解和承担；又如观察其是否能与个人生命周期和家庭生命周期相适应，如何应对生活中的变化等。

2. 家庭系统

社工需要了解社区矫正对象作为家庭成员的角色及家庭成员各角色之间的关系，家庭角色常包括正式角色如父亲、配偶、子女等，还包括非正式角色和扮演的角色如家庭的替罪羊、控制者、附和者等；社区矫正对象家庭的规则，如其家庭中维持家庭稳定的规则和促使家庭不稳定的规条等，又如这些规则进行调整的条件等；社区矫正对象家庭成员的沟通状况，包括沟通的方式、信息的准确性、沟通的效果等；社区矫正对象的家庭的发展阶段，如家庭发生的重大事件、家庭所在的生命周期、家庭生命周期变迁过程中的困难和改变情况；社区矫正对象家庭子系统的运作方式，包括家庭夫妻子系统、亲子子系统的边界与功能等；社区矫正对象家庭的需求，如家庭最基本的生理需求是否得到满足、对社会和情感需求的倾向、家庭内满足需求的资源、个体需求和家庭需求的一致程度等；社区矫正对象家庭的价值和文化，如家庭所在的文化背景、家庭成员共同认同的价值、家庭对成员价值观的容忍程度等。

3. 小群体系统

社区矫正对象往往属于特定的小群体，如某个同伴系统。社工需要了解社区矫正对象所在小群体系统的功能性特征，如该同伴系统是自然形成还是在外部干预下形成的，该系统的目标是怎样的等；小群体系统的结构性因素，如该同伴系统的成员构成、系统中的权威的形式等；小群体互动性因素，如该同伴系统的规范和价值观、成员关系的好坏、互动的形式和质量等。

4. 组织系统

社区矫正对象往往属于多个组织系统，如其工作的系统等。社工需要了解社区矫正对象所在组织的目标、其在该组织中承担的角色等；其所在组织的文化，如工作系统的运作方式、工作系统内部的层级、内部和外部的互动方式等；其所在组织的影响力，如所在工作单位的稳定性、提供的福利保障、成员的认同程度等。

5. 社区系统

社工需要了解社区矫正对象所在的社区以及社区间的关系和结构等，如社区矫正对象所在社区的特点、社区中存在的问题、社区如何看待社区矫正对象、社区如何界定成功和失败等；社区矫正对象在社区中寻求帮助的主要方式，社区系统对社区矫正对象求助的反应，社区矫正对象利用社区系统资源的经验和感受等。

（三）资料收集的方式

1. 直接收集资料

直接收集资料指直接从社区矫正对象着手，通过询问、观察等方式进行资料收集。如果社区矫正对象积极主动寻求矫正工作者帮助，那么往往会主动说出与问题相关的信息和资料。对于被动求助的社区矫正对象，社工需要注意说明社会工作的性质和作用，帮助社区矫正对象建立信任感和安全感，在建立良好的工作关系后进一步收集相关资料。需要注意的是，社工不仅需要收集社区矫正对象表述的言语信息，还需要收集社区矫正对象表达的非言语信息；社工既需要关注社区矫正对象表达的内容，还需要关注社区矫正对象表达的方式。

社工直接收集的资料对形成个案概念化、制定干预计划、开展干预过程有着重要的意义。

2. 间接收集资料

间接收集资料指社工不直接通过社区矫正对象，而是间接通过社区矫正对象相关的人员和环境获取资料。社工可以通过查阅社区矫正对象的档案获取社区矫正对象有关监狱服刑经历、服刑期间的表现等资料，也可以通过走访调查社区矫正对象的家庭，获取社区矫正对象家庭环境、与家人相处情况的资料，还可以对社区矫正对象所在单位或社区相关人员进行走访，了解社区矫正对象在单位或社区的行为表现及其心理特征。间接收集资料能对社区矫正对象提供的信息作出有益补充，有利于社工从专业视角形成对社区矫正对象深入的理解。

（四）资料收集的方法

1. 会谈法

会谈法通过与社区矫正对象的交谈获取资料。会谈时社工需要重视社区矫正对象的自我陈述。社区矫正对象的言语表达是社工获取资料的重要来源。社区矫正对象求助意愿良好时，会更主动地表达目前的困境、与问题有关的信息。社工不断与社区矫正对象建立关系，在倾听的基础上通过提问方式获得深入的信息。会谈中，社工需要保持敏感性，将个案与理论结合，在理论的指导下深入收集信息，比如，社区矫正对象谈到入矫后的孤独感。社工以系统理论为指导可以提问社区矫正对象家人和朋友如何看待其违法行为等。社区矫正对象求助意愿较差时，往往表达的信息较少。社工在不断建立关系的同时，也可以试探性地提问以收集更多的信息。根据会谈的情境不同，社工可以就社区矫正对象的日常生活状况做简单的询问，也可以就相对深入的话题做尝试性的探索。比如社区矫正对象在首次会谈中对社工表现出较强的防御状态，社工可以从日常生活的话题进行简单的询问，收集其做出回应的特点，不断建立关系，逐步深化会谈。

2. 观察法

观察法通过对社区矫正对象的观察获取资料。社工通过对社区矫正对象的外貌、衣着、行为等的观察，往往能获得重要的信息。观察法通常与会谈法综合使用以获取资料。会谈中，社区矫正对象的非言语表达也是社工收集信息的重要渠道，比如，当社区矫正对象谈到对现状的失望时，社工观察到社区矫正对象扭曲的表情、空洞的眼神等，需要将相关信息进行汇总，指导后续信息的收集工作。根据收集的信息，社工可能需要进一步运用会谈法或测量法收集社区矫正对象是否具有自杀的风险。当社区矫正对象不愿意做过多自我表露，或当社区矫正对象的言语表达与非言语表达的信息不一致时，非言语信息是尤其值得关注的，比如，社区矫正对象谈到自己和配偶的强烈冲突时表达自己很痛苦，同时嘴角却上扬露出轻微的笑意。社工需要收集这样矛盾的信息，并重视观察到的非言语信息的含义。社工在使用观察法时需要注意观察得仔细，认真地确认，避免主观因素的影响；适当情况下，可采用录像等方式以便重复观察确认。

3. 测量法

测量法通过对社区矫正对象的测量获取资料。测量法包括问卷测量与投射测量。问卷测量以实证主义为基础，大多采用经过科学设计、信效度高的问卷来了解被试的心理和行为特点，具有表面效度高、解释方便等优点，但被试容易觉察测查目的。投射测量以解释主义为基础，采用笼统的中立的刺激来了解被试的心理和行为特点，具有适应群体广泛、隐蔽性高、信息含量丰富等优点，但解释难度高。对求助动力良好的社区矫正对象，更多采用问卷测量与投射测验结合方式；对于求助动力不足的社区矫正对象，更多采用投射测验的方式以绕开其阻抗。实践检验表明，投射测验能更好地收集社区矫正对象和监狱服刑人员的相关信息。测量法可单独使用，在社区矫正工作中，常见与会谈法和观察法综合使用。

三、个案概念化阶段

个案概念化阶段需要在特定的理论模型指导下，将前期收集的社区矫正对象的相关信息进行筛选和综合，并形成对社区矫正对象的问题和心理行为表现的解读，同时建立基于特定理论的工作假设，推动个案矫正工作的开展。个案概念化是理论模型与实务工作之间的桥梁，将社区矫正对象的问题和干预计划有效地联系起来。最初的个案概念化通常在建立关系阶段和资料收集阶段之后、在干预阶段之前进行。后续的个案概念化阶段往往是与其他阶段循环嵌套。

（一）个案概念化的作用

1. 建构对社区矫正对象问题的理解

个案概念化基于特定的理论模型，系统分析和综合收集的资料，形成对社区矫正对象的问题的深入理解。个案概念化能将最初获取的、凌乱的、无序的信息进行深入加工，促进社工对社区矫正对象的认识由表及里、由现象深入到本质。社工遵循的理论模型不同，对同一个案形成的理解和解读也不尽相同。不同的理论模型在理解社区矫正对象的问题时呈现出不同的侧重点和思路。比如精神分析的个案概念化重视对社区矫正对象的模式描述和成长经历的回顾，并采用创伤经历的观点、早期问题的观点、自我功能的观点、客体关系的观点等将社区矫正对象的问题及其模式与成长经历联系起来。而认知行为疗法的个案概念化更重视对问题的促发因素、维持机制、机制起源等的探索，使用的具体理论和观点也完全不同。

2. 指导个案矫正工作开展

个案概念化在特定理论的指导下，形成工作假设和矫正计划，有利于指导个案矫正工作的开展。个案概念化不仅能形成对社区矫正对象心理行为问题产生的原因的深入理解，而且结合特定理论可形成具体的工作假设和矫正计划。个案概念化的形成尤其有助于社工选择适当的切入点和干预方向开展矫正工作。当然对社区矫正对象的理解、工作假设和矫正计划都是不断修正的。工作假设和矫正计划的内容不仅和社区矫正对象的具体问题有关，也因社工遵循的理论模型的不同而不同。比如精神分析理论模型的工作假设可能更聚焦于社区矫正对象的防御机制的提升等；而家庭治疗理论模型的工作假设可能更聚焦于社区矫正对象与重要他人的互动模式的改变。

3. 促进专业关系的不断深化

基于个案概念化中形成的对社区矫正对象的深入理解，社工能更准确地共情社区矫正对象，促进专业关系的不断深化。社工与社区矫正对象的专业关系是对矫正目标和任务达成共识所形成的合作关系，包括被理解、被尊重、被关注和信任感等。专业关系是平等而不对等的关系，以案主为中心建立的关系。个案概念化提供了对社区矫正对象的深入理解，社工在后续工作中能有效关注到社区矫正对象表达的重要信息，促进双方的联结感。

4. 促进资料的深入收集

初步的个案概念化是基于收集完成社区矫正对象基本信息而形成的，同时个案概念化又指导社工进一步收集相关信息。社工对社区矫正对象信息的收集很难做到绝对的全面。个案概念化为社工进一步收集资料提供了明确的方向和思路，而收集的新的信息又促进了个案概念化的不断更新。当然资料的收集也受到社工遵循的理论模型的影响。比如精神分析理论模型更重视对童年经历和创伤经历的资料收集；人本主义理论模型更重视此时此刻事件的资料收集。

（二）个案概念化的过程

个案矫正工作中，个案概念化是将社区矫正对象的问题有机联系起来，解释问题产生的原因，预测问题发展的趋势，建立问题干预的计划，推动矫正工作的开展。虽然个案概念化的内容和社工遵循的理论模型紧密相连，但过程大多具有共通性。

个案矫正工作中，社工进行初步的个案概念化时首先需要对收集的资料保持理论敏感性，对社区矫正对象描述的单个问题及现象进行尝试性地理解；其次需要基于特定理论模型，将收集资料进行综合性的理解；再次在资料相对充分的条件下，基于对社区矫正对象问题的理解，形成问题产生原因的解释和工作假设；最后在工作假设的基础上，建立初步的干预计划。

当形成初步的个案概念化后，社工不断深化建立关系，继续收集资料或进行干预，进而获取更多的信息，这些信息又进一步支撑个案概念化的更新。社工将新的资料与之前获得资料融合，更新对问题的理解，修订工作假设，调整干预计划。

（三）社区矫正对象问题的评估

个案概念化包含了对社区矫正对象问题的评估。社区矫正对象问题的评估需要首先区分社区矫正对象是否处于危机状态；其次需要区分社区矫正对象需要哪些现实的帮助；最后需要借助理论模型进行心理行为问题的定性和分类。当社区矫正对象处于危机状态时，社工需要启动危机干预程序，保障社区矫正对象及相关人员的生命安全。当社区矫正对象需要现实帮助，社工需要调动相应的现实资源促进社区矫正对象的适应和发展，如提供职业技能培训等。

对社区矫正对象心理行为问题的评估需要重视理论的融合。但不同的理论模型的评估重点和结果不尽相同。比如某社区矫正对象认为"这个社会是黑暗的""人与人之间是冷漠的""人的社会地位的获得主要依靠暴力"等。社工收集该社区矫正对象的相关信息，采用精神分析理论模型评估，其认知问题体现了其早期创伤的再现、防御机制的不成熟，如运用分裂、隔离和向攻击者认同的防御机制等；采用家庭治疗理论模型评估，其认知问题体现了原生家庭中创伤的代际传递、施虐与受虐的关系等。

（四）矫正计划的制订

社工进行个案概念化，需要建立工作假设并制订矫正计划。社工需要根据社区矫正对象问题的类型、入矫时长、遵循的理论模型等制订具体的矫正计划。矫正计划制订后需保持一定的稳定性，也需要进行适当的修正。

矫正计划制订中，明确矫正目标是重要的一步。社工明确矫正目标需要兼顾强制性目标和个人目标，重视近期目标和长远目标的结合等。明确矫正目标是社工和社区矫正对象共同协商的过程，同时需要遵守"SMART"原则。S 代表 specific，明确的；M 代表 measurable，可测量的；A 代表 acceptable，可接受的；R 代表 reasonable，合理的；T 代表 timebound，有时限的。比如，社区矫正对象说希望通过个案矫正能让自己好过一些。该个人目标不够明确，社工需要通过具体化技术，明确社区矫正对象希望在哪些方面好过一些。同时矫正目标需要具有可测量性，比如，社区矫正对象期待能调节自己的抑郁情绪。在设定矫正目标时，需要明确有哪些指标、哪些表现是其情绪相对平静的表征，而且这些指标和表现应是可以测量的。社区矫正对象的目标是否可接受，和社会工作的理念紧密相连，比如，社会工作秉承助人自助的原则，当社区矫正对象的求助动机低，其目标的可接受性便较弱。社工需要和社区矫正对象探讨原因，帮助社区矫正对象提升求助动机。社区矫正对象的目标还需要具有合理性。比如某社区矫正对象的困境确实和家人的对待方式有一定关联，但社区矫正对象将个人目标定位为期待家人改变。该目标合理性不足，可以修订为改善家人和自身的关系，提升目标的合理性。社区矫正个案矫正工作尤其需要重视时限性，目标确定中需要考虑社区矫正对象入矫时长的限制。

四、个案矫正干预阶段

社工秉承社会工作的原则介入的过程，理论上本身就具有对社区矫正对象干预的效果。社区矫正对象大多存在认知、情绪和行为方面的问题，在家庭关系上往往有一定的困扰；有的社区矫正对象在社会适应上存在困难。社工在建立关系和收集资料过程中接纳、真诚、温暖、共情等态度，对存在问题与困境的社区矫正对象而言有着干预的作用。但个案矫正真正的干预阶段是在个案概念化的指导下进行的。从单次会谈看，干预阶段多处于单次会谈的中晚期；从连续会谈看，中晚期的会谈干预的比例更大。

干预阶段是实现个案矫正的强制性目标和个人目标的重要阶段。干预阶段旨在修正社区矫正对象不良心理和行为，使其认罪服法、弃恶扬善，最终重新适应社会生活，顺利回归社会。干预阶段使用的干预策略和干预技术与社区矫正对象的具体问题、社工遵循的理论模型、社区矫正对象和社工的关系等紧密相关。社区矫正对象的心理行为问题大多由复杂因素长期积累而成，干预阶段并不是一蹴而就的，而是循序渐进的过程。个案干预中，社工需要不断维护专业关系，促使社区矫正对象逐步改善不良心理和行为，同时得以收集到新的资料，为个案概念化的修订提供支持。当个案概念化不断修订时，社工干预过程也会随之进行调整。

> **小贴士**
>
> 社区矫正既是教育人、改造人的过程，也是使用专业知识技能的助人自助过程。党的二十大报告指出：社会主义核心价值观是凝聚人心、汇聚民力的强大力量。坚持依法治国和以德治国相结合，把社会主义核心价值观融入法治建设、融入社会发展、融入日常生活。社区矫正工作者开展社区矫正个案矫正的过程中，应当以专业的技术、态度，用社会主义核心价值观教育矫正对象、改造矫正对象。

五、个案矫正结案和评估

（一）个案矫正的结案

1. 个案矫正结案的概念

个案矫正结案是指矫正目标已达成，或因其他原因无法达成矫正工作的目标，社工与社区矫正对象结束专业关系的过程。

结案工作是社工为终止结束与社区矫正对象之间的专业关系所做的一切准备以及结束工作，包括对个案矫正工作的回顾和总结，对分离情绪的处理，帮助社区矫正对象做好应对生活的准备，对转介的说明和准备等。结案工作可以巩固社区矫正对象取得的矫正成果，还可以帮助社区矫正对象做好分离以及获取新的帮助的准备。

2. 个案矫正结案的原因

1）矫正目标实现

矫正目标实现是个案矫正工作实施的理想效果。经过评估表明，社区矫正对象的犯因性问题得到解决，其不良心理及行为恶习得以改善，并能够适应社会正常生活，按照矫正方案的进度进入结束阶段。在矫正目标实现的情况下进行结案，社区矫正对象都会表现出喜悦、兴奋、自信；同时可能既有对社工的感激又存在对分离的不舍。社工需要帮助社区矫正对象应对本阶段的任务，顺利过渡到下一阶段。

2）矫正活动终止

根据《社区矫正法》第四十四条规定："社区矫正对象矫正期满或者被赦免的，社区矫正机构向社区矫正对象发放解除社区矫正证明书，并通知社区矫正决定机关，所在地的人民检察院、公安机关。"第四十五条规定："社区矫正对象被裁定撤销缓刑、假释，被决定收监执行或者社区矫正对象死亡的，社区矫正终止。"社区矫正对象满足相关法定条件的，个案矫正社工与矫正对象之间的专业矫正关系结束。社区矫正对象的个案矫正工作都是具有一定时限的。当到达规定的工作期限时，即使目标并未完全实现，也不得不考虑结案，所以目标的制定需要考虑到时间因素。由于矫正活动终止进行的结案尤其需要巩固已经取得的矫正效果，处理矫正活动终止伴随的相关情绪等。

3）特殊原因导致的结案

个案矫正工作中，从社工的角度和社区矫正对象的角度都可能存在特殊原因促使结案。从社工方面的原因，如社工出现长时间外出学习、调动、离职、退休等情况，应当结束个案矫正工作。从社区矫正对象的角度，当社区矫正对象出现生病住院、存在其他更为急迫的问题等，考虑到社区矫正对象长期不能接受社工帮助或是需要求助于更加专门的机构，需要以案主利益为中心的原则，考虑进行结案。特殊原因导致的结案，社工往往需要遵守转介原则转介社区矫正对象。

3. 个案矫正结案的任务

首先，个案矫正结案时，需要回顾个案矫正工作过程，总结社区矫正对象的进步与成效。个案矫正最终目的是解决社区矫正对象的犯因性问题，促进社区矫正对象及家庭的发展与社会适应。社工对专业服务进行小结，总结经验与效果，鼓励社区矫正对象将发生的改变迁移到未来的生活中。其次，社工需要和社区矫正对象讨论继续努力的方向。结束阶段，社

工不仅需要鼓励社区矫正对象运用新的应对方式，发展建设性的行为等，还需要与社区矫正对象讨论可能遇到的困难或阻碍，如何调动可利用的资源克服困难等。社工通过讨论继续努力的方向，促进社区矫正对象的良好应对。再次，社工还需要处理分离情绪。社区矫正对象对于结束个案矫正工作常有复杂的情绪，包括担忧和不舍等。社工需要引导社区矫正对象表达感受，并提供心理支持，尤其对于特殊原因导致结案及转介的社区矫正对象。最后，社工需要为后续随访做好准备。为了更好地帮助社区矫正对象并评价专业服务效果，常采用跟踪随访的形式了解社区矫正对象实时的状况，评估服务的长期效果。结案时，社工向社区矫正对象说明随访事宜，告知大致的时间安排，确认联系方式，以确保后续随访工作的顺利完成。

4. 个案矫正结案的过程

1）应对分离

社工与社区矫正对象的专业关系建立在信任、合作基础上，社区矫正对象对社工有着信赖、依靠等情感。社工对社区矫正对象提供帮助，工作中也投入情感。结案意味着专业关系的结束，从情绪情感上也会对社区矫正对象产生影响。通常，社区矫正对象会有复杂的感受，一方面为自己的问题得到解决或改善而感到高兴，对开启新生活充满期待；另一方面也会有失落、不舍等情绪。结案可能还会激发某些社区矫正对象的被抛弃感，尤其是未成年的社区矫正对象，可能将过去对重要他人的情感转移到社工身上。社工需要重视结案带来的影响，比如，提前告知社区矫正对象结案时间、规划结案阶段的工作、处理分离的情绪等。

2）总结成果

结案阶段也是回顾矫正工作、总结矫正成果的阶段。此阶段大多数社区矫正对象的不良心理和行为都得到不同程度的矫正。社工和社区矫正对象通过对个案矫正工作的回顾，总结社区矫正对象在社会工作中的收获与学习成果。总结与回顾的过程既有助于形成个案矫正工作的意义感和完成感，也有利于及时巩固个案矫正的成果，促进社区矫正对象回归社会、适应环境。尤其强调社区矫正对象学习到的自我管理和自控方法，建设性的互动模式等，对降低重新犯罪可能性等尤为重要。总结成果还会提升社区矫正对象开启新生活的信心，也有助于社工获得反馈、总结经验，提升专业成就感。

3）讨论目标

社工在结案阶段需要与社区矫正对象一起探讨继续努力的方向和成长目标。社区矫正对象在未来的生活中可能遇到各种挑战和机遇。前瞻性地讨论可能的困境及应对方式，有利于防范社区矫正对象重陷困境、重新犯罪，有利于巩固社区矫正个案矫正工作的成果。社工帮助社区矫正对象了解各种社会保障政策，特别是与他们有关的各种帮困扶助政策，如最低生活保障、临时救助、法律援助、心理咨询、社会工作等。社区矫正对象回顾自身的资源和外在的资源，有利于其建立信心、回归社会。同时，社工还需要介绍后续随访的时间和方式，为后续工作奠定良好基础。

（二）个案矫正的效果评估

个案矫正的效果评估是在个案矫正干预计划实施后，对矫正过程和效果的评价活动。个案矫正的效果评估不仅可以检验个案矫正工作的效果、总结个案矫正工作经验，而且也是矫正工作者反思个案矫正工作过程、提高矫正质量的过程。

1. 个案矫正效果评估的内容

个案矫正效果评估是指运用科学的评估方法对矫正个案的实际效果进行评价的活动，可采用社工评价、社区矫正对象评价、其他人员评价方式。效果评估紧扣个案矫正设定的强制性目标和个人目标，采用问卷法、访谈法、观察法等进行；尤其是需要注意衡量是否实现社区矫正对象达到守法公民标准的预期目的。效果评估既关注矫正过程对社区矫正对象产生的效果，又关注矫正措施和方法的适用性和针对性。具体内容包括社工运用的具体矫正措施与社会工作方法，对社区矫正对象的心理和行为等方面是否起作用及作用大小。

2. 个案矫正效果评估的原则

1）系统性原则

系统性原则是指坚持系统、整体的观点进行评估工作的原则。所谓系统性是指把事物作为一个有机的系统来分析考察，关注其构成要素之间的联系与作用。系统性原则要求社工不仅要把社区矫正对象看作一个系统，而且要把社区矫正对象看作社会系统中的一个要素。个案矫正效果评估中应当包括社区矫正对象的行为、心理以及社会适应性等方面。

2）科学性原则

科学性原则是指要运用科学的理论和方法进行评估工作的原则。没有科学性，就不能客观真实地揭示个案矫正效果的实然状态，评估本身也失去了价值和意义。科学性原则的内容包括评估方法的科学性，评估内容与标准的科学性，以及评估结果的科学解释与运用。科学性要求社工在评估过程中根据评估的目的和不同的社区矫正对象，制定符合实际的评估方案和体系，从而使评估的结果具有科学性。

3）客观性原则

客观性原则是指以客观事实为基础进行评估工作的原则。社工要本着实事求是的态度，根据科学合理的评估程序、方法与技术，对社区矫正对象的矫正效果作出符合实际的评价。客观性原则要求社工在评估过程应当尽量避免主观因素的影响，克服个人好恶等感情色彩，更不能迁就任何组织的要求以及接受上级部门或领导的暗示。任何主观臆断、夸大缩小或片面追求矫正工作成效的功利性做法，都将偏离评估工作的正确方向，不利于正确评价个案矫正工作的矫正效果。

4）标准化原则

标准化原则是指运用标准的程序和方法进行评估工作的原则。标准化是科学化的具体体现，其目的是最大限度地控制效果评估过程中可能产生的误差，保证评估结果的信度和效度。标准化原则的内容包括以下方面：评估体系的标准化，即根据统一、标准的效果评估量表进行检验和调研；评估方法的标准化，即评估时间、方法以及场景具有统一性；评估结果解释的标准化，即评估结果应当具有统一的评价标准。

5）可操作性原则

可操作性原则是指应当使用简明扼要、便于操作的评估标准与方法进行评估工作的原则。社区矫正对象的文化程度、智力水平参差不齐，个体差异较大。评估标准与方法应当切实可行，易于操作；如果过于烦琐、复杂，会造成评估流于形式。因此，测量指标要全面且有所侧重，不能相互矛盾；测量项目应符合社区矫正对象的特征，易于理解接受。

3. 个案矫正效果评估的重点

个案矫正旨在转变社区矫正对象的不良心理及行为恶习，促进其再社会化。在个案矫正效果评估时重点从其心理健康状况和社会适应状况进行评估。从心理健康状况的维度，社工需要评估社区矫正对象认知、情绪和行为的状态，评估其心理是否处于危机状态、是否正常、是否健康，评估其心理问题的严重程度等。心理健康的理想状态是保持性格完好、智力正常、认知正确、情感适当、意志合适、态度积极、行为恰当、适应良好的状态。社区矫正对象出现犯因性问题和适应性问题有其特定的原因，心理因素的影响尤为重要。从社会适应状况的维度，社工需要评估社区矫正对象的社会融入、道德素质和法制观念的状况。社会适应指社区矫正对象回归社会后对社会生活的适应。社区矫正是一种刑事执行制度，社区矫正对象在开放的社区环境中接受矫正，只是形式上回归社会，并没有真正融入社会群体，适应社会环境，特别是有过监禁矫正经历的社区矫正对象，其社会适应能力更差。社区矫正对象社会适应性越强，回归社会的可能性越大，重新违法犯罪的可能性越小。对社区矫正对象的社会融入状况的评估包括劳动、就业以及生活技能的评估、人际关系、社区支持和社会资源的评估等。同时，社区矫正对象的道德素质和法制观念是影响其社会适应的重要因素。道德素质是人的道德品质的综合反映。多数罪犯走上犯罪道路，往往可以追溯到思想观念上的偏差和道德上的不自律。对社区矫正对象道德素质的评估主要是对其道德认知、道德情感以及道德行为进行评价。法律意识淡薄是一些社区矫正对象违法犯罪的重要因素。因此，法制观念是个案矫正效果评估体系的重要内容之一。对社区矫正对象法制观念的评价主要是认罪悔罪、遵纪守法等方面。通过对社区矫正对象心理健康状况和社会适应状况进行评估也是对社区矫正对象再犯罪风险的评估。

六、个案矫正跟进阶段

个案矫正跟进是指矫正关系结束后，社工对解矫后的社区矫正对象进行的后续性回访服务。矫正跟进是矫正工作的延续，是矫正过程不可或缺的环节。在开展个案矫正的跟进工作时，需要遵循如下原则。首先是关怀原则。社工在进行跟进服务时，应表现出对社区矫正对象的真诚关怀，即要表现出真诚地为社区矫正对象回归社会成为守法公民的关怀关心。社工需要关心社区矫正对象的日常生活、工作状况、人际关系、社会融入等。其次是保护原则。社工在进行跟进服务时，应当注意保护社区矫正对象及其家庭的权利，包括：尊重社区矫正对象的人格和满足他们自尊的需要；注意跟进服务的方式方法，尤其是不能影响社区矫正对象的正常学习、工作和生活，更不能因为跟进服务的方式、方法的不当，强化社会对社区矫正对象的歧视、偏见等负面影响。最后是责任原则。社工在个案工作中进行后续性回访是个案矫正工作的重要组成部分，有利于帮助社区矫正对象更好地适应社会。社工在跟进阶段需要秉承社会工作的基本原则，关注在特定社会情境中的社区矫正对象。

第三节 社区矫正个案矫正报告

本节旨在对社区矫正个案矫正的初始报告和整体报告撰写进行介绍。考虑到初始报告的撰写是基于初始访谈，而整体报告的撰写中需要访视收集的相关资料，本节一并介绍个案矫正初始访谈和访视的主要内容。

一、初始访谈

在社区矫正个案矫正工作中，社工与社区矫正对象的首次会谈称为初始访谈。社区矫正个案矫正的模型中，社工在初始访谈中需开展与社区矫正对象建立专业关系、收集社区矫正对象资料、进行初步的个案概念化等重要工作。

（一）初始访谈的工作程序

1. 初始访谈的准备工作

1）访谈场所

个案矫正的初始访谈中，专业的会谈室是需要准备的重要事项。访谈场所应具备相应条件，合理配置，详见本章第一节。

2）社工的仪态

社工是个案矫正中影响社区矫正对象行为表现的重要因素之一。在初始访谈中社区矫正对象最先、最容易感知到的就是社工的仪态，并且据此对社工形成第一印象。虽然第一印象可能并不准确和可靠，但第一印象常常引发模糊的积极或消极的情绪反应。因此，社工应该在访谈前意识到这些因素并且认真对待。社工有自己的穿衣风格和性格特点，但一般来说，在访谈中应该保持服装整齐、坐姿端正、表情平和、举止得体。

接待社区矫正对象时注意礼貌的态度和语言。社工的态度应当平和、诚恳。接待时应使用礼貌语言，如"请进""请坐""非常欢迎您""谢谢您的信任""很高兴您愿意来一起聊一聊""请填写这张表格（登记表或问卷表）"等有利于建立良好关系的态度。（详见第三章）

3）访谈时间

个案矫正面谈时间一般每次50~60分钟为宜，但为了获取社区矫正对象足够的信息，初始访谈时间会更长一些，社区矫正对象的个别访谈初始访谈时间在90分钟左右为宜，社区矫正对象的家庭访谈初次访谈的时间在120分钟左右为宜。初始访谈的次数根据社区矫正对象情况的复杂程度可能会进行1~3次不等；遵循不同理论流派的初始访谈的次数可能不同。初始访谈时间最好安排在工作时间。不同的访谈时间宜相隔10~15分钟，以便社工可以休息片刻，也可使社区矫正对象对机构的保密有安全感。每次访谈后，社工须保留充足的时间能把访谈中的要点记录下来。

2. 向社区矫正对象说明保密原则

社工应在初始访谈及其他必要的时候，向社区矫正对象说明保密原则。遵守保密原则及保密例外既是职业道德的要求，也是保障个案矫正效果的要求。向社区矫正对象说明保密原则是尊重社区矫正对象自主性的表现，体现社工的诚信，避免对社区矫正对象造成伤害，有利于建立良好的专业关系。需要保密的内容包括：访谈过程社区矫正对象暴露的内容，在没有征得社区矫正对象同意的情况下，社工不得随意透露，也不得随意打探社区矫正对象与个案矫正工作无关的个人隐私。保密例外情况：社区矫正对象同意将保密信息透露给他人；司法机关要求社工提供相关信息；出现针对社工的伦理或法律诉讼；个案矫正工作中出现法律规定的保密问题限制，如报告虐待儿童、老人等；社区矫正对象可能对自身或他人造成即刻伤害或死亡威胁的。当遇到以上保密例外情况时，社工应将泄密程度控制在最小范围内。

3. 向社区矫正对象说明个案矫正工作的性质

在向社区矫正对象表明可以对他提供帮助之后，应立即简要地向其说明个案矫正工作的性质。应确保社区矫正对象了解以下内容：什么是个案矫正工作，工作如何进行，个案矫正

主要解决什么问题，不能解决什么问题等。应当向社区矫正对象说明，个案矫正是社工协助社区矫正对象解决问题的过程。个案矫正工作遵守案主自决的原则。还应说明，个案矫正是长期的工作过程。社区矫正对象的问题常常是复杂的，而且在解决过程中可能出现反复的现象。社工还需要对矫治结果保持中立，需要接受部分问题难以完美地解决。

4. 向社区矫正对象说明其权利与义务

社区矫正对象依法享有人身权利、财产权利和其他权利不受侵犯，在就业、就学和享受社会保障等方面不受歧视。社区矫正不等同于自由，社区矫正对象在社区矫正期间仍需要遵守相关规定，履行相关义务，服从监督管理。在个案矫正中社区矫正对象有义务如实向社工说明情况，提供与自己的问题有关的真实信息，要按共同商订的时间表进行工作，如有更改要事先通知。要按时完成家庭作业，不试图与社工建立个案矫正以外的任何关系。

5. 进行摄入性会谈，初步形成个案概念化

摄入性会谈是社工通过与社区矫正对象面对面的谈话以整体了解社区矫正对象的心理状态和现实困境。摄入性会谈旨在了解社区矫正对象的客观背景资料和主观困扰体验等方面的信息。通过会谈，社工不断与社区矫正对象建立关系、收集相关资料，形成初步的个案概念化以指导后期矫正工作开展。

> **小贴士**
>
> 国家"十四五"规划提出，深化司法体制综合配套改革，完善审判制度、检察制度、刑罚执行制度、律师制度，全面落实司法责任制，加强对司法活动监督，深化执行体制改革，促进司法公正。社区矫正是法律规定的对被判处管制、宣告缓刑、假释和暂予监外执行的罪犯，依法实行的刑罚执行措施。社区矫正对象除被依法判决限制的权利之外，仍享有法律所赋予的其他权利；同时，社区矫正对象必须承担其因触犯法律被依法判决后所背负的义务。社区矫正工作者在开展个案矫正工作中务必遵守相应法律规范，督促管理社区矫正对象履行义务，维护社区矫正对象正当合法权利不受侵犯。

（二）初始访谈的内容

1. 收集背景资料

初始访谈最主要的任务是获得社区矫正对象的个人背景材料。无论采用哪种理论模型，个案矫正首先都要采集客观的背景资料，以便在此基础上形成个案概念化，建立工作假设和矫正计划。初始访谈的资料收集提纲如下。

（1）姓名、年龄、职业、收入、婚姻、住址、宗教信仰、文化程度等个人身份资料。

（2）对自己违法行为的认识。

（3）对个案矫正后达到的变化的期望或希望解决哪些现实问题和心理问题。

（4）现在及近期状况：居住条件、活动场所、日常活动内容、近几个月以来生活发生变动种类和次数、最近变化。

（5）婚姻家庭资料：主要家庭成员、婚姻情况、家庭中发生的重要事件与原因、家庭现状。对父母、兄弟姐妹、其他主要成员的看法，对自己在家庭中所起作用的描述。

（6）早年回忆：对能记清的最早发生的事情及周围情节的回忆。

（7）出生和成长：包括会走路和会说话的时间，以及与其他多数儿童相比曾出现过什么问题、对早期经验的态度。

（8）健康及身体状况：是否有过重大疾病和伤残、是否有家族疾病史、吸烟与饮酒情况、与他人相比身体是否有异常状况、饮食与锻炼的习惯。

（9）工作记录：对工作的态度，是否改变过职业及改变职业的原因。

（10）娱乐和兴趣：如运动、阅读等。

（11）人际关系：社交网和社交的兴趣所在，与自己关系最密切的朋友，能给予各种帮助的人，互相影响程度，参加集体活动的兴趣。

（12）自我描述：包括长处或优点、短处或弱点、价值观、理想等。

（13）生活转折点和选择：生活中曾有过什么变化，做出的最重要的决定是什么，对它们的回忆（以一件事为例）和评价。

（14）对未来的看法：希望明年发生什么事情，在5~10年里希望发生什么事情，这些事情发生的必要条件是什么。

（15）社区矫正对象附加的任何资料。采集这样一类历史性资料，很大程度上依赖于社区矫正对象的回忆和描述。注意提纲中的内容并不需要面面俱到，也不需要严格按照顺序，社工需要根据社区矫正对象问题的性质、社区矫正对象的个性特点等灵活调整访谈顺序和重点。根据需要，摄入性会谈可能需要适当会见其家属以补充上述提纲中的内容。

2. 心理和精神状态评估

1）基于访谈法的心理和精神状态评估

马隆（M. P. Malon）和沃德（M. P. Word）于1976年总结出12个题目，作为在初始访谈中了解社区矫正对象思想和行为的工作提纲[①]。下面选出六条以供参考。

（1）外表和行为：社区矫正对象是如何表现自己的？给人的一般印象如何？外表打扮是否整齐、清洁？衣着是否符合社区矫正对象的背景和现状？有没有特别的装饰？有无明显的身体缺陷？有无离奇的表情和动作？有无重复性的动作？他的姿势怎样？是否避免与人对视？活动缓慢还是不停地乱动？是否机敏？是否顺从？是否态度友好？

（2）交谈过程中的语言特点：社区矫正对象的语速缓慢还是快速？会谈时表现直爽还是小心谨慎？是否犹豫？有无言语缺陷？是否咬文嚼字？健谈还是不健谈？有无松弛的联想？哪些话题避而不谈？是否有海阔天空的闲聊？是否有自造的词汇？笑、眉、姿势、手势、表情与语言表达是否协调？说话内容与声调所表达的是否一致？对交谈的兴趣如何？社工对上述情况要做记录。

（3）思维内容：社区矫正对象有无不断抱怨和纠缠不放的话题？有无观念不集中现象？有无幻想、错觉、恐惧、执着和冲动表现？

（4）认知过程及功能：社区矫正对象的各种感觉有无缺陷和损伤？求助者能否集中注意手中完成的工作？时间、人物、空间定向力如何？是否意识到自己所在的地方？对年、月、日的知觉如何？能否说出自己的名字、年龄等？近期和远期记忆如何？会谈内容能否反映出社区矫正对象的职业和受教育程度？运算能力如何？阅读、书写能力如何？

（5）情绪：在会谈期间，社区矫正对象的一般心境如何？一般情绪的表现是哪一种，

---

① 翟进，张曙．个案社会工作［M］．北京：社会科学文献出版社，2001．

痛苦、冷漠、鼓舞、气愤、易怒、变幻无常还是焦虑？社区矫正对象对社工有无献媚、冷淡、友好、反感等表现？情绪表现与会谈内容是否一致？社区矫正对象的自我叙述是否与社工的印象一致？

（6）灵感与自知力：社区矫正对象对自己会谈的目的是否判断准确？对自己的判断是否符合实际情况？社区矫正对象对自己的精神状况有何想法？社区矫正对象是否能观察到、意识到自己的问题？社区矫正对象对问题的原因有何认识？在对问题原因的分析上有无道德和文化因素的作用？对于自己的工作有无准确判断？社区矫正对象如何理解生活中出现的问题？社区矫正对象处理问题是否冲动、独立进行、非常负责还是相反？对讲述自己的事情是否有兴趣？对改变自己的现状是否有要求？

2）基于问卷法的心理和精神状态评估

除了通过访谈、观察评估社区矫正对象的心理和精神状况外，还可以根据社区矫正对象问题的性质，使用恰当的标准化的心理测验。社工一般先通过摄入性会谈，遵循特定的理论流派对社区矫正对象的问题进行初步理解和判断，比如，已初步确定社区矫正对象的问题属于某一方面的问题，为提高判断的可靠性，需要选择相应的问卷或量表进行量化分析。使用心理测验时应注意以下问题：第一，心理测量问卷应是信效度可靠的标准化测验，并按程序要求和操作规定实施心理测验；第二，不滥用测验，即使用测验时应该目的明确，对社区矫正对象尚未形成印象时，不能将各种测验工具一齐实施，以从中寻求可能的线索；第三，不夸大心理测验的功能。心理测验只是一种辅助手段，不能只依据测验结果，不与实际表现相对照，片面地给出结论和制订矫正方案，这种抛弃观察和访谈，只依靠测验法的方式是不可取的。在我国目前情况下，个案矫正工作中运用较多的大致有以下三类心理测验：智力测验、人格测验以及心理评定量表。

（1）智力测验。常用量表有：吴天敏修订的中国比内量表、龚耀先等人修订的韦氏成人智力量表（WAIS-RC）、张厚粲主持修订的瑞文标准型测验（SPM）和李丹等修订的联合型瑞文测验（CRT）等。这类测验可在社区矫正对象有特殊要求以及有可疑智力障碍等情况下使用。

（2）人格测验。目前应用较多的有：艾森克人格问卷（EPQ）、卡特尔16种人格因素问卷（16PF）、人格诊断问卷（PDQ）以及明尼苏达多项人格调查表（MMPI）等。人格测验有助于社会工作者对来访者人格特征的了解，以便对其问题有更深入的理解，并可针对性地开展个案矫正工作。

（3）心理评定量表。主要包括有90项症状清单（SCL-90）、精神病评定量表、躁狂状态评定量表、抑郁量表、焦虑量表等。这类量表用法及评分简便，多用于评估社区矫正对象心理健康状况，是否存在情绪问题及其严重程度。

（三）初始访谈的类型

初始访谈是社工与社区矫正对象的第一次会谈。根据访谈结构可分为结构化访谈、无结构化访谈和半结构化访谈。结构化访谈使用标准化程序，便于掌握，但很难涵盖社区矫正对象的各种情况，难以收集足够的信息，难以支持个案概念化的形成，难以建立干预假设与干预计划。个案矫正的初始访谈工作很少采用结构化访谈，结构化访谈更多用于特定内容的评估。无结构化访谈更容易收集信息，但对社工的理论基础和实务经验要求高，是常用的初始访谈类型之一。半结构化访谈既有粗线条的提纲又具有一定的开放性，能有效收集信息，尤其适合初学者，也是常用的初始访谈类型。

1. 结构化访谈（structured interview）

又称标准化访谈，是由评估者按所需资料的要求，编制出详细的访谈主题或大纲，访谈过程中按同样的措辞和顺序向每一个社区矫正对象问问题，要求社区矫正对象按所提问题逐一回答。下面是一个关于社会功能评价的结构化访谈。

评价说明：社会功能一般是指个体的社会适应能力情况，具体来说包括学习、工作能力和人际交往能力，社会功能正常与否间接反映出心理状态及心理健康情况。一般情况下，对成人来说，社会功能受损程度可在某种程度上反映了个体的心理健康情况和心理功能丧失程度。

问：你目前的学习、工作效率如何？是否保持正常的人际交往？是否有注意力难以集中，学习、工作效率下降的情况？

评分：1. 没有；2. 轻度；3. 中度；4. 重度（轻度：注意力偶有不集中，学习工作效率稍有下降；人际交往有所减少。中度：注意力经常不集中，学习工作效率明显下降；经常回避人际交往。重度：几乎无法集中注意力，无法工作或学习，休学或辞职在家，不愿意出门，几乎没有人际接触。）

2. 无结构化访谈（unstructured interview）

又称自由式访谈。这种访谈预先无须确定访谈的主题或大纲，社工可以根据自己的判断探索各种与访谈目的相关的话题，让社区矫正对象自然而然地说出自身想说的话。无结构化访谈的优点在于方法上比较灵活，可以使社区矫正对象在谈话中不知不觉地、较无戒心地吐露出一些内心的真情实感，从而使社工获得一些比较深层的对个案概念化较有意义的资料。但是如果社工控制不当，无结构化访谈容易偏离主题，因而对经验不足的社工来说较难把握。

3. 半结构化访谈（semi – structured interviews）

是介于无结构化访谈和结构化访谈中间的一种访谈形式，是按照一个粗线条式的访谈提纲而进行的访谈形式。社工事先制定访谈提纲，但也可以根据访谈的实际情况，对访谈程序和内容灵活地做出必要的调整。

（四）初始访谈的注意事项

1. 应语言清晰

语言表达清晰，语速适中，一般情况不使用方言。必要时可将提问或解释性语句重复一遍，确保社区矫正对象听清楚并完全理解。访谈中尽量避免使用专业术语，如需使用，应采用通俗易懂的语言向社区矫正对象说明专业术语的内涵和外延。

2. 需强调保密

反复向社区矫正对象说明个案矫正工作的保密原则，说明个案矫正工作的性质、工作范围限制、社工的职责和社区矫正对象的权利和义务。

3. 应保持中立

社工的态度必须保持中立。接待、提问、倾听过程中，社工的面部表情、语气、动作应表达出尊重和接纳，对社区矫正对象的问题不做道德性的价值评判，不能表达出对访谈的某

类内容感兴趣，不然可能会将暗示和诱导因素带入初始访谈中，从而使社区矫正对象的报告产生偏离，丢失客观信息。

4. 需重视提问

提问中避免失误。提问过多会使社区矫正对象产生依赖，转移责任；多重选择性问题不利于社区矫正对象的深入思考；连珠炮式问题会体现出社工的急躁、没有耐心，让社区矫正对象陷入恐慌和压力；责备性问题会使社区矫正对象产生威胁感，引起心理防卫。这类错误的提问方式在初始访谈中需尽力避免。

5. 应中肯而温暖

应在初始访谈后不应立刻当面给出绝对性的结论。结束语要诚恳、客气，语言表达不能生硬，以免引起社区矫正对象的误解。

二、个案矫正初始报告

初始报告是社工结合自己的经验，对初始访谈中所获得的信息进行加工整理后形成的反思性记录。撰写个案报告不仅有助于社工系统梳理社区矫正对象的信息，理清对社区矫正对象的认识，还有助于社工对自己的情绪体验，以及对访谈过程进行反思，提高社工的工作能力，保障个案矫正工作的效果。初始报告一般包含以下内容。

（一）一般资料

1. 人口学资料

需要收集的人口学资料主要包括两部分信息，一方面是姓名、性别、年龄、婚姻、出生地、出生日期等一般人口学资料信息；另一方面是职业、收入、经济状况、受教育状况、宗教情况等信息。

2. 入矫原因和当前状况

需要了解社区矫正对象的违法犯罪事实、判决情况等，需要了解社区矫正对象目前的适应情况，需要结合相关信息了解其有无心理行为问题等，需要了解其对自身违法行为的看法和认识。

3. 生活状况

需要收集社区矫正对象生活状况的相关信息，包括居住地址和居住条件（邻里关系、社区文化状况等）、日常活动内容、活动场所、生活方式和习惯，以及近期生活方式有无重大改变。

4. 婚姻家庭

了解社区矫正对象的婚姻家庭信息，第一，包括一般婚姻状况（自由恋爱、他人介绍、包办婚姻、买卖婚姻），婚姻关系是否满意（性生活、心理相容度）；第二，包括婚姻中有无重大事件发生，事件原因中有无道德和文化因素；第三，包括家庭组成成员、对家庭各成员的看法、家庭成员在日常生活中的分工、自己在家庭中所起的作用。

5. 工作信息

收集社区矫正对象的工作信息，包括社区矫正对象对工作的态度、兴趣、满意程度、既往是否改变过职业及其原因，了解社区矫正对象工作单位对其违法行为的知晓情况和态度等。

6. 社会交往

了解社区矫正对象社会交往的相关信息，包括社区矫正对象的社交网及社交兴趣和社交活动的主要内容；是否愿意参加集体活动等；了解与社区矫正对象交往最多、最密切的人有几个，能给予其帮助的人有哪些；详细了解社区矫正对象与同伴在社交中的相互影响。

7. 娱乐活动

了解社区矫正对象参与娱乐活动的情况，比如参加娱乐活动的频率、感兴趣的娱乐活动、对待娱乐活动的态度等。

（二）个人成长史资料

1. 婴幼儿期

主要涉及孕期和生产过程有无异常，感官、动作和言语的发育，喂奶方式和生活习惯的训练，与父母接触及家庭气氛等。

2. 童年期

社区矫正对象的童年生活与当前的心理行为问题往往有着重要的联系。收集童年生活的相关信息，包括幼儿园及学校适应能力和学习成绩，师生关系和伙伴关系；与大多数儿童比较，有无重大特殊事件发生，现在对当时情景的回忆是否完整；童年身体情况，是否患过严重疾病；童年家庭生活、父母情感是否和谐；童年家庭教养过程中，有无品行不良行为及叛逆行为。

3. 少年期

社区矫正对象在少年期的发展与适应情况是成长史资料中的重要信息。少年期生活的相关信息包括少年期家庭教育、学校教育、社会教育中有无挫折发生；少年期最值得骄傲的事和深感羞耻的事是什么；少年期性萌动时的体验和对待，性成熟及异性伙伴关系；少年期有无严重疾病发生；少年期在与成人的关系中，有无不愉快事件发生，有无仇视、嫉恨的事或人；少年期的兴趣何在，有无充足时间做游戏。

4. 成人期

成人个人史资料应围绕职业能力与职业适应，婚姻质量与家庭关系展开。

（三）目前精神、身体和社会功能状态

首先，社区矫正对象精神状态的信息收集需要重视其感知觉、注意品质、记忆、思维状态；情绪、情感表现；意志行为（自控能力、言行一致性等）；人格完整性；相对稳定性等。其次，对社区矫正对象身体状态的了解，需重视其有无躯体异常感觉，近期体检情况。最后，社区矫正对象社会功能状态的信息收集需了解其工作、学习动机和考勤状态，社会交往状况（接触是否良好）和家庭生活（亲子关系、夫妻关系等）。

（四）个案概念化

个案概念化指社工在资料收集的基础上，基于特定的理论对案主及其家庭的问题形成有效的理解/假设，形成对案主及其家庭的干预的明确目标和计划。（详见第五章）

（五）个案矫正的目标与计划

个案矫正的目标和计划严格意义也属于个案概念化的内容。考虑到干预过程的重要性，

个案矫正案例报告也将目标和计划单列呈现。个案矫正的目标包括强制性目标与个人目标，社工和社区矫正对象需要共同商定达成一致。当目标出现分歧时，社工要对社区矫正对象的问题作出重新陈述，征求社区矫正对象的看法，对不一致的地方加以修正，直到双方达成一致。在目标不一致的情况下开展个案矫正工作是没有任何意义的。目标制定的注意事项详见本章第二节。

个案矫正的计划制订是分解并落实矫正目标的具体步骤的过程。计划制订有助于进一步澄清社工和社区矫正对象之间的责任分工，确保社工减少与目标无关的一些不必要的活动，进一步提高社区矫正对象的个人能力。计划制订和社工遵循的理论流派紧密相关。计划的制订既需要具有前瞻性又需要具有灵活性。在计划具体执行过程中，随着社工对社区矫正对象的深入了解，原先计划的内容可能会不适应新的情况，社工要和社区矫正对象协商，及时调整计划内容，并将改变原因及情况记录下来。

以上是比较详尽的个案初始报告内容，社工可以根据社区矫正对象实际问题采取灵活的个案报告形式，如表2-1所示。

表2-1 个案矫正初始报告

一、案主基本情况						
案主姓名		性别		年龄		
籍贯		文化水平		婚姻状况		
职业		宗教信仰		罪因		
个案编号		联系方式				
家庭住址		紧急联系人及其联系方式				
入矫原因						
犯罪事实						
二、案主家庭、工作和人际关系情况						
家庭	成员						
	互动情况						
人际关系状况						
工作情况						
三、案主成长史						
婴幼儿期						
童年期						
少年期						
成人期						

续表

四、案主心理健康状况	
躯体疾病	
认知	
情绪	
行为	
案主主诉	
社会工作者观察	
心理测验结果	
社会功能状况	
五、个案概念化	
六、个案矫正的目标与计划	

社会工作者：　　　　　日期：

三、访视

（一）访视的概念和作用

在个案社会工作的实施过程中，为了了解社区矫正对象的有关情况，社工常常需要到社区矫正对象的家庭、学校、单位或所在社区拜访有关人员，这种专业性的访问称作个案矫正的访视。

在资料收集阶段，社工往往要进行访视。社工进行实地调查，以了解情况收集资料。社工与社区矫正对象访谈所获得的资料，有时会因社区矫正对象的片面表达而失去真实性。通过实地访视，社工用专业眼光亲自观察、访谈和判断，可以获得更客观、更全面的资料，对社区矫正对象提供的资料进行补充并修正偏差。只有依据更为全面和客观的资料，社工才能进行相对准确的个案概念化，并制订矫正计划。

在干预阶段，社工也可能需要进行访视。干预阶段进行访视，可以得知社区矫正对象在现实生活中改善的程度，从而了解个案矫正的效果。干预阶段进行的访视，还可以帮助社区矫正对象推动环境的变化。因为社区矫正对象的人际关系是其社会环境的重要方面，而间接性的环境改善是个案社会工作的途径之一。大多数情况下，社工可以通过对社区矫正对象的帮助，让社区矫正对象自身推动有关人员的改变。但有时也需要社会工作者亲自出面，协调各种关系。通过访视，社工可以让有关人员了解社区矫正对象的情况，改变有关人员对社区矫正对象的态度与行为，营造适合社区矫正对象改变的环境。

结案阶段的访视则多是为工作成效提供可以鉴定的资料，并为社区矫正对象将来的发展寻求周围环境的帮助。

（二）访视的原则[①]

个案矫正工作的访视一般应遵循以下几方面原则：
（1）确定访视对社区矫正对象的影响和需要；
（2）认清访视的主要目的和内容；
（3）选择适当的访视形式；
（4）和社区矫正对象进行访视前的沟通；
（5）访视过程中根据不同的访视形式和对象，运用相应的访视技术；
（6）对访视结果进行记录与评价。

（三）访视的注意事项

1. 明确访视目标

在访视前先要确定具体的访视目标，到底要观察什么、访谈什么。明确访视目标，会更有针对性，避免盲目而无的放矢，浪费时间和精力。访视的目的不同，往往所用的时间、技巧也不同，所以应先确定目标，以便有正确的方向。

2. 做好访视准备

社工须先了解受访者的相关资料，如受访者性格、与社区矫正对象的关系等，对可能出现的问题做好应对准备。

3. 访视的时间

访视时间必须视受访者的情况而定。通常而言，下班后或节假日是比较合适的时间。至于要不要与受访者事先约定，也要根据访视的目的和社区矫正对象的情况而定。

4. 访视的服装

整洁、朴实，是工作者穿着的一般原则。社工的穿着还需根据访视的对象做必要的调整，以尽可能接近受访者的生活习惯，使社工与受访者之间不致产生隔阂。

5. 访视者的态度

除了服装外，社工的态度与言行自然更为重要。社工的言谈举止应尽量合乎当地的风俗并顾及受访者的社会背景，尽可能使用受访者的语言，以促进双方更好合作。社工对受访者的访谈应该采取更间接、更缓和的方式和技术，因受访者与社工的专业关系而略有不同，社工对受访者的约束力较弱。在与有关人员交往时，工作者也应遵守个案社会工作的一般原则，运用接纳、支持、澄清等方式获得对方的配合与协助。

6. 保持中立的立场

社工在访视中常常要同时处理与几个人的关系，因此，社工采取访视方法时一定要保持中立立场，不随意批评或表扬任何一方，以获得最佳成效。

[①] 中国就业培训技术指导中心 中国心理卫生协会．心理咨询师［M］．北京：中国劳动社会保障出版社，2017：10．

四、个案矫正整体报告

1. 个案矫正整体报告内容

当社工对个案进行了结案或转介,终止了专业关系后,还有最后一个任务,即撰写个案矫正整体报告,这也是个案档案卷宗。个案矫正整体报告是对个案矫正工作过程的完整记录、回顾和检视。通过撰写报告,以便社工反思整个个案进行的过程,总结经验,以作为日后工作的参考。个案矫正整体报告主要包括如下内容。

(1)案主基本信息,包括人口学资料,家庭、工作和人际关系情况,成长史,身心健康状况等。此部分内容在个案初始报告中有详细记录,在个案整体报告中可摘录或概述和案主问题有紧密联系的相关内容。

(2)个案矫正的期限、辅导次数和形式等。

(3)个案概念化。即对个案问题的假设,包括问题的类型、问题的成因、问题对案主的影响、案主的内外资源分析等。

(4)个案矫正的过程,包括从接案到结案的发展过程,采用的干预技术、方法和阶段性效果。

(5)效果评估(包括心理测验前后测结果),包括案主在认知、情绪、行为和社会功能恢复等方面的矫正效果,矫正计划的实现情况。

(6)社工对服务对象未来发展的计划与建议。

(7)社工的工作反思。

2. 个案矫正整体报告形式

个案矫正整体报告可以采用记叙型记录,也可通过表格形式,采用结案报告表(见表2-2)、干预过程记录表(见表2-3)、阶段性矫正干预报告表(见表2-4)等不同形式对个案矫正工作进行侧重不同的记录和总结。

表2-2 结案报告表

一、案主背景资料					
案主姓名		性别		个案编号	
入矫原因					
个案开始日期			面谈结束日期		
面谈次数			访视次数		
二、案主家庭、工作和社交情况					
家庭情况					
人际关系状况					
工作情况					
三、案主心理健康状况					

续表

四、个案概念化
五、个案矫正过程
六、个案矫正效果评估
案主报告： 社会工作者观察： 家人观察： 心理测验结果： 社会功能恢复情况：
七、未来发展的计划与建议
八、工作反思
社会工作者：　　　　　　日期：

社工服务的对象常常不止一个社区矫正对象，因此不可能记住社区矫正对象所有的情况，尤其是一些细节。因此可以采用干预过程记录、阶段性矫正干预报告等方式进行个案记录和总结。这为社会工作者反思自己提供的服务合适与否，分析个案矫正过程中哪些方法产生了积极的效果，社区矫正对象发生变化的关键节点在哪等问题提供了重要资料，也是对个案矫正工作进行阶段总结和评估的重要依据。

表 2-3　干预过程记录表

案主		档案编号	
日期	会谈内容	干预方法和策略	干预效果

表 2-4　阶段性矫正干预报告表

案主情况及个案矫正措施	问题聚焦		
	目标设定		
	矫正措施		
	外部支持	社会资源提供情况	
		社区资源提供情况	
		家庭支持系统情况	
案主面询情况	案主主诉	近期正面感受事件	
		近期负面感受事件	
	家庭/社会人际关系变化情况		
	情绪变化		
	饮食睡眠		
	健康状况		
	自我认识		
社会工作者分析报告	干预目标		
	干预策略		
	干预效果		
	家庭作业		
	心理状况评估（危机干预）		
社会工作者建议			

案例速递

社区矫正对象崔某某暂予监外执行收监执行监督案
（检例第 132 号）

【关键词】

社区矫正监督　重点审查对象　变更执行地　保外就医情形消失　暂予监外执行收监执行

【要旨】

人民检察院开展社区矫正法律监督工作，应当加强对因患严重疾病被暂予监外执行以及变更执行地等社区矫正对象的监督管理活动的监督。人民检察院在监督工作中应当准确把握暂予监外执行适用条件，必要时聘请有专门知识的人辅助审查。发现社区矫正对象暂予监外执行情形消失且刑期未满的，应当依法提出收监执行的检察建议，维护刑罚执行公平公正。

【基本案情】

社区矫正对象崔某某，男，1958年8月出生，原山东某国有企业总经理。2015年6月2日因犯受贿罪被山东省淄博市博山区人民法院判处有期徒刑十年，刑期至2025年1月20日止。2015年7月4日，崔某某被交付山东省淄博监狱服刑。2016年5月6日，崔某某因在监狱中诊断患有胃癌被暂予监外执行，在山东省淄博市博山区某镇司法所接受社区矫正。因其儿子在上海工作并定居，崔某某被暂予监外执行后在上海接受手术及化疗。后为便于病情复查及照料看护，崔某某提出申请变更社区矫正执行地至上海市金山区。2017年3月6日，崔某某变更至上海市金山区某镇司法所接受社区矫正。崔某某在上海市金山区接受社区矫正期间能遵守社区矫正相关规定，按时向社区矫正机构报告病情复查情况，矫正表现良好。

2020年，金山区人民检察院结合病情诊断、专家意见和法医审查报告认为，崔某某化疗结束后三年期间未发现癌症复发或转移现象，暂予监外执行情形消失且刑期未满，依法监督社区矫正机构提请监狱管理机关将崔某某收监执行。

【检察机关履职过程】

线索发现　2020年7月，金山区人民检察院邀请区人大代表、政协委员、医师等，以辖区内被暂予监外执行的职务犯罪社区矫正对象监督管理工作为重点，开展专项监督。检察人员发现，崔某某自2017年6月化疗结束至2020年7月，由上海市静安区中心医院出具的历次复诊小结中，均未见明显的胃癌症状描述，其是否仍符合暂予监外执行情形需要进一步调查。

调查核实　为全面掌握崔某某身体健康状况和接受社区矫正情况，金山区人民检察院查阅了崔某某刑罚变更执行和接受日常监管矫正文书档案，以及原始病历资料和每三个月的病情复查材料等，询问了社区矫正工作人员及崔某某。同时为更精准判断崔某某暂予监外执行监督工作中所涉及的医学问题，金山区人民检察院邀请主任医师杨某某作为有专门知识的人全程参与，提出咨询意见。经调查核实，崔某某在社区矫正期间能够遵守各项规定，一直接受治疗，病情较为稳定。杨某某根据调查核实情况，出具"初步认为其胃癌术后恢复情况良好，无癌症复发指征"的专家意见。

监督意见　2020年9月23日，金山区人民检察院向金山区司法局提出检察建议，建议其组织对崔某某进行病情复查和鉴定。如鉴定结果为不再符合暂予监外执行情形，应当及时提请收监执行。金山区司法局采纳了检察建议，组织病情复查。复旦大学附属金山医院作出"目前癌症未发现明显复发或转移"的诊断结论。2020年10月15日，金山区司法局就崔某某收监执行征求金山区人民检察院意见。金山区人民检察院结合病情诊断、专家意见和法医审查报告认为，崔某某化疗结束后三年期间未发现癌症复发或转移现象，可以认定其暂予监外执行情形消失且刑期未满，符合收监执行情形，遂向金山区司法局制发《检察意见书》，同意对崔某某收监执行。

监督结果　2020年10月20日，金山区司法局向山东省监狱管理局发出《收监执行建议书》。2020年10月30日，山东省监狱管理局制发《暂予监外执行收监决定书》，决定将崔某某依法收监执行。2020年11月2日，崔某某被收监执行。

第三章　社区矫正个案矫正建立关系技术

本章导图

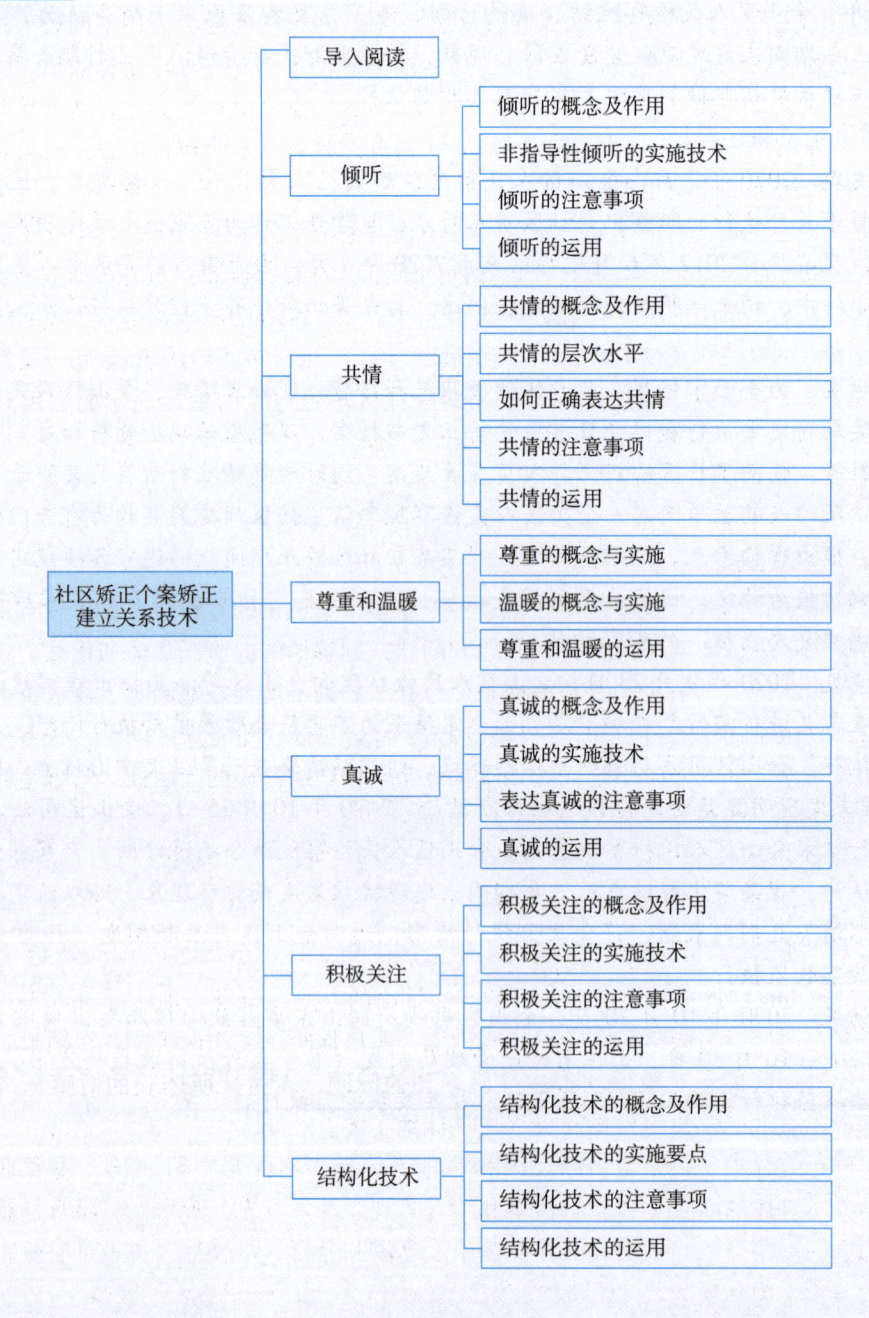

社区矫正个案矫正建立关系技术
- 导入阅读
- 倾听
  - 倾听的概念及作用
  - 非指导性倾听的实施技术
  - 倾听的注意事项
  - 倾听的运用
- 共情
  - 共情的概念及作用
  - 共情的层次水平
  - 如何正确表达共情
  - 共情的注意事项
  - 共情的运用
- 尊重和温暖
  - 尊重的概念与实施
  - 温暖的概念与实施
  - 尊重和温暖的运用
- 真诚
  - 真诚的概念及作用
  - 真诚的实施技术
  - 表达真诚的注意事项
  - 真诚的运用
- 积极关注
  - 积极关注的概念及作用
  - 积极关注的实施技术
  - 积极关注的注意事项
  - 积极关注的运用
- 结构化技术
  - 结构化技术的概念及作用
  - 结构化技术的实施要点
  - 结构化技术的注意事项
  - 结构化技术的运用

> **导入阅读**
>
> 社区矫正是以利他主义为目的，以科学的知识为基础，用科学的方法开展的助人活动。从这个角度来说，社区矫正工作者与矫正对象之间的关系不是冷冰冰的工作关系，社区矫正的工作必须依赖社会工作者的热忱。另外，社区矫正是法律执行过程中的一部分，是在习近平新时代中国特色社会主义思想指导下开展的具有中国特色的社会主义法律制度。社区矫正工作者的工作从与矫正对象建立良好的关系开始，因此必须秉持平等与尊重的心态来开展工作。
>
> 个案矫正是一种专业的助人关系，是社会工作者与社区矫正对象之间相互信任、相互理解、相互接纳的关系。社区个案矫正针对不同社区矫正对象的问题会采用不同矫正技术，但所有技术都必须在社工和社区矫正对象良好关系的基础上才能发挥其作用和效果。因此，良好专业关系的建立是完成社区矫正任务，帮助社区矫正对象完成再社会化，使其顺利回归社会的基础，专业的助人关系贯穿于整个社区矫正服务过程，其本身对社区矫正对象具有帮教的作用，是社工服务的重要手段和中介。
>
> 良好关系的建立及其质量受到社工和社区矫正对象两个方面的影响，其中社工的专业性态度和技术是决定性因素。一方面，社工对社区矫正对象秉持倾听、共情、尊重、真诚和积极关注等基本态度，运用社会工作和心理学相关理论和技术协助社区矫正对象克服困难；另一方面，社区矫正对象信任、接纳社工，积极配合社工执行矫正方案和措施，双方形成积极、动态的内心交互反应。通过这种交互反应，社区矫正对象的社会适应能力得到改善和增强。

第一节　倾　　听

倾听是个案矫正的首要步骤，同时也贯穿于整个个案矫正的过程中。社工只有认真倾听社区矫正对象的诉说，才能了解对方的问题和困惑，理解他的处境、焦虑和忧愁。这是帮助社区矫正对象分析问题、解决问题的前提条件。社工如果不能很好地倾听，社区矫正对象可能会因为得不到鼓励而不能进行深入的自我探索，双方可能讨论错误的问题，或者社工过早地提出干预策略，但因为倾听不足而导致干预策略是偏颇或错误的。因此，倾听是社工必须具备的技能和态度。

一、倾听的概念及作用

（一）倾听的概念

倾听（attending）是指社工借助言语的或非言语的方法，全身心地感受对方表达出来的言语信息和非言语信息。倾听是在接纳的基础上，积极地听、关注地听，并在倾听时适度参与。倾听能促进社区矫正对象详细叙述其所遇到的问题，表达其所体验的情感和持有的观念，能促进社工对社区矫正对象更充分、更具体地了解。

在个案矫正过程中，社工要借助言语和非言语信息，不仅要"听"出，还要真正理解社区矫正对象所讲述的事实、体验的情感和持有的观念等。首先，听事实。倾听是获取社区矫正对象信息的重要途径，社工能够在此基础上理解和分析，接收社区矫正对象所表达的想法。其次，"听"情感。社工不仅要学会搜集社区矫正对象所要传达的事实信息，还要学会感悟、理解社区矫正对象说话时的情感表达。倾听社区矫正对象诉说事件过程的同时敏锐捕捉其当时的情感，感其所感，适时回应，才能让社区矫正对象尽情表达自身的情感，宣泄情绪，逐步对社工产生信任感。最后，听"弦外之者"。倾听的过程不是简单地听，而是要思考、分析，捕捉稍纵即逝的言语和非言语信息之后，迅速地做出判断，获取社区矫正对象的言外之意。除了要认真听社区矫正对象的言语传达出来的信息之外，还要注意说话者的非言语成分，如面部表情、眼神、手势、语调、语速以及表达方式等，力争听话听音，发现社区矫正对象的言外之意，以便做出准确、恰当的回应。

倾听通常分为指导性倾听和非指导性倾听，在个案矫正的早期阶段，与社区矫正对象建立良好关系，取得社区矫正对象的信任和配合是首要任务。因此本节将主要介绍非指导性倾听，指导性倾听将在第四章做深入介绍。

（二）非指导性倾听的作用

1. 倾听有利于建立良好的关系

倾听是接纳、尊重和关注社区矫正对象的体现。良好关系是个案矫正取得成效的基础。在个案矫正中，只有社工真正接纳和尊重社区矫正对象，社区矫正对象才能信任社工，与社工建立友好的合作关系，从而有效地推进个案矫正。社工认真地聆听社区矫正对象，才有可能充分地体会社区矫正对象的情感。良好的倾听有利于关系的建立，是个案矫正能够顺利开展和成功的先决条件。

2. 倾听有助于社区矫正对象的表达

社区矫正对象往往存在不同程度的烦恼、焦虑、紧张等消极情绪，社工做到良好地倾听，社区矫正对象才能表达自己的真实感受和痛苦的经历。倾听的过程就具有助人效果。

3. 倾听有助于收集社区矫正对象的详细背景资料

收集社区矫正对象的信息资料是个案矫正的重要任务之一。社工倾听的态度有利于收集背景信息，了解社区矫正对象的心理状态，为后续工作奠定良好基础。

二、非指导性倾听的实施技术

非指导性倾听旨在鼓励社区矫正对象最大限度地自我表达，包括在积极专注地听的过程中，保持接纳与尊重，反映、复述、总结社区矫正对象表达的核心信息。非指导性倾听技术是社工在整个咨询过程中所用的基本技巧，可分为两个层面。一个层面是身体的专注与倾听；另一个层面是心理的专注与倾听。所谓身体的专注与倾听，是指在个案矫正过程中，社工通过目光、表情、身体姿态等传递对社区矫正对象的关切，愿意聆听社区矫正对象的表达，陪伴社区矫正对象解决问题。心理的专注与倾听，是指社工不只倾听社区矫正对象的言语内容，而且捕捉社区矫正对象的非言语信息，理解言语和非言语信息背后所蕴含的情感、观念等。实施非指导性倾听技术具体要做到以下几个方面。

（一）贯注行为

贯注行为是以非语言行为为主的，通过适当的目光接触、身体语言、语音特点和言语追随以传递出关心、尊重和兴趣的方式。贯注是面谈的基础。作为社工，必须传达出对社区矫正对象的尊重和兴趣。否则社区矫正对象可能会感到社工并不关心自己的问题和困境，甚至

不尊重自己，从而不配合个案矫正工作。贯注行为以非言语为主。人类学家和跨文化研究学者爱德华·T. 霍尔认为，沟通有10%是言语的，90%是一种所谓"隐藏的文化语法"。其他学者也提出了类似的观点，即65%或更多的信息含义是由非言语方式传达的。因此，在与社区矫正对象的沟通中觉察和有效运用这些非言语通道非常重要。贯注行为包括目光接触、身体语言、语音特点和言语追随四个维度。

1. 目光接触

目光是最能准确反映人的内心状况的非语言行为。社工通过目光接触可以传达出对社区矫正对象的尊重与重视的程度。如果社工的眼神闪烁不定、飘忽游离，会让社区矫正对象心思涣散、注意力无法集中，而且还会感到社工不重视和尊重自己。当然在目光接触中，社工不能长时间地直视对方，这更容易使社区矫正对象感到不自然，产生压迫感。社工可以采用倾听时平视对方眉心而说话思考时不定时地移走目光的方式。需要注意的是，访谈中目光接触的频率和方式因为文化差异和个体差异而不同。比如对于有些社区矫正对象而言，目光接触可能是很轻松自然的事，而对于某些社区矫正对象，目光接触可能存在困难。这些社区矫正对象可能源于敌对、羞涩、害怕等，或源于文化因素而更倾向于眼睛向下看或不看社工的眼睛。社工对社区矫正对象的关注方式应根据社区矫正对象的个人需要、人际风格和家庭、文化背景而略有不同。在目光接触上，社工对个体差异和群体差异应保持敏感性，以让社区矫正对象感到自然、轻松为宜。

2. 身体语言

身体语言是人际沟通的另一重要维度。身体语言包括运动性和空间性。运动性是指身体的任何部位如手、眼、头、腿等躯体运动和躯体特征。空间性是指个体空间和环境变量，比如两个人之间的物理距离，身体之间有无任何物体。身体的专注是指社工非言语的肢体行为所传达出的对社区矫正对象的重视和关切。可以用英文字母 R，O，L，S 来概括其主要内容。[①]

（1）R（relaxation）是指放松。放松与自然的身体姿势，传递出社工的平和、安详、自信，使社区矫正对象安全与放松。如果社工双拳紧握、双眉紧锁、双肩紧扣，双方都将感觉尴尬，无从谈起。

（2）O（openness）是指开放。身体姿势的开放，代表无条件地包容与接纳，也会带动社区矫正对象身体与心理的开放，增加其安全感。社工的身体若呈现畏缩、封闭，如双臂抱于胸前，跷起二郎腿，会让社区矫正对象慌乱、退缩而无力。

（3）L（leaning）是指身体微微前倾，尽量减少其他动作。通常在社区矫正对象谈到重点、关键或表情语调有所变化的时候，社工身体很自然地前倾，以传达出专注于社区矫正对象的谈话内容，好像在说"我很愿意听你说……"。如果社工身体后仰，紧贴椅背，冰冷的距离会让人感到冷漠与傲气。这种姿态将扼杀社区矫正对象的勇气，让社区矫正对象因气馁而心生畏惧。

（4）S（squarely）是指面对社区矫正对象，座位的安排要有助于双方自然地互相面对。"面对社区矫正对象"不是指社工与社区矫正对象对面而坐，也不是指为了减少压力并排而坐。对面而坐会使社区矫正对象感到压迫、紧张，激起其防御心理；并排而坐会使社工与

---

① 翟进，张曙. 个案社会工作［M］. 北京：社会科学文献出版社，2001：162.

社区矫正对象的目光接触和交流产生困难，也容易使社工过度卷入。理想的座位摆设是呈90°～150°布置，两人最近端间保持一个手臂远的距离。一般认为摆设在150°，社工和社区矫正对象的目光接触更为自然。通常座位中间摆放一张茶几，能提供有益的缓冲，给社区矫正对象安全的人际空间。

3. 语音特点

语音特点属于副语言特征，包括话语的语气、语调、语速和节奏等，是建立在语言基础之上的"言外之意"的表现。相关研究表明，在面对面的信息沟通中，有38%的效果来自副语言沟通，人们更善于从听觉而非视觉输入的信息中分辨情绪。个案矫正中，社工通过呼应社区矫正对象的语音特点来呼应社区矫正对象，能表达对社区矫正对象的理解、支持、安慰、信任和希望，有利于促进社区矫正对象的表达。社工跟随社区矫正对象的语音特点，用与其类似的音量和音高说话容易引起情感的"共鸣"。通常，社工的语音应柔和而坚定，既表现出敏感性又表现出力量，用温和而轻柔的语气说话可以鼓励社区矫正对象更仔细地探究自身的情感，而提高语速和音量说话可能有助于提升社工的可信度和专业性。

4. 言语追随

社工准确跟随社区矫正对象表达的内容是十分重要的。尽管目光接触、身体语言和语音特点很重要，但不足以构成有效的倾听。作为一名社工，必须通过重复和总结社区矫正对象所说内容，呈现追随社区矫正对象语言的能力。社工通过准确的言语追随让社区矫正对象了解社工倾听的过程和结果。需要注意的是，言语追随只是复述或总结社区矫正对象刚刚所说的内容，不包括表达社工对社区矫正对象所说内容的个人观点或职业观点。

准确的言语追随是有很大难度的，社工可能会因为社区矫正对象所说的内容而走神，去思考自己的想法和评价。社工必须减少自身内在和外在的个人反映，必须关注社区矫正对象而不是自身的想法，以实现有效地对社区矫正对象进行言语追随。社工可以通过以下练习来提高自身在个案矫正中的贯注的意识和技巧。

练习3-1 贯注行为练习

练习1

（1）两人一组，一人扮演社工，另一人扮演社区矫正对象。社区矫正对象叙述问题，社工表现心理与身体的非贯注、非倾听态度。约3分钟后，社区矫正对象与社工讨论，社工的态度带给社区矫正对象的感受。

（2）社区矫正对象继续叙述问题，这一次，社工表现心理与身体的贯注与倾听。3分钟后，两人一起讨论，社工贯注与倾听的态度带给社区矫正对象的感受。

练习2

（1）三人一组，一人扮演社工，一人扮演社区矫正对象，另一人扮演观察员。社区矫正对象叙述问题，社工表现心理与身体的贯注与倾听。每3分钟社区矫正对象停止叙述，然后三人讨论社工的回应是否正确。

（2）10分钟后，角色对调，重复以上步骤。

（二）沉默

1. 沉默的定义与作用

沉默是非指导性倾听反应中最具非指导性的一种。沉默简单而不具指导性，但非常有

力。无论是社工还是社区矫正对象都要花一些时间才能适应沉默，因为许多人对社交情境中的沉默都会感到尴尬并努力保持谈话状态。在最初的访谈中，社工往往会感到责任的重负，觉得自身必须让访谈顺利进行下去。

一方面，恰当地使用沉默对社区矫正对象具有相当的安抚和鼓励作用。沉默作为社工反应的主要功能是鼓励社区矫正对象说话，可以使社区矫正对象思考刚才讨论过的艰难内容或从讨论的艰难内容中恢复。另一方面，沉默也使社工有时间思考，从而有意识地做出反应，而不是急于做出反应。需要注意的是，如果社工大量使用沉默而不说明沉默的目的，会使社区矫正对象面临巨大压力，社区矫正对象的焦虑可能会逐渐增加。此外，社工要善于分析社区矫正对象沉默的原因，对于思考型沉默和茫然型沉默应等待，给予社区矫正对象充分的时间，但沉默时间不宜过长、过频繁；对于怀疑型沉默和内向型沉默，社工应适当给予鼓励、保证和询问。

2. 使用沉默的原则

首先，不要将自己置身于专家的角色，从而产生"我必须立刻回应社区矫正对象，帮他找到问题解决的办法，否则对方会认为我是无能的"的焦虑和担心。其次，如果在沉默中感到不安，可以在用期待的眼光看着社区矫正对象的同时尽量试着放松自己，让社区矫正对象明白自身应该接着表述。再次，注意自己的身体姿势和面部表情。沉默不代表冷漠，在沉默的同时仍要保持接纳而温暖的姿态。然后，不要拘泥于常规。通常沉默是等着社区矫正对象接下来的发言，但有时我们也可以自己打破沉默，如当社区矫正对象表现出强烈不安或者十分无措时。最后，当社区矫正对象感到混乱、正经历剧烈的情感危机或处于精神疾病发作状态时，不能使用沉默以免增加焦虑而加重这些状况。

在个案矫正中，沉默往往是一种重要且有力量的技术，试着通过以下练习学习如何适应沉默。

练习3-2 对沉默的脱敏

在面谈中出现沉默可能会让人感到不适。为了帮助你适应沉默，把沉默看成一种工具，而不是沟通上的失败。你可以进行以下练习。

两人一组分别扮演社工和社区矫正对象，就某一主题进行10分钟会谈并录音，回听录音并讨论以下问题。

（1）出现沉默时，你的想法和感受是什么？你是感到害怕，尴尬还是对沉默保持中立态度？

（2）分析会谈中出现的沉默属于哪种类型。（思考型/茫然型/怀疑型/内向型）

（3）记录下每次沉默的时长以及是谁打破了沉默。分析每次沉默是促进了会谈使会谈更加深入，还是对会谈产生了消极影响。

尝试与你周围的朋友、家人和同事讨论在社交谈话中遇到沉默时有什么感受，借此来理解人们对沉默的不同感受，并增强你对会谈中出现沉默的适应性。

（三）重述

1. 重述的定义与作用

重述（内容反应）是指用言语重新组织或复述对方的言语沟通内容。重述是一种重要的言语追随技术，是有效沟通的基础。重述的主要目的是使社区矫正对象了解社工已经准确地听到了社区矫正对象所表达的核心含义。重述技术可以将焦点停留在社区矫正对象身上，帮助社区矫正对象澄清问题，避免社工过早带入自己的主观判断，从而进一步促进社区矫正对象的自我探索和表达。重述使社区矫正对象有机会再次剖析自己的困扰，重新组合那些零散的事件和关系，深化访谈内容。

2. 重述的分类

在个案矫正访谈中，重述有时也指对社区矫正对象讲述内容的反映，但不反映情感体验。虽然重述有不同的类型，但重述是客观地反映社区矫正对象所说的内容，不能改变或添加社区矫正对象所说的内容。好的重述必须是准确和简短的。下面将介绍重述的几种类型。

第一种为简单重述。简单重述并不是对社区矫正对象所叙述的内容赋予主观意义或控制谈话方向。它是社工对社区矫正对象刚说过的话进行复述、重新表达和反映。简单重述并不是保留原话的一切，而是复述社区矫正对象所叙述信息的核心内容。简单重述中社工不能表达自身的观点、反应与评价。

案例 3-1

A 先生：最近我一整天躺在家里，明明知道有很多事情需要做，但我就是无法从床上起来去做。

社工：这段时间你做事有些困难。

第二种为基于感官的重述。社区矫正对象在描述自己的体验时都有自身惯用的词汇。有些社区矫正对象主要依赖于视觉词汇（如"我看到"或"那看起来像"），有些依赖于听觉词汇（如"我听到"或"那听起来像"），而有些依赖于动觉词汇（如"我感到"）。不同的社区矫正对象有着不同偏好的表征系统。表征系统是社区矫正对象在理解世界时偏好使用的感官系统，通常是视觉、听觉或动觉。根据有关神经语言程式的研究，当社工运用同样的表征系统与社区矫正对象谈话时，有利于增加共情效果，建立专业关系。

案例 3-2

B 先生：我刚刚被公司辞退。我不知道该怎么办，工作对我来说很重要，我感到沮丧。

社工：工作对你来说是这样重要，失去工作让你感到很沮丧。

该社区矫正对象描述自己的感受时用了"感到"，是依赖于动觉系统，因此社工也使用同样表征系统，从而增进共情。

第三种为比喻式重述。当社区矫正对象描述自己的困境或感受时，社工可以使用比喻或类比来捕捉社区矫正对象表达内容的核心信息。例如，当社区矫正对象陷入困境，努力尝试，但似乎一直没有改观时，你可以做出这样的反映："这种感觉就好像在迷宫里，似乎怎么努力都找不到出口。"尽管比喻式重述可能最适合动觉取向的社区矫正对象，但大多数社区矫正对象对比喻式重述有着很好的反应，可能是因为比喻能用最简洁的词汇概括许多体验内容。

案例 3-3

B 先生：我的生活发生了翻天覆地的变化，未来可能会有无数的问题等着我去克服和解决。

社工：你觉得接下来会是一段非常艰难的旅程。

社工把社区矫正对象由于生活的变化和可能遇到的困难比喻为一段艰难的旅程，准确地反映了社区矫正对象当前的困境，把抽象问题具象化，能够更好地触动社区矫正对象的情感体验，引发其进一步的思考和表达。

（四）澄清

1. 澄清的定义与作用

澄清是指社工协助社区矫正对象清楚、准确地表述自己的观念、所用的概念、所体验到的情感以及经历的事件。有些社区矫正对象因为文化程度、逻辑能力、分析能力等原因，可能对自身存在的问题缺乏深入、准确的认识，甚至搞不清自身问题所在。也有些社区矫正对象不愿意谈具体问题，只愿意概括而谈。因此社区矫正对象常常用一些含糊的、笼统的概念陈述自己的问题，比如，"我快烦死了""我很伤心""我感到绝望"等，并由此形成自我暗示，被自己所界定的情绪笼罩，陷入困扰之中。有时社区矫正对象表达不清楚自己想要表达的思想、情感和事情经过，或者自身也搞不清事情是怎样的、自身究竟是怎么思考的，其体验到的感觉就是不确定的、模糊的。这些模糊不清的东西常常是引起社区矫正对象困扰的重要原因。为此，社工需要使用澄清技术，协助社区矫正对象更清楚、更具体地描述其问题。

澄清对于社工和社区矫正对象具有不同的意义。当社区矫正对象前来面谈时多数存在痛苦、烦乱的心理状态，以至在表达时显得言语含混不清、词不达意，从而加重其内心的困惑。澄清有助于厘清社区矫正对象真正的观念、事实、感受、态度和欲望，引导其对自身的问题产生新的思考和领悟。对社工来说，面对社区矫正对象的混乱状态，社工的任务就是要清楚社区矫正对象要表达的真正意图，澄清具体的、重要的事实与情感，以便更深入地理解社区矫正对象。

案例 3-4

C 先生：人情真是淡泊，我曾经把他当最好的朋友，处处帮他，没想到他竟然这样对待我。"衣要新，人要旧"，他连这个道理都不懂，现在我遇到困难了他竟然把我一脚踢开，真是忘恩负义。

社工：听起来似乎朋友没能像你对待他那样对待你，这让你感到生气和难过，能不能告诉我发生了什么事？

该案例中社区矫正对象的表述是模糊的。如果访谈是建立在模糊信息的基础上，那么社工也很难有针对性地工作，并且也可能使问题变得越来越复杂，引起社区矫正对象更大的困扰。因此，社工通过提问，引导社区矫正对象把模糊的问题具体化。

2. 澄清的步骤

（1）社工要确认社区矫正对象的语言和非语言信息的意义。

（2）社工要确认任何需要检查的含糊或混淆的信息中有没有需要进一步核实或遗漏的内容。如果有，需要落实具体内容是什么；如果没有，需要决定下一步更合适的反应。

（3）社工需要确认开始澄清的具体方式，如确定恰当的开始语，如"你能描述……""你是说"或"你能具体说说……"等。另外要用疑问的口气而不是陈述的口气来进行澄清反应。

（4）社工需要通过倾听和观察社区矫正对象的反映来评估澄清效果。如果澄清反应有作用，社区矫正对象就会对信息中含糊和混淆的部分进行具体解释。如果没有起作用，社区矫正对象可能没有反应，可能继续做出模糊和省略的陈述。此时，社工需要进行进一步地澄清，或需要转而使用另一种倾听技术。

案例 3-5

C 先生：我的生活正在变得越来越糟，我不知道为什么，我对任何事情都感到失望。

社工：（内部自问自答）

澄清自问 1：这个社区矫正对象告诉了我一些什么？

他感到很失望、沮丧。

澄清自问 2：有没有任何含糊的或遗漏的信息需要检查？

一是他感到对什么失望？

二是这个失望的感受对他意味着什么？

澄清自问 3：我怎样开始进行澄清反应？

"你能描述这种感受吗？"

澄清自问 4：大声说出或写下实际的澄清反应。

"你能说说是什么事情使你感到失望吗？"或"你能描述失望的感受像什么吗？"

澄清自问 5：我怎么知道澄清是否有帮助呢？

社工：你能说说是什么事情使你感到失望吗？

C 先生：我的狗死了（开始哽咽）。我前妻不让我去看望孩子。我母亲重病，我拿不出钱来⋯⋯

社工对社区矫正对象 C 先生的言语信息进行确认，发现其中有含糊的信息如"越来越糟""任何事情"和"失望"等。社工进行思考，并确认开始澄清的具体方式。通过澄清社区矫正对象 C 先生对"任何事情"进行了详细的解释。社工通过倾听和观察确认澄清的效果良好，还可以在共情的基础上进一步进行澄清。

（五）非指导性情感反映

非指导性情感反映是指社工把社区矫正对象所陈述的有关情绪、情感的主要内容经过概括、综合与整理，用自己的话反馈给社区矫正对象，旨在加强对社区矫正对象情绪、情感的理解。非指导性情感反映与重述技术相似的部分是社工将社区矫正对象陈述内容进行综合并做出反应；不同的部分是重述着重于社区矫正对象陈述内容的反馈，非指导性情感反映则侧重于社区矫正对象的情绪反映。非指导性情感反映的主要目的是让社区矫正对象了解社工体会到其表达的情绪情感，感受到社工的理解，并鼓励社区矫正对象进行进一步的情绪表达。

非指导性情感反映的基本原则只复述或反映社工清晰听到社区矫正对象表达的情绪，不要探究、解释或猜测。尽管社工可能猜测到有其他隐含的情绪导致社区矫正对象当前的情绪状态，但社工使用非指导性情感反映时并不探讨这些可能性。情感从根本性质上来说是个人化的，任何试图反映社区矫正对象情感的做法都会促进人际关系的亲密。有些社区矫正对象对于个案矫正关系中的亲密感并不喜欢或没有准备，有些社区矫正对象会拒绝承认自己的情感。因此，有些社区矫正对象对情感反映会做出更疏远和沉默的反应。在建立关系的初期阶段，尝试使用非指导性反映能够最大程度地减少情感反映可能带来的消极反应。

案例 3-6

D 先生：我老板说他会和以前一样对待我，不带任何偏见，但实际上并不是这样的，他

说一套做一套，真是虚伪。

社工：看起来你确实非常生气。

本案例中，社工的情感反映只局限于社区矫正对象已经清楚说出的内容。

正确的情感反映，除了有赖于社工聆听与观察社区矫正对象的语言与非语言信息，辨认社区矫正对象情绪外，还有赖于社工丰富的情感词汇。以下练习能够帮助社工丰富自身的情感词汇。

练习3-3　提升情感能力与词汇量

请找出一种基本情绪，如快乐、愤怒、恐惧或悲伤，联想对于这种情绪的其他情感反应。例如，先说"当我快乐的时候"，然后联想到另一种情感以完成这个句子，比如，"我感到满足"。下面是一个例子：

当我悲伤时，我感到沮丧。当我沮丧时，我感到无助。

当我无助时，我感到挫败。当我挫败时，我感到恼火。

当我恼火时，我感到厌恶。当我厌恶时，我感到郁闷。

这一情绪联想过程能帮助社工对自己的内在情感有更多觉察，同时通过不断练习积累更多有意义的情感词汇。社工独自或两个人一起进行这项练习，可以使用伊扎德（Izard）确定的10种主要情绪：

兴趣-兴奋　厌恶

快乐　　　轻蔑

惊奇　　　恐惧

悲伤　　　羞耻

愤怒　　　内疚

（六）总结

1. 总结的定义与作用

总结是指社工把社区矫正对象的言语和非言语信息包括感情等综合整理后，再对社区矫正对象表达出来。总结的目的包括显示准确的倾听、增进社区矫正对象和社工对主要内容的记忆、帮助社区矫正对象集中于相对重要的问题、提取或提炼社区矫正对象所述信息背后的含义。总结可以使社区矫正对象再一次回顾自己所述，并使访谈有一个调整的机会。总结可以用于一次面谈结束前，也可用于一个阶段完成时。

案例3-7

社工：在这半小时内你说了许多，因此我想我应该确认一下我是否理解了你的主要担忧。你谈了你与父母之间的冲突，父亲的专断让你感到愤怒，以及现在从父母家里搬出来住，在生活上和经济上也存在很大不便和压力。你也说了你觉得自己已经在努力改变，比以前做得更好。这些包括了你谈过的主要内容吗？

E先生：是的，我想已经包括了。

本案例中，社工像一面"镜子"，通过对社区矫正对象所述内容的梳理和总结，使社区矫正对象清晰地"照见"自己目前的主要困境和问题，厘清混乱的感受，帮助社区矫正对象更好地聚焦于自己的主要问题。

2. 使用总结的原则

进行总结时应该遵循以下原则。[①]

1) 非正式

社工可以这样表述，"请让我确认一下我是否把握了你所谈的主要内容。"而不是"以上是我对你所叙述问题的总结。"此外，社工不应数出共有几条内容，只要自然地依次阐述即可。

2) 互动

在进行总结陈述时，要恰当做出停顿，使社区矫正对象有机会进行思考，并表示同意、不同意或进一步补充。在总结的最后，社工应就自身所说的询问社区矫正对象是否准确。

在社工做总结之前，先请社区矫正对象总结对其来说最重要的问题。这样社工可以先了解社区矫正对象的观点，社区矫正对象的观点不会受到社工认为重要的观点的影响。然后社工再补充自身认为重要的观点。

3) 支持性

社工需保持真诚性，明确承认社区矫正对象给出了大量的信息，以表达支持性。例如，"你已经说了很多"或"你在短短的时间内谈到了相当多的内容"。这些言语是支持性的，会使社区矫正对象对自己所说的内容感觉很好。社工的真诚，能让社区矫正对象感受到支持性表达是可信的。

社工请社区矫正对象做出总结的方式应是支持性的。比如，"当然，我很有兴趣知道你认为今天所说的哪些内容最重要。"类似地，你可以说："对你自己来说，你是最好的专家，你会怎么总结你今天谈到的最重要的东西呢？"

值得注意的是，不同理论取向的社工可能在总结时会聚焦于不同的方面。如建构主义和焦点解决的角度可能认为总结应该是积极的，遵循相关理论的社工不会花太多时间去总结社区矫正对象所说的有关负面的内容。精神分析流派取向的社工做总结时关注并强调社区矫正对象童年早期发展的冲突。相反，认知行为流派取向的社工关注社区矫正对象不合理或歪曲的思维模式。（详见第五章）

上述各项非指导性倾听技巧都旨在引导社区矫正对象深入、有序、准确地探讨自身的问题，可起到促进探讨、澄清的作用，使社区矫正对象对自身的心理行为问题和原因等有更深入、更准确的认识，也使社工对社区矫正对象的理解更深入、把握更准确。

> **小贴士**
>
> 社区矫正个案矫正的过程开始于矫正工作者与矫正对象之间的良好关系。通过倾听等方法，社区矫正工作者可以更好地与社区矫正对象建立良好的矫正关系。党的二十大报告指出，联系群众、相信群众是开展工作的重要法宝。从群众中来、到群众中去，始终保持同人民群众的血肉联系，能够使社区矫正工作取得更好的成效。

三、倾听的注意事项

倾听贯穿于个案矫正的任何阶段，并结合其他技术共同使用，是关系建立的重要的技

[①] 隋玉杰．个案工作 [M]．北京：中国人民大学出版社，2007：81．

术，也是一种态度。从某种意义上说，个案矫正全过程也是专注与倾听的过程。使用倾听技术要注意以下几点。

1. 不要轻视社区矫正对象的问题

对社区矫正对象提出的任何问题不要有轻视、不耐烦的态度。有的社工认为社区矫正对象的问题是小题大做、无事生非、自寻烦恼，因而流露出轻视、不耐烦的态度。这说明社工并没有真正放下自己的参照系去看待他人，还不具备忍受模糊情境的特质。

2. 不要干扰、转移社区矫正对象的话题

社工如果经常干扰社区矫正对象的叙述而转移话题，会使社区矫正对象无所适从。特别是，社工不要因为自身认为社区矫正对象所叙述的内容不重要，或是自身无法应对而转移话题；这样会让社区矫正对象感到社工并不尊重他，也不真正关心他的问题。如果社区矫正对象确实因为情绪困扰反反复复都在绕圈子说同一个问题，或是所叙述问题明显偏离访谈主题，社工恰当的做法是适当地总结社区矫正对象的叙述并提出一个问题，比如："刚才你已经很详细地说了和前妻从相识、相恋、步入婚姻到最后如何一步步走向婚姻的破裂。那么，在你们离婚后你的生活发生了哪些变化？"社区矫正对象因为陷入离婚的悲伤而花了大量时间陈述过去婚姻的历程，但是一味沉浸在过去对其目前的问题并没有改善。所以，社工一方面让社区矫正对象去表达，使其情绪得到宣泄，但另一方面也要适时总结，并通过提问把社区矫正对象拉回到现在。

3. 不作道德或正确性的评判

社工不要按自己的日常标准或价值观去对社区矫正对象的言行举止和价值观进行评论。这也是个案矫正区别于教育矫正等其他矫正方式的根本所在。有些社工习惯性地对社区矫正对象的所言所行做出正确与否或道德上的评判。比如，"你讲话怎么会有这么多的口头禅？""你这种想法是不符合社会道德的。""你这种价值观念是不正确的。"等。个案矫正是一个助人与自助的历程，社工不能把自己的价值观念或社会的是非标准强加给社区矫正对象，会让社区矫正对象觉得社区工作者不能理解他，难以建立专业关系。

4. 不能急于贴标签、下结论

有些初学者往往在真正了解社区矫正对象所叙述的事情真相之前，为了显示自己经验之丰富，盲目提供意见，给社区矫正对象贴上一个标签，这样无形中使社区矫正对象心理上产生一种无助感，抑制其自我开放。

案例 3-8

E 先生：我真不知道哪里不对劲，我最近似乎不能集中精神在任何事情上，总觉得心里七上八下，而且这种情况越来越糟。（社工目光游离，身体向后靠在椅子上）晚上总是睡不着，常常在梦中惊醒。即使睡着时，也像醒在那里一样。

社工：噢，你可能患了焦虑症。

E 先生：真的吗？我现在看到谁都想发火，并且似乎越来越控制不住自己了。

本案例中"焦虑症"显然是这位社工在还没有收集足够信息的情况下做出的"诊断"。而社工是不可以为社区矫正对象做出诊断的，只能在充分收集资料和访谈的基础上对社区矫正对象的情况进行评估和分析。急于下结论不但没有起到干预效果，反而会使社区矫正对象更加焦虑和无助。社工妄自揣测或者过早下结论，表明社工未真正运用倾听技术。

非指导性倾听反应及其效果如表3-1所示。

表3-1 非指导性倾听反应及其效果

非指导性倾听反应	描述	主要目的/效果
贯注行为	目光接触、身体前倾、点头、面部表情等。	表达尊重、关心和兴趣，促进社区矫正对象表达和开放。
沉默	静默，没有语言交流。	给予社区矫正对象思考和处理情绪的时间；鼓励社区矫正对象表达；允许社工整理思路，为接下来的反应做准备。
澄清	引导社区矫正对象把模糊的信息作更详细、具体和明确的陈述。	澄清社区矫正对象不清晰的陈述并确认社工听到的内容的准确性。
重述	对社区矫正对象所说内容的反映或复述。	使社区矫正对象确定你准确地听到了他们所说的，促进社区矫正对象表达。
非指导性情感反映	对社区矫正对象所表达情绪的重述或复述。	增进社区矫正对象对共情的体验并鼓励他们进一步的情绪表达。
总结	对一次访谈中涉及的一个或几个话题的简短概括。	整合访谈内容和主题；帮助社区矫正对象整理思路，增进对访谈内容的记忆。

四、倾听的运用

案例3-9

个案简介：A先生，男，35岁，大学专科学历，已婚，育有一子，因公司业务中违法操作被判假冒注册商标罪，判刑三年，缓刑三年。入矫以来A先生能服从各项制度，参与法制教育、思想教育和劳动教育等。A先生常常自责，认为自己害了家庭和孩子，尤其是"祸害"了孩子，影响孩子未来的职业选择。虽然A先生继续开展业务工作，能完成公司要求的任务，但A先生觉得自己是在吃老本，如同行尸走肉，认为自己一无是处。

A先生：我已经好几天无法入睡了。每每想到自己给家庭带来的伤害，特别是一想到因为自己的原因，将来可能会影响到孩子的发展，我……（低头，叹气）

社工：（身体稍稍前倾，露出关切的表情）【贯注】我能感受到你作为丈夫和父亲，由于自己的原因对家人造成了伤害，因此非常自责和愧疚。【非指导性情感反应】

A先生：（稍稍抬起头）我感觉现在自己就是这个家的累赘，什么也做不了，我就是一个没用的人。

社工：你很想为家人做些什么，但又不知道能做什么。【重述】这让你感到沮丧和难过。【非指导性情感反应】

A先生：我有时甚至在想或许离开这个家才是最好的选择。

社工："离开这个家"的意思是结束这段婚姻？不知道我理解得对吗。能不能具体和我说说你的想法。【澄清】

A先生：……【沉默】（抬起头）其实，我知道我不会离婚的，妻子和孩子都很需要我，我也不想逃避自己的责任。只是有时我真的很无助，不知道能做些什么来弥补自己的过错。

本次面谈中，一开始社区矫正对象显得很苦恼，神情凝重，身体紧绷。社工在访谈过程中一直保持开放和接纳的姿态，通过言语和非言语表达，使用了贯注、非指导性情感反映、沉默和澄清等一系列倾听技术。同时，社工对社区矫正对象所表达的内容和情感保持价值中立，不做任何主观评判，营造出一个安全、接纳的氛围。观察发现，通过倾听技术的使用，社区矫正对象凝重的表情有所缓和，紧绷的身体逐渐放松，进一步自我探索，重新澄清了自己的情绪和想法。因此，通过倾听能够让社区矫正对象感受到社工对自己问题的关注，感受到自己是被接纳和尊重的，从而初步建立起对社工的信任，有利于良好关系的建立。

第二节 共 情

共情是一种能深入他人内心世界，了解其感受的能力。共情既是个案矫正技术的核心概念，也是人本主义心理学的关键词语。社区矫正个案矫正中，社工自身就是最重要的工具，共情能力是与社区矫正对象建立良好关系的关键影响因素。社区矫正对象由于触犯了法律，常常面临家庭和社会的责怪和拒绝，这加重了其内心的矛盾性和闭锁性，产生对个案矫正的抵触心理，使其更加难以适应社会。如果社工能够做到共情，理解和接纳社区矫正对象，有利于建立专业关系，保障个案矫正顺利、有效地进行。

一、共情的概念及作用

（一）共情的概念

共情（empathy），又称"神入""同理心""同感"，是指从当事人的角度，而不是自己的角度和参考框架去体会并理解当事人的情感、需要与意图的能力。共情既是一种态度，也是一种能力。作为态度，共情表现为一种对当事人的关切、接受、理解和尊重。作为能力，共情表现为能充分理解当事人，并把这种理解以关切、尊重的方式表达出来。共情是社会工作的重要技术之一，也是社会工作者所必备的重要品质和能力。共情的重要价值不仅在于能促进关系的建立，更重要的是能唤醒社区矫正对象的内心世界，帮助其正视自己的经验和能力，真实地领悟其情绪感受和思维方式，从而促进其自我分析、自我感悟、自我认知和自我成长能力的提升。

罗杰斯认为："共情就是正确地了解当事人内在的主观世界，并且能将有意义的讯息传达给当事人。明了或察觉到当事人蕴涵着的个人意义的世界，就好像是社工自己的世界，但是没有丧失这'好像'的特质。"钱铭怡指出："共情是指社会工作者对社区矫正对象时时刻刻保持敏感，变换自己的体验，能够理解和分担社区矫正对象精神世界中的各种负荷的能力，而不是进行判断和支持社区矫正对象的能力。[①]"许多心理学家都阐述了各自对共情的

[①] 约翰·萨默斯·弗拉纳根，丽塔·萨默斯·弗拉纳根. 心理咨询面谈技术 [M]. 陈祉妍，江兰，黄峥，译. 4版. 北京：中国轻工业出版社，2014：100-101.

见解，综合相关观点将共情定义为：①社工从社区矫正对象内心的参照体系出发，设身处地地体验社区矫正对象的精神世界；②根据相关理论，理解社区矫正对象面临的困境；③运用专业技巧把自己对社区矫正对象内心体验的理解准确地传达给对方。

（二）共情的作用

共情有利于社会工作者与社区矫正对象建立并发展良好关系，能够促进信任与相互理解，并在此基础上，帮助社区矫正对象主动去寻找自身问题的症结，加深自我理解，为后续矫正工作做好准备。如果个案矫正中没有共情的交流，就相当于医生看病没有听诊器，而共情的准确交流，不仅能让社区矫正对象感受到社会工作者对他的真切关怀，也可以激发社区矫正对象进一步探索自身的问题，学会独立自主并促使人格的成长。共情的重要意义主要在于：①由于共情，社会工作者能设身处地地理解社区矫正对象，从而能更准确地掌握有关信息；②由于共情，社区矫正对象会感到自己被悦纳、被理解，从而会感到愉快、满足，这对双方关系会有积极的影响；③由于共情，促进了社区矫正对象的自我表达、自我探索，从而达到更多的自我了解和更深入的交流；④对于那些迫切需要获得理解、关怀和情感倾诉的社区矫正对象，共情更有明显的帮助、矫正效果。

二、共情的层次水平

共情有不同的层次水平，代表了不同的共情质量，国外学者对此有不同分类。伊根（G. Egan）把共情分为两种类型。第一种是"初级共情"（primary empathy），其含义接近于罗杰斯提出的共情定义，主要运用倾听技巧，重在对对方内心体验的理解并反馈这种理解。第二种是"高级准确的共情（advanced accurate empathy），是深入地体会到社区矫正对象内心的各种情感，能够理解社区矫正对象的痛苦来源，社区矫正对象内在的动机、目的、态度和愿望等。高级共情回应的内容是社区矫正对象叙述中"隐含"的感受，协助社区矫正对象了解自己未知或逃避的部分，促使社区矫正对象以新的观点来思考自己及自己与所处环境的关系，使自己得到某种程度的领悟。初级共情是针对社区矫正对象明确表达的感受、行为及困难予以共情、了解，而不去深究隐藏、暗示的部分，从而在个案矫正的初期建立良好的关系，鼓励社区矫正对象多表达，充分收集资料。当关系较稳固时，就不能总是停留在社区矫正对象的参考体系中原地踏步，要使用高级共情把社区矫正对象的真正问题或感受点拨出来，使社区矫正对象产生新的领悟和自我觉察。

案例 3-10

A先生：一切都是我的错，我感觉对不起妻子和女儿，特别对不起年迈的父母，我现在就是家人的累赘，什么也做不了。

社工：（初级共情）我能感觉到你现在非常自责和愧疚。

分析：仅仅对社区矫正对象的内心体验和情感给予理解、反馈。

社工：（高级共情）由于自己的原因对家人造成了伤害，因此你非常自责和愧疚，你希望能做些什么来弥补，却又不知道能做些什么，是这样吗？

社工不仅运用了倾听的技巧，而且用了解释，深入理解了社区矫正对象内心的感受和关键冲突，同时引导社区矫正对象正面思考。

盖兹达、阿斯伯里、拜尔策、切尔德和渥特兹（Gazda, Asbury, Balzer, Childers,

Walters)曾将考夫卡与贝伦松（Karkhuff，Berenson）的五个层次共情归纳成四个层次。①具体如下。

层次一：社工没有专注与倾听社区矫正对象言语与非言语行为，因此回应的内容不能反映社区矫正对象表面或隐含的信息，对社区矫正对象问题的探讨没有帮助。

层次二：社工回应的内容，只反映社区矫正对象表面的想法与感觉，而且反映的情感并非关键性的感觉，因此对社区矫正对象问题的探讨没有帮助。

层次三：社工回应的内容，能够完全反映社区矫正对象的想法与感觉，没有缩减或过度推论，但是无法反映社区矫正对象深层的感受。

层次四：社工回应的内容，能够反映社区矫正对象未表达的深层想法与感觉。这种回应，可以协助社区矫正对象觉察与体验先前无法接受或未觉察到的感觉。举例说明如表3-2所示。

表3-2 共情的四个层次

不同层次		社区矫正对象的语言
		A先生：（皱着眉头，声音很大）自从我报到以来，妻子与我的关系很糟糕，她总是对我发脾气，我们根本无法交流。
层次一	对社区矫正对象的信息没有理解和指导，只有安慰或提出问题。	社工1：（微笑着摆摆手）你先不要下定论嘛，什么事情都不是一成不变的。（否认和安慰） 社工2：你们俩为什么无法交流？（问题）
层次二	只对社区矫正对象认知层面的信息表达了理解，忽视了情感层面的信息。	社工：（面部很平静，语气平和）目前你们夫妻关系很不好，难以交流。
层次三	对社区矫正对象的信息从认知、情感两方面来理解，但是没有对语言背后的感受作反应。	社工：（点着头，皱着眉）你们夫妻关系不好，难以交流，这一定使你很苦恼。
层次四	对社区矫正对象的信息表达了全面的理解并反映了社区矫正对象深层的愿望和感受。	社工：（点着头，皱着眉，声音很柔和）你们夫妻关系不好，难以交流，这一定使你很苦恼；你渴望改变现状。

需要注意的是，社会工作者在访谈中只有达到了第三层次水平才算是做到了共情，即对社区矫正对象所叙述内容，特别是对社区矫正对象所表达出的情绪感受能够准确理解，并且

---

① 钱铭怡. 心理咨询与心理治疗［M］. 北京：北京大学出版社，2016：25.

把这种理解反馈给社区矫正对象。

三、如何正确表达共情

(一) 共情的步骤

社会工作者要达到与社区矫正对象的共情，需要经过积极倾听、设身处地、敏锐思考、准确回应与引发领悟五个阶段。

1. 积极倾听

共情的首要条件是倾听。社工需要投入地倾听社区矫正对象，不仅要注意社区矫正对象的言语内容，而且要注意非言语线索所传递的情感信息。社工倾听社区矫正对象表达的内容和隐含着的含义，才能深入理解社区矫正对象，与社区矫正对象的感受产生共鸣。

2. 设身处地

设身处地是社工从社区矫正对象的参照体系出发，自己"变成"社区矫正对象，用社区矫正对象的眼睛和头脑去知觉、思维和体验社区矫正对象。设身处地的实质是要社工尽可能排除自己的知识经验、价值观、人格特点、兴趣爱好等的干扰，用关切、体察的态度去接触社区矫正对象的内心世界，达到感同身受。社区矫正对象感受到共鸣和支持，才会允许社工进入自己的内心世界，而且也会尝试将个人的看法和感受传达给社工。社工进入社区矫正对象的参考框架，成为"社区矫正对象"之后，真正的共情才会发生。社工就如同自己出现了问题一样，产生解决问题的动力。

3. 敏锐思考

社工回到自己的参考框架里，以一个观察者的视角思考社区矫正对象还未觉察到的内容。这些社区矫正对象未觉察的内容往往是问题的症结。敏锐的思考应该是把事实内容与情感内容分开，把事实内容之间的逻辑关系找出来，再识别、分辨情感内容，找出情感反应与事实内容之间的联系。

4. 准确回应

准确回应是社会工作者表达社区矫正对象未察觉到的、自己真实的情感感受。如果社工未能回应社区矫正对象的想法、处境、困难和感受，社区矫正对象一般会认为社工忽视了自己的感受。回应社区矫正对象时可以用自己的话或者巧妙地引用对方所说过的话，也包括用适当的身体接触给对方以情感支持。但社工和社区矫正对象身体的接触需要注意专业伦理规范，也需要注意由此激发的社区矫正对象的移情和依赖等现象。社工恰当的非言语回应，都会使社区矫正对象感到被理解与接纳，可以很好地促进共情。

5. 促进表达

共情的重要价值是在于唤醒社区矫正对象的内心世界，促进其更好地表达自己的感受和体验，正视自己的情绪感受和思维方式，从而促进其自我表达、自我认知、自我成长能力的提升。因此，社工通过共情，可以使社区矫正对象更自由地表达自我，对自我有更新的认识等。

共情的过程并非按照上述步骤机械地、一步一步地进行。个案矫正过程中社工可能要不断地进入社区矫正对象的内心世界、再回到自己的世界，再进入、再出来。社工不是把共情作为纯粹的一种技术与方法来使用，而是作为一个有思想、有感情、有反应的人与社区矫正对象交流。总之，共情是以投入的倾听为前提，以设身处地的理解和敏锐的思考为中介，以准确地表达出自己的理解为核心，以引发社区矫正对象的思考和成长为结束。

(二) 提高共情水平的方法

1. 应强调情感表达

社工不仅要有能力体验社区矫正对象的感受，还要将这种感受向社区矫正对象表达出来。只有当社工把共情有效地传达给社区矫正对象，才会产生积极的效果。

2. 应强调准确理解

社工除了能够准确地理解社区矫正对象的感受和问题，还应尽力去理解社区矫正对象的生活环境、文化背景，探询社区矫正对象的经历，从而理解社区矫正对象的价值观和各种情感。

3. 应以社区矫正对象为中心

讨论社区矫正对象认为最重要的事情。通过询问和陈述，弄清楚对社区矫正对象而言，目前最重要、最困扰他的事情是什么，社工的反映要与社区矫正对象的最基本问题建立起联系，并直指对方的思想和情感，关联到社区矫正对象的问题与烦恼。

4. 应重视高层次共情

使用言语连接或补充社区矫正对象表达不明确的信息。共情也包括理解社区矫正对象内心深处的想法和观点，特别是当这些想法没有被说出来或表达得不明确的时候。为了扩展社区矫正对象的参照系统以及引申问题的含义，社工要通过表明理解社区矫正对象所做的暗示或推断，来连接或补充社区矫正对象的信息。

(三) 共情的操作技巧

社工在个案矫正中不仅要具备共情的意识和态度，也要能够运用共情技巧以准确表达共情，常用的共情技巧有专注技巧、镜射技巧、判断抽离技巧、具体化技巧。

1. 专注技巧

社工面向社区矫正对象，要有适当的目光交流，主动聆听，观察身体语言，解读话外音，体验背后的信息与情绪表达。专注技巧（attending skill）力图给社区矫正对象传递"社工在专心地陪伴我"的信息，这无疑会给社区矫正对象带来极大的心理支持，增强其面对困难的勇气和信心。社工要想与社区矫正对象建立共情，最重要的途径之一就是要"听到"社区矫正对象话语中的种种情绪暗示。只有通过专注技巧才能真正听到社区矫正对象话语中隐而不宣的情绪暗示。表3-3展示了专注技巧的六点注意事项。

表3-3 专注技巧的六点注意事项

注意要点	具体描述
面向社区矫正对象	以一种积极参与的态度面对社区矫正对象，以此表达"我愿意听你讲话""我很希望能帮助你""我愿意陪伴你"。
上身前倾	坐在椅子上身体稍微前倾，这是一种关注和友好的姿态，意味着"我对你和你说的话感兴趣"。开放的姿势，注意双手要自然放开，而不抱在胸前。

续表

注意要点	具体描述
目光交流	与社区矫正对象保持稳定、坦诚的目光交流，而不是目光涣散或四处巡视。
主动聆听	主动聆听是指社工积极地运用视听觉器官去搜集社区矫正对象信息的活动，并在访谈中主动、适度回应社区矫正对象。但主动回应不等同于插话，主动回应是跟着对方的感觉走，鼓励表达，澄清对方要讲的话语，而插话则是跟着自己的感觉走，不顾及社区矫正对象感受，不断讲自己想讲的话语。
观察身体语言	注意观察社区矫正对象的身体语言，如表情、手势、动作等。身体语言可以独立地，甚至更准确地传递信息，比如，社区矫正对象不停搓揉双手可能表明其内心的紧张和不安，当社区矫正对象的身体语言和有声语言不一致时可能提示社区矫正对象在掩饰其真实感受。
解读画外音	在倾听社区矫正对象叙述时，除了需要用眼睛观察社区矫正对象的身体语言，用耳朵倾听他的话语信息，还要用大脑去迅速判断其画外音，解读潜台词。这包括社区矫正对象的情感、认知、行为的潜在动机。比如，社区矫正对象说"这件事我只对你说"表明其对社工的信任。

2. 镜映技巧

社工通过与社区矫正对象保持一样的语言、肢体方式，表达出和社区矫正对象一致的情绪。如同个体在照镜子时，其一举一动都会在镜子面前反射出来。镜映开始于妈妈和孩子的关系。妈妈是镜映孩子的对象，镜映孩子心灵成长的过程与变化。社工的工作内容之一就是提供一面心灵的镜子，中立、温和、不带评价地映照出社区矫正对象的样子，并通过语言和非语言的方式，反馈给社区矫正对象"我看到你是……"。社工使用镜映技巧（mirroring skill），使社区矫正对象体会到被看到，与他人有所联结，并促进社区矫正对象去体验和探索被映照出的自己。共情的镜映技巧要求社工对社区矫正对象的情绪反应作出及时的反馈。例如，当社区矫正对象的语言低沉而缓慢时，社工也可以使自己的语言保持低沉和缓慢，以反映和社区矫正对象一致的悲伤情绪，达到情感共鸣。表3-4展示了镜映技巧的运用。

表3-4　镜映技巧的运用

社区矫正对象话语	社会工作者言语镜映	社会工作者体语镜映
我恨我爸爸，他总是把他的想法强加给我。	你受了很多的委屈，你希望得到他的尊重。	面露伤感。
我没有一天不对自己犯的错后悔（此时低下头来）。	你希望一切能够回到从前。	面露伤感，沉默片刻。
我女儿考上了重点高中，我们全家都很开心。	我真是替你开心啊！	面露喜悦。
我才不在乎他怎么想的，他什么时候在乎过我？	你希望他在乎你。	面色平常。

3. 判断抽离技巧

社工走出自己的参照框架，进入对方的内心世界，不对社区矫正对象的想法和行为做对与错的评判，而是将感性的描述转换成理性的陈述。由此，判断抽离技巧（judgement refraining skill）是共情的具体实施，其目的在于与社区矫正对象"将心比心"，以尊重换信任，以理解促反思，从而帮助社区矫正对象认识、反思并摆脱其非理性思维与习惯。需要注意的是，过早运用判断抽离技巧，可能使得社区矫正对象感受不到充分的理解和支持，甚至会产生疏离感或敌意。使用判断抽离技巧的时机是需要慎重选择的。

案例 3-11

B 女士：我恨我妈，她总是强迫我做我不想做的事情。

社工：（非判断抽离）你怎么能恨你妈，那是你妈呀！

社工：（非判断抽离）你真的很恨妈妈。（社工能够感受到社矫对象的感受，做到了"以心比心"，但是没有将感性的描述转换成理性的陈述。）

社工：（判断抽离）你觉得你妈一直不够尊重你。

4. 具体化技巧

具体化技巧（concrete discussion skill）是指社工要在与社区矫正对象的交谈中，不断要求社区矫正对象具体描述、谈论对某人、某事的看法与感受。例如，针对社区矫正对象的叙述，可以问"你可否说得具体些"或"你可否举个例子"之类的问题来帮助社区矫正对象厘清思路。此外，不要对社区矫正对象的话语作是非判断，不能表达"你怎么可以那么想"或"你想得太多了"之类的话，而是鼓励社区矫正对象多作自我探索。表 3-5 展示了具体化技巧的运用。

表 3-5 具体化技巧的运用

技巧表现	特点描述	事例说明
举例说明法	针对社区矫正对象的叙述，邀请对方深入展开，或举例说明，帮助社区矫正对象厘清思路。	你说你人际关系不好，可否举出一两个实例？ 你可否说得具体些？
查问深入法	针对社区矫正对象的叙述，提出问题，邀请对方进一步说明。	你说你想逃离，能否告诉我你想逃离什么？
适当沉默法	不要对社区矫正对象的话语做是非判断，而是鼓励社区矫正对象多做自我分析。	（保持沉默）
邀谈感受法	针对社区矫正对象的叙述，邀请对方谈论其感受，促进社区矫正对象宣泄情绪。	你说你人际关系不好，可否谈一谈你具体的感受？

最后，社工要区分"引导"模式和"跟随"模式。在某些情形下，一方面，社工需要跟随社区矫正对象，特别是在获得足够的关于社区矫正对象的信息，或是确立讨论主题之前；另一方面，社工与社区矫正对象一旦确立了讨论主题，则需要加强对社区矫正对象进行引导，让讨论停留在某个关键点上，并对社区矫正对象所讲述内容的真正含义做出更多的了解，使讨论更为有效。

5. 共情表达参考句式

参考句式一：表达对人情感的理解。

"你现在的感受是……，因为……"

"你感觉……，因为……"

"你感到……，因为……"

参考句式二：表达对对方深层次感受、愿望的理解。

"你想说的是……"

"你现在最希望的是……"

"你的意思是……"

参考句式三：表达对对方情感的尊重。

"我理解你的感受，我知道这对你很重要。"

"我能理解这种心情，我知道这种事处理起来很难。"

（四）常见的共情障碍

1. 参照框架错误

以自己为参考标准，难以做到设身处地。例如，"如果我要是遇到这种事情，不会像你这样悲观。"等。

2. 共情过度或不足

共情过度会让社区矫正对象觉得小题大做、过于矫情，共情不足则会使社区矫正对象觉得冷淡、心不在焉。

3. 共情方式单一

单纯依靠言语共情，忽视非言语共情的运用。

4. 职业角色被忽视

忘记自己的职业角色，丧失客观、中立的立场。

5. 文化敏感性不足

忽视社区矫正对象的差异性，特别是文化背景的差异。

6. 其他类型的共情不当

（1）直接的、空泛的指导或引导，如"你（不）应该……"等；

（2）简单地判断、评价或贴标签，如"我认为……是对（错）的""你有……倾向"等；

（3）轻率地做出大而空的保证。一般来说，对于一些缺乏信心、勇气而又迫切希望得到外界鼓励的社区矫正对象而言，保证是有益的。它有助于一些社区矫正对象顺利度过困难期。但是，这种保证要尽量做到建立在事实的、合乎逻辑的、有可能实现的基础上，要让社区矫正对象觉得社工的保证是其确实体验到了社区矫正对象的负性感受，且经过深思熟虑之后做出的。否则，社区矫正对象就会觉得社工是在搪塞自己，或者是因为本身没有办法而采取的一种掩饰手段。

四、共情的注意事项

我国学者马建青提出了正确使用共情的几个要点。[①]

1. 需采纳正确的参照框架

社工应走出自己的参照框架而进入社区矫正对象的参照框架,把自己放在社区矫正对象的位置和处境上来尝试感受社区矫正对象的喜怒哀乐。这种感受越准确、越深入,共情的层次就越高。

2. 应运用尝试性共情

社工如果不太肯定自己的理解是否正确、是否达到了共情时,可使用尝试性、探索性的口气来表达,请社区矫正对象检验并做出修正。

3. 共情的表达要适当

共情要因人、因事(社区矫正对象的问题)、因时、因地而宜,尤其不能忽略社区矫正对象的社会文化背景,否则就会适得其反。一般说来,问题比较严重(尤其是情绪反应强烈)、表达比较混乱、寻求理解愿望强烈的社区矫正对象对共情的要求较多。

4. 需重视言语和非言语共情的结合

共情的表达包括言语和非言语行为,如目光、表情、身体姿势、动作变化等。有时,运用非言语行为表达共情更为简便、有效,应重视二者的有机结合。

5. 应注重角色转换

共情应注意角色转换。社工要做到进得去,出得来,出入自如,恰到好处,才能达到最佳境界。所谓"进得去",是指社工确实能够设身处地地体验社区矫正对象的内心世界;所谓"出得来"是指社工在共情的同时没有忘记自己的身份,丧失客观、中立的立场;所谓"出入自如、恰到好处"是指做到了客观性与主观性的和谐统一。有些初学者确实做到了设身处地,不仅如此,还与社区矫正对象同喜同悲,完全受社区矫正对象情绪的左右,忘记了自己的真正角色;这样就可能失去了客观性。

五、共情的运用

案例 3-12

个案简介:B 女士,女,24 岁,大专学历,未婚,因酒后寻衅滋事被判刑两年,缓刑两年。入矫后 B 女士服从各项管理,但认为刑罚太重。B 女士和父母居住,家庭条件良好,在家人的公司上班。B 女士在大学期间热衷社团活动,参与多项比赛并获奖。B 女士不喜欢目前的文员工作,觉得太多都是重复劳动,但收入甚好也不想辞职。B 女士与父母关系疏远,近期失恋,和朋友关系紧密,经常下班后去夜店喝酒聊天。周末,B 女士常常喝酒到大醉,认为"喝酒的时候最痛快、最放松"。

B 女士:这段时间日子过得浑浑噩噩,感觉干什么都没意思,提不起劲儿。

社工:似乎你对自己近期的状态不太满意,能和我说说具体是什么让你感到没意思吗?

[①] 陈金定. 心理咨询技术 [M]. 广州:世界图书出版公司,2003:149.

【具体化】

B 女士：我不喜欢现在的工作，每天都在重复老一套，真不知道这样的日子有什么意义！

社工：单调重复的工作让你感到乏味和失落，这也让你觉得自己做的事情没有意义。是这样吗？【共情】

B 女士：是啊！可是又有什么办法呢？我也想过辞职不干了，但现在就业这么难，除了这份工作我还能干什么呢？

社工：我能感受到你内心的这种矛盾，一方面，很不喜欢现在的工作，想要辞职；另一方面，目前又没有更好的工作选择，这确实会让人感觉有些沮丧。【共情】

B 女士：哎……真不知道这样的日子什么时候是个头？

社工：听起来有些无助和无望。【共情】

B 女士：现在这种情况还不能随便出去走走……

本案例中，社工通过关注和倾听准确把握了社区矫正对象所表达的内容和情感，并且进入社区矫正对象的参照框架跟随社区矫正对象，把自己放在社区矫正对象的位置和处境上来尝试感受对方的情绪，做到了适时而准确的共情。共情的使用使社区矫正对象感到自己被悦纳、被理解，从而感到愉快、满足，并有动力不断开放和表达自己。这对专业关系的建立和维持有积极的影响。共情促进了社区矫正对象的自我表达、自我探索，从而达到更多的自我了解和更深入地交流。另外，当不太肯定自己的理解是否正确、是否达到了共情时，社工使用了尝试性、探索性的口气来表达，请社区矫正对象检验并做出修正。

共情是一种技术，更是一种态度，社工可以通过练习，不断反思和总结，提高共情的意识和水平。

练习 3-4　共情练习一

共情是一个自发的过程，但社工可以通过一些训练提升共情的意识和水平。

练习 1

（1）3~5 人组成一个小组，准备若干张写有情绪名称的卡片或纸条，如喜悦、愤怒、悲伤、愧疚等；

（2）小组成员围坐一圈，每人抽一张卡片，根据自己抽取的词语依次讲一个发生在自己身上的故事，在这件事情中，自己清晰地体验到了这种情绪。

讲完故事后，其他成员可以来反馈以下三个问题：当我听到故事时，我有哪些感受？我猜他抽到的词语是什么？我说些什么，能够让对方体验到被理解？并与对方核实。

通过这种方法，体验自己感受的能力、理解别人情绪的能力、把自己带入对方故事中的能力、表达共情的能力。同时在小组中，我们也能够看到人与人之间的差异。

练习 2

在日常生活和工作中，与朋友、家人、同事一起练习对对方谈话内容的反应，试着把他们所说的话的意思讲明白，并试着把他们的经历用准确的图像在你的脑海中显示出来。检查一下你是否理解了对方内心的感受和情绪。

练习 3-5　共情练习二

共情可以参照以下框架进行：

关键经验（发生在社区矫正对象身上的事情）

关键行为（社区矫正对象所说所做或没说没做的事情）
产生的情感或情绪
共情公式："你感到……因为……"
例如：一位27岁的男子正与一位社会工作者谈论他昨天与母亲的一次谈话。他说："我不知道我昨天中了什么邪，她不断地重复她以前总是唠叨的话，问我为什么不多来看看她。当她没完没了地说下去的时候，我的火气越来越大（将目光转向地面），最后我终于开始对她尖叫起来。我告诉她别再管我的事了（用手捂住自己的脸）。我简直没法相信，自己究竟做了什么。我骂她是妖婆（直摇头），然后起身离开，当着她的面砰的一声使劲关上门。"

关键经验：母亲的唠叨
关键行为：发脾气，对母亲大叫，骂她。
产生的情感或情绪：内疚、负罪、心烦意乱、对自己失望。
核心信息：由于母亲的唠叨，对她大发雷霆，但事后又觉得内疚，后悔。
共情公式：你感到内疚，后悔，因为你对母亲发了脾气。
高级共情：你感到内疚，后悔，因为你对母亲发了脾气。你希望做点什么来弥补这件事。

请你根据以上方法进行共情反应。

（1）社区矫正对象：我觉得自从我出事入矫后，岳母看我哪儿都不顺眼，事事挑刺儿，根本就不接纳我，认为我做什么都是错的。

关键经验：

关键行为：

产生的情感或情绪：

核心信息：

共情公式：

高级共情：

（2）我觉得难过极了。我原本以为，不论遇到什么困难我们都能相互扶持，毕竟我们一起经历了那么多。可是她现在却想要离开我，我实在无法接受。我不明白，这些年我为了这个家所做的这一切……她竟能这么狠心。

关键经验：

关键行为：

产生的情感或情绪：

核心信息：

共情公式：

高级共情：

第三节 尊重和温暖

社区矫正与监禁矫正不同，是以社区为平台展开的，而社区环境与监狱环境也有根本的不同。平等与尊重是社会工作的两个基本价值理念。社区矫正采用社会工作的价值理念和方法，需要以尊重、温暖的态度对待社区矫正对象，让社区矫正对象积极参与到社区矫正过程中来。在个案矫正中，社工对社区矫正对象的尊重是建立良好专业关系的关键。尊重是社工的一种基本态度，应贯穿于个案社会工作的整个过程。任何时候社工丧失了对社区矫正对象的尊重，就会导致良好专业关系的破裂。

一、尊重的概念与实施

（一）尊重的概念和作用

尊重（respect）指社工对社区矫正对象的现状，包括价值观、人格特点和行为方式等予以接受和悦纳。其意义在于增强共情、积极关注的效果，给社区矫正对象创造一个安全、温暖的氛围，使其最大限度地表达自己。同时可使社区矫正对象感到自己被人悦纳，获得自我价值感。显然，尊重社区矫正对象是建立良好关系、获得矫正效果的重要条件之一。

社区矫正对象虽然触犯了法律，但也有人格尊严。社工应对社区矫正对象给予尊重，使社区矫正对象获得安全感和信任感，从而激发社区矫正对象的自尊心和自信心，使其重新审视自己，认识到自己所犯罪行的社会危害性并产生改变的动机。只有保持尊重的态度，双方才能在平等的基础上建立相互信任、助人自助的关系，社区矫正对象才会敞开心扉与社工沟通交流，提升社区矫正对象教育改造的积极性，强化改变的动机，端正合作态度。尊重也可以激发社区矫正对象的自尊心和自信心，开发社区矫正对象的潜能，使之具有改变自我的力量。这些都是个案矫正工作取得效果的基础，具有非常重要的作用和意义。

尊重虽然表现为一种态度，但这种态度是建立在社工的人性观与基本的价值观之上的。社工只有相信社区矫正对象作为人的价值与自我实现的潜能，才可能在与其接触的过程中始终尊重社区矫正对象。

（二）如何正确表达尊重

尊重不仅仅是对社区矫正对象的抽象看法和态度，更是用行为表达出来的具体态度。社区矫正过程中的尊重包括关心社区矫正对象的内心体验、现状，接纳价值观，非人格评价等方面。要想在个案矫正过程中做到准确地表达尊重，还需要做到以下几点。

1. 尊重表现在接纳社区矫正对象的思想、情感和行为

接纳是尊重的先决条件，没有接纳，就谈不上对社区矫正对象的尊重。社工既接纳社区矫正对象积极、光明和正确的一面，也要接纳消极、灰暗和错误的一面。社工既要接纳社区矫正对象和自己相同的部分、接纳自己对社矫对象喜欢的部分，又要接纳社区矫正对象和自己不同的部分、接纳自己对社矫对象不喜欢的部分，还要接受社区矫正对象的价值观、生活方式、认知、行为、情绪和个性。总之，尊重就是接纳社区矫正对象的一切，无条件地接纳社区矫正对象的全部。社工对社区矫正对象没有喜欢、厌恶等情感内容，没有欣赏、仇恨等态度差别。社区矫正对象的思想、情感、行为即使是负面的、消极的与破坏性的，社工也相信这些思想、情感和行为是在特定的情境下产生的，同时社区矫正对象是有向好的动力与潜能的。社工把社区矫正对象本身与他的具体表现分开，在尊重其作为人的价值的同时，无条件地接纳他的具体表现。

接纳绝不是完全地认同和赞同，而是包容地理解，即相信社区矫正对象的表现有其理由与无可奈何之处，相信其行为或困难并不是社区矫正对象一个人所造成的，是有其深刻的历

史、现实原因的，是可以理解的。包容的理解还表现在社工对社区矫正对象的非评价性、非审判性和非批评性的态度上。通过接纳，社工给社区矫正对象提供了一个安全的环境，让社区矫正对象可以自由地探讨自己的内心世界，表达自我。

在个案矫正中，社工有不同于社区矫正对象的看法是常有的事，那么社工是否可以表达这种与社区矫正对象不同的意见，如果表达出来是否违背接纳原则呢？在个案矫正工作过程中，社工可以表达和社区矫正对象不同的意见，只是必须考虑专业关系的强度是否能经得起这样的考验。在工作过程的后期，社工与社区矫正对象建立了相当良好的关系，探索到某些核心问题时，社工常采用面质的方法指出社区矫正对象有哪些矛盾的思想、情感与行为。但在个案矫正的初期，在专业关系刚刚建立，还没有牢固，社区矫正对象还抱有许多猜忌与疑虑时，社工应先多听社区矫正对象的叙述，而不是过早地表达自己的观点。

2. 尊重表现为礼貌对待社区矫正对象

个案矫正是帮助社区矫正对象解决心理问题，因此双方建立起平等、信任的关系是非常重要的，而礼貌则有助于建立这种关系。首先，礼貌是一种态度，社工对求助者热情、礼貌，必然会使社区矫正对象感受到尊重。比如，社区矫正对象进入访谈室，社工礼貌相待，如："您好，请坐！"；其次，礼貌是一种姿态示范，无论面对怎样的社区矫正对象，即使是失礼的社区矫正对象，社工始终应该以礼相待，面对一个喋喋不休、不停抱怨他人的社区矫正对象，不粗暴地打断他，这也是礼貌；最后，关注也是表示礼貌的一种方式，在工作过程中东张西望、心不在焉或随意浏览其他东西、不耐烦地打断社区矫正对象的叙述，都是对社区矫正对象不尊重的表现。只有当社工对社区矫正对象有兴趣，对社区矫正对象的言行细加体会，社区矫正对象才可能表现出全神贯注的态度。

3. 尊重表现为信任社区矫正对象

社工与社区矫正对象之间建立信任的关系是非常重要的，信任是尊重的基础与前提。社工只有相信社区矫正对象的改变动机和能力，才能尊重社区矫正对象的决定权，不操纵社区矫正对象。社工信任社区矫正对象并将这种信任和期望传递给社区矫正对象，社区矫正对象会感受到自我价值，逐步建立信心克服自己的失败和不足。社区矫正对象才可以与社工合作，才可以投入接受帮助和解决问题的过程中。社工对社区矫正对象的尊重程度，最根本取决于社工本人所抱持的人性观。对人的看法为负面和悲观的社工，很难对社区矫正对象产生信任和尊重。社工需要建立积极的人性观，才可能帮助到社区矫正对象。

4. 尊重表现为真诚对待社区矫正对象

个案矫正的过程中，社工的尊重表现之一是真诚。尊重不代表社工没有原则，没有是非观念、没有自己的主见，或是无原则地迁就社区矫正对象。尊重应体现在对社区矫正对象的真诚上，个案矫正中社工应该做到不掩饰和伪装自己，放下职业角色面具，表里如一地对待社区矫正对象，根据双方工作关系的建立情况，适度表明自己的观点、态度、意见等。社工与社区矫正对象有不同的观点、意见等时，不是不尊重社区矫正对象，更不是否定社区矫正对象，而是在良好的工作关系已经建立起来的前提下，适度地表明对社区矫正对象的看法，不但不会损害工作关系，还会对个案矫正有积极的促进作用。

5. 尊重表现为保护社区矫正对象的隐私

在个案矫正中可能会涉及社区矫正对象某些方面的秘密或隐私，社工对社区矫正对象的尊重就是要对这些内容给予接纳和保护，不去赞赏或批评，也不随意传播。对社区矫正对象暂时不愿透露的隐私，社工可通过保密承诺，打消社区矫正对象的顾虑，除非涉及危害人身或公共安全。对于社区矫正对象主动诉说的秘密和隐私，社工不能进行评价，但需要根据这些秘密与隐私和社区矫正对象适应性问题、犯因性问题的关系不同，进行不同的应对。比如当社区矫正对象主动诉说的秘密和隐私涉及其犯因性问题时，社工应进行深入的探讨；而当其秘密和隐私与社区矫正对象的当前状态和既往问题关联甚小时，社工应避免因好奇而深入询问。

（三）表达尊重的注意事项

1. 应表达接纳

社工在个案矫正中应接纳社区矫正对象，尤其接纳社区矫正对象与自己不同的方面，如自己所反对、否定、反感的内容，也应接纳其消极、阴暗、错误的内容。

2. 应强调平等

社工在价值、尊严、人格等方面与社区矫正对象是平等的，不能因双方地位、知识、金钱、文化等差异奉承或歧视社区矫正对象。

3. 应注重礼貌

社工应遵循礼仪，礼貌待人。

4. 应保持信任

社工应信任社区矫正对象，相信社区矫正对象有改变和成长的潜能。

5. 应保持界限

社工不主动探问社区矫正对象的秘密、隐私，特别是不能出于自己的好奇心而探寻社区矫正对象的隐私。社工问询社区矫正对象个人信息的基本原则是对社区矫正对象的问题解决和成长有帮助，并且对社区矫正对象诉说的秘密及隐私应该严格保密。

6. 需表里如一

社工应该对社区矫正对象真诚，表里如一，不将自己置于"专家"和"权威"的面具之下。

7. 需注意转介

当社工难以接纳社区矫正对象时，可以转介；这本身也是对社区矫正对象的一种尊重和负责。

二、温暖的概念与实施

（一）温暖的概念和作用

温暖（warmth），又称热情，其含义与尊重相似，因而常常被放到一起使用，但较之尊重，温暖可使社区矫正对象和社工之间的心理距离更近一些。温暖可减少个案矫正过程或干预措施的非人性化性质，以免给社区矫正对象带来干巴巴、冷冰冰的感觉。在与不合作或态度勉强的社区矫正对象的互动中，温暖可以有效地化解社区矫正对象的潜在敌意，显著地改善个案矫正中双方的关系。

（二）如何表达温暖

温暖是社工对社区矫正对象主观态度的表达。温暖往往是以人类交往中某些自发的言语和非言语方式来表现的，如语气、神态、姿势、身体动作等。要理解温暖的含义，对求助者表达温暖，应重点掌握以下几点。

1. 初始访谈时主动介绍和询问，表达关切

由于自身特殊的身份，大多数社区矫正对象在初始访谈时会感到心情矛盾和复杂。一方面社区矫正对象可能正处于某些现实的困难或消极情绪中，希望从访谈中得到帮助；另一方面，又担心社工是否会对自己持有指责、批评、甚至歧视的态度，从而产生退缩或抵触心态；同时也可能怀疑访谈是否能帮助到自己。因此，社区矫正对象可能表现出不安、紧张、自我防御等。社工如果主动表达友好、尊重和热情可以有效地消除社区矫正对象的顾虑和不安，使社区矫正对象感到自己是被平等对待，被接纳的。

在初始访谈时，社工可以主动介绍自己，包括自己的基本信息、受训背景和工作职责，同时询问社区矫正对象是否了解个案矫正，希望得到哪些帮助等。这些充满热情、关切的询问会使社区矫正对象感到社工的温暖可亲，有利于使社区矫正对象打消顾虑，放下心理防御，是建立良好关系的开始。

2. 主动倾听，利用非言语行为表达温暖

在社区矫正对象叙述过程中，社工应注意倾听，适度地运用倾听技巧，重视言语和非言语行为的表达，全神贯注地留心求助者的一言一行。目光应注视社区矫正对象，不宜东张西望或漫不经心，面部表情、身体姿势等非言语行为都应传达对社区矫正对象的关心和热情。非言语行为往往比语言更能让社区矫正对象感受到社工的温暖和热情，并能激发社区矫正对象的合作愿望。对有些社区矫正对象而言，社工的温暖具有补偿作用，从而发挥助人的效果。

3. 访谈中认真、耐心、不厌其烦

社区矫正对象由于某种原因，可能会出现表达上的不足，使社工难以把握。比如，有些社区矫正对象思绪不清、语无伦次或啰唆重复、颠三倒四、表达模糊；有些由于文化水平不高，用词不准，以致不知所云；有些由于心情紧张，叙述受影响；有些由于心存顾虑，而不愿讲出实质性问题，也可能把客观事实和主观判断混淆在一起，使人厘不清头绪。社工应耐心细致。如果社工心烦意乱，既搞不清真相，又会给社区矫正对象造成心理压力。社工应根据不同情况，循循善诱，不厌其烦。比如，若是因为紧张所致，社工可帮助社区矫正对象先安定情绪，再进入正题；若表达能力欠佳，叙述不清时，社工应善于归纳，帮助社区矫正对象厘清思路，澄清问题；若因为顾虑而欲言又止，社工应保持平和，重视信任感的营建，用温暖与真诚去消除顾虑；有些社区矫正对象可能内心茫然，不知讲什么好，社工可以多启发，适当多提一些问题，明确访谈的方向和范围，并不断鼓励和肯定社区矫正对象；当社区矫正对象的叙述比较杂乱、主次不清时，社工应耐心听取，善于从中发现关键问题。

在对社区矫正对象作指导、解释和训练时，社工更应充满热情、耐心，若社区矫正对象未听懂，应反复讲解。社工的温暖此时体现为不厌其烦。同时应耐心听取社区矫正对象的反馈，有时社区矫正对象似懂非懂，则可让其通过复述来澄清。

4. 访谈结束时，使社区矫正对象感到温暖

在每次访谈结束时，社工应传达温暖，可以通过访谈小结、布置作业、告知注意事项、对社区矫正对象适当鼓励，促使社区矫正对象回去后继续进行自我探索和改变，以巩固访谈效果。

总之，温暖是建立良好关系的重要内容，也是社工的必备素质，温暖是社工真情实感的表达。只有对社区矫正对象充满热情、爱心和关切，才能推动个案矫正向前发展，实现帮助社区矫正对象解决心理、行为问题的目的。缺乏温暖的个案矫正变成一种冷冰冰的模式化工作，既无法帮助社区矫正对象解决心理问题，也无从实现矫正的效果，甚至还会给社区矫正对象造成伤害。

（三）表达温暖的注意事项

1. 应充满热情

社工在个案干预始终都应对社区矫正对象充满热情、耐心，不厌其烦地对待社区矫正对象，避免因偏见导致的冷漠。

2. 应由心而发

温暖是一种态度而不是一种技能。只有对社区矫正对象充满爱心和关切，视助人为己任的社工，才能适度地表达出对社区矫正对象的热情和温暖。

3. 应认真倾听

社工在社区矫正对象叙述时应该认真倾听，耐心、细致地循循善诱，不因社区矫正对象表达的内容而批评指责对方。

4. 应及时调整

社工遇到有明显抵触心理的社区矫正对象时，更应表现出热情和耐心，创造出一种温暖的、有助于社区矫正对象发生变化的访谈气氛。

5. 应保持耐心

在社区矫正对象出现反复时，社工应耐心、不厌其烦、热情地帮助社区矫正对象。

三、尊重和温暖的运用

案例 3-13

个案简介：C 先生，男、55 岁、大专学历、已婚、育有一子，因公司经营中虚构事实获取巨款以诈骗罪被判十年。其表现良好，符合条件近期保外就医。C 先生为家中长子，弟弟小其 1 岁，妹妹小其 5 岁，父亲为转业干部在政府部门任职多年后退休、母亲为全职主妇。

社工：你好，你今天很准时，请这边坐。今天希望和我谈点什么？

C 先生：我真的搞不懂，干我们这一行的人，有几个是真的清清白白没有任何违规行为的？为什么就我那么倒霉，为什么好人没好报，坏人却能过得更好。

社工：你认为这很不公平，从你的叙述中我也感觉到了你的愤怒，我想你一定有你的理由，你能和我说说你的"好人"和"坏人"的标准是什么吗？

C 先生：我也说不上来，但是我觉得对我的判罚太重了，我一直都遵纪守法，当时真的是遇到了经营困难，那笔钱我自己一分都没用到自己身上，都用来周转和给员工发工资了。

我当时想着一旦情况好转就把钱补上，难道法律就不能酌情考虑吗？

社工：我理解你当时确实遇到了很大的困难，也相信你确实是不希望拖欠员工工资，正因为太想解决问题，才忽略了这样做的法律后果。

C先生：是啊！我这个人有时做事就是太冲动，因为这个不知道吃了多少亏了。哎……说千道万还是自己犯错在先……

本案例对话体现了社工对社区矫正对象的感受给予理解和接纳，体现了尊重，在此基础上真诚地表达了自己的观点并提出问题，不但不会破坏工作关系，还能有效促进社区矫正对象深入思考。在个案矫正中，当社区矫正对象所表达出的价值观与社工不同，甚至对立矛盾时，社工不应把自己的价值观强加于社区矫正对象，对社区矫正对象的想法进行价值判断和否定，而应保持价值中立，尊重社区矫正对象的同时恰当表达自己的观点。否则，可能会引起社区矫正对象的防卫心理，破坏双方关系，使访谈无法进行下去。在该案例中，如果社工这样回应社区矫正对象，"你这样的想法太绝对化了，其实大部分人还是遵规守法的，那些违法的人终有一天也会付出代价的。"就完全忽略了社区矫正对象的情绪感受，并以自身参照框架做出否定性评判，不能体现尊重，会让社区矫正对象感到不被理解和重视。社区矫正对象大多持有"社工就是说教的人"的观念，对个案矫正可能有一定抵触情绪，只有社工充分使他们感到温暖和被尊重，才能打破其心理防御，与社区矫正对象建立良好的关系，保障个案矫正顺利进行。

> **小贴士**
>
> 党的二十大提出：江山就是人民，人民就是江山。只有以惠民生、暖民心的举措，着力解决好人民群众急难愁盼问题，才能真正地赢得人民的心。对于社区矫正对象而言，只有以尊重和温暖包容矫正对象、帮助矫正对象，才能真正地实现社区矫正助人自助的使命。

第四节 真　　诚

一、真诚的概念及作用

（一）真诚的概念

真诚（genuineness）是指社工坦诚地面对社区矫正对象，开诚布公地与社区矫正对象交流自己的想法和意见，不掩饰和伪装自己。真诚是在个案矫正过程中，社工不把自己藏在专业角色的后面，不戴假面具，而以真我的面目出现在社区矫正对象面前，开诚布公，表里如一，真实可信地投身于工作关系。真诚的社工是内心与外表一致、言语与行为一致的。

真诚是一种内在的品质，可谓是"诚于中，形于外"，人无法勉强自己表现出真诚，即使勉强也往往极不自然，无法取信于人。如果社工不具有统合的人格是无法表现出真诚的。如果社工在专业关系中，总想刻意显示什么或掩盖什么，就会在这上面花很多时间精力，从而无法全神贯注到个案矫正工作中。社工如果把助人工作看成临时扮演的一个角色或戴上又可脱下的一个面具，会导致专业自我与真正自我的分离。在日常生活中无法显示出真诚的人，在工作过程中也无法做到真诚；即使他想表现出真诚，他的真诚也仅是一种表演。当人与人的相互交往缺乏真诚的时候，当人与人的相互交流流于表面化和非人化的时候，人们的共处就不会再有促进成长的功能，相反地，还会产生负面的效果，导致人的破坏性行为。

（二）真诚的作用

1. 真诚能导致信任感、安全感和更开放的交流

当社工坦诚地面对社区矫正对象时，会营造出安全、开放和包容的氛围，让对方觉得你是值得信任的，从而愿意敞开心扉，袒露自己的问题所在，包括软弱、失败、过错等而无须顾忌，同时感受到自己是被接纳和信任的。

2. 真诚能提供榜样作用，产生助人效果

社工的真诚为社区矫正对象提供了良好的学习榜样，使社区矫正对象逐渐放下伪装，自由自在地表达自己心中的喜悦、兴奋或是伤痛与失望。社区矫正对象的很多问题也往往是与其人际交往的表面性、虚假性有关，而真诚的专业关系能让社区矫正对象获得和以往不同的、积极的感受和体验，并有可能去模仿和内化。而且当社工与社区矫正对象都能开放和表里一致的时候，就可以促进彼此之间达成理想的沟通，并有效推动个案矫正的进程。

二、真诚的实施技术

（一）支持性的非言语行为

社工的真诚不仅体现在语言上，还应该体现在非言语交流上。社工在个案矫正中用的非言语的身体语言是表达真诚的最好方法。传递真诚的非言语行为包括微笑、目光接触、平和的情绪和有效倾听。关注的目光流露的是真诚；前倾、谦和的姿势表达的是真诚；倾听时平和的表情、无条件地接纳社区矫正对象表述的任何内容是真诚；不管社区矫正对象如何抗拒访谈，社工热情助人的真情流露就是真诚。需要注意的是社工表达的支持性的非言语行为需要由心而发、表里一致。

（二）表达真诚应基于事实求是

社工的真诚不能为了宽慰和鼓励社区矫正对象，而脱离事实基础，否认社区矫正对象现实的困难和问题。一方面，对于社区矫正对象的问题的分析和反馈，不能因为不知如何回答或安慰对方而不顾事实，这样只会让社区矫正对象觉得社会工作者在回避问题，不负责任，从而失去其信任；另一方面，社工不能为了维护尊严而掩饰自己在知识、经验等方面的欠缺，或夸大自己的资质和能力等。因为一旦社区矫正对象察觉到这一点，很容易使其失去信任，拉大了两者之间的距离，给沟通带来困难，而且不懂装懂还可能误导社区矫正对象，更加严重地破坏专业关系。因此，社工应真诚地承认自己的不足，这样更容易被对方接受，因为社区矫正对象更愿意接受真诚的社会工作者。

案例 3-14

44 岁的 D 先生因早年入狱后妻子与其离婚，到目前还没有合适的再婚对象，为自己的状况而感到焦虑。

D 先生：我周围朋友的孩子都上中学了，我知道父母也为我的个人问题而忧心，我真不知道该怎么办。

社工1：44岁还很年轻啊，这个年龄单身太正常了，你不用在意家人和周围人的看法。

社工置事实不顾，会让社区矫正对象感到社会工作者虚伪和敷衍，从而引发愤怒和抵触情绪，损害双方关系。

社工2：按照国人的标准，44岁之后结婚确实有一点晚了，我能理解你因此而感到焦虑。你可以想象一下，如果你结了婚，生活会和现在有什么不同？

社工恰当表达了真诚，既没有置事实不顾，也没有夸大事实，社区矫正对象能感受到他被社会工作者理解了。

（三）以坦诚的态度面对社区矫正对象，不过分强调专业角色

真诚的社工是一个让人感到舒适的人，而不是过分强调自己的专业角色、权威和地位。个案矫正中社工应坦诚而谦虚地向社区矫正对象做自我介绍。有些社工摆出一副专家的样子，觉得自己无所不能，这不是真诚。真诚应该如实相告自己的教育背景、擅长与不擅长的领域等。这会让社区矫正对象觉得社工是真诚可信的，同时也为社区矫正对象树立了自信和自我接纳的榜样。

案例 3-15

B女士对催眠很感兴趣，要求社会工作者使用催眠疗法帮助自己解决情绪问题，但该社会工作者不擅长催眠疗法。

B女士：我也想体验一下催眠，你能给我催眠吗？

社工1：你不要相信电视里的，催眠疗法太玄乎了，不如认知行为疗法有效，我就用认知行为疗法来帮助你吧！

社工否定了社区矫正对象的想法，任意批评自己不擅长的疗法，没有表现出坦诚，同时会让社区矫正对象感受到不被尊重。

社工2：我对催眠了解不多，也没有接受过这方面的专门训练，所以不太擅长使用，恐怕很难有效地帮助到你，我在认知行为疗法上有很多成功经验，不知道你是否愿意让我用它来帮助你？

社工坦诚地承认自己不擅长催眠，这种回答实事求是，体现了真诚，也更容易被社区矫正对象接受。

（四）一致性和自发性

一致性是指社工的言行和情感要相互协调，保持一致。当社区矫正对象发觉社工的言语行为和非言语行为不一致时，往往会相信非言语行为，而不是言语行为。如一位社会工作者听了社区矫正对象的叙述后，一边说"我为你的遭遇感到难过"，但与此同时却不断看手表上的时间，似乎想要快点结束访谈。社区矫正对象并不会认为该社工关切和理解自己，而是感到对方非常的不耐烦，进而不再愿意表露自己内心的想法。

自发性是指社工不刻意、不做作、自然地表达自己的能力。这种自发性建立在良好共情能力的基础上，只有当社工能够真正体会和理解社区矫正对象的情感和内心冲突时，才能真切地、自然地表达自己的想法和感受。

（五）适当的自我开放

真诚还表现在适当的情形下，社工自愿地、适度地讲述自己的真实感受、经历、观念等，与社区矫正对象分享。社工适当的自我开放有利于产生一个开放而有益的气氛，缩短与

社区矫正对象之间的角色距离；促进其暴露自己的程度，尤其是促进社区矫正对象的情感表达；使社区矫正对象对自己行为的知觉产生变化，帮助社区矫正对象形成新视角看待自己。

社工的自我开放有两种形式，一种是表明自己对社区矫正对象的感受和体验，例如："我很高兴你开始尝试迈出新的一步，虽然这对你来说并不那么容易。"另外一种是与社区矫正对象分享自己过去与对方类似的经历或体验，例如："我曾经也和丈夫分居两地，一个人既要带孩子又要工作，这真的太不容易了。"需要注意的是，自我开放应该适度，不宜过多，并且不能离开访谈的主题，否则就变成了社工的自我炫耀或是自我发泄，对社区矫正对象并无帮助作用。

总之，真诚是个案矫正成功的关键因素之一，但真诚是不能强求的，而是个案矫正过程中自发自然的表现。达到真诚的关键是社工能接纳自己、欣赏自己、有相当的自信，不要求自己全知全能，更不会要求自己完美无缺。除此之外，真诚还需要社工对社区矫正对象真心地喜爱，对人有乐观的看法与基本的信任。

三、表达真诚的注意事项

社工在向社区矫正对象表达真诚时，重要的是真实和诚恳，但真诚不是简单的不掩饰、不虚伪，不说假话。把握真诚应该注意以下问题。

1. 真诚不等于实话实说

真诚与实话实说之间既有联系，又不能等同。社工表达真诚应该遵循既对社区矫正对象负责，又有利于社区矫正对象成长的原则，这一原则还应该贯穿于个案矫正的始终。因此，社工的真诚不等于想说什么就说什么的实话实说，那些可能伤害社区矫正对象或破坏专业关系的话，不能实说，应该以真诚的态度表达。真诚主要是指社工没有伪装与面具，但在专业关系中，为了社区矫正对象的利益，社工完全可以作某些隐藏，这种完全出于关心的隐藏与真诚并不矛盾。但是，如果隐瞒是出于满足社工某种心理需要，就违背了真诚的原则。

2. 真诚不是自我发泄

在个案矫正过程中社区矫正对象的某些问题或情感可能与社工的相同或相似，社区矫正对象的叙述可能对社工有所触发，社工可能有感而发。这种有感而发，属于自我发泄，是真诚的禁忌，在个案矫正中应该尽量避免。比如，一位社区矫正对象，由于孩子正处于青春期的非常叛逆期，常常与孩子发生冲突，因此感到非常苦恼。社工恰好也正经历相同的问题，因此有感而发，从国家的教育政策、自己的教育方式，到孩子的学习成绩，滔滔不绝，把和社区矫正对象的访谈变成了自己的发泄。社工的自我发泄一方面占用了大量的时间，另一方面置社区矫正对象于不顾。同时，也使社区矫正对象对社工的专业性产生怀疑。比如，怀疑社工连自己的问题都没有解决，是否还有能力帮助自己。

3. 表达真诚应该适度

真诚虽然是建立良好关系的关键，但并不是表达得越多越好，过多的表达，会适得其反。社工表达真诚应该适度，过度的真诚和过度的表达会让人觉得虚假，会损害关系，应该顺其自然，恰到好处地表达真诚。

4. 表达真诚应考虑时间因素

在真诚的表达上，可能会因时间的不同而有所不同。在访谈的早期，良好的关系还没有

建立起来，真诚的表达应体现在"不虚伪"上，社工可以更多地倾听而不急于表达自己的观点。随着访谈的推进，如果良好的关系已经建立，社工可以真诚地表达社区矫正对象自身的不足或缺点，也可以表达自己的观点或评价等，但以不损害关系为原则。

四、真诚的运用

案例 3-16

个案简介：C 先生，男，55 岁，大专学历，已婚，育有一子，因公司经营中虚构事实获取巨款以诈骗罪被判十年。其表现良好，符合条件近期保外就医。近期和家人、朋友的关系紧张，常常发生矛盾冲突。其他情况同案例 3-14。

D 先生：老师，你上次给我布置的家庭作业我没有做，你一定很生气吧？

社工：我希望你能认真做那些作业，你没完成作业我感到有些失望。【真诚】

D 先生：（停顿片刻）……那您还愿意和我见面吗？您会不会觉得我这人不可救药了？……

社工：（微笑）我并没有那样想过。我刚才说你没做作业使我感到有些失望，这并不是说我对你这个人感到失望。【真诚】我想你没有完成交给你的作业可能会有你自己的原因和道理。现在，你能跟我说说为什么你没做那些作业吗？

D 先生：我实在没有心情完成作业，过去这周真是倒霉极了，所有人都和我过不去。

社工：看上去你上周过得不太愉快。【共情】能和我说说发生了什么吗？【具体化】

D 先生：不管是妻子还是朋友，好像总是看我不顺眼，处处"挑刺"……他们都这样对我，这能怪我吗？

社工：我知道你很难过，也有些气愤。【共情】从你的叙述中，我发现你似乎更多地寻找了他人的原因【真诚】，不知道现在这样会和你自己有关吗？

社工表达感受，真诚地叙述比实话实说更准确，避免了贴标签、过分概括化和绝对化的印象。这种真诚的态度能够被社区矫正对象感觉到，也容易被社区矫正对象所接受，从而促进其认真地思考，促进双方关系的发展。

在以上对话中，一方面，社工在事实的基础上，没有为了一味迎合社区矫正对象而掩饰自己的真实感受；另一方面，社工对真诚的表达是适度的，社工用"有些失望"而不是"非常失望"；社工将真诚表达为"我发现你似乎更多地寻找了他人的原因"而不是"你把原因都归结于他人，我完全看不到你在自己身上找原因，实际上别人都看不起你为人处世的方式，尤其是你得理不饶人的做法。"虽然后者是事实，但实话实说很可能使社区矫正对象感觉社工和其他人一样在批评、指责他，导致关系破裂。

练习 3-6　正确表达真诚

请根据以上真诚实施的要点，对以下案例中社区矫正对象做出恰当的真诚表达。

1. 社区矫正对象：我没做你上次给我布置的作业，您会不会很生我的气呀？

社工：

2. 某位三十多岁女性，因为没有男朋友而苦恼，谈到原因时，她认为是因为自己的外貌。于是问社会工作者："我很少和异性探讨我的长相问题，您能否坦诚地告诉我，您认为我长得怎么样，如果打分，您给我打多少分？"

社工：

第五节　积极关注

个案矫正是一项助人工作，社工需要用积极的态度来看待社区矫正对象，相信社区矫正对象是能够改变的，即尽管他们表现出各种问题，但其问题背后也有各种资源和优势，有着成长的潜能和动力，通过自己的努力和外界的帮助，社区矫正对象是可以改变的。社工只有保持这样的态度和信念，其助人工作才会有效。

一、积极关注的概念及作用

（一）积极关注的概念

积极关注（positive regard）又称无条件积极关注，是指社工对社区矫正对象的言语和行为的积极、光明、正性方面潜力予以有选择性的关注，从而使其拥有更客观的自我形象、正向的价值观和积极的人生态度。积极关注涉及对人的一种基本认识、基本情感和信念，即人是可以改变的。同时，每个人总会有这样那样的长处、优点，每个人身上都有潜力的存在，通过自己的努力和外界的帮助，每个人都可以比现在更好。因此，积极关注就是对人的价值的肯定，无论他或她的条件、行为或情感如何，他或她都具有价值。无条件积极关注包含温暖、关怀、尊重和不评价的态度。

积极关注就是辩证、客观地看待社区矫正对象。有的社工认为，社区矫正对象是一个充满问题的人，个案矫正就是要找到这些问题并且消除和改变这些问题。但实际上，如果社工只从问题入手并不能达到理想的矫正效果。社工不仅应该看到社区矫正对象目前存在的问题，也应该看到这些问题背后的优势和资源，并以此作为社区矫正对象改变的契机，帮助社区矫正对象利用自身的优势和资源来克服和解决问题，从"问题取向"转变为"资源取向"，也只有这样，社区矫正对象才能获得真正长效的改变和成长。

（二）积极关注的作用

积极关注并不意味着讨好或迎合社区矫正对象，也不意味着掩盖、忽视、回避或淡化问题，真正的目的是帮助社区矫正对象正视问题，正视置身其中的世界。实践经验表明，社工无条件地积极关注具有明显的助人效果。积极关注对助人关系的发展以及助人效果的产生具有以下重要的意义。

1. 有助于社工建立专业关系

积极关注有助于社工和社区矫正对象的情感沟通，促进良好关系的建立。积极关注具有互惠性，当社区矫正对象感受到社工的接纳和肯定后，也会对社工产生接纳和信任，从而促进良好关系的建立。社工向社区矫正对象传递积极关注，不带有权威面具，没有居高临下的疏远态度，而是平等地关怀社区矫正对象，这些都可能使双方情感联结加强，关系不断改善。

2. 有助于社区矫正对象的自我接纳

积极关注有利于为社区矫正对象提供安全接纳的环境，使其从对自己"好"与"坏"的评价中挣脱开来，学习接受自己的全部，开始在社工的帮助下真正进行自我探索，获得自我成长。

3. 有助于社区矫正对象的积极关注

积极关注源于婴儿被人爱、被认同的需要。积极关注是自我关注的先决条件。积极关注有助于引导社区矫正对象关注被自己忽略的积极资源，深化对自己的认识，激发改变的内在动力。社区矫正对象大多对自己抱有消极和否定的认知，常常对别人的态度非常敏感，非常看重别人的态度。在个案矫正中，社工积极关注社区矫正对象，社区矫正对象会感到自己是有价值的，看到自己的长处、光明面和未来的希望，从而树立起信心，逐渐建立起内在的认同感，最终朝着积极的方向改变。

二、积极关注的实施技术

（一）辩证、客观地看待社区矫正对象

社区矫正对象往往带着自己扭曲的认知、消极的行为模式、负性的情绪等前来访谈，社工可能很容易观察体验到社区矫正对象消极、阴暗、负性的一面。而社区矫正对象积极、光明、正性的一面往往需要社工挖掘。

（二）帮助社区矫正对象转变视角

积极关注不仅是社工辩证、客观地看待社区矫正对象，还要帮助社区矫正对象辩证、客观地看待自己。有些社区矫正对象因受认知能力的制约，缺乏对自我的深刻认识；有些社区矫正对象因为生活态度消极，忽略了对自我的积极认识；有些社区矫正对象由于选择性注意，影响了对自我的全面认识；这些都造成了社区矫正对象只看到自己存在的问题、失败、缺点和不足等，并放大这些不足，从而深陷其中难以自拔。积极关注就是社工帮助社区矫正对象深化对自我的认识，从只注意失败、缺点和不足转移到客观、全面、准确地认识自己，帮助求助者挖掘自身积极、光明、正性的内容，发现自己的优点、长处和所拥有的资源。

（三）避免盲目乐观

社工对社区矫正对象的基本态度应该是乐观的，应该积极关注社区矫正对象。但有些社工片面理解积极关注的含义，表现出对社区矫正对象的盲目乐观。社工不应该只是脱离事实地安慰和鼓励，而应针对求助者的实际问题，客观地引导社区矫正对象认识、分析其现有的问题，同时帮助社区矫正对象深化认识，认识到其拥有的资源。

案例 3-17

A 先生：因为巨额的民事赔偿，我拖垮了整个家，家人也跟着我受苦，感觉看不到未来，生活已经完全没有了希望。

社工：我能感觉到你对家庭的责任感，只要你不放弃，一切总会过去，未来的生活一定会好起来的。

本案例中，这样的回应看似是积极关注，但实际上忽视了社区矫正对象的实际情况，淡化社区矫正对象的问题，同时也缺乏对社区矫正对象的共情。没有对社区矫正对象的问题进行具体的探索，显得空泛而苍白。

（四）反对过分消极

与盲目乐观相反，有些社工则是走向另一个极端，对社区矫正对象的处境做出悲观和消极的判断。虽然很多社区矫正对象确实面临着诸如债务、失业、人际关系紧张、情绪问题等

艰难的处境，但如果社工反复表达这种消极的态度，社区矫正对象可能越来越消极，更加沮丧、困惑或绝望。个案矫正的目标是给社区矫正对象以支持、鼓励和帮助，促使社区矫正对象从困境中崛起，走出迷茫的泥潭，减轻或消除痛苦，回归正常的社会生活。因此，社工应始终立足于给社区矫正对象以光明、希望与力量，这就是积极关注的实质。面对社区矫正对象的问题、失败、缺点与不足等，社工的反应不能是纯自然的、纯客观的，应符合个案矫正的原则，应对社区矫正对象负责，应促进个案矫正有效地进行。

案例 3-18

一位入矫后与妻子存在矛盾、关系紧张，但双方都不主动改善关系的社区矫正对象 C 先生。

C 先生：我和她现在几乎天天吵架，我一分钟都不想待在家里。

社工：你们的夫妻关系现在确实非常糟糕，这样下去你的婚姻恐怕很难维持。

本案例中，社工的回应可能确实反映了社区矫正对象面临的问题，也对社区矫正对象今后的处境做出了较为准确的判断，但会使社区矫正对象更加沮丧和绝望。

（五）立足实事求是

积极关注应建立在社区矫正对象客观实际的基础上，不能无中生有，否则求助者会觉得社工是在用虚言安慰自己，是社工无能的表现，这样做既没能帮助社区矫正对象摆脱已有的负性情绪，也没有提供改变现状的指导，这样的积极关注可能会适得其反，是与个案矫正的本质背道而驰的。

总之，个案矫正中无论遇到哪类社区矫正对象，无论社区矫正对象有什么样的问题，社工都应善于发掘社区矫正对象身上的闪光点，不但要关注社区矫正对象的潜力和价值，还应该帮助求助者多关注自己积极、光明、正性的方面，这些正是建立社区矫正对象乐观态度，促进社区矫正对象积极转变的基础。

三、积极关注的注意事项

1. 应注重客观全面

社工必须辩证、客观和全面地看待社区矫正对象，既要看到社区矫正对象的消极、负性和不足的一面，还应该看到其长处、优点等积极、光明、正性的一面。

2. 应强调双方积极关注

不仅社工积极关注，还应帮助社区矫正对象积极关注自己，看到自己的长处，发掘自己内在的潜能与资源。

3. 应具有针对性

积极关注要有针对性，要明确、具体，注意寻找存在于社区矫正对象身上的具体点，切忌空泛，否则没有说服力。

4. 应以事实为基础

积极关注应以事实为基础，切忌凭空臆想、脱离事实的盲目乐观，但也应该避免消极。

5. 需谨记积极关注的目的

积极关注的目的是促进社区矫正对象自我发现与潜能开发，促进心理健康。

四、积极关注的运用

案例 3-19

个案简介：A先生，男，35岁，大学专科学历，已婚，育有一子，因公司业务中违法操作被判假冒注册商标罪，判刑三年，缓刑三年。（同案例3-9）

A先生：我好像把所有事情都搞砸了，现在不管在家里还是公司，我觉得自己就是个没用的人。

社工：确实你的生活和工作比起以前都有了很大的改变，这种变化让你感到沮丧和失落。【共情】你每周都准时来这里面谈，这让我感觉到你已经在努力改变目前自己的状态，这一点非常重要。【积极关注】

A先生：是的，其实我真的很害怕自己一蹶不振，我很想回到从前那个努力生活和工作的自己。但这似乎很难，我感觉现在做人都抬不起头，很害怕别人对我指指点点。以前常常和亲戚朋友来往走动，现在我哪也不想去，谁也不想见。过年时家庭聚会我感觉很尴尬又难堪。

社工：与亲戚朋友像原来一样轻松地相处，目前对于你来说确实是一件不太容易的事情，感到难堪也是正常的。【共情】但尽管如此，你还是努力克服了这些，参加了家庭聚会。

A先生：毕竟我不想让妻子和孩子失望，如果过年都不去参加家庭聚会，她们一定会很伤心的。

社工：你确实很在意妻子和孩子，她们似乎是你生活中很重要的动力和支持。【积极关注】

A先生：我真的很愧对家人，但我也很感激她们。自从我出事后，妻子一点都没有抱怨过我，反而一直安慰我，给我打气。

社工从社区矫正对象的叙述并不是首先看到社区矫正对象的问题和不足，急于给出建议和帮助，而是看到了其积极的一面，而且是以事实为基础的，辩证地看待社区矫正对象。社区矫正对象往往由于现实中的困难和情绪的影响，容易从消极的方面看待自身，自我贬低并产生无力感。如果社工能发现社区矫正对象问题背后隐藏的资源，并引导社区矫正对象关注被自己忽略的积极的自身和外部资源，这有利于促使社区矫正对象从积极的角度重新审视自己，深化对自己的认识，建立信心，激发改变的内在动力。社工对社区矫正对象的积极关注，也体现对社区矫正对象的尊重和信任，有利于良好关系的建立。

第六节 结构化技术

一、结构化技术的概念及作用

（一）结构化技术的概念

结构化技术也叫场面构成技术，是指社工就个案矫正的本质、目标、原则、限制和双方责任等做出说明的一种技术。结构化技术是在个案矫正过程中任何一个阶段，尤其在最初的阶段需要使用的一个技术，并且在个案矫正中需要不断地被强调。

社区矫正对象由于面临现实的困境和自身的问题，加之缺乏对个案矫正的正确认识，往往希望从社工那里得到一种灵丹妙药，立马解决生活中所面对的令自己痛苦的事情。很少有个案是带着要对自己的人格进行根本改变的想法来接受矫正的。社区矫正对象知道某些地方出了问题，希望快速来让自己感觉好一些，而实际上这是不可能的。因此，通过结构化技术，让社区矫正对象正确理解个案矫正工作的实质，从而调整其动机和期望水平，有利于取得社区矫正对象的配合，保障个案矫正正常进行。

（二）结构化技术的作用

1. 有助于提供社区矫正个案矫正的基本框架

结构化技术使社区矫正对象对个案矫正的架构、方向以及双方关系的性质、过程有一个初步了解，为个案矫正的进行建立良好的心理环境和规范保证。有经验的社工都有这样的体会，严格遵守个案矫正的基本架构，个案矫正的效果更容易得到保障。当社工和社区矫正对象在互动中共同建构了一个基本架构后，双方的心理上都无形中有了一个契约和约束。双方都明白，是否遵循访谈的时间、方向及各自的角色和职责，直接关系到个案矫正的效果，双方都会有意识地去约束自己的行为。而如果没有这些架构，社区矫正对象无形中会觉得个案矫正其实是随意的，没有什么方向和规则，也会慢慢对社工失去信心。所以，结构化技术是为个案矫正建构了良好的心理环境。同时，社工对社区矫正个案矫正基本规范的维持，本身就具有矫治的效果。

2. 有助于调动社区矫正对象的内部资源

个案矫正的目的是"助人自助"。当社区矫正对象明确了自己的责任后，才能意识到自己才是矫正工作的主角，才能慢慢减少依赖性和那些不切实际的期望，才能有意识地去调动自己内部的资源，提升矫正效果。如果社区矫正对象始终把希望寄托在社工的身上，而自己不去积极努力改变，则无法达到矫正效果。所以，结构化技术就像个案矫正过程的框架，能给社工和社区矫正对象一种约束和力量，有了这种约束和力量，才能保证个案矫正的正常进行。

二、结构化技术的实施要点

结构化技术包括对社区矫正对象说明与界定从开始到结束之间所涉及的要素，个案矫正的性质，理论框架，专业关系，设置（时间、地点），目标和双方的责任等。具体来说，结构化技术包括四方面的内容。

1. 说明个案矫正工作的性质

接受个案矫正的大多数社区矫正对象对于个案矫正只有一个模糊的认识。社区矫正对象可能仅仅是要寻找一种解决问题，缓解痛苦的方法。有些社区矫正对象认为接受个案矫正就像病人看病一样，可以药到病除，立竿见影。甚至那些诚恳希望发生改变的社区矫正对象也很少会意识到这种改变实际上可能会伴随着更大的痛苦和不适。对于一个人使用了十几年甚至几十年的习惯的改变是会导致痛苦和不适的，尤其这种改变要涉及社区矫正对象身边的人的时候。大多数社会矫正对象对待个案矫正的方式与其对待普通医院医生的方式有很大相似之处，具有因社区矫正对象对个案矫正的性质了解不够所形成的偏见，社工的介入并不能立竿见影。如果社区矫正对象表达出对个案矫正的误解，社工需解释清楚，个案矫正是一个助

人与自助的过程,它通过双方的人际关系互动,共同对问题加以探讨,来促进社区矫正对象的成长与适应。

2. 说明个案矫正的保密原则

保密原则是个案矫正中最重要的原则之一,也是社工必须遵循的职业道德之一。在个案矫正工作一开始,强调保密原则可以减少社区矫正对象不必要的焦虑。同样,必要时也需简单说明保密例外原则。

3. 说明社工的角色和限制

(1) 角色与责任。让社区矫正对象了解,社工不能解决社区矫正对象所有的现实问题,不能强迫社区矫正对象做符合社工期待的事,也不可能代替社区矫正对象做决定。在个案矫正过程中,社工通过人际互动,用自己的热忱、专业知识和技巧协助社区矫正对象,个做不切实际的保证。

(2) 关系的限制。让社区矫正对象了解,社工与社区矫正对象不能以朋友、师生、伴侣、父母、知己等关系来进行访谈,如果在访谈中关系发生一些意外,双方应以真诚的态度加以探讨。同时需要注意,如果社区矫正对象本身就是社工的朋友、师生等关系,社工不能对其开展个案矫正工作,而需要避免双重关系,由其他没有双重关系的社工对其开展个案矫正工作。

4. 说明社区矫正对象的角色和责任

(1) 时间的责任。社工需要让社区矫正对象了解每次访谈的时间限制(如 50 分钟),并准时依约前来访谈。如有变故,须按照约定提前告知。

案例 3-20

C 先生:我觉得每一次访谈的时间才 50 分钟,这怎么够呢?我跟我朋友谈心事时,即使谈好几个小时,问题也无法解决。可不可以延长我们的谈话时间,我想早一点把问题处理掉。

社工:你认为 50 分钟的谈话时间不够,无法解决你的问题,所以内心很着急(共情)。一般来说,50 分钟的谈话时间是适当的,延长时间对你的帮助不大。如果处在危机情况下,在必要时,我会延长谈话时间,或增加每一周的谈话次数。个案矫正的谈话跟一般的谈话不一样,通常涉及当事人内心深层的世界,每个人开放内心世界的速度因人而异,这与每一次谈话时间的长短无关。我能理解你想早点解决问题,可是这不是延长每一次的谈话时间就可以办到的。(结构化技术)

(2) 行为的责任。社工需要让社区矫正对象了解在访谈中自己有责任诉说,说出自己的故事,并与社工合作,达成矫正的目标。社区矫正对象并非被动等待社工的建议。

案例 3-21

D 先生:我今天来,是想让你了解我感情上遇到的一些问题和矛盾,好替我拿个主意。

社工:我很乐意听你的故事。听起来,你好像认为,我知道了你的问题,我就可以帮助你解决问题。

D 先生:没错。因为你是这方面的专家,可以帮我找出问题的根源,告诉我该怎么办!

社工:我的确受过这方面的训练,也处理过不少感情的问题。不过,我的责任不是给你意见,而是帮助你深入讨论你的问题。当你对自己有了清楚的了解后,你可能就知道该如何

解决问题了。（结构化技术，说明了社工的角色与责任）

D 先生：是这样的？

社工：听起来你还是有些疑惑。其实，在访谈的过程中，你不是被动地听我分析，而要主动地让我知道你的想法、感觉，因为这都是解决你的问题的重要线索，我们需要一起来探索。不知道你听我这么说，有什么想法？（结构化技术，说明社区矫正对象的角色和责任。）

（3）过程的责任。社工需要让社区矫正对象了解大概要访谈几次，以及以什么样的方式进行。一般情况下，个案矫正每周会面一次，每次 50 分钟，会面地点必须严格限定在专门场所。

> **小贴士**
>
> 社区矫正的过程是社区矫正工作者对社区矫正对象进行社会主义教育和改造的过程。社区矫正工作者在开展个案矫正的过程中，应当注重践行党的二十大报告精神，弘扬中华传统美德，明大德、守公德、严私德，以中华优秀传统文化和新时代中国特色的社区矫正工作品德教育、改造矫正对象。

三、结构化技术的注意事项

结构化技术宜在个案矫正的初期使用，并随着谈话进行，弹性地分散在个案矫正的过程中。使用结构化技术要注意以下几点。

1. 注意结构化技术使用的程度和时机

不要过度使用结构化技术，也不宜急于完成，以免破坏访谈气氛和咨询关系。常常存在这样的误解：结构化技术就是在谈话的起始阶段把所有关于时间、过程、各自角色的基本架构一口气讲清楚。事实上，社工可以在一开始建构一些基本的架构，根据社区矫正对象叙述的内容，在觉察到谈话中流露出其对个案矫正的一些错误认识或疑惑时，抓住时机进行结构化，这样效果会更好。

2. 应尊重社区矫正对象的感受和体验

使用结构化技术不要僵硬死板，不能忽略社区矫正对象的感受，否则会使社区矫正对象产生一种被拒绝、被忽视的感觉而导致焦虑和抗拒。

案例 3-22

E 女士：我有一些问题想和你谈谈，不知可不可以？

社工 1：当然可以，我们一次谈话是 50 分钟，这次谈不完再约下次，只谈一次是不够的。你的问题是什么？（过早做结构化技术）

E 女士：就是近段时间压力大呀！一直找不到合适的工作，每天都心烦意乱，我真不知道怎么办才好！

社工 1：你放心，我们的谈话内容绝对保密。你以前有没有做过类似的访谈？（僵硬没有弹性的结构化技术。社工只顾自己做结构化，完全忽视社区矫正对象已开始的话题和感受。）

E 女士：自己的事，不好意思找人讲，你是专家，一定要帮助我解决这些问题呀！

社工1：事实上你比我更清楚自己的情况，主意要你自己拿，我不可能代替你做决定。（急于界定自己的角色和责任，而且语气生硬，社区矫正对象有被拒绝的感受，可能导致社区矫正对象的抗拒和不配合。）

以下是较为恰当的反应：

E女士：我有些问题想跟你谈一谈，不知道可不可以？

社工2：我很乐意跟你谈，是哪方面的问题？

E女士：就是近段时间压力大呀！一直找不到合适的工作，每天都心烦意乱，我真不知道怎么办才好！

社工2：听起来你现在状态不太好，的确压力很大！你有没有找人谈过这些问题？（先支持社区矫正对象，接着了解社区矫正对象有无咨询的经验）

E女士：自己的私事，不好意思找人讲。

社工2：我很高兴你现在坐在这里，这表示你在碰到难题的时候，能为自己找资源，这是很积极而且负责的态度（积极关注），在我们的会谈中，你的积极参与是很关键的。一直找不到工作，所以压力很大？（以肯定社区矫正对象的意愿来协助他投入谈话过程，增加社区矫正对象对了解自身的角色和责任的理解）

E女士：我不知道自己要怎么做才能找到工作？你是专家，你一定知道解决问题的办法。

社工2：你很想快速找出问题的症结，并且希望有效地解决它。这是我们共同期望的。你来这里的时候，有没有想过我们的工作是怎样一回事？就是你想象中它是怎样进行的……（与社区矫正对象共情，协助社区矫正对象建构个案矫正的性质与社会工作者的角色）

（3）使用结构化技术要避免一些空洞的劝慰。结构化技术不是通过安慰、保证和承诺使社区矫正对象打消顾虑，那样只会让社区矫正对象感到不被理解，或是引起社区矫正对象的防御心理。结构化技术是通过准确的说明和解释，帮助社区矫正对象正确看待个案矫正，明确双方的责任，激发社区矫正对象改变的动机。

案例3-23

F先生：老师，我从来没有做过这样的会谈，这次鼓起了很大的勇气才走进来的，心里还是有些害怕，同时也担心自己的问题究竟能不能得到解决。

社工1：你的这种害怕，其实是一种逃避，是你不愿意面对自己的问题。如果你能鼓起勇气，就能突破这种恐惧心理，一味地逃避，只会让问题变得更糟糕。

社工2：其实没有什么好怕的，当然，告诉陌生人你的秘密的确会有些难堪，可是，为了解决你的问题，你就必须如此做。一开始总会有困难，慢慢习惯后就不会有这种害怕的感觉了。

社工3：我想当你了解了个案矫正的性质后，对你的担心会有所帮助。首先，我们在这里所有的谈话内容都是保密的，这是我们工作最基本的原则。然后，在我们谈话的过程中，你要尽量讲出自己的真实感受，我的责任是陪伴和帮助你对自己的问题进行深入的探索，帮助你逐步产生变化，比如理解自己担心背后的原因……

本案例中，第一个社工没有使用结构化技术，只是试图分析和评价社区矫正对象的行为，因此不仅对社区矫正对象的焦虑没有帮助，还会让社区矫正对象产生抗拒心理。第二个社工也没有使用结构化技术，只是试图安慰与鼓励社区矫正对象，会让社区矫正对象觉得社会工作者并不能理解自己。第三个社工正确地使用了结构化技术，说明个案矫正的性质与各自的职责，以减轻社区矫正对象的恐惧和担心。

四、结构化技术的运用

案例 3-24

个案简介：A 先生，男，35 岁，大学专科学历，已婚，育有一子，因公司业务中违法操作被判假冒注册商标罪，判刑三年，缓刑三年。（同案例 3-9）

A 先生：我现在和家人相处的时候觉得压抑和痛苦，近段时间我甚至萌生了离婚的想法。我觉得自己无法像以前一样面对家人，我对不起家人，特别是对不起孩子，我的事情给孩子将来的发展都造成了影响。但是我也真的很爱我的妻子和孩子，她们是我在这个世上最亲的人。我今天来找您就是想，您是专业人士，能为我做出正确选择，您说我究竟要不要离婚？

社工：听起来你对于这段婚姻关系很矛盾，也很痛苦【共情】。但是我想你对我们的工作还有一些偏颇的认识。个案矫正最大的价值是通过引导你进行自我探索，帮助你更好地适应和发展。只是啊，我们不能替你做出选择，但在更深入的探索后，相信你能对未来做出选择。【结构化技术】这样说你明白吗？

A 先生：就是还得我自己做出选择！

社工：听起来你有些失望，个案矫正不是你所想象的那样。不过，我还是愿意陪伴你一起去探索，更了解自己的内心，更理解和家人的相处方式究竟发生了什么变化。

A 先生：好的，我真是太感谢您了。在我和你的几次谈话后，我很想和你成为知己，我可不可以要你的私人电话？

社工：听你这么说，你对我很信任，我感到很欣慰。但是，个案矫正中的我们的关系不同于朋友或知己。【结构化技术】如果我们能够在工作期间一直很好地保持专业的关系的话，我想将更能保证工作效果。

本案例中，社工在理解和共情的基础上，通过结构化技术，说明了个案矫正的性质和角色限制，纠正了社区矫正对象对个案矫正工作的偏颇理解，帮助社区矫正对象重新调整动机和期望水平，同时促进社区矫正对象承担起自己在矫正工作中应负的责任，有利于促进社区矫正对象的成长。

练习 3-7　结构化技术的运用

（1）用结构化技术回应下列社区矫正对象的叙述。

社区矫正对象：我对接下来要做什么不是很清楚，似乎不是我们两人坐在这里谈话那么简单，不知道我的看法对不对。还有，我想知道，我可以从这里获得什么帮助。

社工：

（2）两人一组，分别扮演社工和社区矫正对象。以初次见面为情景，准备一台录音机，练习使用结构化技术和本章前几节学习的技术，全程录音。25 分钟后，交换角色。两人听录音过程，讨论社会工作者结构化技术的运用是否正确，并谈谈各自的感受。

案例速递

社区矫正对象王某减刑监督案
（检例第 133 号）

【关键词】

社区矫正监督　见义勇为　重大立功　减刑监督　检察听证

【要旨】

人民检察院开展社区矫正法律监督工作，应当坚持客观公正的立场，既监督纠正社区矫正中的违法行为，又依法维护社区矫正对象合法权益。发现宣告缓刑的社区矫正对象有见义勇为、抢险救灾等突出表现的，应当监督相关部门审查确定是否属于重大立功情形，是否符合减刑条件。对有重大社会影响的减刑监督案件，人民检察院可以召开听证会，围绕社区矫正对象是否符合重大立功等重点内容进行听证，结合原判罪名情节、社区矫正期间表现等依法提出检察建议。

【基本案情】

社区矫正对象王某，男，1989 年 6 月出生，2018 年 3 月 14 日因犯诈骗罪被浙江省德清县人民法院判处有期徒刑三年，宣告缓刑四年，并处罚金人民币六万元，缓刑考验期自 2018 年 3 月 27 日至 2022 年 3 月 26 日止。王某在浙江省德清县某街道司法所接受社区矫正。社区矫正期间，王某能够积极接受教育管理，各方面表现良好。

2019 年 11 月 12 日上午，王某在德清县某街道进行社区服务时，发现社区卫生服务站门口的道路上，一辆正在施工的热熔划线工程车上的液化气罐突然起火，危及周边安全。王某见状主动上前施救，并成功排除险情。经德清县人民检察院监督，王某的行为被法院依法认定为重大立功，符合减刑的法定条件。湖州市中级人民法院依法裁定对王某减去有期徒刑六个月，缩减缓刑考验期一年。

【检察机关履职过程】

线索发现　救火事件经新闻媒体报道后，德清县人民检察院检察人员通过查看现场照片，并与德清县社区矫正机构确认，主动救火的人是社区矫正对象王某。德清县人民检察院认为，王某的行为可能构成重大立功情形，符合减刑条件。

调查核实　德清县人民检察院将王某主动救火的情况向社区矫正机构反映，但社区矫正机构未及时进行核查。检察机关随即开展调查核实等工作。一是审查救火事件的基本事实和证据。通过走访事发现场，询问事发地社区工作人员、社区医生、道路施工人员、消防救援人员及周边群众，收集调取现场照片等证据，了解到当日工程车上的液化气罐突然起火，王某发现后三次往返火场灭火，最后爬上工程车徒手将有随时被引爆风险的 7 个液化气罐全部拧紧，成功排除一起重大火灾爆炸险情。灭火过程中，王某身体多处受伤。事发地位于德清县城闹市区，来往车辆和行人较多，周边均为居民区，一旦发生爆炸可能造成重大事故。二是审查王某在社区矫正期间的表现情况。全面调取王某的社区矫正档案材料，通过询问王某和社区矫正机构工作人员，了解到王某原判罚刑已履行完毕，其在社区矫正期间能够认罪悔罪，遵守法律法规和监督管理规定，积极参加教育学习和社区服务，月度考核中多次获得表扬。三是论证是否符合重大立功情形。会同公安机关、人民法院和社区矫正机构等部门，就王某的行为是否属于重大立功表现等问题进行分析论证，推动社区矫正机构有针对性地开展调查取证。2019年12月25日，德清县人民检察院向德清县公安局发出王某见义勇为举荐书，德清县公安局核实后于2020年1月3日依法确定王某的行为系见义勇为。四是召开公开听证会。考虑到王某见义勇为行为已被媒体宣传报道，具有较大的社会影响，德清县人民检察院围绕是否构成重大立功等问题组织召开检察听证会，邀请省市县三级人大代表和政协委员、社区矫正机构代表等人员作为听证员，当事人及其代理律师也参加听证。听证员认为，王某见义勇为行为成功排除了一起重大事故，符合重大立功的条件，有力传播了社会正能量，建议德清县人民检察院依法监督德清县司法局对王某提请减刑。

监督意见 2020年4月17日，德清县人民检察院依法向德清县司法局提出对社区矫正对象王某提请减刑的检察建议。

监督结果 2020年7月1日，湖州市司法局在审查德清县司法局报送的减刑建议书后，向湖州市中级人民法院提出减刑建议。湖州市中级人民法院经审理认为，社区矫正对象王某在排除重大事故中有见义勇为行为，且表现突出，构成重大立功，符合减刑的法定条件。2020年7月13日，湖州市中级人民法院依法裁定对王某减去有期徒刑六个月，缩减缓刑考验期一年。

第四章　社区矫正个案资料收集的技术

本章导图

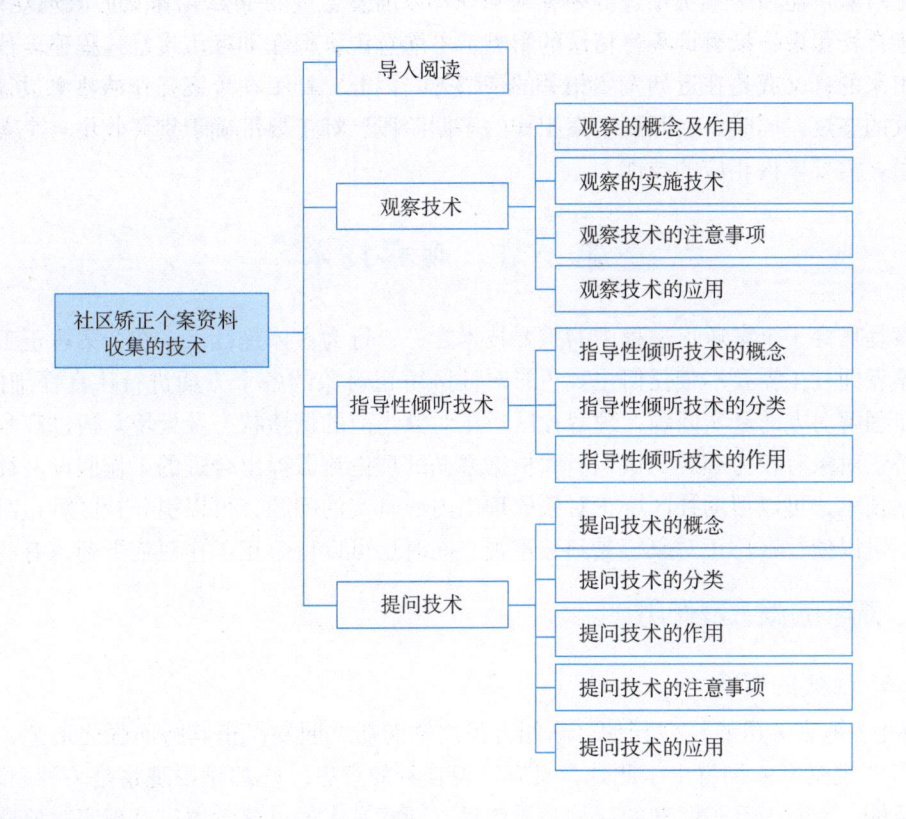

```
                    ┌── 导入阅读
                    │
                    │                    ┌── 观察的概念及作用
                    │                    ├── 观察的实施技术
                    ├── 观察技术 ────────┤
                    │                    ├── 观察技术的注意事项
                    │                    └── 观察技术的应用
社区矫正个案资料 ──┤
收集的技术          │                    ┌── 指导性倾听技术的概念
                    ├── 指导性倾听技术 ──┼── 指导性倾听技术的分类
                    │                    └── 指导性倾听技术的作用
                    │
                    │                    ┌── 提问技术的概念
                    │                    ├── 提问技术的分类
                    └── 提问技术 ────────┼── 提问技术的作用
                                         ├── 提问技术的注意事项
                                         └── 提问技术的应用
```

导入阅读

全面依法治国是当代中国的重大战略任务，并被置于社会治理的保障地位。社区矫正工作的形塑与功能展开离不开法治；若忽视法治的支持，社区矫正工作将失去其必要的规范。作为社区矫正个案矫正的关键阶段，收集资料是开展社区矫正工作的重要步骤，但在实施这一步骤的过程中，必须坚定法治意识，依法依规在中国特色社会主义法律制度体系下开展工作。党的二十大报告指出：全面依法治国是国家治理的一场深刻革命，必须更好发挥法治固根本、稳预期、利长远的保障作用，扎实推进依法治国，严格公正司法，建设法治社会。作为司法运行程序中的一部分，社区矫正工作的开展也必须将法治意识贯穿于全过程。

收集资料旨在明确社区矫正对象心理行为问题的背景，为个案矫正后续工作奠定基础，同时考虑到矫治过程的复杂性和动态性，收集资料应该贯穿于所有个案矫正工作过程。资料收集主要采用观察法、会谈法、调查法等，收集的具体内容主要从矫正对象的个人状况、心理和行为问题表现、社区矫正对象与环境资源情况等方面着手，为个案概念化、开展干预奠定基础，还为准确共情、维护专业关系做出铺垫。收集的内容包括入矫原因、家庭情况、个人现状、主要问题，包括矫治过程中的情绪流露和行为表现等，也包括近期的生活事件和思想变化等资料；此外在个案访谈时还要重视个案文字信息的搜集，社区矫正对象字里行间往往呈现最真实的想法。

社工要对社区矫正对象的基本情况有一定了解和把握。社工要始终保持开放性，因为在后续工作中会收集到新信息，所以这就需要对社区矫正对象问题的分析也随之调整。例如，社区矫正对象可能在个案矫正过程中想起了一些以前发生过的重要事情；也可能这些事情是之前由于自身焦虑、抵触等不良情绪的影响，不愿意说，但在和社工接触过程建立信任以后可以讲出来的；又或是在近期发生相关的事情等。因此，社工在个案工作的整个过程中都要保持开放的态度。同时，在开展个案工作的不同阶段，社工要准确识别并收集与个案相关的资料信息，需要掌握相应的技能。

第一节　观察技术

观察是贯穿于个案矫正过程中的重要技术之一，行为主体是社工。在个案矫正工作的过程中观察者即社工需要不带任何主观色彩对社区矫正对象的各个方面进行认真仔细的观察，才能逐步理解对方的真实问题，理解社区矫正对象当前的情绪状态及处境。通过观察，社工对社区矫正对象有较为客观的认识，并根据遵循的理论流派提出合理的工作假设。社工熟练掌握观察技术，可以帮助社区矫正对象梳理出内心真实的问题，可以引导社区矫正对象的自我探索，可以使社区矫正对象感受到被重视，同时也可以使矫正工作对症下药，有的放矢。

一、观察的概念及作用

（一）观察的概念

《周礼·地官·司谏》："司谏，掌纠万民之德而劝之朋友，正其行而强之道艺，巡问而观察之。""观察"一词就出于此处，具有审视查看的意思。心理学中观察是一种心理现象，是指有目的、有意识且长时期的一种知觉活动。观察是人通过感觉器官对现实对象直接认识的一种主动形式，是有意的知觉。观察具有目的性、计划性、方向性，同时是比较持久并以视觉为主、其他感觉共同参与的一种综合感知。由于积极的思维活动是观察活动的必要条件，因此观察也可以称为思维的知觉。在个案访谈过程中，社工需要训练观察的能力，又称观察力。社工在个案矫正的过程中迅速准确地识别出社区矫正对象言语和非言语行为之间的关系，帮助其传达对社区矫正对象的尊重，有利于社区矫正对象能更好地了解真实的自我。

研究表明，在信息的传递中，只有7%来源于信息发出者所用的词语，其他93%则来源于信息发出者的非言语信息。在个案矫正中社工对于社区矫正对象的信息收集，不仅来源于面对面谈话的言语内容，更来源于非言语的表情动作及其周围与之相关的环境。社区矫正对象会出现大量非言语行为，有时伴随言语内容一同出现，以补充或修正言语内容；有时独立出现，表达独立的意义。这些无意识的非言语行为暴露出社区矫正对象试图隐藏的真实情感或信息，往往比言语行为更丰富、真实。在访谈过程中，社区矫正对象也会去观察社工，通过自己的经验和知识结构进行信息加工，猜测社工的意图，进行语言上的修饰，因此社工对社区矫正对象的观察和对自身的观察都非常重要。

（二）观察的作用

1. 观察有利于社工建立和维持专业关系

社区矫正对象因违法犯罪破坏社会秩序，损害他人利益，导致社会关系、家庭关系等社会性资源出现破坏，常表现为抱怨、不满甚至重新犯罪、报复社会等。只有得到尊重和理解后，社区矫正对象才愿意去信任社工，也才能在社矫期间以合作方式有效地进行个案工作。社工在倾听社区矫正对象的表达时，需要收集社区矫正对象的非语言信息。社工需要在访谈之初注意观察社区矫正对象，并理解社区矫正对象的情绪和想法，以进行恰当的回应。比如，某些社区矫正对象初始访谈时选择的座位，相较大部分社区矫正对象的座位而言，离社工远，同时回避眼神接触。社工观察到相关的信息后，尝试理解该社区矫正对象不安和疏远的原因，保持身体的开放，减少对其目光的接触，选择更为委婉的方式进行共情和提问。基于社工的观察和恰当的回应，该社区矫正对象会逐步放松，有了更多的目光接触，身体也逐步转向面对社工。可见，观察为社工理解社区矫正对象奠定了良好基础，有利于社工更好地回应社区矫正对象。

2. 观察有利于社工辨别社区矫正对象矛盾信息

如何帮助社区矫正对象回归社会，自力更生是个案矫正的主要任务，同时也是个案矫正工作的工作方向。言语行为是一种任由说话人操控的适应性反应，更容易带有社会期待的色彩，但非言语行为是一种自然流露，更倾向表达其内心的真实声音。要知道当言语行为与非言语行为互相矛盾时，非言语行为往往更能传达真实的信息。在个案中社区矫正对象在面谈时会出现一些语言与非语言信息自相矛盾的情况，例如，访谈过程中社区矫正对象有可能说"我很平静"，面部则表现出游离的眼神、局促的表情、鼻翼的扇动等一系列的躯体反应。这时非言语信息表达了社区矫正对象的不安，可能更加贴近说话者的真实感受。因此社工迅速观察这些非言语信息有利于辨别矛盾信息的真实意义。

3. 观察有利于社工收集资料，形成个案概念化

社区矫正对象作为非监禁服刑人员，回归和适应社会有着许多挑战。在个案矫正模型中个案概念化是整个干预工作的核心，而观察技术为个案概念化的建构提供重要资料。比如，访谈中，一名17岁男性的社区矫正对象的母亲谈到生活的困境时流下眼泪，其父亲对母亲流泪没有表情的变化和行为的反应，而该社区矫正对象关切地看着母亲，不断地帮母亲递纸巾。结束当次访谈时，该社区矫正对象和父母均起身准备离开，该社区矫正对象搂住母亲的肩、轻轻拍打安慰母亲；其父亲看见后表情淡漠，未等候母子、直接离开会谈室。社工根据反复观察到的信息结合其他信息，形成对个案的工作假设：社区矫正对象家庭中母子关系过密、夫妻关系疏离，一方面母子的情感是开展矫正工作重要的资源，另一方面母子关系的过密影响了该社区矫正对象的自我分化和社会适应。观察技术在个案矫正中的运用，使得社工资料收集范围更为宽广，推动了工作假设和干预计划的建构。

二、观察的实施技术

生活中每个人都具有观察力，但难免带有主观色彩。个案矫正中，社工使用观察技术应尽可能保持客观。社区矫正对象常常需要面对大众异样的眼光。如果社工带着社会大众的认知倾向去看待这些社区矫正对象，很容易先入为主。带着主观色彩的观察往往误导资料的收集，难以形成有效的工作假设和矫正计划，不利于社矫人员回归社会，融入社会。因此，社工需要进行观察技能训练，使其在访谈过程中不带主观色彩，做到客观描述，才能保持中立的态度和判断，达到社区矫正对象实现真正的诉求的目的，最大化推进社区矫正的矫正功能实施。

（一）非言语信息观察技术

非言语信息观察技术指访谈过程中社工对社区矫正对象除言语表达以外的其他行为和状态的捕捉。人类社会是非常复杂的系统，人们通过信息传递和交换进行着社会活动。信息反映了社会一切活动中各种事物存在的方式和活动的状态，是客观存在的。在社会交往中，人们的信息来源主要分为两类：言语信息和非言语信息。后者指观察对象除去言语表达以外所传递出的内容。在个案矫正工作中社工通过观察社区矫正对象的非言语行为，结合社会文化背景，收集社区矫正对象不能直接用言语提供的或者想去回避、隐藏、作假的信息，使社会工作者可以更加全面地了解社区矫正对象的心理活动，有利于形成对社区矫正对象客观的整体印象。正如霍尔所说："弗洛伊德最有影响的也是最富革命性的成就之一，就是对潜意识作用的详细分析。……弗洛伊德非常依赖于人的行为传播意义，而不是人的言语。他不相信口头的言语，许多思考都基于一个判断：言语隐匿的东西远远超过它所揭示的。"[1]

非言语信息观察技术需要重视社区矫正对象的长相、衣着、面部表情、身体语言、目光接触、声音特质和空间距离等具体内容的观察，是贯穿个案资料收集过程中非常复杂且微妙的技术。社工需要注意，观察是理解的基础，理解既有一致性又具有差异性。严格意义上来说，理解不是观察技术的内容，但由于两者紧密相连，因而在此扩展阐述。基于观察的信息对社区矫正对象进行理解时，需要考虑文化背景和个人特质的差异。不同的个体，尤其在不同的文化背景下，对同一行为的理解存在着差异性。不同文化背景中对同一行为的赋意可能存在差异。不同的个体表现出同样的行为，其内在含义也可能存在差异。比如，性格内向的社区矫正对象在访谈中习惯低头、没有目光接触，很可能是表达不安和窘迫，表现出其与人建立关系慢；而性格外向的社区矫正对象在访谈中习惯低头、没有目光接触，很可能是表达担忧或敌意，表现出回避的意义。

非言语信息观察技术需要重视社区矫正对象的连续的动作群，即一系列相互配合的动作。仅从单个动作判断社区矫正对象表达的信息非常困难。单个动作和其他的表情和动作结合时，往往可以表达不同的情绪、不同的意义。社工需要结合社区矫正对象的文化背景、当时的语意环境，客观、细致地将其前后、上下的动作看在眼里，记到心里。基于持续的观察，社工能更深入地理解社区矫正对象，避免了断章取义。表4-1总结了常见的非言语信息的描述与举例。

---

[1] 杨凤池. 咨询心理学 [M]. 北京：人民卫生出版社，2018：62.

表 4-1 常见非言语信息的描述与示例

非言语信息	具体描述	举例
面部表情	面部肌肉的变化，包括眉、眼、鼻、嘴等，反映个体的情绪状态，提供个人精神状态和倾向的信息。同样的事件，不同的人在不同的时间、地点、条件下感受到的喜、怒、哀、惧是不相同的，但都会在脸上透露出来。观察非言语行为主要是集中在面部表情上。	惊愕——眼睛和嘴巴张大，眉毛上扬；害羞——脸红；愤慨或挑衅——皱眉头、昂首挺胸并紧握拳头；深思——皱起眉头或眯起眼睛；不愉快或迷惑——皱眉；嫉妒或不信任——上扬眉毛；冲突、挑战、敌对——绷紧下颚的肌肉和斜眼瞪视；防御——绷紧下颚的肌肉和斜眼瞪视，同时伴随着嘴唇紧闭，头和下颚常挑衅地向前推出，眉毛下垂，眉头皱起。
身体语言	身体或某一部分肢体的动作，有表达思想、沟通感情、传递信息的作用。身体动作表达了行动者当下的思想、情感和行为，一定程度上反映了他目前的心理状态及其变化。	关系的结束——较大幅度的体态改变；拒绝、结束交谈或者离开——体态改变到了不再正视对方的地步或移动身体、脚及整个身体对着门口；真诚、坦白——摊开双手、解开外衣纽扣或脱掉外套；否定、拒绝或疏远——双手交叉在胸前；焦虑、内心冲突和忧愁——不同的手指手势（反复抠大拇指或者咬指甲等）；紧张且难以接近——双手紧绞在一起或反复摆动，加之身体坐立不安；期待——双手来回搓动；强调、郑重其事、决心或愤怒——拳头握紧；内心平静、轻松、开放——紧靠在一起的双腿开始分开，交叉的双手放了下来——表现了由原先的紧张拘束转变为松弛自在的状态；压抑——脚踝交叠、双手抓紧、咽口水、咬紧牙关、抓住手臂；耷拉着的肩膀。
目光接触	双方接触时，眼睛注视对方的方式。是传递人细微感情最重要的部位。	没有说完——说话时停顿，但不看对方；怀疑——扫视说者、摇头、皱眉；赞成、有兴趣——听对方说话时看着对方。
声音特质	伴随言语产生，对言语起加强或削弱的作用。包括：音量、音质、音调和语速。	强调、激动——声音强度增大；失望、心虚——声音强度减轻；紧张、激动——节奏加快；冷漠、沮丧、思考——节奏减慢。
空间距离	在社会交往的过程中与他人维持的某种距离和物理的空间。一定程度上反映了两个人之间的心理距离以及彼此的关系。	初次见面、不了解、不信任、防御、敏感——间距大；希望加强关系、寻求依靠和帮助——缩小间距。

续表

非言语信息	具体描述	举例
衣着和步态	衣着是人个性、经济地位、文化修养、审美情趣的反映，体现了穿衣人当下的某种心情。步态则将其当下的状态暴露无遗。对于提供综合判断一个人的素材，具有重要参考价值。	强迫症状——反复进门后退出，又进门；紧张不安——手足无措、站立不安。

案例 4-1

B 先生，男，50 岁，中专学历，已婚，育有一子，因危险驾驶罪判刑三个月，缓刑四个月。进入访谈室时，坐在距离社会工作者最远的椅子上，语速稍快，音量不大。

社工：上次你说儿子的工作落实了吗？

B 先生：哎，就这样了。管他了。（双手交叉，身体向椅背靠去）

社工：那想谈谈最近的状态吗？

B 先生：我早就想和你说说了！（身体转向了门口，嘴唇紧闭）

本案例中，B 先生入座开始就选择距离最远的位置落座，可能说明 B 先生对社工不太信任，存在防御心理。交谈过程中问到儿子时，他双手交叉，用身体后靠将双方距离再次拉大，表明此时 B 先生表达出拒绝，也可能是 B 先生即将涉及或已经涉及了自己痛苦的、隐秘的问题。之后，B 先生一边说"我早就想和你说说话了！"，一边把身子转向门口的方向，这传递了"我要走了，你不要说了"的信号。言语和非言语行为产生了矛盾，社工需更相信非语言行为所传递的信息，重视这些矛盾和冲突，才有利于完善资料信息，进行个案工作开展。综合以上信息，社工整体可以判断和 B 先生的专业关系并未建立，B 先生呈现一定的防御状态。

（二）白描技术

白描技术是指访谈过程中社工观察社区矫正对象后，对观察内容客观、中立地描述，是对观察的表达。白描技术既是社工对观察到的信息的陈述方式，又是社工对自身观察立场的觉察途径。白描技术是以客观、不加修饰、不带情感界定的语言进行描述，体现了社工对社区矫正对象的尊重，也是对社区矫正对象理解的基础。但人们常常将理解误以为是观察。个案矫正中，太快地对观察的信息进行理解而缺乏觉察，很可能阻碍矫正工作的开展。作为社工，必须保持中立的态度和价值观，不然容易先入为主地看待问题；必须保持客观的态度和立场，否则容易过早判断、偏离实际。比如，当社区矫正对象低下头、避免目光接触，如果社工带有偏见，很容易认为社区矫正对象是在逃避问题；如果社工采用判断会认为社区矫正对象在表达抗拒。实际上，很可能社区矫正对象低下头、避免目光接触只是正在思考。无论描述社区矫正对象是抗拒还是思考，都是表达了判断而不是观察。白描是社区矫正对象低下头、避免目光接触。

访谈时社工对社区矫正对象进行观察，包括长相、穿着、体态、坐姿、表情、肢体语言等是如何展现的。白描技术使用时着力于人物轮廓和关键细节描述，重点是抓住对方的特征，如实地还原出人物、事件、背景的面貌。遵循客观性原则，尽量在描述现象、事件时就仿佛照相机一般。

案例 4-2

A 先生，男，30 岁，初中学历，已婚，育有一子，因包庇嫌疑人，帮助其逃脱被判包庇罪，判刑两年六个月，缓刑三年。A 先生家住边境县城，在昆明打工。起因是 A 先生以父亲生病为由到司法所办理请假手续，但无法提供其父亲病情诊断书，且疫情防控时期依照上级文件要求暂不准假。A 先生当场与工作人员发生争吵同时提出主动进监狱。

假设社工描述个案资料为：A 先生是来自少数民族地区的人，处理问题冲动、好斗、一根筋，加上其年轻气盛，遇到问题容易走极端。所以在请假得不到批准时，情绪激动还说：长痛不如短痛，反正自己在看守所已经待了两年了，大不了直接收监，自己在里边待几个月就可以出来了……

在该社工的描述中表现出对 A 先生的理解以及可能的不中立，即：冲动、好斗、一根筋、年轻气盛、会走极端。这样的描述呈现了该社工个人主观色彩浓厚的描述。当社工在后期进行其个案工作时，就容易不自觉地对 A 先生的行为进行加工，不利于整个工作的开展，同时造成双方的对立。因此，在描述社区矫正对象时要摒弃大脑对事物的加工程序，尽量客观阐述看到了什么，听到了什么，闻到什么……

A 先生，男，30 岁，初中学历，已婚，育有一子，因包庇嫌疑人，帮助其逃脱被判包庇罪，判刑两年六个月，缓刑三年。A 先生家住边境县城，在昆明打工。A 先生身形瘦小、肤色略黑、眉头紧锁，时值春末穿着一件棉质印花白 T 恤，衣领略微发黄变形（人物轮廓和细节描述）。本次以父亲生病为由到司法所办理请假手续，社区矫正工作人员告知不能准假后，A 先生眼睛直视工作人员，身体前倾，声音变大，语速加快说："你们准不准假，我都要回去。"同时双拳握紧，用力砸在办公桌上。当听到社矫人员提醒不请假外出要被记警告，可能会被收监执行时，他一拍桌子，声量继续加大："长痛不如短痛，直接现在把我送进监狱去。反正我在看守所已经待了两年了，大不了在监狱待几个月就可以出来了。告诉你，我不怕，不要威胁我。"（现场描述）

这个资料收集的描述尽量保持了客观的、中立的描写，有利于社工保持好奇、尊重和中立，深入收集相关资料。在个案矫正工作中会涉及不同的人，每个人都会用自己的认知去理解事物，并总结判断，这样就会使社区矫正对象呈现出别人眼里的他，会影响谈话过程中信息收集的方向，甚至出现忽略。社工在收集资料时，要能区分提供信息的他人的观察与理解，采用白描方式来描述自身直接和间接收集的资料。因此，白描技术需要不带情感倾向，不带评判性描述，遵循客观性原则，尽量将事实还原。

（三）观察自我的技术

观察自我的技术，指社工在个案矫正工作中，时刻保持对自我的状态的观察。观察自我的技术要求社工和社区矫正对象访谈的过程中能保持一种全神贯注的临在状态，用第三只眼睛看自己，观察在和社区矫正对象交流过程中自我的言语和非言语信息。社工对自我的观察主要包括三个层面：对自身语言的观察；对自身情绪的观察；对自身行为的观察。社工对自我的观察可以更好地觉察自身的工作状态，更重要的是有利于深入地理解自身和社区矫正对象的关系，理解社区矫正对象的行为模式等，以更好地帮助社区矫正对象解决心理行为问题、更好地适应发展。

社工作为个案矫正的重要工具，需要保持客观、中立、尊重、温暖、共情等状态。随着社工对自身语言、情绪和行为的观察,能有效觉察自身的工作状态。比如,面对一位不断卷入他人婚姻的社区矫正对象,社工通过对自我的观察发现自己的语言中有"你总是和别人搞在一起,到底是什么吸引你呢"。社工意识到自身的不耐烦和不中立,通过自我的观察迅速调节自身的状态。社工和社区矫正对象工作的深入,常常会在访谈中产生移情与反移情。移情指社区矫正对象将过去的对重要他人的情感、情绪、冲动、愿望等转移到社工身上的过程。反移情指社工对社区矫正对象移情的反应,一方面包括社区矫正对象对社工产生移情时社工的反应;另一方面包括社工将过去的对重要他人的情感、情绪、冲动、愿望等转移到社区矫正对象身上的过程。社工对自身语言、情绪和行为的观察有利于更好地识别反移情和移情。比如,当社工观察到面对某社区矫正对象时自身越来越严厉和愤怒;这样的观察提醒社工进行反思,发现该社区矫正对象不断地突破界限,引发了社工自身的情绪,结合该社区矫正对象的犯罪原因,理解到社区矫正对象不断突破界限可能是其移情的表现。社工对自身语言、情绪和行为的观察有利于深入理解社区矫正对象。比如,遵循精神分析理论模型的社工在社区矫正对象进行自由联想的表达时,脑海中不由自主出现一幕画面。社工观察到自身的意念,对画面中的意境和情绪的体会促进了对社区矫正对象的理解。观察自我的技术有利于社工维护专业关系、调整工作状态和深入理解社区矫正对象,有利于社工进行个案概念化和建立工作假设等。

练习 4-1　观察自我的训练技术

(1) 冥想。每天坚持两次,每次 5~10 分钟,连续 6 天。方法:安静的地方,放松,凝神,端坐,双脚着地,自然均匀呼吸,意识停留在当下,关注当下自己内心出现的波动。

(2) 记录。每天用纸记录下自己当天的事件,尤其不愉快的情境,连续 6 天。并记录下当时的情绪(愤怒、痛苦、悲伤、恐惧、焦虑)和身体的反应(疼痛感、紧张感、僵硬感)。6 天后,重复翻看,并进行分析查找共同之处。

(3) 复盘。每天晚上用 5~10 分钟进行每日复盘,在纸上记录三方面:描述经过(简述事件发生场景)、分析原因(为什么)、改进措施(怎么办,优化选择)。切记,复盘的重点是对事件原因的深入分析和行为选择的优化。

三、观察技术的注意事项

1. 观察要遵循客观性原则

社工使用观察技术需要注意将观察与解读及判断进行区分。观察是解读和判断的基础,是收集资料的重要途径。观察需要保持客观性、不主观臆断,而解读和判断都是带有一定的主观性,受到社工的理论流派取向、工作经验、人生经历和文化背景等的影响。观察要避免先入为主,需要注意对自我的观察,社工应保持中立的态度。

2. 观察应注重系统性原则

社工使用观察技术需要注意非言语信息发生的先后顺序,尤其是对社区矫正对象及其家庭成员的观察。比如,社工需要观察谁先坐、谁后坐,谁坐得离谁近,谁先讲话、谁后讲话,谁讲话时看谁、谁讲话时不看谁等。如果片面地、割裂地对社区矫正对象及其家庭成员呈现的非言语信息进行观察,常常导致后期的分析不准和判断失误。

3. 观察应注重差异性原则

原则上社工使用观察技术时应全面而客观,但实际上遵循不同理论流派指导的社工观察的范围和重点常存在差异。比如，精神分析流派取向的社工更重视对自我的观察，觉察反移情以更好地理解社区矫正对象；家庭治疗流派取向的社工更重视观察社区矫正对象家庭成员之间的行为序列，以更好地探索家庭互动模式和家庭关系等。需要注意的是社工应避免因个人因素带来的观察重点和范围的差异，也需要反思理论流派主张的观察重点和范围的差异造成的影响。

四、观察技术的应用

在个案工作中，社会工作者若想对社区矫正对象的观察技术应用得当，就应注重非言语信息的捕捉，并且基于相关理论和社会环境、文化背景等去理解非言语信息的意义。当社工对观察信息进行描述时应使用客观、不加修饰、不带情感界定的语言，侧重对社区矫正对象进行特征描写，尽量做到如实地还原社区矫正对象面貌。同时社工应关注自身在访谈时的语言、情绪、行为和想法等。

案例 4-3

C 先生，男，40 岁，家中独子，高中学历，离异，育有一女，因虐待女儿判刑三年，缓刑三年。入矫以来 C 先生遵守各项制度，参与法制教育、思想教育和劳动教育等。C 先生自由职业，前妻无业，判刑前女儿随其生活，判刑后女儿暂时随妈妈生活。C 先生目前与70 岁父亲同住，继续做生意，但由于疫情所致，目前生活不理想。C 先生接受社区矫正近一年，强调判罚太重了。认为自己是个负责的父亲，孩子比较调皮，当时本意就是想用装有开水的杯子烫一下女儿，让她长记性，但是用力过大，导致孩子烫伤。C 先生觉得自己是很爱孩子的，只是这个孩子太不省心了，而且自己特别看重孩子的道德教育。

C 先生身形消瘦、肤色略黑，身着半旧的灰白条纹 T 恤，领口有些褶皱；下身是微旧的黑色的西裤，裤脚略长，有被鞋踩踏的褶印。

（访谈节选）

C 先生：我肯定爱我姑娘啊，你不知道她真的是太脏了，什么吃的包装垃圾都丢在床上。我要像这样，小时候早就被打死不知道多少次了（眼睛睁大、青筋微微鼓起）……

社工：（沉默，身体前倾、表情平和，目光保持和 C 先生的目光接触）

C 先生：我就是怕她学坏了，这些小女孩学坏太容易了。我很清楚的。

社工：嗯嗯。

C 先生：我 18 岁就混社会了，周围不知道看到多少姑娘学坏，还有我的朋友家的女儿，你不知道小姑娘这种肯定学坏，那就完了……（身体前倾，声音洪亮）

社工：（沉默，眼睛略微睁大，流露些许悲伤和怜悯，点头）

C 先生：她妈妈也是不负责任的人，没有收入，天天想着玩。上次我碰上我女儿班主任，她老师说还不如我带的呢，现在更差。你看我就是想管教得严格一些，我对我女儿很好的，她说她要学钢琴我就马上给她学，但是她不争气啊，学了两天就不学了。篮球也是，做什么都是三分钟……说了你不要生气，这个姑娘太差了。

社工：（沉默、点头，脑海中出现黑暗的角落，窗户有暗淡的光透入、灰尘轻轻扬起。一个六七岁的小女孩站在光束中，一边颤抖，一边握紧拳头。）

本案例中社工首先对社区矫正对象的非言语信息进行了观察，并采用白描技术对印象深刻的信息进行了描述，如"C 先生身形消瘦、肤色略黑，身着半旧的灰白条纹 T 恤，领口有些褶皱；下身是微旧的黑色的西裤，裤脚略长，有被鞋踩踏的褶印"。同时，社工在个案矫正中，运用观察自我的技术对自身的自由联想进行了观察，将个人的自由联想和其他信息结合，基于精神分析理论感知到社区矫正对象女儿的恐惧、愤怒、受伤害的感觉，建构社区矫正对象现在的困扰是过去的创伤的强迫性重复的假设。

> **小贴士**
>
> 万事万物是相互联系、相互依存的。党的二十大报告以马克思主义哲学的观点指出，必须坚持系统观念。对于社区矫正工作来说，工作的对象是人，通过观察等技术收集开展矫正所必需的资料也应当注意所观察到的信息之间的联系。

第二节 指导性倾听技术

社区矫正对象由于社会经历、文化教育、价值观、现实处境等的不同，对接受矫正的理解千差万别，尤其容易出现抵触、焦虑和悲观等不良心理，使资料收集工作存在一定难度。个案矫正工作中社区矫正对象面对生活的不易和可能的歧视等，常常导致在访谈中不断吐槽、诉苦，难以提供深入的、充分的信息。面对类似情况，指导性倾听技术的运用有利于更好地收集资料，推动个案矫正的进行。社会工作者在收集有关资料过程中，指导性倾听和非指导性倾听是紧密衔接、交替进行的。非指导性倾听更多地运用于建立关系，但同时也有收集资料的作用；指导性倾听更多地运用于收集资料，但同时也有利于建立关系；本节重点介绍指导性倾听技术。

一、指导性倾听的概念

指导性倾听是建立在接纳的基础上，社工更多处于指导者或引导者的位置，引导或指引社区矫正对象表达的一项技术。个案矫正工作中，社工既需要非指导性反应，也需要指导性反应。指导性倾听反应可能主要以社区矫正对象为中心，也可能主要以社工为中心。

社工使用指导性倾听技术是进行指导性反应，其基本假设是社区矫正对象在提供相关资料时需要社工的引导和指导。社区矫正对象在倾诉时可能由于表达习惯、表达方式、关注重点、情绪状态、受教育程度等，难以提供较为全面而深入的信息。社工开展个案矫正时，由于遵循理论、思维方式、关注重点等的不同，往往需要社区矫正对象提供更为具体而深入的信息。指导性倾听在保持接纳、贯注的基础上，更有针对性地收集资料、推动矫正工作的进行。

二、指导性倾听的分类

个案矫正工作中具有不良行为模式及较弱社会支持的社区矫正对象，在面对困难时缺乏有效解决路径。非指导性倾听能帮助社工为社区矫正对象梳理访谈脉络及访谈目标，发现并直面问题，推动收集资料的进行；同时也有利于检验假设，开展干预。指导性倾听是对社区矫正对象具有影响性的技术，需要良好关系的建立为依托，是社工基于理论知识和实务经验实施的推进个案矫正的技术。指导性倾听技术主要有即时性、解释性情感反映、面质等。

(一) 即时性技术

1. 即时性技术的定义

即时性技术又称即时化,指社工发现社区矫正对象在访谈的此时此刻、此情此景出现的反应,进行即时化的回应,以推进资料的收集和对社区矫正对象的理解等。社区矫正对象在此时此刻的反应,可能和其特殊的情绪情感、想法行为有关,也可能和社区矫正对象和社工的关系有关。社工使用即时化技术,呈现了社工对社区矫正对象此时此刻的言语和非言语行为的反应,这些反应可能是一种对社区矫正对象的表情和行为的描述,也可能是表达社工此时此刻的感觉和想法。社工进行即时化回应,有助于社区矫正对象对自我的觉察,以及更深入地表达。

在访谈中社区矫正对象往往更容易追忆往昔或畅想未来,让关注点过多停留在过去曾经发生过的或未来可能会发生的事件上,情绪上呈现出对过去错失的懊悔或者对未来期待的担忧。社工需要立足于当下,协助社区矫正对象将关注点放到现在,从现在双方的情感、情绪和想法等出发,有效帮助社区矫正对象暴露内心,澄清感受。即时性技术实施的分类如表4-2所示。

表4-2 即时性技术实施的分类

实施的类别	描述	举例
对自身的即时性	社工在访谈中捕捉到的自身当前想法或感受,进行即时化的表达。	非常抱歉,你刚才说的内容我很难抓住重点,让我们再重复一遍。 我非常开心你谈到这些。
对社区矫正对象的即时性	社工对社区矫正对象正在表现的行为和情感给予反馈。	你刚才皱了一下眉。 你现在笑了,这件事一定让你非常开心。
对双方关系的即时性	社工对当前专业关系的看法和情感的即时反馈。	今天我们谈得特别顺利,我们好像都更放松了。 我刚才说话的时候,你的眼睛看向别处,脚一直在敲打着地面,我猜想是不是我说得有点多了。

2. 即时性技术的作用

首先,社工使用即时性技术能让社区矫正对象聚焦在此时此刻,推进访谈的深入,使得收集社区矫正对象的资料更为具体。

社区矫正对象在表述某些问题时,存在一定的担心、迟疑、羞耻等情绪。社工快速识别,根据咨访关系的状况,可选择使用即时性技术。即时性技术能调控访谈的节奏、调整访谈的方向,帮助社区矫正对象聚焦在此时此刻的情绪和想法等,避免社区矫正对象逃避面对自身的情绪和想法而快速进入下一话题。

案例4-4

A女士,25岁,本科,因醉驾判危险驾驶罪,判刑四个月,缓刑七个月。因为求职不顺问题主动寻求帮助。

访谈节选(第二次访谈中谈到对身材的不满)

A女士:我不想出门了,人家穿什么衣服都好看,我就不行,我又长胖了,我肯定是遗传，我妈妈就很胖，而且我从小就不喜欢动，生活也不太有规律，虽然我现在已经努力节食了，每天走很多路了，但是我好像就是喝白开水也会长肉的。哎，我都不知道怎么办了。

社工：似乎你想了一些办法去减肥，但是好像没有什么成效，你有点焦急是吗？

A女士：还是有点烦的。我看有些人随时都在吃东西，还是些高热量食物，但身材还是很好。我现在一天最多吃两顿，什么零食都不敢吃了，照样很胖，想想就生气。

社工：你那么努力控制饮食，却收效甚微，令你有些沮丧。

A女士：我以前其实就有点胖，但是现在我要是不减肥的话会……（声音变小，嘟囔，话语一带而过），也可能是我自己跟自己过不去吧。我本来应该想想怎么找工作，但现在只想着减肥，有点不对吧！

社工：我似乎听到你觉得自己因为减肥的事情而自责，可我不太清楚你具体指的是什么，能再说得具体一些吗？

A女士：（犹豫，低下头）你不知道有没有类似的经历，我觉得只有经历过的人才会了解我。如果没有经历过的人，可能会……（沉默）哎呀就是可能会看不起我吧！（没有眼神交流）

社工：你现在很担心我可能会看轻你。（即时性技术）

A女士：我这个事一两句说不清楚，我现在非要减肥的原因也和这个事有关，要是你没有经历过，那我害怕你要是知道了以后，会让我很难堪。

社工：你担心我知道了以后对你会怎么看？

A女士：就是瞧不起我呀！觉得我怎么会这样！我不知道怎么说这个事情。我特别想大家支持我，或是给我点有用的意见，然后我给我几个玩得好的朋友打了电话，但是她们都不支持我，我很难过。我不知道我应不应该和你讲。

社工：我很愿意听你讲。（即时性技术）

A女士：其实……

本案例中社工使用即时性技术表达了对社区矫正对象的即时性回应"你现在很担心我可能会看轻你"，还分享了对自身的即时性表达"我很愿意听你讲"。即时性技术在内容上可能和共情、情感反映、内容表达等技术保持一致，其突出的特点是关注此时此刻的反应，使得访谈聚焦在当下。当然，社工可能同时运用了共情和即时性技术等。

案例4-5

A女士，35岁，本科，因醉驾判危险驾驶罪，判刑六个月，缓刑一年。社矫期间一直待业在家。因为家庭关系紧张主动寻求帮助，老公下班不愿意回家，和父母在家总发生争执，觉得没人理解，非常孤单。

（访谈节选）

A女士：我出事以前，也还是很喜欢和人打交道的，但是你不知道，我真的是吃的亏太多了，再加上现在我出了这个事情，我就不喜欢和别人交往了，在家里看到家里人都很不想和他们多来少去的。我知道我脾气确实也不好，急躁，做事较真，眼里从来容不得沙子。要是我知道谁在背后说我，我马上就要去找他讲清楚，家里面也一样。我觉得现在他们都不和我说实话了，还有点躲着我。我生完孩子，我妈为了帮我照顾孩子就来和我一起住，我不想再和她像以前一样，现在在家里我就尽量不说了。但是我妈还是觉得我这也不对，那也不对，我太生气了。（眼睛看向别处）

社工：因为以前就和妈妈吵架，这次你妈妈到你家一起住后，你就尽量和她保持距离，以免再次争吵，可是作为家庭的一员，日常生活中你还是会被他们指责，你感到生气。你能具体和我说一说，你妈妈说你哪些不对吗？

A女士：我也是很烦躁，反正我咋个做都不对的。工作是工作不顺心，家里是家里不顺心。

社工：我觉得我们需要回到刚才我们讨论的问题上，就是你妈妈说了哪些你的不是。（即时性技术）

A女士：他们几个都说了很多我的不好，但是他们说的那些没啥意义，刚开始我直接不理会，就给他们去说吧，但是他们越说越离谱，完全没道理。

社工：你可以具体说一说他们说你的不好是些什么吗？

A女士：如果我真的是他们说的那样我也没啥可说的，但是我最生气的就是他们说的根本就不是事实。我们小区有个妈妈也是经历过这些类似问题。那个妈妈也是比较认真又容易操心的人。大家带孩子在小区里晒太阳，有时有的妈妈在聊天，她总会帮着别人一起看孩子，还会给那些孩子及时补充水分，但是小区里有些妈妈却说她多管闲事，一点都不感谢她。我觉得我就和这个妈妈一样，不是用语言表达，而是用实际行动表示。家里就我公公比较理解我，可是其他人……

社工：我会有些迷惑，不太清晰你的困境。好像直接说你妈妈对你的否定是很困难的？（即时性技术）

A女士：也不是。她就是……

本案例中，首先，社工通过即时性技术，及时地调控了谈话的方向。A女士在访谈中反复地展现出逃避和重复；社工通过即时性技术将谈话聚焦，推进了收集资料的深入性。

其次，社工使用即时性技术，有利于探索专业关系、收集更为深刻的资料，为后续处理访谈中出现的移情和反移情奠定良好基础。

良好的专业关系是个案矫正取得良好效果的重要保障。专业关系的建立和维护既与社工的态度、技术、人生经历等有关，也和社区矫正对象的态度、经历、自我觉察能力等有关。社工使用即时性技术能让双方有机会对当下的专业关系进行反思，了解影响专业关系的深层原因。社工处理访谈中存在的移情和反移情需要更多深入的信息，即时性技术的使用为收集相关资料提供了可能。

案例4-6

A女士，35岁，本科，因醉驾判危险驾驶罪，判刑六个月，缓刑一年。社矫期间一直待业在家。因为家庭关系紧张主动寻求帮助，老公下班不愿意回家，和父母在家总发生争执，觉得没人理解，非常孤单。社会工作者近期因为工作变动，在上一次访谈结束时提前告知A女士需要提前结束访谈，A女士表现出些许焦躁。本次访谈，表现得有些坐立不安。

访谈节选

社工：我们说话的时候，我发现你总是看向别处，左脚不停地敲打着地板，手也是一直来回摆动，看起来有些不安，是吗？

A女士：你说要提前结束谈话，这几天不知道为什么，我有点紧张，觉得有点不知所措。这几天我很难入睡，醒得也很早，只要一想到再也不会有人理解我了，我就像个垃圾一样，我就很难过，无法入睡。

社工：说出这些，此刻你一定不容易。（即时性技术）

A女士：我一直觉得自己总是被抛弃，无论和谁在一起，最后都是分开。我很害怕这种分离。和家里人只要待在一起一段时间，我就很烦躁，控制不住情绪，还很紧张，一点事情就会和他们发生冲突。

社工：我想多听听你对我们即将分离这个问题怎么看待？（即时性技术）

A女士：（低头不语，眼睛看向地面，身体轻微向椅背移动。）

社工：（沉默，眼神关切，身体开放、前倾）

A女士：我……我觉得我想吵架，很生气。

社工：多说一点。

A女士：（哭泣，流泪，音量加大，语速加快）在我最需要你的时候为什么离开我？你是不是嫌我麻烦，厌恶我，所以不要我了？我就是觉得很愤怒，你们个个都是这样离开我，我觉得……反正我现在觉得很无助，我就是只能一个人。（身体前倾，捏紧拳头捶打自己大腿，眼睛看向社工脚的方向，眼神看起来有些怯弱）

社工：嗯。（保持目光注视和关切）

A女士：你就没想过我自己一个人解决不了这些问题，我是需要你的帮忙啊！可是你说提前结束就提前结束，你不知道我又只能一个人了，以后没有人帮助我，我是多焦虑和绝望呀！我恨你，你怎么可以说走就走，太狠了！（声音颤抖，身体略微僵硬）

社工：这一刻你有很无助的感觉（即时性技术），你以前是否有过这种又爱又恨、绝望无助的感觉？

A女士：（沉默，思考）……有，我从小就被送回老家，直到我外婆脑溢血离世，我爸妈才不得不接我回来。但是我爸妈经常吵架，厉害的时候还会动手，后来我爸外遇，抛弃了我妈和我，那时候我只有七岁，我觉得我爸就再也没回过家了，我妈天天哭，偶尔会说我是姑娘什么的。我不敢说什么，我很怕，我妈也不要我了。就在刚才那一刻，我突然发现我对他们其实很愤怒。

本案例中，社工使用了对社区矫正对象的即时性技术来探索专业关系。通过综合运用即时性技术和其他技术，帮助社区矫正对象更好地自我表露，并为探索社区矫正对象的移情奠定了良好基础。

最后，即时性技术还具有干预的作用。

社工对访谈中社区矫正对象此时此刻、此情此景的反应进行即时化回应。社区矫正对象会感受到被看见、被关注，以及被镜映、被安抚等。自体心理学认为无回应即绝境。科胡特认为镜映需要是对确定性回应的需要。社工使用即时性技术提供的确定性回应，对社区矫正对象具有干预的效果。

案例4-7

A女士，35岁，本科，因醉驾判危险驾驶罪，判刑六个月，缓刑一年。社矫期间一直待业在家。（同案例4-6）

（访谈节选）

A女士：这段时间因为您陪我一起讨论我的问题，我感觉很舒服，心情好了不少。但是现在我们就要结束了，我有点害怕，不知道我以后怎么办了。

社工：你这样说让我有些牵挂，但我对你的信心会更多。（即时性技术）

A女士：我和你在一起真的很放松，很安全，一想到不能见到你了，我就很舍不得。我觉得我妈妈都没有这样陪伴过我。结婚前我妈妈总是说我，结婚后有了孩子我妈妈、我老公、我婆婆都指责我什么都干不好，我其实太憋屈了。但是和您在一起的这段时间，我觉得很多事情都不一样了，和他们的关系也增进了不少，自己也不总是生气了。（表情舒展、有些笑意）

社工：你笑了一下，看起来有一点点放松。（即时性技术）

A女士：（点头，身体前倾）是的，好像也没有那么糟糕。只是有很多遗憾……

本案例中社工使用即时性技术给予社区矫正对象及时的、确定的回应。这些回应不仅调整了访谈的方向，还安抚了社区矫正对象的情绪，提升了个案矫正工作的干预效果。

> **小贴士**
>
> 社区矫正个案矫正的工作方法借鉴了社会工作中的工作方法，并结合自身的实际形成了独特的矫正理论和实施技术。正如党的二十大报告中所提到的：实践没有止境，理论创新也没有止境。理论来自实践又能够指导实践。在社区矫正个案矫正的过程中，社区矫正工作者的自身实践是社区矫正理论创新的重要来源，反过来又能对更广泛的实践产生指导作用。

3. 即时性技术的实施

首先，谈话中时刻关注和社区矫正对象的互动产生的变化，分析正在发生的事情，包括社会工作者、社区矫正对象之间的互动模式。其次，对问题形成强调现在感受，即"此时此刻"感受的即时性反应。针对情境和行为的即时性反应采用描述性的方式进行叙述，避免评价性叙述。再次，根据社区矫正对象的反应观察并分析问题情境中出现的因果现象及关系问题。最后，评估即时性反应的有效性。

以案例4-7为例，A女士在言语中流露出对结束的不舍，社工也需要感受对于访谈结束自身的感受，结合前期的资料和依恋理论，可以假设A女士的依恋模式为不安全型，假设访谈提前结束触发了A女士的不安全感。社工聚焦此时此刻自身对A女士的情绪反应，进行即时回应。社工采用了描述性方式进行即时性回应："你这样说让我有些牵挂，但我对你的信心会更多。"该技术的使用促进了A女士进一步的自我表露。社工根据专业关系、分离阶段的任务，及时把握A女士言语中的自我肯定和放松的变化，进一步运用即时性技术。"你笑了一下，看起来有一点点放松。"强化了A女士面对分离的信心。通过A女士后续的言语，可以评估即时性技术的效果良好。

下面以案例4-8为例进行分析，本案例中B女士有突破设置的行为，社工在访谈中使用即时性技术，一方面维护了专业工作的设置，另一方面处理了访谈中出现的移情和反移情。

案例4-8

B女士，48岁，中专学历，已婚，育有一女，失火罪，B女士正在为要不要接受社会工作者布置的家庭作业而犹豫不决。除了每周的司法所社矫人员报道和每两周的个案访谈外，她每次个案访谈都会不断地拖延时间。如果社工有其他个案，B女士会等候在外，见缝插针地与社工讨论家庭作业等。社工对此感到不耐烦，想要摆脱。在个案访谈过程中，B女士谈到自己与他人联系时遇到的困难（例如别人没有任何回应）时，社工决定就此问题使用即时性技术进行反映。

（访谈前）

社工自问：（内部自问自答）我们需要讨论 B 女士正在发生的什么事情？

社工自答：我现在有想摆脱 B 女士的想法。B 女士在不断延长会谈时间，并在非工作时间内不断打扰我。假设：突破边界的行为模式可能也发生在日常生活里她和身边人的交往中，该行为背后可能会存在焦虑和不确定的感觉。专业关系上，B 女士要求我从时间和精力方面的给予越来越多，而我发现自己逐渐退缩，甚至回避，给予她的帮助越来越少。

社工自问：我怎样以"此时此刻"的方式做出讨论这个问题的即时性反应？

首先，用现在时；其次，用我意识到的内容开头。

我意识到，我现在对你有一些的感受，可能和你在平时与别人的关系体验有联系。

社工自问：我如何用描述性而非评价性的语言叙述这个情境和行为？

使用"我"开头，客观叙述她的行为。

我发现，当你有意无意地拖延会谈时间，以及在会谈时间外不断提问、不断讨论家庭作业时……

社工自问：我如何识别这个情境或行为所引起的反应和效果？

客观描述我看到的问题和现象，透过现象分析她可能存在的问题。

当她要求我付出更多时间和精力时，我发现自己正在退缩，给予她的关注更少，我猜想这可能也是她和别人相处时出现的一部分困难。

（访谈中）

社工：B 女士，我意识到，我现在对你有一些的感受，可能是与你对要不要做家庭作业有关系，也可能是和你在平时与别人的关系体验中他人不回应你有关联。如果你愿意的话，我想现在与你分享一下这些感受。（停顿，目光注视，等待 B 女士回应以征求她的同意后再继续）可以吗？

B 女士：（目光正视，点头）嗯。

社工：好的，我发现，当你拖延会谈时间，以及在会谈时间外不断提问、不断讨论你是不是应该做家庭作业时，你希望我能从时间和精力方面给予你更多的关注，而我发现自己逐渐退缩，甚至回避，变得想要远离你，给予你的时间也越来越少，我猜想你对这个决定感到很焦虑。因此，当你这样密集地联系我的行为发生时，我却出现远离你的行为。我猜想在日常生活中，当你和别人相处出现困难时是不是也会发生这样的情况？（停顿，稍作等待）对于刚才我所说的，你怎么想呢？

B 女士：嗯（停顿），我以前从没有这样想过这个问题，也没有意识到这样做（加强联系别人频率和强度）会有什么样的影响。我确实对于很多事情感到不确定，有点焦虑。因为我不大有自己做决定的能力，从小到大，我的事情总是父母帮我拿主意。现在，我却要自己做决定，这让我觉得害怕。

本案例中社工通过自问自答的思考过程，采用了即时性技术。整个过程体现了社工内在的思考、表达，社区矫正对象的回应；通过社区矫正对象的回应可见，社工采用即时性技术的效果良好。

4. 即时性技术实施时的注意事项

首先使用即时性技术的关键是关注当下，描述"此时此地"正在发生的事件及感受；

即时性技术的表达应为现在时，比如，常强调此时的限定。例如：如果你愿意试试看的话，我很愿意现在和你一起讨论你的问题。对你的分享，我现在感到很开心。

其次，即时性技术的使用需要合适的时机和频率。社工频繁地使用即时性技术常常会激发社区矫正对象的紧张和不安。社工对访谈中此时此刻的事件或感受有觉察时，并不是随时都可以使用即时性技术，而是需要判断专业关系、社区矫正对象的领悟能力、社区矫正对象当时的情绪状态等。

最后，社工运用即时性技术时，需要有目的、有选择地注意使用目标。即时性技术具有调控访谈节奏、调整访谈方向、关注专业关系等作用，具有收集资料和干预作用。即时性技术需要社工根据访谈具体情境选择是否使用。

（二）解释性情感反映

1. 解释性情感反映的定义

解释性情感反映是社会工作者做出超越社区矫正对象的外在情绪表达的情感陈述，以揭露社区矫正对象深层的情绪或动机。

解释性情感反映是社工对社区矫正对象深层的、隐藏的、潜在的情感的反映，而非指导性情感反映，是社工对社区矫正对象表层的、外显的、明确的情感的反映。社工根据社区矫正对象的言语、身体姿势、语音语调和其他有关表达对社区矫正对象的深层情绪或动机做出基于理论指导下的猜测时，具有解释的性质。解释性情感反映具有一定的指导性，有利于深入信息的收集，有利于推进干预的进程。

2. 解释性情感反映的作用

首先，解释性情感反映能帮助社区矫正对象将无意识的信息带入意识中，拓展信息的收集。其次，解释性情感反映能提升社工和社区矫正对象之间的情感调谐，维护和提升专业关系。最后，解释性情感反映能帮助社区矫正对象顿悟，推动干预的进展。

案例 4-9

C 先生，男，30 岁，中专学历，已婚，育有一子，因危险驾驶罪，判刑六个月，缓刑一年。入矫后 C 先生认罪态度好，服从管理，遵守要求。C 先生新近换工作，与父母、妻子和儿子共同居住，儿子 5 岁，家庭条件一般。C 先生和妻子在管教孩子的问题上总是争吵，很苦恼。C 先生认为老人和妈妈对孩子过于娇惯，犯错不惩罚，主张犯错后打骂责罚。妻子认为小孩子淘气很正常，"作为家长就应该爱护""要理解孩子，和孩子做朋友"。

（第 5 次访谈节选）

C 先生：娃娃犯错现在不管么，以后咋个管得下来。我媳妇就是拦着不让收拾（娃娃），我一天到晚就是为这些事情和她吵。

社工：听起来对妻子很生气，也会为儿子担心。（非指导性情感反映）

C 先生：是的啊。

社工：同时我还会有一些别的感受，好像你对妻子的生气里隐藏着一些对儿子的嫉妒，或许你渴望妻子和你的关系更好，或许你渴望小时候你的妈妈也像你的妻子一样温柔地对待小时候的你，但是却没有？（解释性情感反映）

C 先生：（面色凝重、眼神有些空洞、沉默）

社工：（保持专注，C 先生沉默 20 秒左右打破沉默）你想到什么？

C先生：（头低垂）是的，我小时候我妈从来没有这样对我。那时候爸爸总是很凶，我会很害怕，但是妈妈从来不会管我，她总是自己忙自己的。（声音渐渐变小）

社工：（点头、眼神关注）你刚才想到怎样的画面还是？

C先生：那是……

本案例中社工运用解释性情感反映，帮助C先生体会面对儿子成长中的教育问题背后隐藏的嫉妒感，这种嫉妒感是C先生难以意识到的情绪。社工帮助C先生表达出其难以意识和难以表达的情绪，体现了社工能准确感受C先生的主观体验，给予C先生在一起、被看见的感受。当C先生体会到自身潜在的嫉妒，社工结合提问技术，能收集到更为深入的信息。当C先生能体会到自己对儿子行为的担忧和对妻子行为的愤怒背后的嫉妒感，领悟到现在的情绪受到过去的渴望的影响，C先生的行为和情绪都会逐步发生改变。社工在收集资料后，可以结合干预技术，促进C先生对目前困境新的理解，帮助C先生处理童年时期的伤害，促发C先生选择新的行为和互动等。

3. 解释性情感反映的实施

首先，社工运用解释性情感反映技术需要对社区矫正对象的言语、身体姿势、语音语调、表情等信息进行观察，并对社区矫正对象的状态进行情感调谐。运用解释性情感反映需要对社区矫正对象的潜在情绪情感进行反映，前期的观察和情感调谐尤为重要。其次，社工运用解释性情感反映技术需要和自身的感受结合。个案矫正中社工自身是重要的工具，社工在与社区矫正对象的情感调谐中能体验到社区矫正对象复杂的情绪。运用解释性情感反映技术是将社区矫正对象未觉察或部分觉察的情感进行反映，社工的情感体验是重要的基础。最后社工运用解释性情感反映技术需要基于相关理论建构对社区矫正对象隐藏的情绪情感的猜想。解释性情感反映的基本假设是无意识的过程，影响社区矫正对象的功能，是以精神分析理论为基础的。社工运用解释性情感反映往往需要将前期获得的资料、此时此刻的观察与感受，和相关理论进行结合，然后再进行解释性情感反映。

4. 运用解释性情感反映的注意事项

首先，解释性情感反映技术的运用需要在客观性和主观性之间保持平衡。解释性情感反映技术是社工根据社区矫正对象的信息，结合相关理论对社区矫正对象的深层情绪或动机做出有依据的猜测。解释性情感反映技术既依靠于收集社区矫正对象在访谈中的客观信息，又依靠于社工的主观猜想。在运用解释性情感反映技术时需要平衡客观性和主观性。

其次，解释性情感反映技术的运用需要把握时机。解释性情感反映技术不能运用太早，过早地进行解释性情感反映技术可能促发社区矫正对象的防御。那些隐藏的、潜在的、深层的情绪、情感对社区矫正对象而言，通常具有一定的威胁性，才需要被压抑。过早运用解释性情感反映技术不仅不能收集到更多的资料，还可能促发社区矫正对象更深的防御，甚至一定程度破坏专业关系。解释性情感反映技术不能运用太晚。在访谈中，社区矫正对象那些隐藏的情绪、情感常常是稍纵即逝的。社工如果不能把握时机，滞后性地运用解释性情感反映技术很难实现收集资料、维护关系和推动干预的效果。

最后，解释性情感反映技术的运用需要注意语气语调。由于解释性情感反映技术具有一定的主观性和指导性，社工在运用该技术时最好采用试探性的语气。试探性的语气为社工修正自身的猜测提供了机会，同时有利于维护专业关系。

（三）面质

1. 面质的定义

面质又被称为质疑、对峙、对质、对抗和正视现实，是指社会工作者在访谈过程中发现社区矫正对象身上存在的矛盾并指出，促进社区矫正对象进一步对问题的探索，获得更为深入的资料。社工使用面质技术，能促进社区矫正对象对矛盾信息进行澄清，促进社区矫正对象的觉知统一和成长。

社区矫正对象因为认知不清、有意地隐瞒、无意识的冲突等问题常在访谈中提供一些矛盾的信息，社工需要对这些矛盾信息进行澄清，一方面有利于收集信息，另一方面有利于建构对社区矫正对象的理解。社区矫正对象常见的矛盾信息如表4-3所示。

表4-3 社区矫正对象常见的矛盾信息

常见矛盾	描述	举例说明
言行不一致	社区矫正对象访谈时的言语与生活中的行为不一致。	你说你是一个特别守时的人，可是你似乎每次访谈都迟到。
	社区矫正对象访谈时言行出现不一致。	你说你很爱你家人，可是在谈论他们时似乎有些愤愤不平。
现实与理性不一致	社区矫正对象理想我和现实我不一致。	你谈到自己生性淡泊，可我听到你有很多在意的事情。
	社区矫正对象理想中的目标和现实中的能力有大的差异。	你说你特别会做生意，可似乎你做过的经营项目都失败了。
前后言语不一致	社区矫正对象前后叙述的事实有差异。	你说你要好好遵守司法所的规章制度，后面又说自己压根不想写思想汇报。
	社区矫正对象前后表达的情感有矛盾。	你说你很爱你先生，可好像生活中又有很多对他的忽略。
双方意见不一致	社工对社区矫正对象的评价与社区矫正对象的自我评价不一致。	你一直说自己很丑，可是我觉得你长得很漂亮。
	社工和社区矫正对象对同一现象的感受不一致。	你说你老公要和你离婚你很痛苦，可是我从你刚才的表情中看到你似乎有些如释重负的感觉。

2. 面质的作用

首先，面质有利于澄清矛盾信息，获取真实的信息。比如，社工："你刚才谈到你入狱的时间有6年，现在说你是××年入矫的？"社区矫正对象："哦，刚才说错了，入狱的时间是6个月。"社工通过面质技术获取了真实的信息。

其次，面质有利于收集更为深入的信息，促进对社区矫正对象的理解。比如，社工："你说你很爱你先生，可好像生活中又有很多对他的忽略。"社区矫正对象：（沉默5秒）"是的，我其实对他既爱又恨，我没有法说恨，恨的时候就不理他。"社工通过面质技术收集到社区矫正对象存在矛盾情感的原因，并更深刻地看到社区矫正对象的行为模式。

最后，面质有利于社区矫正工作的推进。比如，社工："你说你是一个特别守时的人，可是你似乎每次访谈都迟到？"社区矫正对象："我也发现了，我真的是特别守时的，（停顿）我是有些抵触（访谈）。"社工通过尝试性的面质，帮助社区矫正对象觉察到自身的抵触，为后续探索专业关系及社区矫正对象难以表达的羞耻感等创造了条件。

3. 面质的实施

首先，在访谈中社工需要发现并识别社区矫正对象存在的矛盾冲突。

其次，社工需要评估关系建立的程度及社区矫正对象的状态，判断是否可以使用面质技术。

再次，考虑使用面质技术的必要性。社工考虑使用面质技术的目标和可能出现的问题。

然后，进行面质的表达。在决定使用面质技术时，需根据社区矫正对象实际表现出的不一致来进行表达，以鼓励社区矫正对象进一步的探索。可以使用："……，可似乎……""你说……，但你也说……""你说……，但似乎行为上……""我听到……，但我也听到……"这一类包含了两个部分的句式。一般来说，尝试性的面质效果更好。

最后，验证面质的有效性。通过倾听和观察对方是否承认存在矛盾冲突的反应，以达成澄清信息、深入沟通等效果。

案例 4-10

B 先生，男，50 岁，中专学历，已婚，育有一子，因危险驾驶罪判刑三个月，缓刑四个月。进入访谈室时，坐在距离社工最远的椅子上，语速稍快，音量不大。

（访谈节选）

社工：上次你说的儿子的工作落实了吗？

B 先生：哎，就这样了。管他了（双手交叉，身体向椅背靠去）

社工：那想谈谈最近的状态吗？

B 先生：我早就想和你说说了！（身体转向了门口，嘴唇紧闭）

社工观察到 B 先生矛盾的信息；社工评估双方关系不足够好，放弃使用面质技术。

（几次访谈后）

B 先生在会谈室坐到了离社工较近的位置，音量明显提升。社工感受到 B 先生的谈话更为深入，专业关系已经建立。

社工：你刚才说儿子对你是最重要的，好像你有时候又会避而不谈？

B 先生：（沉默 2 秒）是的，就是么太重要啦。怕说了，对他不好……

本案例中社工在访谈较早期的时候就发现社区矫正对象的矛盾信息，但考虑到专业关系的状况，未采用面质技术。在社区矫正对象发生明显变化，专业关系已经建立后，社工针对矛盾信息采用了面质，更深入地收集信息，有利于社工更深刻地理解社区矫正对象。

三、指导性倾听的作用

1. 社工运用指导性倾听技术为访谈提供引导

社工运用非指导性倾听技术鼓励社区矫正对象依照自身的逻辑框架进行表达，尊重并无条件接纳个体叙述中的参考框架，不仅有利于建立良好的专业关系而且能收集基本的信息。但是社区矫正对象受到知识结构、认知风格、个体经验等方面的限制，对问题的描述和相关信息的呈现往往不尽完善。社工使用指导性倾听技术可有效发挥引导作用，调节访谈方向。

2. 社工运用指导性倾听技术有利于收集信息

指导性倾听技术建立在社工摄入信息和内在思考的结合之上。由于受训背景、认知风格、适应能力等的不同，社工的逻辑框架和社区矫正对象的逻辑框架往往存在较大的差异。社工基于专业理论对社区矫正对象提供的信息进行倾听，在接纳的基础上进行适当引导，能帮助社区矫正对象提供更为深入、更为具体的信息。

3. 社工运用指导性倾听技术有利于推进矫正

社工采用指导性倾听技术能收集到更有效的信息建构工作假设，进行个案概念化，推动干预过程。指导性倾听技术属于指导性技术，往往对社区矫正对象梳理思路、自我觉察以及领悟均有一定的帮助。尤其是解释性情感反应可能有效推动干预效果。

第三节 提问技术

一、提问技术的概念

提问技术是个案矫正中收集资料最重要的技术；同时常常也具备一定的干预作用。提问技术指在访谈情境中社会工作者有目的地设问，有利于资料的收集、引发社区矫正对象的思考等。提问技术是社工根据社区矫正对象提供的信息结合自身内在的思考，考虑专业关系状况和社区矫正对象当前的状态有选择性地使用的一种方法。社工运用提问技术，有目的性、有针对性地引导会谈的方向，能促进访谈的深入。提问技术和个案概念化紧密相连，熟练掌握提问技术是成为成熟的社工的重要基础。

二、提问技术的分类

（一）恰当性提问

从提问的效果可以将提问分为恰当性提问和非恰当性提问。恰当性提问指能引发社区矫正对象的自我表露、自我探索甚至是自我改变，能引导个案矫正的谈话方向，有利于维护专业关系的提问。社工使用提问技术需要考虑恰当的时机，具备明确的目标并采用适当的表达。恰当性提问不仅有利于收集深入信息，还能让社区矫正对象感受到被尊重、被关注、被看到、被启发等。恰当性提问是个案矫正最重要的基石之一。

案例 4-11

B 女士，35 岁，大学本科，私企员工，已婚，育有一女，因危险驾驶罪拘役一个月，缓刑两个月。入矫后认罪态度好，因婚姻家庭关系主动求助。

（访谈节选）

B 女士：我从结婚开始就一直和婆婆住在一起……昨天我婆婆又来骂我……这次我终于鼓起勇气正面反驳她了，而且我当着我婆婆的面向我老公提出离婚了。我突然觉得松了一口气，虽然他当时没什么反应。我感觉我那么多年终于勇敢地抗争了一回。

社工 1：我们知道离婚这件事是个人的选择，但是你做选择前，考虑你女儿了吗？作为父母我们应该为孩子考虑，难道不是吗？（不恰当性提问）

社工2：你上次谈到你们单位人事变动的情况现在怎样了？（不恰当性提问）

社工3：我听到你似乎很开心，终于为自己做了决定。能告诉我这个决定是如何发生的吗？（恰当性提问）

社工1的提问失去了中立的态度，带有指责的意味。这容易引发B女士的阻抗，使访谈陷入僵局，甚至将B女士推到了对立面，感受不到社工的温暖与理解，产生更加负性的情绪感受（如自责），是一种非恰当性提问。社工2的提问失去了倾听的基础，忽略B女士此时此刻的谈话，只是满足社工自身的好奇心。这样的提问容易引发B女士被忽略、不被尊重的感受等。社工3提问紧扣B女士的谈话，保持中立的态度，引导B女士对如何做出决定进行更加详细的阐述。恰当性提问是有利于访谈中细节资料的收集的提问，能推进访谈深入的提问。

（二）不恰当提问

不恰当提问指不能引发社区矫正对象的自我表露，甚至破坏专业关系的提问。常见的不恰当提问包括失去中立的提问、偏离主题的提问和过多提问等。社工在不能理解社区矫正对象出现的问题和表达的内容，或是专业训练不足时，常出现不恰当提问，并造成不良效果。比如，过多提问往往使社区矫正对象在个案矫正工作中减少自己主动参与的意愿，过于依赖社工，放弃自我探索。偏离主题的提问可能会错过社区矫正对象探索隐藏信息的机会。根据凯利（G. Kelly 1977）的观点，将问题分为如表4-4所示的六类。[①]

表4-4 不恰当问题的归类及引发的反应

不恰当提问	描述	举例	引发的反应
"为什么"的提问	要求说明理由。结合语境、语气、态度暗示社区矫正对象行为或情绪是错的、具有指责意味。	为什么你知道自己喝了酒，却还要开车呢？为什么你会有这样的想法呢？	社区矫正对象感到被质问，出现自我防御的心理和行为。
过多的多重选择性提问	过多使用多重选择性提问使得信息收集的广度和深度降低。	你做出了这个决定后有怎样的感觉，高兴还是害怕？这个周末你计划做些什么，运动还是看书？	社区矫正对象被动等待，限制表达的信息内容。出现顺着选择作答的情况。
多重提问	同时对一件事的不同方面提出多个问题。连环炮式提问是社工没有经验、急躁的体现，收集的信息出现遗漏。	B女士：我从结婚开始就一直和婆婆住在一起……社工：你女儿怎么看这个问题？你爸爸妈妈他们对你这个决定是怎么说的？你自己是怎么做出这个决定的呢？	社区矫正对象会不知所措，不知道从哪里开始回答，或是选择自己觉得重要的问题回答。

---

① P. Klass. A Not Entirely Benign Procedure [M]. New York：Signet，1987：64.

续表

不恰当提问	描述	举例	引发的反应
修饰性反问	不需要答案的提问。脱离具体内容，往往使访谈停滞或无意义。	您说法律对您是不公平的，但你知道现在的警察和执法环境又是怎样的呢？ 你知道，我们是怎么发现真理的吗？	社区矫正对象不知道如何回答，就算是回答了也可能变成对抽象内容的描述，脱离具体问题。
责备性提问	带有批判性的反问。社工对问题持主观态度的批判性表达，指责意味重。	早知道如此，那你当初为什么还要喝酒？ 你凭什么那么肯定你是被冤枉的？	社区矫正对象感到威胁和被攻击，引发负性情绪，启动自我防御。
解释性提问	社工表达自己对问题的看法和理解的提问。当双方观点不一致时，常会出现反问形式，与责备性问题相似。信息收集的深度受到影响。	孩子出现的问题通常都是父母的问题的缩影，难道不是吗？ 你失恋的事情在你未来漫长的人生中其实就是一件小事，不需要太难过，你觉得呢？	社区矫正对象的自我探索的积极性降低，观点一致时，会顺着社工对问题的看法去进行访谈，使自我探索减少。当观点不一致时，社区矫正对象会感到被批判和责问，产生对立情绪。

（三）摄入性提问

按个案访谈的阶段目标任务分为摄入性提问、鉴别性提问、治疗性提问和危机性提问。个案矫正中资料收集的效果很大程度取决于社区矫正对象的自我开放程度。摄入性提问旨在于个案矫正的早期阶段收集社区矫正对象的基本资料，同时有助于建立专业关系。比如："你愿意和我聊一聊你的家庭吗？""这是什么时候发生的事情？""当你为自己酒驾这件事对女儿产生了影响而感到难过的时候，是如何减轻自己的痛苦的？"社区矫正对象对问题说得越具体，参与度越高，自我探索的积极性越强时，收集资料的目标越容易成功。

（四）鉴别性提问

鉴别性提问旨在通过提问技术对社区矫正对象面临的问题或资源进行判别，以支持个案概念化的建构。比如："你刚才谈到有时有自杀的想法，是多久一次呢？""最近两周你是焦虑的感觉更突出还是抑郁的感觉更突出？""对你而言最重要的人是谁？"鉴别性提问不仅能收集到重要的信息，而且为调控访谈方向和访谈方式奠定了基础。

（五）干预性提问

干预性提问是采用基于修正后的工作假设进行提问，旨在对社区矫正对象形成干预。比如："你对我的愤怒，听起来和你对你父亲的愤怒有像的部分吗？""如果你直接表达自己的需要，你爱人对你的方式会和现在有不同吗？""你坚持这样的想法会带来什么影响？"干预性提问大多建立在前期收集信息较为充分的基础上。社工基于收集的信息建立工作假设，修订工作假设，适时提出具有干预性、矫正性的问题。

（六）开放式提问

按照问题收集信息的程度可以将提问分为开放式提问、封闭式提问和半开放式提问。开放式提问是答案相对开放自由，内容相对广泛多样的提问。开放式提问常用"什么""怎么""如何"等词语进行提问。比如："你是如何做出这样的决定的？""你从什么时候开始酗酒的？"开放式提问更容易收集信息，常常能表达尊重和好奇；但过多地使用开放式提问会使社区矫正对象感受被窥探、被审视。开放式提问能鼓励社区矫正对象说出更多信息，便于社工收集相关信息资料；鼓励社区矫正对象情绪、想法和行为的具体化，有利于社工深入理解和促进社区矫正对象自我探索。

案例 4-12

C 先生，男，40 岁，家中独子，高中学历，离异，育有一女，因虐待女儿判刑三年，缓刑三年。（同案例 4-3）

（访谈节选）

社工：你还记得第一次惩罚你女儿是什么时候吗？

C 先生：好像是她一年级，以前也没有打过。

社会工作者：当时发生了什么？

C 先生：她老师给我打电话，说她没有做作业，而且不讲卫生，然后还有好多事情，反正就是不好。我当时觉得太丢人了，一个姑娘怎么能这样呢。我觉得旁边所有人都看着我，后来只要老师一打电话过来，我就想生气。

社工：你当时在什么地方？

C 先生：我当时在一家公司上班，那天刚好在外边见客户。

社工：当时你为了这个问题做了什么？

C 先生：我那次都没见客户，直接回家……

本案例中社工使用开放式提问鼓励 C 先生表达出更多的信息，拓展了资料的收集。

（七）封闭式提问

封闭式提问指带有预设的答案，并且不需要社区矫正对象展开回答，只需要"是"或者"否"等简单答案的提问。封闭式提问有利于获取确定信息、澄清事实，获取重点以及缩小问题讨论的范围；也可以用于终止社区矫正对象偏离主题的叙述。但过多使用封闭式提问，会使得收集信息受限，同时给社区矫正对象带来被审讯、不被尊重的感觉。社区矫正对象可能在访谈中陷入被动局面，其自我表达和自我探索的积极性就会降低，导致敏感、重要的话题可能会被忽略。封闭式提问常使用"是不是""对不对""有没有""好不好"这类词。这类问题通常回答"是"或者"否"，"有"或者"没有"。比如："当看到你妻子为孩子焦虑时，你似乎感到很开心，对不对？你是否结婚了？你有女朋友了吗？你现在没有工作，经济上主要是靠父母支持，对不对？"

（八）半开放式提问

半开放式提问又称半封闭式提问或半开半闭式提问，指具有一定限制性的提问，社区矫正对象可以简单回答，也可以展开回答。半开放式提问兼具开放式提问和封闭式提问的特点，需要根据访谈的需要进行灵活使用，大多用于有针对性的细节探索。比如："除了在孩子教育方面，你们夫妻之间还有其他的矛盾吗？""现在你的感觉是委屈、是失望，还是其他呢？"

（九）祈使式提问

祈使式提问用于询问社区矫正对象是否愿意更加详细地讨论情感、想法和问题。比起其他提问形式，祈使式提问的控制和要求较少。常见的提问形式是用"你能不能""你愿不愿意""你想不想"这类能否词进行提问。比如："你能不能谈一谈你刚发现自己被诊断为躁郁症时是怎么样的？""你愿不愿意想一想如果你的父母发现你和丈夫离婚了会怎么样？""你想不想和我谈谈昨天晚上看到丈夫摔门出去时你是什么样的反应吗？""你能再具体地和我说一说吗？"

祈使式提问的使用需要注意两点，第一，在社工与社区矫正对象建立了情感协调才可以使用。访谈的基础是关系良好，没有基本的信任，那么社区矫正对象就不可能愿意就自己情感、想法进行深入的对话。如果社工和社区矫正对象之间未能情感协调便使用祈使式提问，则会使社区矫正对象拒绝或回避，那么祈使式提问就变成了封闭式提问。第二，访谈对象是儿童和青少年时，需要慎重考虑使用。儿童和青少年的理解往往具有局限性，祈使式提问容易使其呈现反抗性的回答。

（十）投射式提问

投射式提问是用于帮助社区矫正对象发现、表达、探索和澄清无意识的或不清晰的冲突、价值观、想法和感受的提问。投射式提问能激发社区矫正对象的想象，使社区矫正对象尝试探索如果自身处在某种情境中会有什么样的想法、感受和行为。这种提问可以帮助社工间接了解社区矫正对象的个人价值观和自我控制能力，评估社区矫正对象的精神状况和对问题的判断能力。提问通常以"如果"开头，类似于假设性问题。

投射式提问举例：

如果你现在中了大乐透的一等奖，没有任何限制的情况下，你会做什么？（评估－金钱使用）

如果可以实现三个愿望，你希望什么得到实现？给它们排一个实现的先后顺序（评估－价值观）

如果现在你遇到困难，你会找谁去求助？（评估－关系）

如果你还能回到醉驾出事那天，有机会改变自己的行为，你会有怎样不同的做法吗？（评估－选择判断）

如果你和你男朋友没有分手，你会做什么？（评估－选择判断）

如果你能回到过去，改变在加油站里和男朋友吵架这件事，你会有怎样不同的做法呢？（访谈对象和男友吵架后，在加油站将两人的照片用打火机点燃，判纵火罪一年六个月）（评估－选择判断）

如果你现在有100万元，你会做什么？（评估－金钱使用）

练习4-2 提问技术的训练及反应分析

学生三人一组进行8~10分钟面谈。

（1）一人扮演社区矫正社会工作者，一人扮演社区矫正对象，一人为观察者。

（2）观察者准备案例，可以是章节中的案例，也可以是生活中的事件。案例的提问目标是收集资料。

（3）训练方法：第一，观察者介绍案例；第二，"社区矫正对象"就案例角色或生活事件进行求助，"社区矫正工作者"进行回应；第三，仔细观察提问后"社区矫正对象"的反应，分析"社区矫正工作者"的提问方式及产生的作用是什么。

(4)"社区矫正工作者"和"社区矫正对象"记录下自己的想法和感受，同时观察者记录下自己观察到的现象和自己的想法、感受，进行组内交流分享。

(5) 角色互换，再次体验。

三、提问技术的作用

1. 提问技术有利于社工收集资料，形成个案概念化

资料收集是个案矫正工作的重要基础。社工使用提问技术能澄清信息、深入采集资料。基于深入的、有效的、系统的资料，社工结合理论形成个案概念化指导干预工作。

2. 提问技术有利于社工调节访谈节奏，调控访谈方向

个案矫正工作基于社工和社区矫正对象的合作。社区矫正对象可能出现表达混乱、表达冗长、沉默寡言等状态，社工使用提问技术能够有效调节访谈节奏。社区矫正对象可能出现表达抽象、重点不突出、压抑情绪等状态，社工使用提问技术能够即时调控访谈方向。

3. 提问技术具有一定的干预作用

从社区矫正对象的角度看，提问技术有利于自我暴露、自我探索和自我疗愈。在安全的信任的专业关系下，表达本身具有宣泄作用，可以促进社区矫正对象的自愈。借助提问技术，具有较好觉察能力的社区矫正对象能够更好地理解自身和他人的行为，使其更加全面了解自我及自己身上发生的问题，帮助其正视问题并进行深入思考。从社工的角度看，提问技术还能够落实干预计划，具有矫正作用。比如，社工在前期收集资料的基础上，形成了工作假设，即 G 先生的赌博行为可能是处理亲密感缺失的方式，使用提问技术："如果下班时老婆和女儿都期待你回家，一家人有说有笑的，你会参与赌博多一点还是少一点？"这样的提问往往引发社区矫正对象深入地思考，起到干预的作用。

> **小贴士**
>
> 党的二十大报告指出：问题是时代的声音，回答并指导解决问题是理论的根本任务。对于社区矫正个案矫正工作而言，在收集资料阶段，对矫正对象进行提问正是一种问题导向的思维。做好这一项工作，必须增强问题意识，聚焦实践遇到的新问题，做到会提问、会表达、会引导、懂尊重。

四、提问技术的注意事项

1. 应以社区矫正对象为中心

社工提问应以社区矫正对象为中心，注重专业关系的维护和矫正效果的实现。社工应中立、不带批判性地使用提问技术，避免指责性和讯问性的提问。社工应避免因为自己的好奇心或单纯反映头脑中出现的冲动（想法）而对社区矫正对象提问。社工应谨慎地提及敏感问题。在正常的访谈初始，当关系未建立时，社工的资料收集应避免敏感性的问题（外貌、地位、身材等敏感领域），以免社区矫正对象发生阻抗。如果是危机性问题的介入，那么第

一次访谈就会要求迅速得到评估信息。社工可以使用祈使式提问,比如:"我能不能问你一些个人问题?"

2. 应辨析社区矫正对象的动机

首次访谈的初期,在社区矫正对象有较强的求助动机时,社工以倾听为主、提问为辅;在社区矫正对象求助动机较弱的情况下,社工应把共情和提问相结合。访谈中,逐步运用提问技术,提问和其他技术应交织使用。

3. 应贴合社区矫正特定阶段目的

首次访谈初期,社工应多使用开放式提问,少用封闭式提问、祈使式提问以及投射式提问等。社工对社区矫正对象进行有效情感调节,封闭式提问、祈使式提问以及投射式提问等能发挥作用。

4. 应避免连续提问

社工应避免连续发问。一是提问技术需要注意结合倾听、共情、无条件积极关注等使用,并基于社区矫正对象有足够的时间考虑和表达,避免社区矫正对象有被讯问、指责的感受。二是社工一次只能提一个问题,避免同时问两个或多个问题造成问题不清晰。

5. 应保持灵活性

社工可以列出访谈提纲,又需要结合实际灵活变换问题。访谈前可以准备一份提问提纲和一些问题,具体可参考表 4-5。

表 4-5 信息收集的类型①

信息收集类型		社区矫正社会工作者提问举例	社区矫正对象的反应
问题范围		今天你想谈些什么?	是否说出其他问题?
优先解决顺序		你刚才说的问题中,你认为什么问题是最重要的? 你觉得刚才你说到的事情中,哪一件最容易被解决?	选择焦点问题。
目前问题行为	情感方面	当事情发生的时候你的感受如何?	对感受是否明确?
	生理方面	事情发生时,你感到自己的身体有何变化?	对躯体感受是否明确?
	行为方面	事情发生时你当时在做什么?	对外显行为是否明确?
	认知方面	当事情发生时你通常会想些什么? 是什么样的想法使你产生这样的感觉呢?	对自己的想法、信念是否明确?
	相关情境	这件事是什么时候发生的? 这件事是在哪里发生的? 后来这样的事情是否在其他时间或地点发生?	对事件/问题发生的关联情境是否明确(地点、时间、事件)?

---

① 科米尔,纽瑞尔斯,奥斯本. 心理咨询师的问诊策略 [M]. 张建新,等,译. 6 版. 北京:中国轻工业出版社,2009.

续表

信息收集类型		社区矫正社会工作者提问举例	社区矫正对象的反应
目前问题行为	人际关系	这件事对你身边的重要他人有什么样的影响吗？ 在你的生活中谁会对你的这个问题有最积极的影响（消极的影响）？	对其他重要他人是否明确？
问题前因（来源）	情感方面	在这个问题发生之前你通常的感觉是怎样的？ 你还记得第一次有这样的感觉是什么时候吗？	对事件前因的感觉、心情状况是否明确？
	躯体方面	在这个问题发生之前你的身体产生了什么感受？ 你有没有身体方面的一些情况（如生病或某种生理状况，饮食）导致问题产生？	对事件前因的躯体感觉是否明确？
	行为方面	在问题发生之前，你一般在做什么？ 如果我正在录像，你觉得在问题发生之前我可能会录到什么行为和对话？	对事件前因的外显行为是否明确？
	认知方面	在问题发生之前，你有过什么样的想法？ 你觉得在问题发生之前你可能会对自己说什么？	对事件前因的想法及认知方式是否明确？
	相关情境	当你第一次注意到这个问题时，你的生活中正在发生着什么？ 在你产生这些焦虑前，事情和以往有怎样的不同？	对事件前因的关联情境是否明确（地点、时间、事件）？
	人际关系	你觉得在你过去的生活中谁至今仍然对这个问题产生影响？是怎样影响的？	对事件前因的重要他人是否明确？
问题后果（后继事件）	情感方面	这件事情之后你的感觉如何？ 你什么时候不再有这样的感觉？	对事件后果的感情、情绪状态是否明确？
	躯体方面	在问题发生之后你的身体有什么感觉？	对事件后果的躯体感受是否明确？
	行为方面	这事情发生之后你做了什么？ 在问题发生之后你通常的反应是什么？	对事件后果的外显行为是否明确？
	认知方面	在这个问题发生之后你有什么样的想法？ 事情发生之后，你是怎么看待这件事的？	对事件后果的思想、信念及内心活动是否明确？

续表

信息收集类型		社区矫正社会工作者提问举例	社区矫正对象的反应
问题后果（后继事件）	相关情境	这个问题通常什么时候停止（消失）？ 当这个问题变得更糟了（好了）时你在哪里？	对事件后果的关联情境（时间、地点、事件）是否明确？
	人际关系	你和这个人接触之后都发生了什么？ 你觉得在你的生活中有权力的人是怎样使你的问题一直持续下去的？	对事件后果的重要他人是否明确？
导致的获益补偿		事情发生之后，你发生了什么令自己高兴（不高兴）的事情吗？	对问题行为获得的利益是否明确？
尝试过的解决方法（惯用办法）		你以前是怎么处理这个问题的？ 以前出现这个问题时，你是用什么办法处理的？ 为了改变这个状况你都做过些什么尝试？	对以前解决问题的方式方法是否明确？
应对能力		你可以谈一谈你认为对这个问题有帮助的技巧是什么吗？ 你什么时候不这样做？	对问题应对技巧及可利用资源是否明确？
对问题的描述/评价		对这一问题你是怎么理解的？ 这个问题对你而言意味着什么？ 你尝试用一句话来概括一下这个问题。	对问题的感受和理解是否明确？
问题发生的频率和程度		这个问题一天/一周中发生了多少次？ 这个问题在多大程度上干扰了你的生活？ 如果用 0~10 分来给干扰程度打分的话，0 分代表完全没有干扰，10 分代表严重干扰，你会打几分？	对问题发生频率、持续时间和严重程度是否明确？

五、提问技术的应用

提问技术涵盖广博，不同流派的实务技术中既有共同的提问技术，又有专有的提问技术。提问技术使用广泛，在个案矫正不同的阶段均有不同的应用，尤其在建立关系阶段和收集资料阶段使用最多。建立关系阶段本身也涵盖了资料收集，资料收集的阶段也需要不断建立和维护关系。运用提问技术需要与专业关系的维护、个案矫正的阶段、社区矫正对象的表达内容和表达方式、社工的内在思考等联系在一起。

案例 4-13

A 先生，21 岁，男，未婚，小学文化，因非法拘禁罪判处有期徒刑十个月，缓刑一年。13 岁前成绩很好，但有一次在学校被高年级学生抢钱，并被撒尿于身上，于是备受刺激。

其母亲常年打麻将，对他不关心，弟弟出生后更是很少顾及 A 先生。其认为自己父母偏心弟弟。初中辍学，选择学习武术，认为只有身体强壮了才不会被欺负。后因和朋友追债触犯法律。近期家庭发生重大变故，主动到司法所寻求帮助。

社工：我可以为你做点什么吗？（开放性提问，确定问题范围）

A 先生：我也不知道要怎么说。我判刑以后，家里人都不愿理睬我，我很受打击。我母亲刚刚去世，我现在也想好好工作，但是又遇到很多麻烦。

社工：你现在一定觉得处理这些问题很难。刚才我听到你提到了三件事情。在这些事情中，你觉得自己最关心的是什么？（开放式提问，梳理问题顺序）

A 先生：我家里人对我的态度。我想和家里人缓和关系，但是我父亲不给我进家门，我觉得他认为我母亲是我气死的。（伴随着眼睛对视，坐姿前倾、肩膀收紧的状态变得逐渐松弛下来。）

社工：爸爸认为妈妈去世是因为你造成的，不让你进家门，这似乎让你觉得有些难过和焦虑，是吗？（封闭式提问，共情）

A 先生：是的，我其实回过好几次家，他（父亲）把家里的门锁换了，就算在家也不让我进门。

社工：（保持目光接触、眼神温和）当你发现回家后爸爸把门锁换了，在家也不给你开门时，你有什么样的感受？（半开放式提问）

A 先生：我当时大脑一片空白，我是他唯一的儿子，我妈妈在我出事之前就已经癌症确诊好几年了……

本案例呈现了个案矫正初次访谈中提问技术的使用，社工灵活使用了开放式提问、封闭式提问和半开放式提问技术。同时社工运用了观察技术和倾听、共情、无条件积极关注等技术。通过提问技术的使用，社工引导了访谈方向和节奏，收集了更为翔实的资料。

案例速递

社区矫正对象管某某申请外出监督案
（检例第 134 号）

【关键词】

社区矫正监督　生产经营需要　申请外出　依申请监督　跟进监督

【要旨】

人民检察院开展社区矫正法律监督工作，应当监督社区矫正机构依法履行社区矫正对象申请外出的审批职责。社区矫正对象因生产经营需要等正当理由申请外出，社区矫正机构未予批准，申请人民检察院监督的，人民检察院应当在调查核实后依法监督社区矫正机构批准。社区矫正机构批准外出的，人民检察院应当监督社区矫正机构加强对社区矫正对象外出期间的动态监督管理，确保社区矫正对象"放得出""管得住"。

【基本案情】

社区矫正对象管某某，男，1970 年 5 月出生，江苏某电子科技有限公司控股股东、实际控制人。2016 年 7 月 21 日，管某某因犯虚开增值税专用发票罪被江苏省昆山市人民法院判处有期徒刑三年，宣告缓刑五年，缓刑考验期自 2016 年 8 月 2 日至 2021 年 8 月 1 日止。

管某某在安徽省芜湖市湾沚区某司法所接受社区矫正。管某某在社区矫正期间遵纪守法，服从监督管理，表现良好。

2020年8月，芜湖市湾沚区人民检察院根据管某某的申请，依法对某司法所不批准管某某外出申请进行监督。经监督，社区矫正机构依法批准管某某外出申请。

【检察机关履职过程】

线索发现　2020年8月，湾沚区人民检察院接到社区矫正对象管某某反映，其经营的某电子公司因生产经营陷入困境，亟须本人赴上海、江苏等地洽谈业务，其向某司法所申请外出，未获批准，遂向湾沚区人民检察院提出法律监督申请。

调查核实　受理管某某的申请后，湾沚区人民检察院开展了以下调查核实工作：一是了解司法所不批准管某某外出的理由。主要是担心管某某外出后，可能发生脱管或重新犯罪等问题。二是调查管某某外出的必要性。经实地走访管某某经营的公司，查阅公司营业执照、纳税申报表和业务合同等材料，询问公司相关人员，查明管某某经营的公司共有员工近200名，年均销售额7 000万元，年均纳税400万余元。管某某是公司的实际控制人，公司业务一直由管某某负责经营管理。另查明新冠疫情发生以来，其公司销售业绩下滑约40%，面临停产危险，亟须管某某赴上海、江苏等地拓展加工销售市场，帮助公司复工复产。三是评估管某某的社会危险性。经查阅管某某原刑事案件卷宗、社区矫正档案，走访社区矫正工作人员，综合分析其原犯罪事实、性质、情节、社会危害性、认罪悔罪态度等情况，同时查明管某某在犯罪后认罪悔罪态度较好，在社区矫正期间认真遵守法律法规和社区矫正监督管理规定，未发生漏管、脱管情况。

监督意见　湾沚区人民检察院审查认为，管某某因犯虚开增值税专用发票罪被判处有期徒刑三年，宣告缓刑五年，且为初犯，能认罪悔罪。同时，管某某在社区矫正期间，能严格遵守社区矫正监督管理规定，创业热情较高，回报社会意愿较强，现实表现良好，造成社会危险的可能性较小，其申请外出从事企业亟须开展的生产经营活动，符合《社区矫正法》第二十七条第一款、《中华人民共和国社区矫正法实施办法》第二十六条关于申请外出的条件。2020年8月26日，湾沚区人民检察院与湾沚区司法局召开联席会议，检察机关结合管某某原判罪名情节、有期徒刑缓刑考验期间改造表现、申请外出事由等情形，提出社区矫正机构应依法批准管某某外出的检察意见，并与该区司法局就批准管某某请假外出事宜达成共识。

监督结果　2020年9月10日，某司法所批准管某某外出4天。之后，管某某又因生产经营需要申请外出共计11次，均被批准。管某某因外出开展经营业务，促进企业转型升级，在疫情防控常态化条件下，企业未出现停产、裁员情况，稳定提供就业岗位近两百个。

管某某外出期间，湾沚区人民检察院监督司法所建立社区矫正对象重点监督台账，并与司法所对接，通过登录司法局社区矫正智慧矫正系统，动态获悉司法所对管某某的监督管理情况。该司法所通过电话通信、微信实时定位、社区矫正智慧监管系统平台推送信息等方式，核查管某某行动轨迹，并将相关情况及时通报湾沚区人民检察院，实现对管某某的动态监管。

第五章　社区矫正个案概念化技术

本章导图

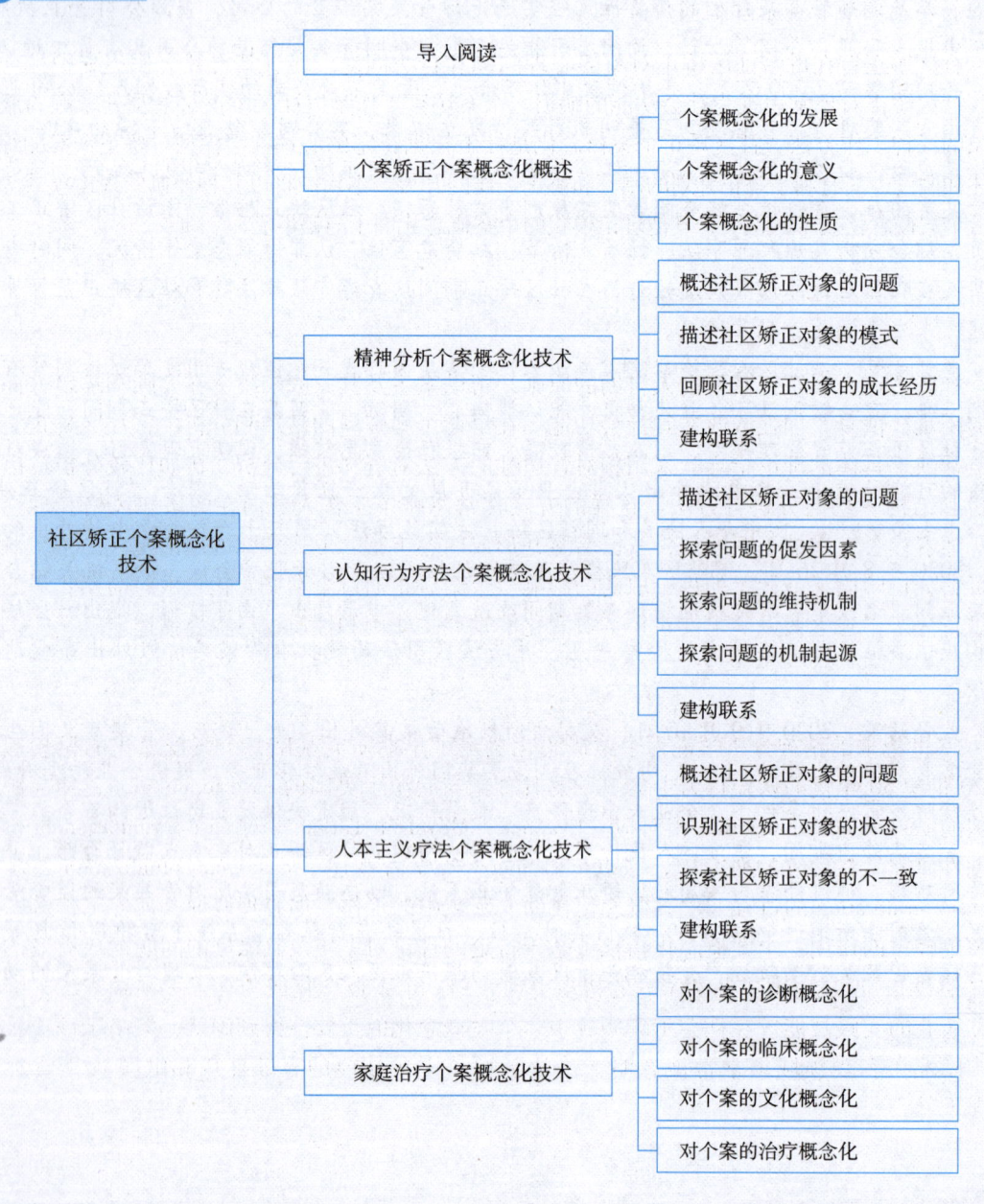

- 社区矫正个案概念化技术
  - 导入阅读
  - 个案矫正个案概念化概述
    - 个案概念化的发展
    - 个案概念化的意义
    - 个案概念化的性质
  - 精神分析个案概念化技术
    - 概述社区矫正对象的问题
    - 描述社区矫正对象的模式
    - 回顾社区矫正对象的成长经历
    - 建构联系
  - 认知行为疗法个案概念化技术
    - 描述社区矫正对象的问题
    - 探索问题的促发因素
    - 探索问题的维持机制
    - 探索问题的机制起源
    - 建构联系
  - 人本主义疗法个案概念化技术
    - 概述社区矫正对象的问题
    - 识别社区矫正对象的状态
    - 探索社区矫正对象的不一致
    - 建构联系
  - 家庭治疗个案概念化技术
    - 对个案的诊断概念化
    - 对个案的临床概念化
    - 对个案的文化概念化
    - 对个案的治疗概念化

第五章　社区矫正个案概念化技术

导入阅读

社区矫正个案概念化技术基于不同的心理分析模型可以进行细化，典型的几种包括精神分析个案概念化技术、认知行为疗法个案概念化技术、人本主义疗法个案概念化技术、家庭治疗个案概念化技术。社区矫正个案矫正是助人自助的一项事业，在个案概念化的过程中，社区矫正工作者必须始终坚持马克思主义认识世界、改造世界的哲学方法，用中国特色社会主义理论体系改造个案概念化技术，使之能够在符合我国国情的前提下更好地被运用。在对个案进行概念化处理的过程中，必须坚持党的二十大报告所指出的以人民为中心的发展思想，将矫正对象作为一个个独立鲜活的人而非理论上的研究对象，尊重个体差异，以科学严谨的精神对待矫正过程，以社会主义核心价值观教育人、改造人，使社区矫正对象能够真正融入社会，实现社会治理的高质量发展。

社区矫正旨在矫治社区矫正对象的心理问题和行为问题，促进其再社会化，维护社会稳定。社区矫正对象常表现为社会功能的缺损。个案矫正工作是以社区矫正对象及其家庭为服务对象的一种工作方法。社区矫正个案概念化是社工根据特定的心理社会模型对矫正个案的综合描述和假设，其有利于矫正计划的制订和矫正工作的开展。本章中将以几种经典的理论模式为例进行个案概念化技术的说明，其他理论模式的个案概念化囿于篇幅不能一一涉及。

第一节　个案矫正个案概念化概述

社区矫正个案矫正基于助人自助的原则，帮助案主及其家庭解决其在人际和环境方面遇到的困难，恢复、加强或改造其社会功能。在早期个案资料的整理和分析中，社区矫正工作人员常缺乏具体的理论指导，采用相对普适性的方法对资料进行分析，比如比较分析、因果分析和结构-功能分析等方法。这样的方式常常忽略了工作人员内在的认知风格和理论倾向。随着社会工作的不断发展，其已借鉴并形成内容丰富、形式多样的理论模式。个案矫正的资料分析阶段深受社工的理论取向的影响。个案矫正通过个案概念化技术对前期收集的资料进行分析，建立假设。下文对个案概念化的发展、作用和性质进行扼要描述。

一、个案概念化的发展

19世纪末的精神分析学说为个案概念化奠定了早期研究基础，个案概念化的概念起源于20世纪50年代的认知行为主义。个案概念化与起源于英国的 case formulation，和起源于美国的 case conceptualization 相对应。Eyaenck，Meyer 和 Turkat 等对 case formulation 进行了开创性研究。在后续的研究中，Crellin 和 Sperry 等学者概述了 case conceptualization 逐步替代 case formulation 的过程。个案概念化在助人领域中的工作，如心理咨询、社会工作等，具有举足轻重的作用。个案概念化指社工基于特定的理论对案主及其家庭的问题形成有效的理解（假设），形成对案主及其家庭的初步干预计划。个案概念化成为社工一项基本的、综合的和核心的实践技能。在社会工作领域中，个案概念化的重要性得到确认，但由于该项技能的内隐性在实践领域中常常被忽略，这就影响了干预技能的有效使用和继续收集资料的方向。

二、个案概念化的意义

个案概念化基于资料收集阶段获得的相关信息，对案主及其家庭的问题依据特定理论进行信息综合和假设建立，并建构干预目标和基本方案。个案概念化通常包括描述部分、假设部分和干预规划部分，而假设部分是个案概念化的核心部分。对案主及其家庭的问题描述和机制假设在一定程度上包括了评估的过程。个案概念化的基础作用包括描述与评估案主及其家庭的问题、建构案主及其家庭问题的形成与发展的假设，为后续干预工作明确目标及明晰计划。个案概念化中形成假设的部分需要社工对案主及其所在的系统有综合性的理解，需要将特定理论与前期收集的信息进行整合加工。个案概念化的扩展作用是推动资料的收集、促进关系的维护和调节干预的方向。

三、个案概念化的性质

首先，个案概念化具有假设性。个案概念化基于特定理论，联结着理论与实务。理论是对于在特定情况下会发生和可能发生的事情的假设、想象或预测。建构主义认为没有客观的现实，也没有所谓的真实。现实是指实际存在的事物所呈现的状态以及其可观察和可理解的一切[①]。个人建构的现实决定了个体如何看待世界。个案概念化基于特定理论对案主的相关信息进行综合、建构、理解的过程就具有选择性和假设性。

其次，个案概念化具有过程性。个案概念化是不断变化、不断迭代的过程。社工根据前期收集的信息，基于特定理论进行问题描述和建构假设。同时，个案概念化建构的假设推动社工收集更多的资料，进行特定方向的干预。社工收集的新信息和案主面对干预的反应又帮助社工形成新的对案主问题的理解。通过个案概念化的循环修正过程，社工形成对案主问题更为合理或更为有效的理解。

再次，个案概念化具有关联性。个案概念化是个案矫正中的核心技术，其与建立关系技术、资料收集技术和个案干预技术紧密关联。个案概念化不仅依靠资料收集过程，又指导资料收集过程。同时，建立关系技术和资料收集技术相互渗透，干预过程中也离不开不断建立关系。个案概念化既指导干预工作的开展，又受到干预工作反馈信息的影响，同时还有利于专业关系的维护。

最后，个案概念化具有专业性。个案概念化具有高度的综合性，是社工的一项核心技能。社工进行个案概念化需要扎实的理论基础、娴熟的实践技能、缜密的逻辑思维和灵活的认知能力等。社工具备专业性和系统性的理论基础才能进行具有针对性的资料收集、有效的信息筛选和综合，从而形成对案主问题的恰当理解和干预方案。社工具备娴熟的实践技能和充分的实践经验有利于形成更具指导性的个案概念化。

第二节 精神分析个案概念化技术

19世纪末，弗洛伊德创立的精神分析学说既是一种潜意识的心理学说，又是一种解决

---

① 芭芭拉·特. 社会工作理论与方法[M]. 余潇，刘艳霞，黄玺，等译. 上海：华东理工大学出版社，2013：85.

心理问题的方法。精神分析运动至今已经走过了一百多年的历史进程，经历了惊人的大范围扩展，其大致遵循着内部发展与外部发展两条路径①。精神分析学说的内部发展经历了驱力模式、自我模式、关系模式和自体模式；外部发展出现了社会文化学派、存在精神分析学、马克思主义精神分析学、解释学精神分析、后现代精神分析学和神经精神分析学等。精神分析的核心观念为个体大多数精神生活是潜意识的，个体心理的基础是潜意识的思想、情感和愿望等。

精神分析个案概念化是精神分析师基于精神分析理论对个案问题的假设和干预的架构。精神分析个案概念化重视潜意识的思想和情感等，重视本我、自我、超我的冲突，防御机制，客体关系和自尊等。精神分析个案概念化在社区矫正个案矫正的运用是通过对社区矫正对象的问题和模式的描述、对其成长经历的回顾，基于精神分析学说建立社区矫正对象的心理和行为方式的假设。精神分析个案概念化并不是给出一种确定的解释，而是提供一种可调整的假设。社工需要基于建立关系技术、观察技术和干预技术收集资料，不断调整对社区矫正对象潜意识的理解；不断调整对社区矫正对象呈现问题的工作假设；不断调整对社区矫正对象呈现问题的干预方案。

精神分析个案概念化提供动态的、不断修正的假设，有利于深入理解案主的状态和需求；有利于明确工作方向，设定矫正目标；有利于预测案主的移情，选择治疗策略；有利于选择恰当而有效的干预技术，促进案主的社会适应。

一、概述社区矫正对象的问题

社区矫正对象的主要问题是心理适应和社会适应问题，家庭关系问题，物质条件缺乏保障，生活资源匮乏，面临社会歧视等。个案简介部分应简洁明了，包括介绍个案基本信息、入矫原因、矫正表现、现状背景和个案困境等。而问题概述部分基于社工视角，采用专业术语进行描述，概述了案主的主要问题或困境。

案例 5-1

个案简介

A 先生，男，35 岁，大学专科学历，已婚，育有一子，因公司业务中违法操作被判假冒注册商标罪，判刑三年，缓刑三年。入矫以来，A 先生能服从各项制度，参与法制教育、思想教育和劳动教育等。A 先生在该公司已工作十余年，是该公司的业务骨干，入矫后继续在原公司工作。其违法事实和矫正状态公司领导和同事均知晓，但大家对 A 先生态度自然，领导对其矫正教育等活动给予支持。A 先生接受社区矫正近一年，常常自责，认为自己害了家庭和孩子，尤其是"祸害"了孩子，影响了孩子未来的职业选择。虽然 A 先生继续开展业务工作，能完成公司交付的任务，但他觉得自己是吃老本，如同行尸走肉，认为自己一无是处。

问题概述

A 先生面对违法行为、刑事处罚和罪犯身份，难以调整内心状态，表现为抑郁倾向。

二、描述社区矫正对象的模式

对社区矫正对象的深入理解有利于矫正工作的开展。精神分析个案概念化采用个体模式

---

① 郭本禹，郗浩丽，吕英军. 精神分析发展心理学［M］. 福州：福建教育出版社，2009：1.

描述来呈现案主的典型感受、思考和行为。模式描述的具体步骤为：首先，需要概述案主自我体验、人际关系、适应状况、认知功能、工作和娱乐的整体状况，突出对问题的描述；其次，需要采用精神分析专业术语对案主某方面问题进行具体描述，可结合个案简介中具体信息进行；最后，需要呈现案主潜意识的情感、愿望等对其问题的影响。下面从自我体验、人际关系、适应状况、认知功能、工作和娱乐五个方面呈现模式描述的内容和案例。

（一）描述案主自我体验的模式

精神分析的驱力模式、自我模式、关系模式和自体模式都从不同侧面关注了个体对自我体验的感受。自我体验指对自己的体验和感知。从个案概念化的角度主要从自我感知和自尊调节描述个案的自我体验；而自我感知包括自我同一性和自我幻想，自尊调节包括面对自尊威胁时的脆弱性、面对自尊威胁的内部反应、自尊调节时利用他人的程度。图5-1描述了个体自我体验的基本要素的概念，并结合案例5-1进行说明。

```
                    ┌─→ 自我感知 ──┬─→ 自我同一性
                    │  个体对自我的感觉  │   个体对"我是谁"的界定和感受
                    │                  │
                    │                  └─→ 自我幻想
自我                │                      个体对自我状态的幻想
体验 ───────────────┤
                    │                  ┌─→ 面对自尊威胁时的脆弱性
                    │                  │   个体面对自尊威胁的脆弱程度
                    │                  │
                    └─→ 自尊调节 ──────┼─→ 面对自尊威胁时的内部反应
                       个体经历自尊威胁  │   个体面对自尊威胁反应的适应性
                       找回自我的过程    │
                                       └─→ 自尊调节时利用他人的程度
                                           从他人获取自尊能量的方式和程度
```

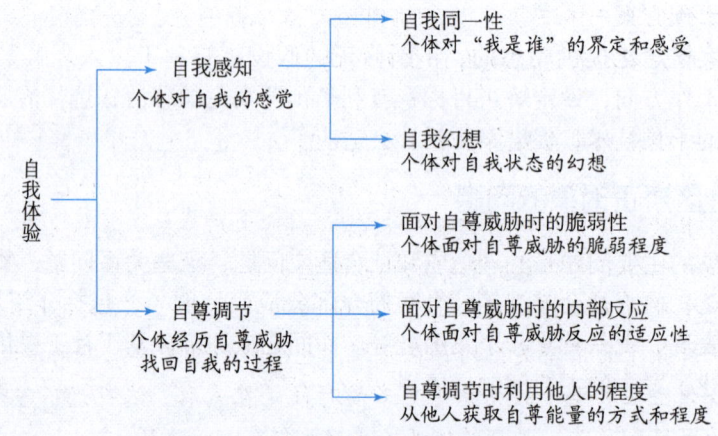

图5-1　个人自我体验的基本要素的概念

模式描述

A先生的自我体验中自责及能认识到违法行为对自己和家庭的影响具有一定的恰当性，但其自我感知存在较为严重的偏差，自尊调节失败。一方面A先生认为自己一无是处，其自我同一性受到严重挑战，难以客观评估自己的优势和不足，如A先生难以肯定自身的业务能力和人际关系能力。另一方面A先生面对法律制裁，自尊受到威胁，其常常自责等行为表现出明显的脆弱和自我贬低倾向。A先生对自我的攻击可能隐含了难以表达的潜意识的愤怒。

（二）描述案主人际关系的模式

精神分析认为个体现实的人际关系是其内在客体关系向外投射的结果；而个体内在客体关系是生命早期个体在和父母及重要养育人的关系中形成的。关系模式强调人际关系对心理健康和社会适应的影响。比如客体关系学家认为抑郁源于生命早期失去重要的、被爱的对象的恐惧，这种恐惧和丧失感会在个体后期的生命历程中一再重复。对案主人际关系的描述主要集中在信任感、安全感、感知度、亲密性和依存度几个要素，如图5-2所示。

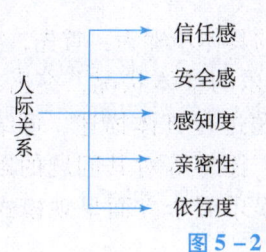

```
                    ┌─ 信任感    个体对人、事、物感觉到可信赖的状态
                    ├─ 安全感    个体在人际或环境中感知安全的状态
         人际关系 ──┼─ 感知度    个体对自己和他人的认识和感知的程度
                    ├─ 亲密性    个体暴露自己和对他人情感的深度和广度
                    └─ 依存度    个体在人际中相互依靠的程度
```

图5-2 人际关系的要素概念图

案例5-2

个案简介

B先生，男，35岁，中专学历，已婚，育有一子，因伤害他人被判六年。其确有悔改表现，符合条件并在近期假释。入矫后B先生服从管理。B先生和父母关系相对良好，和妻子及孩子关系冷漠，觉得妻子有"异心"，认为孩子和自己不够亲近是因为妻子教唆。妻子觉得自己多年独自抚养孩子并照顾老人都被辜负了，对此非常委屈。B先生在家人和朋友帮助下，有过多个工作但都干不下去，觉得周围的人看不起自己、故意为难自己。社工介入时，B先生较为沉默，多次表达"没有什么好谈的"。

模式描述

B先生能和父母保持相对良好的关系并能维持婚姻关系，但人际关系整体上存在较大的困难。首先，B先生信任感和安全感不足，在对待孩子、妻子、同事和社工时均表现出不尽安全、难以信任。其次，B先生对自我和他人的感知度不尽全面，展现出较差的共情能力。B先生难以理解和自己分离多年后的孩子的内心体验，也很难想象妻子多年独自抚养孩子的困境和感受。B先生觉得周围的人看不起自己，也说明其对自己和他人的感知较为肤浅。再次，B先生和妻子、孩子的亲密关系均存在问题，也很难和社工建立关系，说明其亲密性相对不足。最后，B先生在和妻子的关系中更多的时候是在索取，依存度不平衡。可以推测，B先生存在较多的恐惧和敌意，早期的依恋关系建立较差。

（三）描述案主适应状况的模式

弗洛伊德认为焦虑主要来源于本我、自我和超我间的冲突，可以分为现实性焦虑、神经性焦虑和道德性焦虑。弗洛伊德提出了自我防御机制的概念，发展了人格适应理论，指出个体无意识地运用防御机制来应对焦虑。安娜·弗洛伊德系统地总结和扩展了弗洛伊德的自我防御机制研究。防御机制是指从意识层面消除不愉快情感成分的一种心理操作；不愉快的情感包括焦虑、抑郁和愤怒等[1]。埃里克森认为自我不仅是个人的自我意识和同一性的源泉，而且是个人适应环境和健康成长的基础。案主适应功能的基本要素包括防御机制、冲动控制、情绪管理和感觉调节，如图5-3所示。

案例5-3

个案简介

C先生，男，55岁，大专学历，已婚，育有一子，因公司经营中虚构事实获取巨款以诈骗罪被判十年。其表现良好，符合条件近期保外就医。入矫后C先生认罪伏法，按时报

---

[1] 布莱克曼. 心灵的面具101种心理防御[M]. 毛文娟，王韶宇，译. 上海：华东师范大学出版社，2011：4.

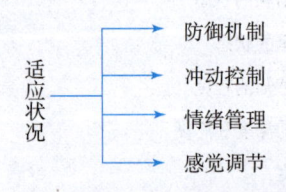

适应状况	防御机制	自我用来应对本我、超我和环境的压力，以减少或避免焦虑的方式
	冲动控制	自我面对强烈的欲望对获得自我心理的满足或解除精神上的紧张感的管控
	情绪管理	个体对情绪的调节和控制等
	感觉调节	个体面对多种感觉信息改变自身状态进行相应配合

图 5-3 适应状况的要素概念图

到，接受教育。C 先生和妻子共同居住，家庭条件殷实，感情较好，孩子在外地工作。C 先生和父母及弟弟妹妹关系相对良好，家人的经济条件均比较优越，对其有较多的关心。C 先生患有严重的糖尿病，但其认为自己的糖尿病症状都不是问题。C 先生敏感压抑，回避外出，谨言慎行，长期胃疼、失眠。C 先生出监后，难以控制饮酒和进食，不听妻子劝阻，母亲常来劝说和照顾。C 先生虽然知道应该控制饮酒和进食，但是自己难以控制，并常为此自责。社工介入时，C 先生较少谈情绪和感受，更多时候是在描述身体问题，有较强的动力愿意改变。

模式描述

C 先生在家庭生活中适应较好，但对环境的适应较差。首先，C 先生运用的防御机制适应性较差，比如其采用分裂和否认的防御机制认为自己的糖尿病症状都不是问题；其次，C 先生的情绪管理能力较差，经常自责，还有情绪的躯体化表现，如胃疼、失眠等症状；最后，C 先生在嗜好管理（饮酒和进食）上控制冲动存在困难。当然 C 先生在感觉调节方面适应良好。C 先生的自我在应对本我和超我的冲突中功能不足。

（四）描述案主认知功能的模式

精神分析个案概念化中个体认知功能的基本要素包括整体认知能力、解决问题能力、自省和事实检验能力、心理化、判断力。个体认知功能可能会影响个体感知自己的方式、和他人的关系、学习和工作的状态以及适应的整体情况。个体的认知功能也体现了本我、自我和超我的功能。比如个体的判断力展现了个体超我的效能，体现了个体的道德良心和自我理想的功能。个体认知功能的基本要素如图 5-4 所示。

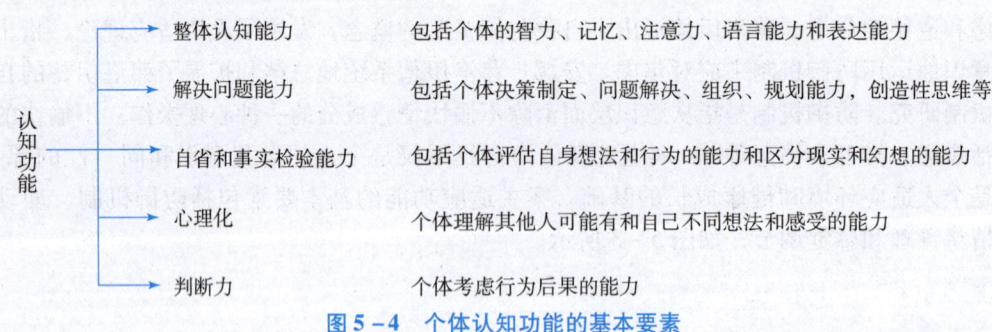

认知功能	整体认知能力	包括个体的智力、记忆、注意、语言能力和表达能力
	解决问题能力	包括个体决策制定、问题解决、组织、规划能力，创造性思维等
	自省和事实检验能力	包括个体评估自身想法和行为的能力和区分现实和幻想的能力
	心理化	个体理解其他人可能有和自己不同想法和感受的能力
	判断力	个体考虑行为后果的能力

图 5-4 个体认知功能的基本要素

案例 5-4

个案简介

D 先生，男，53 岁，小学学历，离异，育有两女一子，因过失致人死亡被判三年，缓刑三年。入矫后 D 先生认罪态度好，服从各项管理。D 先生无业，独自居住，生活条件困

难，三个子女均拒绝赡养。为解决生活问题，D先生在街头兜售小吃。但因无证占道经营，多次被城管整顿。对此D先生难以接受，并常到司法所诉苦，希望工作人员能帮助解决工作问题。因为学历低、年龄大，参加职业技能培训不能掌握基本技能。D先生非常焦虑并表达出对工作人员的不满，觉得工作人员作为"公家的人，这点事情都办不了"，并且在为难自己。社工介入后发现D先生语言表达能力较差，话语重复，逻辑性差，D先生评价社工是"这个世界上最好的人"。

模式描述

D先生具有基础的认知能力，但认知功能总体上较差。首先，D先生的整体认知能力不足，其智力水平、语言能力和表达能力较差。其次，D先生解决问题能力较差，难以解决生计问题。再次，D先生事实检验能力欠缺，其对社区矫正工作人员抱有不切实际的幻想。而且，展现了其心理化能力差，比如不能理解工作人员在帮助其解决工作问题时的困难和感受。最后，D先生判断力较差，如对于无证占道经营的后果缺乏预见性。D先生可能将无意识的全能感投射于社区矫正工作人员。

（五）描述案主工作和娱乐的模式

弗洛伊德认为个体具有建设性和创造性的能力体现为爱和工作的能力。娱乐是个体追求快乐，缓解压力的天性。工作和娱乐与个体的心理健康、社会适应、自我的照顾和攻击性的表达等有关。工作给予个体释放本我的部分冲动的机会，是解决内心冲突的一种途径。而娱乐促使个体感受积极情绪，为个体顺利成长提供帮助。社区矫正对象在工作领域常遇到现实的困难。案主工作和娱乐的基本要素包括工作和娱乐的匹配度、舒适度、充足度和适应度，如图5-5所示，并采用社矫案例进行呈现。

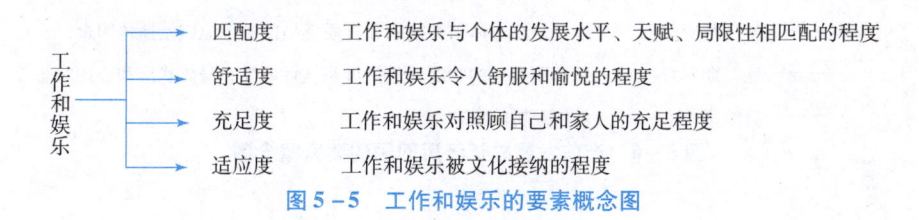

工作和娱乐	要素	说明
	匹配度	工作和娱乐与个体的发展水平、天赋、局限性相匹配的程度
	舒适度	工作和娱乐令人舒服和愉悦的程度
	充足度	工作和娱乐对照顾自己和家人的充足程度
	适应度	工作和娱乐被文化接纳的程度

图5-5 工作和娱乐的要素概念图

案例5-5

个案简介

E女士，女，24岁，大专学历，未婚，因酒后寻衅滋事被判刑两年，缓刑两年。入矫后E女士服从各项管理，但认为刑罚太重。E女士和父母居住，家庭条件良好，在家人的公司中上班。E女士在大学期间热衷社团活动，参与多项比赛并获奖。E女士不喜欢目前的文员工作，觉得大多是重复劳动，但收入较高，因此不想辞职。E女士与父母关系疏远，近期失恋，和朋友们关系紧密，经常下班后去夜店喝酒聊天。周末，E女士常常喝酒到大醉，认为"喝酒的时候最痛快、最放松"。

模式描述

E女士具有基本的工作能力和娱乐能力，但工作和娱乐的方式适应性不足。首先，E女士接受过良好教育，喜欢社交和创造性工作，其目前的工作和其工作能力之间匹配度较差。其次，E女士的娱乐活动能令自己放松，但工作中很难感觉到舒服和愉悦。再次，E女士的工作能给自己提供良好的经济保障,但娱乐的方式具有自我攻击的特点。最后,E女士的工作能被社会接纳和认可,但其酗酒的行为难以被他人接纳。E女士潜意识可能有难以表达的愤怒。

三、回顾社区矫正对象的成长经历

经典精神分析中人格发展理论将个体的人格发展划分为口欲期、肛欲期、性器期、潜伏期、生殖期。经典精神分析认为人格形成最重要的阶段是口欲期、肛欲期和性器期,即个体从出生到6岁的阶段。成人的人格发展状况与0~6岁之间的人格发展状况呈现彼此呼应的特点。强迫性重复指童年存在某些心理发育缺陷的个体会不自觉地、强迫性地在心理层面上退回到遭受挫折的心理发育阶段,在现实中重复童年期的情结和关系。

社区矫正对象的问题分析是矫正其犯罪心理和行为问题,促进其回归社会的重要基础。精神分析个案概念化中对社区矫正对象的成长回顾以0~6岁时期为重点,分析了社区矫正对象主要问题的重要影响因素。下文从社区矫正对象成长阶段进行描述。

(一)回顾案主产前发展经历

个体成年后的问题和行为模式受到遗传的明显影响。许多所谓"不适应的防御机制"的特质,可能源于基因导致的脑功能失调,使得个体难以做出健康的行为反应。母亲在孕期的情绪状态和饮食方式等对个体的行为模式和身心健康有着深远的影响。早产、出生低体重、出生时缺氧、出生时机械损伤等不仅造成新生儿身体的损伤,也增加了个体孤独症、多动症、心理发育迟滞等精神疾病的风险,增加了个体社会化的难度。案主产前发展成长经历回顾的基本要素包括基因与遗传、胎儿期发育和分娩事件,如图5-6所示。

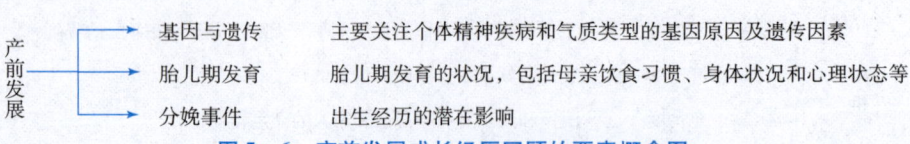

```
         ┌─ 基因与遗传    主要关注个体精神疾病和气质类型的基因原因及遗传因素
产前
发展 ────┼─ 胎儿期发育    胎儿期发育的状况,包括母亲饮食习惯、身体状况和心理状态等
         └─ 分娩事件      出生经历的潜在影响
```

图5-6 产前发展成长经历回顾的要素概念图

案例5-6

个案简介

E女士,女,24岁,大专学历,未婚,因酒后寻衅滋事被判刑两年,缓刑两年(同案例5-5)。社工介入后,E女士谈及自己的母亲怀孕时没有准备好,在父亲的坚持下,自己才得以出生;出生为顺产,过程很顺利。E女士描述自己性急,母亲说自己难带,喂奶慢一点就会大哭。

成长经历回顾

E女士存在酗酒问题和认罪问题。其问题可能和母亲未准备好怀孕以及相应的情绪因素有关。E女士气质类型可能为困难型,易紧张、易激动,较难延迟满足。其犯罪行为和目前问题中都呈现冲动控制的问题,和其气质类型有一定关联。

(二)回顾案主婴幼儿期成长经历

婴幼儿时期指个体0~3岁的阶段。精神分析认为过去影响现在,重视对个体当下的行为进行幼年时期的追溯。婴幼儿期的问题往往影响到个体心理功能的多个方面。弗洛伊德认为个体的核心人格在 6 岁时就已经形成；而科胡特认为核心人格在 2 岁前就已经确定。个体基本信任感的发展影响了其成年后与他人的关系、与世界的关系。婴儿期形成的依恋类型对个体社会功能的影响持续而深远，如混乱型的儿童更具攻击性，更可能发展出反社会倾向。案主婴幼儿期成长经历回顾的基本要素包括信任能力、依恋类型、发展认识、思考与自我调节，如图 5-7 所示。

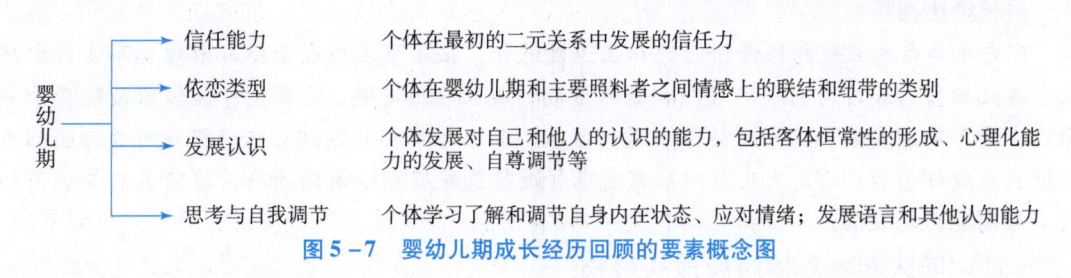

```
              ┌─ 信任能力       个体在最初的二元关系中发展的信任力
              ├─ 依恋类型       个体在婴幼儿期和主要照料者之间情感上的联结和纽带的类别
婴幼儿期 ─────┤
              ├─ 发展认识       个体发展对自己和他人的认识的能力，包括客体恒常性的形成、心理化能力的发展、自尊调节等
              └─ 思考与自我调节 个体学习了解和调节自身内在状态、应对情绪；发展语言和其他认知能力
```

图 5-7 婴幼儿期成长经历回顾的要素概念图

案例 5-7

个案简介

D 先生，男，53 岁，小学学历，离异，育有两女一子，因过失致人死亡被判三年，缓刑三年（同案例 5-4）。社工介入中，D 先生描述原生家庭贫寒，"吃了上顿没有下顿"，兄弟姐妹 7 人，自己排行老五；父母忙于生计，从小无人照顾，都是"大的（孩子）领着小的（孩子）"；自己说话晚，读书"不行"。

成长经历回顾

D 先生存在工作问题和人际关系问题。人际关系问题主要体现在亲密关系困难、和社矫工作人员关系上。其问题可能与婴幼儿期能力发展不足有关；具体包括信任能力不足、依恋类型为不安全型、心理化能力发展不足、情绪调节能力较差、语言和认知能力发展较差。

（三）回顾案主童年中期成长经历

童年中期指个体 3~6 岁的阶段。儿童需要从二元关系进入三元关系，学习应对竞争、发展认同的防御机制、发展良心和自我理想等。童年中期的问题对个体的发展和适应的影响常常是有限的。个体成年后的亲密关系障碍、性压抑、难以处理竞争关系、对抱负的压抑等大都和童年中期的发展受限有关。案主童年中期成长经历回顾的基本要素包括自我感发展、人际关系发展和道德感发展，如图 5-8 所示，并采用社矫案例进行呈现。

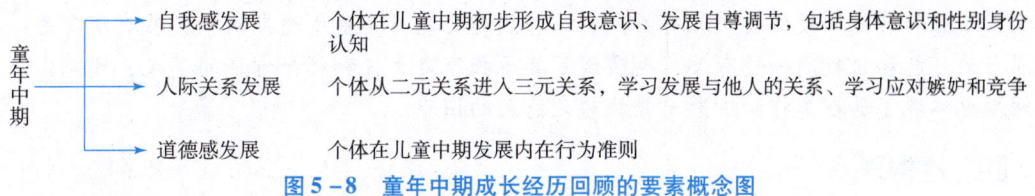

```
            ┌─ 自我感发展     个体在儿童中期初步形成自我意识、发展自尊调节，包括身体意识和性别身份认知
童年中期 ───┤
            ├─ 人际关系发展   个体从二元关系进入三元关系，学习发展与他人的关系、学习应对嫉妒和竞争
            └─ 道德感发展     个体在儿童中期发展内在行为准则
```

图 5-8 童年中期成长经历回顾的要素概念图

案例 5-8

个案简介

C 先生，男，55 岁，大专学历，已婚，育有一子，因公司经营中虚构事实获取巨款以

诈骗罪被判十年。其表现良好，符合条件近期保外就医（同案例5-3）。C先生为家中长子，弟弟小其1岁，妹妹小其5岁，父亲为转业干部，在政府部门任职多年后退休，母亲为全职主妇。社工介入多次后，C先生表达原生家庭家教森严，自己幼时顽劣，经常被父亲严厉教育，母亲慈爱，但过去更疼爱早产的弟弟。C先生回忆其小时候做了一个泥偶，兴高采烈地给母亲看，母亲正在夸赞时父亲紧接着呵斥自己顽劣。

成长经历回顾

C先生存在的问题包括情绪问题和强迫性进食，犯罪事实为经营公司中虚构事实获取巨款。其犯罪行为和目前问题均可能和童年中期的成长经历有关：C先生可能较难处理竞争关系，在童年中期发展和父亲的关系中遇到困难；其犯罪事实从精神分析的视角可视为面临成功的自我破坏行为；C先生儿童中期自我感和道德感发展可能遇到困难，目前其自尊调节和自我控制能力均较弱。

（四）回顾案主其他阶段成长经历

其他阶段包括童年晚期（6~12岁）、青少年期（12~18岁）、成年早期（18~23岁）和成年期（23岁后）。埃里克森将整个人生的发展划分为八个阶段，形成完整的毕生发展理论。个体成年后的认知困难、独立困难、无意义感等可能和对应阶段的发展受限有关。图5-9描述了案主其他阶段成长经历的要素。

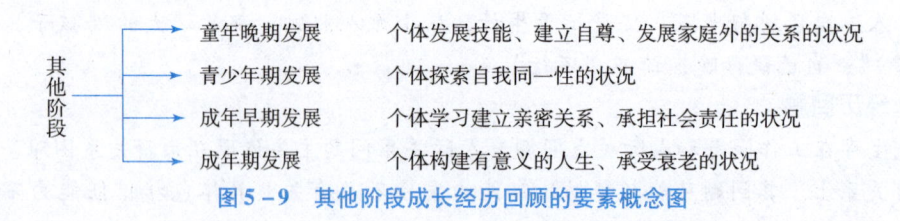

其他阶段 → 童年晚期发展　个体发展技能、建立自尊、发展家庭外的关系的状况
　　　　 → 青少年期发展　个体探索自我同一性的状况
　　　　 → 成年早期发展　个体学习建立亲密关系、承担社会责任的状况
　　　　 → 成年期发展　　个体构建有意义的人生、承受衰老的状况

图5-9　其他阶段成长经历回顾的要素概念图

案例5-9

个案简介

B先生，男，35岁，中专学历，已婚，育有一子，因寻衅滋事被判六年。其确有悔改表现，符合条件，近期假释。社工介入多次后，了解到B先生自小学阶段起就存在学业困难的问题，很难独立完成课业任务，勉强完成技校学习。B先生性格冲动，从青春期开始常打架斗殴，不计后果。

成长经历回顾

B先生存在工作问题和人际关系问题等。其目前问题不仅和0~6岁的成长经历有密切关系，而且和其他阶段发展状况有关：其工作问题可能与其童年晚期认知发展有限有关；其犯罪行为可能和自我同一性有关，也展现了其承担家庭责任和社会责任的不足；B先生目前的问题也体现了其在工作和情感中寻找持久意义的困难。

四、建构联系

精神分析个案概念化通过在案主的问题、模式和成长经历之间建构联系形成对资料的分析、案主的理解，指导问题的解决。精神分析学说经历百余年的发展，从内部和外部均建立了各具特色的理论以支撑对个体的心理和行为的理解。下文介绍从不同的精神分析理论视角如何进行个案概念化中建构联系的过程。

（一）基于创伤经历的联系

心理创伤指个体经历超出一般人经验的事件，无法用现有的应对方式去应对，感受到强烈的痛苦、恐惧、绝望等。创伤性事件是具有强大压力的、有破坏性的事件，常威胁到个体的生命安全。创伤的范围与程度、创伤出现的年龄和个体的复原力都会影响到个体应对创伤性事件的结果。个体的情绪体验问题、情绪调节问题、冲动控制问题、人际关系问题、社会适应问题等均可能和个体的创伤经历有关。

社区矫正对象的创伤经历可能影响其再社会化的过程。精神分析个案概念化需要将案主的问题和模式与创伤经历联系起来。案主体会过多的内疚感和羞愧感、缺乏清晰稳定的自体感、过激的情绪反应或情感迟钝麻木等都可能与创伤经历有关。创伤经历会影响案主与他人建立关系的能力、适应压力和变化的能力。下面采用社矫案例说明如何将案主的问题和模式与创伤经历的影响建立联系、形成假设，建构精神分析的个案概念化。

案例 5-10

个案简介

D 先生，男，53 岁，小学学历，离异，育有两女一子，因过失致人死亡被判三年，缓刑三年。入矫后 D 先生认罪态度好，服从各项管理。D 先生无业，独自居住，生活条件困难，三个子女均拒绝赡养。为解决生活问题，D 先生在街头兜售小吃；但因无证占道经营，多次被城管整顿。对此 D 先生难以接受，并常到司法所诉苦，希望工作人员能帮助解决工作问题。因学历低、年龄大，其参加职业技能培训不能掌握基本技能。D 先生非常焦虑，并表达对工作人员的不满，觉得工作人员作为"公家的人，这点事情都办不了"，是在为难自己。社工介入发现 D 先生语言表达能力较差，话语重复逻辑性差；D 先生评价社工是"这个世界上最好的人"。社工介入中，D 先生描述原生家庭贫寒——"吃了上顿没有下顿"；兄弟姐妹七人，自己排行老五；父母忙于生计，其从小无人照顾，都是"大的（孩子）领着小的（孩子）"；自己说话晚，读书"不行"。

问题概述

D 先生存在生计问题和人际关系问题。生计问题体现在没有生活来源，短时间内难以提升职业技能。人际关系问题体现在案主和前妻、子女的关系差，和亲人关系疏离、对社矫工作人员不满。

模式描述

D 先生有婚史并能够与社工建立关系，但人际关系整体较差。首先，D 先生信任感和安全感不足，面对社区矫正工作人员缺乏信任感。其次，D 先生对他人的感知度不尽全面，共情能力差。D 先生很难理解社区矫正工作人员和社工的优势及限制。再次，D 先生人际关系中亲密性不足，表现为亲子关系存在困难，未谈及亲人和朋友的支持。最后，D 先生缺乏相互依存的关系。

D 先生具有基础的认知能力，但认知功能总体上较差。首先，D 先生的整体认知能力不足，其智力水平、语言能力和表达能力较差。其次，D 先生解决问题能力较差，难以解决生计问题。再次，D 先生事实检验能力欠缺，其对社区矫正工作人员抱有不切实际的幻想。而且，展现了其心理化能力差，比如不能理解工作人员在帮助其解决工作问题时遇到的困难和感受。最后，D 先生判断力较差，如对于无证占道经营的后果缺乏预见性。D 先生可能将无意识的全能感投射于社区矫正工作人员。

成长经历回顾

人际关系问题主要展现在亲密关系困难、和社矫工作人员关系上。其问题可能与婴幼儿期能力发展不足有关，具体包括信任能力不足、依恋类型为不安全型、心理化能力发展不足、情绪调节能力较差、语言和认知能力发展较差。

基于创伤经历的联系

D先生人际关系的困难可能与其难以整合他人好的部分和坏的部分，难以理解他人存在优势和不足有关。这可能和D先生婴幼儿时期照看者的长期缺失和情感忽略、生活困窘、饔飧不济等造成的创伤有关。其幼时持久性的创伤经历对其情绪调节、人际关系、认知能力和社会适应均可能有显著影响。D先生犯罪行为展现了其冲动控制的困难，这可能与早期创伤对愤怒控制和冲动调节的影响有关。

注：本例为呈现相对完整的精神分析个案概念化，对案例5-4、案例5-7相应内容进行重复，后续案例因篇幅所限，不再进行重复。此外，因本例的重点在于展现基于创伤经历的联系，对个案简介、模式描述、成长经历回顾部分的内容均有删减。

（二）基于早期问题的联系

精神分析尤其驱力理论认为个体的早期问题影响其成年后的适应和发展；个体的心理和行为问题受到其早期经历的影响。儿童期（0~12岁）的常见问题包括孤独症谱系障碍、大小便失禁、抽动秽语症、注意力问题、学习困难和情绪障碍等。青春期的常见问题（12~18岁）包括焦虑、进食、心境障碍、冲动控制和成瘾行为等。成年期（18岁以后）的问题也会影响个体的心理发展和社会适应。精神分析更多关注个体的早期经历对成年生活的影响。

社区矫正对象的早期问题可能是其犯罪行为和目前困境的深层原因。基于早期问题的视角对案主的目前问题进行解读，形成基于精神分析理论的工作假设，以推动矫正工作的开展。案主的信任问题、心理化不足、共情欠缺、认知能力有限和情绪调节问题等均可能与其成长中的早期问题有关。下面采用社矫案例说明如何将案主的问题和模式与早期问题的影响建立联系、形成假设，建构精神分析的个案概念化。

案例5-11

个案简介

D先生，男，53岁，小学学历，离异，育有两女一子，因过失致人死亡被判三年，缓刑三年。（同案例5-10）

问题概述

同案例5-10。

模式描述

同案例5-10。

成长经历回顾

同案例5-10。

基于早期问题的联系

D先生人际关系的困难可能与其信任感不足、客体恒常性能力有限、依恋困难、心理化能力不足有关。这可能和D先生早期的认知和情绪问题有关。D先生为小学学历，认知功能总体较差，或源于D先生经历早期创伤后可能的情绪障碍和学习困难。D先生离异且亲子关系差，可能源于早期经历中D先生长期体验无助感、不安全感和恐惧感等，这些感受导致其难以建立对他人的信任、理解他人的感受和想法。D先生面临的生计问题可能和其认知功能、心理化能力等有关。

（三）基于自我功能的联系

自我心理学认为自我不仅是个人的自我意识和同一性的源泉，而且是个体健康成长和适应环境的保障。自我的功能包括控制和调节本能活动，协调本我、超我和现实之间的冲突和防御压力引发的焦虑等作用。个体的问题和行为模式与潜意识的冲突和防御紧密相连。个体建立关系困难、难以享受生活、投入工作困难、存在竞争焦虑、性亲密障碍等均可能与其自我功能的不足有关。

社区矫正对象的自我在协调本我、超我和现实之间的冲突方面大多存在明显的功能不足，常采用适应性较低的防御机制。基于自我心理学的视角将案主的主要问题和行为模式与冲突和防御进行联系，有利于形成个案矫正的思路和策略。案主的情绪困扰、行为问题和适应困难等均可能与其自我功能不足有关。下面采用社矫案例说明如何将案主的问题和模式与冲突和防御建立联系、形成假设，建构精神分析的个案概念化。

案例5-12

个案简介

C先生，男，55岁，大专学历，已婚，育有一子，因公司经营中虚构事实获取巨款以诈骗罪被判十年。其表现良好，符合条件近期保外就医。（同案例5-8）

问题概述

C先生主要问题为情绪问题和强迫性进食。情绪问题表现为敏感压抑、伴随情绪的躯体化——胃疼和失眠，同时伴有回避行为。强迫性进食表现为难以控制的饮酒和进食，并为此自责。

模式描述

同案例5-3。

成长经历回顾

同案例5-8。

基于自我功能的联系

C先生过去曾在公司经营方面取得较多的成绩，目前能适应社区矫正管理工作的基本要求。但总体上自我的功能较差，可能因为潜意识的冲突和适应性低的防御影响了发展和适应。C先生可能在婴幼儿期因母亲怀孕和弟弟早产等，未能完成和母亲融合的愿望。通过贪食和酗酒，C先生重新获得母亲的照顾。C先生可能形成如下的潜意识冲突：一方面因母亲更多照顾弟弟，其对母亲有着愤怒的情绪；另一方面其不允许自己攻击母亲。其可能通过采用否定、攻击转向自身、躯体化、行动化等防御机制应对潜意识冲突，同时也造成了目前的困境。C先生潜意识的冲突还可能是：一方面渴望超越父亲；另一方面不允许自己超越父亲。其可能存在过于严厉的超我，而其犯罪行为可能是对这样的潜意识冲突的妥协。

（四）基于客体关系的联系

客体关系理论认为早期个体和他人的关系模式影响了其后续的人际关系、行为模式和心理特点等。客体关系指存在个体精神世界中的人际关系的模式。客体关系理论是在精神分析的理论框架中探讨人际关系,更强调环境的影响。克莱因认为:个体与主要照看者的早期互动帮助个体形成了思考、感受和行为的方式。个体早期经验的内化为其未来的人际关系提供了基本的模板。个体潜意识中有多种多样的模板,只有源于痛苦经历的模板才会引发问题。

社区矫正对象源于痛苦经历的早期潜意识模板可能是其犯罪行为与当前问题的重要原因。基于客体关系理论的个案概念化是把早期潜意识模板和案主的主要问题和模式联系起来,解释问题现状,指导矫正工作。案主信任感不足、人际冲突、对他人不当的期待等均可能与其客体关系模式有关。下面采用社矫案例说明如何将案主的问题和模式与早期潜意识模板建立联系、形成假设,建构精神分析的个案概念化。

案例 5-13

个案简介

C先生,男,55岁,大专学历,已婚,育有一子,因公司经营中虚构事实获取巨款以诈骗罪被判十年。其表现良好,符合条件近期保外就医。(同案例 5-8)

问题概述

同案例 5-12。

模式描述

同案例 5-3。

成长经历回顾

同案例 5-8。

基于客体关系的联系

C先生的目前问题和犯罪行为均可能和其早期潜意识模板有关。基于客体关系理论建立假设:在C先生婴幼儿时期,因为母亲怀孕和弟弟早产未能给其提供足够的关爱,C先生成为需要没有被满足的孩子,在现实世界中很容易体验到挫折感、愤怒感。C先生目前的抑郁情绪、回避行为和强迫性进食可能都和其过多的挫折感和愤怒感有关。童年期父亲的严厉和惩罚,使C先生成为受伤的焦虑的孩子,在现实世界中很容易体验到恐惧感和愤怒感。C先生的目前问题和犯罪行为均可能是恐惧感和愤怒感的变相表达。

(五) 基于自体发展的联系

自体心理学关注早期关系如何培养个体的自体感,认为自体决定了个体的体验和发展的可能性。拥有健康自体感的个体能接受自己的优势和不足,无论在顺境还是逆境都拥有自信。镜映指照看者与婴儿之间积极的情感回应与互动,这能促进婴儿的全能操控感和夸大的自我体验。理想化指把夸大的正向特质投射到另一客体或自体身上。理想化需要照看者处理儿童融合的需要,获取安全、舒适和平静的需求。个体自我评价不当、自尊调节不足、情绪失调、人际关系困难等均可能与其自体发展过程有关。

社区矫正对象通常缺乏健康的自体感,带着破碎的自体生活。基于自体发展的视角对案主的主要问题和模式进行有意义的综合,建构假设进行预测,形成矫正计划。案主的自我放弃、病态受虐、暴怒或抑郁、安全感不足、空虚感和无意义感等均可能与其自体发展的问题有关。下面采用社矫案例说明如何将案主的问题和模式与自体发展建立联系、形成假设,建构精神分析的个案概念化。

案例 5-14

个案简介

C先生，男，55岁，大专学历，已婚，育有一子，因公司经营中虚构事实获取巨款以诈骗罪被判十年。其表现良好，符合条件近期保外就医。（同案例5-8）

问题概述

同案例5-12。

模式描述

同案例5-3。

成长经历回顾

同案例5-8。

基于自体发展的联系

基于自体心理学建立假设为：C先生在童年期没有建立健康的自体感。在婴幼儿期，C先生缺少来自母亲足够的镜映，推测其缺少被接纳感、价值感和被重视感。在童年期，C先生父母提供的安抚功能和保护功能不足，推测其难以完成对父母的理想化。其情绪和行为问题均可能是其自体破碎的表现。其犯罪行为可能产生于C先生未发展出适当的自体方向，难以设定既具有现实性又具有挑战性的目标。

（六）基于依恋理论的联系

依恋理论认为儿童早期与照看者间特殊的情感关系对后来的人格发展、心理健康和社会适应都有着深远影响。儿童的依恋类型分为安全型和不安全型，不安全型包括回避型、矛盾型和混乱型。依恋类型具有代际传递的特点。个体采取不同的依恋策略寻求依恋关系。个体心理结构中心的安全基地是个体心理稳定和健康发展的决定因素。早期形成的内部工作模式在个体建立亲密关系的行为中具有主导作用。个体信任和安全问题、情绪调节不足、亲密关系问题、心理化能力欠缺等均可能与其依恋类型有关。

社区矫正对象不安全的依恋类型影响其矫正犯罪心理和改善行为问题。精神分析个案概念化将案主的心理行为问题等与儿童依恋类型联系，采用依恋理论视角理解和组织案主成长经历的信息，推进干预过程。案主的情绪管理、自我调节、共情和适应问题均可考虑从依恋理论视角进行理解。下面采用社矫案例说明如何将案主的问题和模式与依恋类型建立联系、形成假设，建构精神分析的个案概念化。

案例 5-15

个案简介

D先生，男，53岁，小学学历，离异，育有两女一子，因过失致人死亡被判三年，缓刑三年。（同案例5-10）

问题概述

同案例5-10。

模式描述

同案例5-10。

成长经历回顾

同案例5-10。

基于依恋理论的联系

D 先生人际关系的困难或源于儿童期的不安全型依恋类型。基于依恋理论建构假设：D 先生早期缺少照看者的生活照顾和情感滋养，其不安全型依恋类型使其在成年生活中表现为共情能力不足、安全感和信任感差，从而导致和前妻及子女的亲密关系难以维持，和社区矫正工作人员的关系差等。D 先生面临生计困难表现出高焦虑状态，可能和其不安全依恋类型导致的自我调节能力弱、情绪管理能力差有关。

> **小贴士。**
>
> 党的二十大报告指出，必须坚持守正创新，坚定历史自信、文化自信，将马克思主义思想精髓同中华优秀传统文化结合起来，不断赋予科学理论鲜明的中国特色。对于社区矫正个案矫正工作而言，必须坚持理论结合实践，学术理论结合我国社区矫正的广泛实践，对理论不断进行符合国情实际的改造，逐步形成具有中国特色的社会主义社区矫正个案矫正理论和实践路径。

第三节　认知行为疗法个案概念化技术

认知行为疗法在 20 世纪 60 年代由贝克（Beck）创始后，发展为一组通过改变思维、信念、行为来改变不良认知、不利情绪和不当行为的心理社会干预方法。同时，认知行为疗法也是一种理解人类心理和行为的学说。认知理论、学习理论和情绪理论均是其重要的理论基础。近期，正念认知、接纳承诺和辩证行为治疗得到长足发展，建立在神经科学基础上的认知行为疗法体现了发展方向。认知行为疗法的核心观点认为：个体心理的痛苦和行为的困难基本上是由认知过程紊乱造成的；个体认知的重构可以促进行为的重构。

认知行为疗法个案概念化是基于认知行为理论对个案问题的假设和干预的架构。认知行为疗法个案概念化重视自动思维和图式、行为的前因和结果、失调的离散情绪及未分化的消极情绪等。认知行为治疗个案概念化在社区矫正个案矫正的运用是通过对社区矫正对象的问题描述、对问题的促发因素和维持机制的探索，基于认知行为理论建立社区矫正对象的心理和行为方式的假设。本节按照问题描述、促发因素探索、维持机制探索、探索机制起源和建构联系顺序进行描述，但在实际工作中，形成概念化的过程是各项内容相互交织、循环嵌套的过程。形成认知行为治疗个案初始概念化后依然需要不断地调节和推导。社工需选择具体的理论模型，结合信息收集和矫正效果，不断推导和解释案主问题的机制假设。

认知行为疗法个案概念化的动态性和循证性，有利于灵活地满足案主的独特需求，有利于建立关系、制定矫正目标、拟定矫正计划，有利于预测案主的行为变化和提升其依从性，有利于选择干预流程和技术、监测矫正进程，帮助社区矫正对象顺利回归社会。

一、描述社区矫正对象的问题

认知行为疗法个案概念化重视对案主问题的多维度描述，包括精神症状、人际关系、工作、学习、医学、财务、住房、法律和休闲等。社工通过临床访谈、纸笔测验、家访等方法获得案主问题清单。问题清单最多 5~8 个条目并按照优先顺序进行排列，采用认知行为的术语描述案主问题。

案例 5-16

个案简介

A 先生，男，35 岁，大学专科学历，已婚，育有一子，因公司业务中违法操作被判假冒注册商标罪，判刑三年，缓刑三年。（同案例 5-1）

A 先生完成抑郁自评量表标准分为 68 分、焦虑自评量表标准分为 53 分；完成了摄入性访谈和摄入性问卷。

问题描述：

抑郁症状（抑郁自评量表标准分为 68 分，属于中等程度抑郁）包括：A 先生感到能力减退；体验到无用感和无价值感；兴趣丧失；闷闷不乐，情绪低沉；一阵阵哭出来或觉得想哭；无缘无故地感到疲倦；晚上睡眠不好；吃得较少；和异性接触不再感受到以往一样的愉快；否认有自杀想法。认知包括："自己害了家庭和孩子，尤其是'祸害'了孩子，影响孩子未来的工作""自己一无是处""做什么都于事无补"。行为包括：睡眠差，多梦；回避社交；缺乏锻炼。情绪包括：自责；悲伤；烦乱；无用感；无价值感；快感丧失。

焦虑症状（焦虑自评量表标准分为 53 分，属于轻等程度抑郁）包括：A 先生容易感到衰弱和疲乏；因胃痛和消化不良而苦恼；睡眠差，做噩梦；容易心情烦乱。

工作问题包括：A 先生缺乏工作的胜任感，很难体会工作中的快乐和成就，自我评价不当，认为"自己是吃老本"；有意回避社交行为。

家庭问题包括：A 先生觉得"自己害了家庭和孩子"，在家言语减少，家庭氛围压抑，婚姻关系和亲子关系存在沟通不畅等问题。

法律问题包括：A 先生面临法律制裁，虽然入矫以来能服从各项制度，参与法制教育、思想教育和劳动教育等，但在面对其作为社区矫正对象的角色方面还需调整。

二、探索问题的促发因素

认知行为疗法的个案概念化大多基于素质-应激模型：素质包括个体生理和心理的因素，应激多指生活中的压力事件。个体的心理健康水平和社会适应状况取决于应激源的强度和频度、个体的心理素质和应对能力，以及社会支持和应对资源的保护效果。个体问题的促发因素包括内在的因素、外在的因素、生物的因素和心理的因素。探索问题的促发因素有助于形成和检验问题维持机制的假设；有利于界定治疗靶。探索问题的促发因素需要使用资料收集技术，通过和案主及其家人的访谈探索问题形成的过程。

以案例 5-16 为例简单呈现探索问题促发因素过程。A 先生的抑郁焦虑症状和工作、家庭及法律问题显然都和 A 先生受到法律制裁有关。通过询问 A 先生"什么时候开始自责？"了解其从被起诉开始出现自责、失眠问题；询问其"被起诉后生活和工作发生了什么变化？"并通过追问了解到 A 先生近一年来不同阶段的情绪和行为变化同近期呈现症状的一致性和连贯性；询问其"被起诉前有过持续的情绪低落吗？"了解 A 先生此前未经历持续的情绪低落，最终明确 A 先生受到法律制裁是其问题的促发因素。需要注意的是并不是每个社矫对象问题的促发因素都和受到法律制裁有关，如经过社工收集资料发现案例 5-15 中 D 先生受到法律制裁并非其问题的促发因素。

探索问题促发因素过程有利于形成问题维持机制的初步假设。通过询问 A 先生"什么时候开始自责？"了解其从被起诉开始出现自责、失眠问题；追问"最严重的自责是什么时候?"了解其等候最后判决的时候有着最严重的自责,认为"自己该死""都是我的错"。询问A先生"被起诉后生活和工作发生了什么变化?"了解A先生在入矫后,觉得"工作没有意义";社工追问"怎么理解工作没有意义",A先生表达"同事们都看不起我",触犯法律就是"人生污点,怎么努力也没用"。综上,可以初步假设A先生图式为"我没有用""世界和他人是严苛的、不友好的",其自我、他人和世界的图式被激活后维持了问题的存在。

三、探索问题的维持机制

认知行为疗法的个案概念化可以借鉴循证治疗对问题维持机制进行概念化,也可以基于认知行为理论进行问题的维持机制探索。鉴于某些问题尚缺乏基于循证治疗的概念化,而且基于认知行为理论进行个案概念化可以使得社工更容易进行假设检验和矫正决策,下文将从不同的理论基础出发描述探索问题维持机制的具体方法。基于基础理论探索问题维持机制的步骤具体包括:社工需要选择某个或某些症状作为靶点;选择适合解释案主症状和症状群的某个认知行为基础理论;基于该理论进行问题维持机制的假设。通常社工选择某个基础理论建构单独的问题维持机制,选择理论需考虑案主对理论的接受度和理论对案主问题的解释度。少数情况也会选择多个基础理论建构多个问题维持机制。多理论探索问题维持机制的优势在于更加灵活,可能更为有效;潜在的问题是相互冲突的理论使得概念化变得混乱,干预措施相互抵触。

(一) 基于贝克认知理论探索机制

贝克认知理论认为症状是由相互联系、互为因果的情绪、行为和自动思维组成。行为包括内隐的生理反应和外显的肌肉行为。症状是由生活中的压力事件激活的病理图式引起的。关于自我、他人、世界和未来的病理图式以及与病理图式有关的自动思维、情绪和行为是案主问题的维持机制。基于贝克认知理论探索问题维持机制需要识别案主的病理图式和与之相联的自动思维等,使用资料收集技术,注意不断倾听案主讲述中重复出现的主题,并探索这些主题隐藏的自动化思维和图式。

案例 5-17

个案简介

A先生,男,35岁,大学专科学历,已婚,育有一子,因公司业务中违法操作被判假冒注册商标罪,判刑三年,缓刑三年。(同案例 5-16)

问题描述:

同案例 5-16。

问题促发因素:

受到法律制裁。

问题维持机制:

受到法律制裁→激活"我没有用""他人是严苛的""世界是威胁的""未来没有改变的可能"等图式→退缩行为和负面情绪→抑郁症状

建立问题维持机制的过程:首先,基于贝克的认知理论和相关文献对抑郁和焦虑机制建构图式假设;其次,从A先生的问题清单中可以归纳出其对自我、他人、世界及未来的看法;再次,采用思维记录表分析A先生遇到的多个问题情景,识别其自动思维、行为和情绪,从其自动思维出发建构其病理图式;最后,通过了解A先生的成长经历,收集到相关信息,检验建构的问题维持机制。A先生排行老大,自幼家境困难,父母忙于活计,需要A

先生照顾弟弟妹妹。A 先生从小懂事，但当其在生活中没有完成父母安排的任务或学业表现不佳时，父亲忧郁而沉默，母亲会责怪说"你有什么用啊……"。

（二）基于操作性条件反射探索机制

操作性条件反射认为行为受到行为结果的控制。部分结果将增加既有行为的频率，或者强化该行为；部分结果将减少既有行为的频率，或惩罚该行为。正强化和负强化旨在增加行为频率；惩罚和消退旨在降低行为频率。个体问题行为和先前的学习经验有关，具有潜在的功能。常见的功能包括获得关注、认可和帮助；逃避负性情绪或躯体体验；逃避压力情境等。案主问题的维持机制可能是问题行为的结果强化了问题行为的发生；可能是问题行为的结果使得适应行为的强化缺失，从而维持了问题行为。基于操作性条件反射探索，问题维持机制需要在资料收集过程中识别案主的问题行为、行为的结果、强化或惩罚过程等。

案例 5-18

个案简介

A 先生，男，35 岁，大学专科学历，已婚，育有一子，因公司业务中违法操作被判假冒注册商标罪，判刑三年，缓刑三年。（同案例 5-16）

问题描述：

同案例 5-16。

问题促发因素：

受到法律制裁。

问题维持机制：

受到法律制裁→负面情绪→退缩行为→正强化缺失（工作和家庭生活中快感缺失）→抑郁症状

建立问题维持机制的过程：首先，基于操作性条件反射理论和相关文献对抑郁和焦虑机制建构基本假设；其次，从 A 先生的问题清单中可以看到其存在回避行为，如回避社交等，并对回避行为的结果进行分析；再次，通过布置家庭作业让 A 先生记录事件日志，了解其多个行为的结果，形成机制初步假设；最后，通过和 A 先生一起列出症状发展事件表，探索问题形成过程并检验和修改机制假设。

（三）基于条件反射理论探索机制

条件反射理论认为行为受到行为前因的控制。当中性刺激和能形成反射性反应的无条件刺激进行反复配对时，中性刺激能引起类似的反射性反应。相对条件刺激和无条件刺激配对频率低，条件刺激和无条件刺激配对频率高的情况更容易引起条件反射。当一种习得性反应从学习到的情境迁移到其他情境中时，刺激就泛化了。案主问题的维持机制为问题行为的前因是条件化的中性刺激或泛化的中性刺激，促发了案主早期形成的引发问题行为的条件反射过程。基于条件反射探索问题维持机制需要在资料收集过程中识别案主的问题行为、行为的前因、条件化过程等。

案例 5-19

个案简介

A 先生，男，35 岁，大学专科学历，已婚，育有一子，因公司业务中违法操作被判假冒注册商标罪，判刑三年，缓刑三年。（同案例 5-16）

问题描述:

同案例 5-16。

问题促发因素:

受到法律制裁。

问题维持机制:

受到法律制裁（条件刺激）→自责与回避（条件反射）→担忧自己的行为被惩罚（刺激泛化）→进一步的自责与回避（条件反射）→抑郁症状

建立问题维持机制的过程：首先，基于条件反射理论和相关文献对A先生的抑郁和焦虑建构基本假设；其次，对A先生的问题清单进行分析，重点分析各问题行为的前因；再次，通过布置家庭作业让A先生记录事件日志，并重建情境了解其多个行为的前因，形成机制初步假设；最后，追溯A先生的成长经历，探索早期条件反射过程，检验和修改问题维持机制。如前所述，A先生从小懂事，但当其在生活中没有完成父母安排的任务或学业表现不佳时（条件刺激），父亲沉默，母亲抱怨（非条件刺激），A先生对父母的反应呈现自责和回避（非条件反射）。多次反复后，A先生在自己表现不够好时（条件刺激），出现自责和回避（条件反射）。

（四）基于观察学习理论探索机制

观察学习即替代性学习，指个体通过对学习对象的行为及行为的后果进行观察，经大脑对信息加工、辨析和内化，并将习得行为反映在自己的行为和观念中的一种学习方法。观察学习包括直接观察学习、抽象性观察学习和创造性观察学习。直接观察学习是对示范行为的简单模仿；抽象性观察学习是在观察他人行为中学习行为的规则；创造性观察学习是将多个榜样的行为特点组合成新的行为方式。案主问题的维持机制可能是诱因，它驱动案主复现早年学习到的示范行为或加工后的示范行为。基于观察学习理论探索问题维持机制需要在资料收集过程中识别案主的问题行为、诱因的影响、强化的过程、早年的学习等。

案例 5-20

个案简介

A先生，男，35岁，大学专科学历，已婚，育有一子，因公司业务中违法操作被判假冒注册商标罪判刑三年缓刑三年。（同案例 5-16）

问题描述:

同案例 5-16。

问题促发因素:

受到法律制裁。

问题维持机制:

受到法律制裁→自责与回避（启动自我惩罚的行为模式）→认为自己的反应是应该的（自我强化）→进一步自责与回避（维持自我惩罚的行为模式）→抑郁症状

建立问题维持机制的过程：首先，基于观察学习理论对A先生的抑郁和焦虑建构基本假设；其次，对A先生的问题清单进行分析，分析问题行为的模式；再次，和A先生讨论选择行为模式的动机，探索强化行为的方式，形成机制初步假设；最后，追溯A先生的成长经历，探索早期观察学习过程，对问题维持机制进行检验和修改。A先生描述母亲（榜样）是要强而能干的，平时对自己和家人的要求很高（母亲追求完美的行为模式）。邻居和亲人都常夸奖 A 先生母亲的能干（奖赏）。但是其母亲在没有达到自己的要求时常常自责，不时以泪洗面（母亲自我惩罚的行为模式）。A 先生关切母亲，经常默默陪伴母亲（观察学习）。A 先生目前的问题不仅源于对母亲自我惩罚行为的观察学习，也源于对母亲追求完美行为的观察学习。A 先生对自责和回避行为的自我强化对问题的维持有着重要的作用。

（五）基于趋向与回避模型探索机制

趋向与回避模型是基于情绪的维度观点的理论。个体在进化过程中形成了情绪及与之对应的行为倾向；而情绪分为不同维度。趋向与回避模型认为个体常被未分化的消极情感困扰。该模型认为情绪是行为抑制系统、行为激活系统和作战或逃跑系统作用的结果。行为抑制系统是对惩罚信号和非奖赏刺激的注意，抑制即将进行的行为；行为激活系统是对奖赏信号和非惩罚性信息的注意，促进趋向行为；战斗或逃跑系统是对非条件的疼痛或挫折性非奖赏刺激的注意，促进防御性行为。某个或多个情感–动机系统的失调是案主问题维持的机制。基于趋向与回避理论探索问题维持机制需要在资料收集过程中识别案主的问题行为、情感–动机系统状态、激活系统或抑制系统过程等。下面采用社矫案例呈现。

案例 5 – 21

个案简介

A 先生，男，35 岁，大学专科学历，已婚，育有一子，因公司业务中违法操作被判假冒注册商标罪，判刑三年，缓刑三年。（同案例 5 – 16）

问题描述：

同案例 5 – 16。

问题促发因素：

受到法律制裁

问题维持机制：

受到法律制裁（惩罚信息）—驱动对惩罚信息的注意—抑制适应行为—激活回避行为—产生抑郁焦虑症状

建立问题维持机制的过程：首先，熟悉趋向与回避模型，了解趋向与回避系统模型的基本假设。比如焦虑和抑郁与行为抑制系统的过度激活有关，暴食和酗酒与行为激活系统有关，恐惧和惊恐反应和战斗或逃跑系统有关；其次，分析 A 先生的问题清单，总结 A 先生的主要情绪和行为问题，结合理论初步界定其问题维持机制；最后，结合具体情境和 A 先生探索情绪和行为反应中的注意倾向、反应过程等进行验证。

四、探索问题的机制起源

认知行为治疗个案概念化还需探索案主问题机制的起源，建构案主如何形成其问题维持机制的假设。探索机制的起源有利于形成或检验机制的假设，制订矫治计划和策略。机制的起源通常发生在较远的时间，比如案主的未成年阶段，所以需要收集案主的早期成长经历。案主形成特定的机制常和生活事件、家庭环境、生物学因素、同伴关系、文化因素等有关。探索机制起源的内容和选定的认知行为具体理论有关。如选用贝克认知理论，探索机制起源时需要更多关注案主如何形成病理图式；选用操作性条件反射理论，探索机制起源时需要更多关注案主条件化的过程。将探索的问题机制起源从内容上进行单列呈现，因在探索问题的维持机制中已涵盖了本部分内容，故不再进行具体阐述和示例。

五、建构联系

认知行为治疗个案概念化需要在社区矫正对象问题、问题的促发因素、问题的维持机制、机制的起源之间以具体的理论为基线建构各要素之间的联系。在探索问题的维持机制部分已根据具体理论进行分述,下文从整合概念化要素和建构联系的形式两方面进行阐述。

(一)整合概念化要素

认知行为治疗个案概念化的要素包括问题清单、问题促发因素、问题维持机制、问题机制起源。个案概念化过程需要注意各要素的有机整合和逻辑关联。比如 A 先生的案例中"我没有用"的自我图式和其机制起源中其母亲表达的失望和抱怨保持了良好的一致性。如果 A 先生的机制起源假设为父母的恰当回应和充分鼓励,那么和其"我没有用"的自我图式就缺乏严谨的逻辑关联。同时,个案概念化过程需要注意问题维持机制是否能解释多个问题的形成。案主的问题通常是相互关联的,有效的个案概念化能解释多个问题的维持原因。当然案主的问题也可能需要多个机制进行解释。为保障个案概念化对干预工作的有效指导,概念化的过程并不追求对所有问题维持机制的建构,仅针对主要问题进行问题维持机制的建构。

(二)建构联系的形式

认知行为治疗个案概念化对各要素间建构联系的常用形式为文字描述,同时也可采用图示方式。文字描述和图示的个案概念化均需要将各要素有机地联系起来,呈现社工对案主问题的深入理解。下面以本节中 A 先生的案例呈现两种个案概念化的形式。

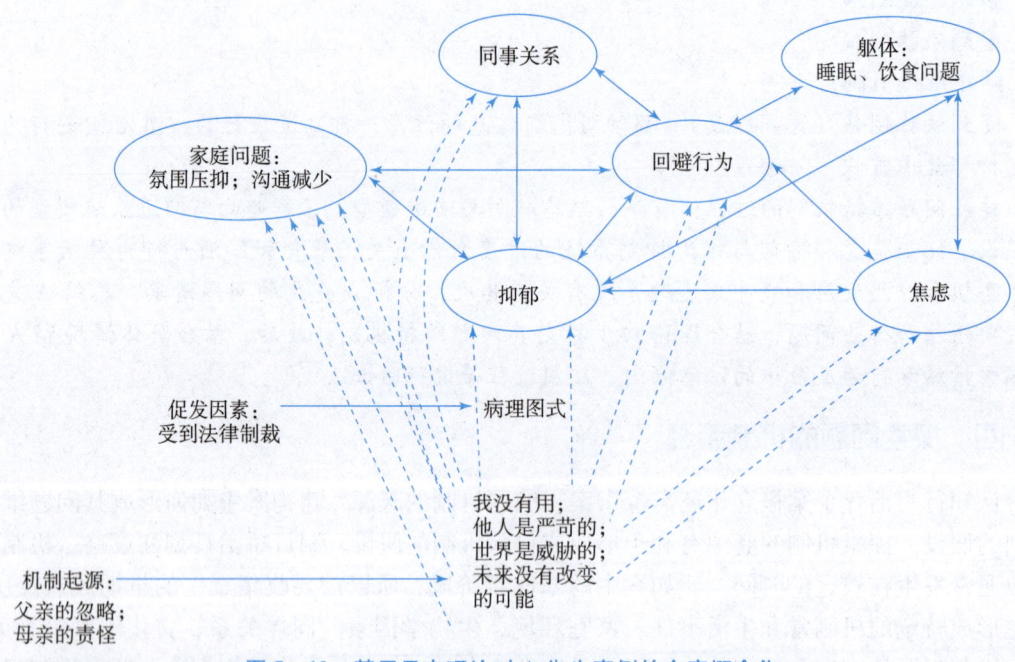

图 5-10 基于贝克理论对 A 先生案例的个案概念化

A 先生在童年期和青少年期受到父亲的忽略和母亲的责怪(起源)。A 先生形成关于自我、他人、世界和未来的病理图式:"我没有用""他人是严苛的""世界是威胁的""未来没有改变的可能"（机制）。近期，A 先生触犯法律受到制裁的事件激活了以上病理图式（促发因素）。所以，A 先生的负面自动思维开始出现，如"我做什么都没有意义""我无法胜任工作""没有人会喜欢我、认可我""我很担心未来"（机制），表现出抑郁和焦虑状态（问题），影响睡眠和饮食（问题）。A 先生采用了回避的方式来应对（机制），比如减少工作中的交流和必要的应酬，减少对生活的投入，减少和家人的交流，减少日常锻炼等。这导致同事对他的不理解和疏远，工作业绩的下降，家人对他的在意和不安（问题）。这样的状况使 A 先生更加自责，产生低自我价值感，感受到衰弱和压抑，丧失对生活和工作的热情（问题）。同时也使 A 先生在社区矫正工作中存在对社区矫正对象角色的抗拒（问题）。

第四节 人本主义疗法个案概念化技术

人本主义疗法兴起于 20 世纪五六十年代，该疗法从个体的整体人格解释其行为，把自我实现看作先天倾向，强调人的主观经验的独特性，关注人的潜能和自由。以来访者为中心疗法是人本主义疗法中最具代表性的分支。人格中心疗法、存在主义疗法、个人建构疗法、聚焦取向心理疗法等分支相继得以发展。人本主义疗法坚持以人为本，强调人性、动机、潜能、经验、价值、意向性、自主性、创造性、自我选择、自我实现和健康人格等。本节选用了人本主义疗法中最具代表性的来访者中心疗法展现个案概念化技术。以来访者为中心疗法认为当自我概念与有机体经验不一致时，案主表现出心理困扰和行为问题及社会适应困难。

人本主义疗法个案概念化是基于人本主义心理学对个案问题的假设以及问题成因的假设，是后续咨询的基础。人本主义个案概念化重视自我潜能、自我发展、自我实现和自我理解等；重视自我概念和有机体经验的不一致、价值条件和有机体评价过程的不一致等。人本主义疗法个案概念化在社区矫正个案矫正的运用是通过概述社区矫正对象的问题、识别社区矫正对象的状态、探索社区矫正对象不一致之处，基于人本主义理论建立社区矫正对象的心理和行为方式的假设。人本主义疗法个案概念化指导了进一步的收集资料和干预过程，同时也在干预过程中不断获得修正和完善。在社工促进案主自我发现和自我发展的过程中，案主形成对自我的发现和理解，同时社工也不断更新对案主的理解。

人本主义个案概念化有利于社工对案主的理解，包括明晰案主的自我概念和世界观、案主自我概念、行为以及经历之间的不一致性；对经历的处理、加工能力；学习方式以及从经验中吸取教训的能力；案主的目标和实现目标的努力；个人意义感和完整感等。

一、概述社区矫正对象的问题

人本主义疗法个案概念化中的问题概述采用简明扼要的语言对案主的心理和行为问题进行概括表达。人本主义疗法关注案主当下的观点、行为和状态，在概述问题时不采用人本主义的术语进行描述，更强调通过倾听和理解促动案主自己界定当下的问题和渴望探索的主题。

案例 5-22

个案简介

F 女士，女，22 岁，大学本科肄业，未婚，家中独女，有吸毒史，因贩毒判刑三年，近期符合条件假释。F 女士家庭经济条件良好，父母担心其复吸和再次违法，其目前闲居在家。入矫以来F女士能遵守规定、履行义务和服从管理。F女士觉得自己"把一切都搞砸了",愧对家人,不愿意出门,更不愿意见以前的同学朋友。F女士每天在家中看小说、看视频等,练习瑜伽,能料理大部分家务。其严格控制饮食,体重低于正常人标准体重,偶有正常饮食会严厉责怪自己。社工介入观察到F女士紧张不安、常抠手,问及入矫原因及生活状况易落泪。F女士谈到以前很想成为一名老师,现在"都不可能了",也不知道"以后该怎么办"。

问题概述:

F女士有着焦虑和抑郁的情绪、回避社交等行为,但其更关注的问题是未来职业定位和发展。

二、识别社区矫正对象的状态

(一)识别社区矫正对象的自我概念

自我概念是个体对自己及自己与相关环境的关系的了解和看法。自我概念包括个体对自己身体、社交、性、情感、理智、兴趣、价值观和人生观等方面的体验与评价。罗杰斯认为:自我概念的结构包括个体对自己的觉知及与之相关的评价,个体对自己与他人关系的知觉与评价,个体对环境各方面的知觉及自己与环境关系的评价。自我概念具有自我引导作用,通过保持自我看法的一致性引导一致行为;具有自我解释作用,影响个体经验对其的意义;具有自我期望作用,决定个体的期望并具有预言的自我实现作用;具有自我成败归因作用,指导个体对自己行为的后果进行归因解释。

社区矫正对象不当的自我概念不仅影响其自我的实现,而且影响其心理行为状态和社会适应。社区矫正对象的功能缺损表现在其与社会的联结和与自身的联结受损。识别案主对自己身份的界定、对自己能力的认识和对自己的理想或要求,是恢复社区矫正对象的自我联结和社会联结的重要基础。

案例 5-23

个案简介

F女士,女,22岁,大学本科肄业,未婚,家中独女,有吸毒史。因贩毒判刑三年,近期符合条件假释。(同案例 5-22)

问题概述:

同案例 5-22。

识别案主状态

F女士对自我的觉知与评价:F女士对自我的定义是负面的,并且是基于父母的视角进行定义。其觉得自己"不是个乖女儿",上大学前"懂事乖巧"。F女士的自我同一性混乱,低自我评价、难以承担自我的责任。F女士认为自己一无是处,很难定义"我是谁",也难以明确"我想成为什么样的人"。F女士曾期待成为一名教师,但F女士对身体的自我认识是扭曲的,同时有对身体的伤害行为。F女士觉得自己不够苗条,即使家人告知其已经很瘦了也不愿相信。

F女士对其与他人关系的觉知与评价:F女士对自己和父母的关系的认识是不全面的。F女士觉得父母对自己很好,难以觉察亲子关系中的宠溺和纠缠。F女士曾打算找一份工作,因父母担心其复吸和违法始终闲居在家。这样的状态也影响了F女士的自我价值感。F

女士评价自己和同学朋友关系是脆弱的,这很可能是片面的观点。

F女士对其与环境关系的觉知与评价:F女士对环境中容易感受到危险。这很可能是其回避行为的原因。

(二)识别社区矫正对象的理想自我

理想自我是个体对未来自我的期望,是个体向往的自我形象。理想自我可能来自个体内在的愿望,可能来自他人的期待。理想自我通常是现实自我的动力和目标。当理想自我来自内在的愿望符合机体评价,个体倾向于以问题为中心,为自我理想而努力,承担相应的职责、义务或责任。当理想自我来自他人期待符合的价值条件,个体倾向于以自我为中心,容易沉浸于幻想,关注自身的情绪和局限,难以为自我理想付诸行动。

社区矫正对象常见的不良心理表现为身份转化的适应不良综合征、自卑自弃心理、焦虑恐慌心理、抑郁悲观心理、冷漠消极心理、抵抗报复心理等。人本主义心理学认为,社区矫正对象的不良心理和其对现实自我的不满、对理想自我的失望密切相关。社区矫正对象形成源于个体评价的、适宜的自我理想,有利于其超越以自我为中心,形成以问题为中心,有利于其悦纳自己、他人和世界。识别案主的理想自我,需要根据收集资料和案主进行探讨,识别案主理想自我的内容、来源和适宜性。

案例 5-24

个案简介

F女士,女,22岁,大学本科肄业,未婚,家中独女,有吸毒史,因贩毒判刑三年,近期符合条件假释。(同案例5-22)

问题概述:

同案例5-22。

识别案主状态

1. 自我概念

同案例5-23。

2. 理想自我

F女士的理想自我从身体形象上看是"骨感"美女,从职业期待上看是"有编制的"幼儿园老师,从家庭关系上看是孝顺和有担当的。F女士的理想自我部分是来自个体内在的愿望,更多是来自父母和特定文化的期待。其理想自我不具备良好的适宜性。

(三)识别社区矫正对象的价值条件

价值条件指体现一定价值观的条件。罗杰斯认为每个人都存在着两种价值评价过程:一是人先天具有的有机体的评价过程;二是价值的条件化过程。价值条件化建立在他人评价的基础上,个体的价值感和自尊的获得建立在他人的认可和避免否定的基础上。个体不断体验到价值条件,会将他人的价值观念内化为自我结构的一部分。当个体内化的他人价值观念与内心真实意愿相矛盾时,个体不惜违背内心的真实意愿、限制自身的行为以获得他人好评,导致自我概念扭曲,从而产生心理和行为问题。

社区矫正对象面临着再社会化的过程,需要学习新的角色、形成新的价值观和行为方式。识别案主的价值条件化有利于恢复自我联结和社会联结,形成新的社会适应方式。识别案主的价值条件化需要关注案主的重要他人、他人的要求或评价的倾向性、案主对他人评价的内化等。下面采用社矫案例呈现社区矫正对象价值条件的识别。

案例 5-25

个案简介

F女士，女，22岁，大学本科肄业，未婚，家中独女，有吸毒史，因贩毒判刑三年，近期符合条件假释。（同案例 5-22）

问题概述：

同案例 5-22。

识别案主状态

1. 自我概念

同案例 5-23。

2. 理想自我

同案例 5-24。

3. 价值条件

F女士在未来发展上可能存在价值条件化过程。经历变故后，F女士父母颇为担心其复吸和再次违法。F女士入矫后打算找份工作，父母建议其在家休养，F女士为避免父母的担心赋闲在家，但感觉会很无聊，"每天混吃等死"。对F女士而言，相对自我的感受和未来的发展，获得父母的赞许是更为重要的。F女士在和他人及环境相处中可能存在价值条件化过程。因受到法律制裁加上没有工作，F女士自我评价低，并且由于担心他人的否定极少外出、回避社交。F女士在体重管理上可能存在价值条件化过程。F女士知道自己体重偏瘦，但始终不满意。其控制体重追求骨感，一方面为了"拍照可以很好看"，另一方面为了感受到控制感。

（四）识别社区矫正对象的评价中心

评价中心指个体的价值来源。个体的价值来源可能是以自我经验作为评价的中心，也可能是通过别人的评价来证明。人本主义疗法把来自内部机能的评价中心看作是个体自主、自我管理和心理健康的标志。当个体以外的评价作为中心时，时常需要协调内在感受和外在评价的不一致，处理内在的冲突。通常个体会遵从外在评价标准，忽略或歪曲自我经验；当个体偶尔遵从内部机能时，又容易受到歪曲的自我经验的影响。

社区矫正对象存在自我管理的缺陷。从人本主义理论看来，社区矫正对象存在大量扭曲的自我概念、歪曲的自我经验，以外部评价作为中心，常处于内心的冲突、行为的失控中。识别社区矫正对象的评价中心和识别社区矫正对象的价值条件过程紧密相连。明确案主的评价中心对深入理解案主、促进案主对自身的理解、指导咨询工作的开展具有重要意义。以案例 5-25 的 F 女士为例，其评价中心为外在评价。

（五）探索社区矫正对象的能力

潜能指个人未来可能发展的潜在能力，具有类似本能的性质。潜能不仅仅是"将要是"或"可能是"，而且它们现在就存在着。人本主义心理学重视个体的潜能，认为潜能发展的动力是自我实现的需要；人类天生就具有趋向完美、谋求自身充分发展的基本动机，只要有适当的机会和环境，个体就将致力于自我发展，使其身心各方面潜能得以实现。潜能可以促进个体对自己的理解，改变自我概念，指导自身行为，增强社会适应。个体实现自己的潜能时，成为功能完善者，能认可自己与他人、具有良好的人际关系和深切的社会情感等。

社区矫正对象大多存在着社会功能的受损。其对现实的知觉往往掺杂自己的主观愿望和成见，难以准确知觉现实世界；难以接受世界、自我和他人的不足与缺陷，表现出消极态度和防御行为。探索社区矫正对象的能力有利于促进其自我发展、完善社会功能。探索社区矫正对象的能力需要在收集的资料中剖析案主现有的能力和潜在的能力。

案例 5-26

个案简介

F 女士，女，22 岁，大学本科肄业，未婚，家中独女，有吸毒史，因贩毒判刑三年，近期符合条件假释。（同案例 5-22）

问题概述：

同案例 5-22。

识别案主状态

1. 自我概念

同案例 5-23。

2. 理想自我

同案例 5-24。

3. 价值条件

同案例 5-25。

4. 评价中心

F 女士的评价中心为外在评价。

5. 探索能力

F 女士现有的能力体现在：一是其具有较好的学习能力。F 女士自幼展现出较强的学习能力，顺利考取大学，在生活中也展现出较强的学习能力，对小说和视频有深入思考的能力，对日常家务均能胜任。二是其具有良好的表达能力。社工介入后，发现 F 女士语言表达逻辑清晰、用词准确、情感自然。三是其具有一定的自控能力。F 女士过去面对毒品的诱惑难以控制自身的冲动，但在戒毒、锻炼身体和节制饮食上展现出一定的自控能力。四是其具有一定的反思能力。

F 女士潜在的能力体现在：首先，其学习能力、表达能力、自控能力和反思能力均有发展的空间。如 F 女士在触犯法律接受刑罚的过程中，其吸取教训的能力还需要进一步提升。其次，F 女士有自己的兴趣和梦想，可发展相应的能力。F 女士喜欢阅读、做手工和练习瑜伽，希望成为一名教师。在相关能力上，F 女士尚有很大的发展空间。最后，F 女士自主能力亟待提升。F 女士自我发展和内在成长的动机需要更多地由内在，而不是由他人的认可来决定。

三、探索社区矫正对象的不一致

人本主义疗法个案概念化中探索社区矫正对象不同维度的不一致有利于理解案主困境的作用机制。人本主义理论认为个体出现心理行为问题和社会适应不良、个体自我概念和有机体经验的不一致等直接相关。社区矫正工作的根本目的是帮助社区矫正对象改变不良心理和行为恶习，促使其顺利回归社会。从人本主义视角探索社区矫正对象问题的机制，常从其现实自我和理想自我的不一致、有机体评价过程和价值条件的不一致、自我概念和有机体经验的不一致进行分析。

(一) 探索现实自我和理想自我的不一致

现实自我指当前表现出来的显在自我。理想自我是个体向往的自我形象。个体现实自我和理想自我之间往往存在一定的差距。当这种差距是适宜的、方向一致时，理想自我是个体自我发展的动力。当个体的现实和理想之间展现出极大差距时，说明现实自我与理想自我是矛盾的、分裂的、方向不一致的。个体现实自我和理想自我的不一致表明个体有着较低的自尊感和价值感，也是个体适应不良的表现。

社区矫正对象面临角色转换、重建自我、适应社会的任务，其理想自我或多或少会和现实自我之间存在不一致。社区矫正对象常见的低自尊、无价值感、焦虑抑郁、冷漠对抗等心理都与其现实自我和理想自我的不一致有关。探索案主现实自我和理想自我的状态有利于促进案主发展自我、重建自我、适应社会。

(二) 探索有机体评价过程和价值条件的不一致

人本主义疗法认为价值条件是个体所有心理行为困扰和适应不良的中心。当个体在成长中得到接纳和鼓励、关爱和支持，有能力根据自身感受和愿望做决定，有机体评价过程就会发挥作用，促进个体的自我发展和自我实现。在个体得到必要的强化保证实现倾向的发展的基础上，个体被禁止某些行为并接受社会调节时，价值条件也不会形成。但是当个体遭受太多惩罚性的价值条件，会形成对关注和认可的强烈需求。这种迫切的需求和个体的有机体评价过程之间形成的冲突，往往会导致个体内心的混乱，使其无法做出恰当的行为，导致社会适应的不良。

社区矫正对象的社会适应不良与有机体评价过程和价值条件的不一致密不可分。社区矫正对象常对有机体评价过程丧失信任，常否认和歪曲自身的感受，从而形成扭曲的自我概念。这样的自我概念反过来又压制了社区矫正对象自身的感受，使其难以信任有机体的评价。探索案主有机体评价过程和价值条件的不一致有益于深入理解案主的困境、指导矫正工作的开展。

> **小贴士**
>
> 党的二十大报告指出：中国式现代化是物质文明和精神文明相协调的现代化。社区矫正个案矫正工作必须建基于一定的物质环境，以社会主义先进文化、理想信念教育、中华优秀传统文化、社会主义核心价值观教育矫正对象，促进矫正对象的全面改造，最终实现人的全面发展。

(三) 探索自我概念和有机体经验的不一致

自我概念与有机体经验相一致指自我价值观与有机体经验的统一，是增进心理健康、提升社会适应的关键。个体的自我概念和有机体经验相一致、相协调时，个体具有良好的适应能力，能不断同化经验、组织生活、高效工作，从而形成健康心理和健全人格。和精神分析理论不同，人本主义疗法认为有机体并不总是趋乐避苦的，有机体还会维持以价值观为核心的自我结构。当自我概念和有机体经验不一致、不协调时，个体会否认或曲解有机体经验。这样的不一致会引起个体的防御加强，引发人际关系问题等。

社区矫正对象通常在价值取向、行为模式和心理倾向上存在问题。社区矫正对象往往存在扭曲的自我概念，难以和有机体经验相协调，更易形成内心冲突和不适行为。探索社区矫正对象自我概念和有机体经验的不一致，可以为社矫工作的开展奠定良好基础。下面将采用社矫案例呈现社区矫正对象多种不一致的探索。

案例5-27

个案简介

F女士，女，22岁，大学本科肄业，未婚，家中独女，有吸毒史，因贩毒判刑三年，近期符合条件假释。（同案例5-22）

问题概述：

同案例5-22。

识别案主状态

1. 自我概念

同案例5-23。

2. 理想自我

同案例5-24。

3. 价值条件

同案例5-25。

4. 评价中心

同案例5-26。

5. 探索能力

同案例5-26。

探索案主的不一致

1. 现实自我和理想自我的不一致

F女士的现实自我和理想自我在身体形象、职业发展和家庭关系上都有不一致之处。尤其在F女士所关切的未来发展上，其理想自我是有编制的幼儿园老师，这和其目前的社区矫正对象身份之间是矛盾的。

2. 有机体评价过程和价值条件的不一致

在未来发展上，F女士期望找一份工作，重新适应社会，发展自我能力，寻找价值感。但其渴望父母的认可，心怀对父母的歉意——"在家也算是对父母的补偿"，放弃了外出工作。在日常生活中，F女士喜欢做手工、练习瑜伽，喜欢与人交流。但考虑到自己社区矫正对象身份和没有工作的现状，F女士在意他人的认可，害怕他人的否定，从而回避外出、回避与朋友同学接触。在身材管理上，F女士更重视他人的认可，赞同特定文化的"骨感美"，严苛地管理身材。但其有机体的需求往往得不到满足。

3. 自我概念和有机体经验的不一致

正如识别F女士状态中对其自我概念的分析所述，F女士对自我的觉知是扭曲的；F女士对其与他人关系的觉知是片面的；F女士对其与环境关系的觉知是不当的；且对自我的评价、与他人和与环境的关系的评价是负面的。F女士的自我概念和有机体经验是不一致的。

四、建构联系

人本主义疗法个案概念化可基于自我实现理论、人格自我理论、存在人格理论、存在分析理论等具体理论，对案主的问题、状态和问题原因之间建构有机联系。通过建构各个要素之间的联系，形成发展性的可调整的叙事，从而形成案主困境的基本假设。不同的具体理论为个案概念化提供不同的组织思路。本节仅基于罗杰斯的人格自我理论对案主的问题、状态和不一致之处进行整合性阐述。

罗杰斯认为：自我是人格形成、发展和改变的基础；人格的发展以自我为中心；以自我实现倾向为动力；以充分发挥机能为目的。社区矫正对象通常有价值取向问题、心理行为问题、人格问题和社会适应问题。基于对案主的问题、状态和不一致之处的假设，采用人格自我理论将以上要素进行联系，能对案主形成逻辑清晰的理解。这样的理解即假设可以初步解释案主的问题如何形成以及如何关联。

案例 5-28

个案简介

F女士，女，22岁，大学本科肄业，未婚，家中独女，有吸毒史，因贩毒判刑三年，近期符合条件假释。（同案例5-22）

问题概述：

同案例5-22。

识别案主状态

1. 自我概念

同案例5-23。

2. 理想自我

同案例5-24。

3. 价值条件

同案例5-25。

4. 评价中心

同案例5-26。

5. 探索能力

同案例5-26。

探索案主的不一致

同案例5-27。

建构联系

F女士家境优越、父母宠溺，其从小形成对父母关注和认可的强烈需求（价值条件）。在其成长过程中，F女士对自由的渴望、能力的培养、自我的认可等需求未得到有效满足（被忽略的自我经验）。F女士形成不当的、负向的自我概念，尤为在意与他人和世界的关系（扭曲的自我概念）。F女士有着较为良好的学习能力、表达能力、自控能力和反思能力，但忽略了对自己能力的认可、对兴趣和梦想的认可与努力（潜能）。F女士的吸毒贩毒行为可能暗藏着对自由的追求、能力的建构（"我能行"）、自我价值的追寻，也呈现了其扭曲的自我概念、以外部评价为中心的内心冲突（不一致之处）。F女士期待自己身材骨感、"孝顺"父母、"听话懂事"、成为一名有编制的幼儿园老师（理想自我）。其对自我的期待既反映出对他人、对特定文化的强烈关注（价值条件），又呈现出和现实状态的方向不一致以及对自我经验的忽视（不一致之处）。F女士父母对其担心，F女士重视父母的需要和渴望父母的认可（价值条件），使其放弃了外出工作而选择赋闲在家。这样的现状以及 F 女士对他人（如同学朋友）认可的需求，使得 F 女士产生低价值感、焦虑抑郁情绪以及回避行为（问题）；使得其对未来职业定位和发展心生迷惘（问题）。

第五节 家庭治疗个案概念化技术

家庭治疗兴起于 20 世纪 50 年代，是一种对人类行为全新的思考方式，是一种资源取向、注重关系、体现系统思维的心理治疗流派。家庭治疗常以家庭为单位进行干预，也常见以个体或比家庭更大的系统为单位进行干预。家庭治疗经历蓬勃发展，发展出了代际家庭治疗、策略家庭治疗、系统家庭治疗、结构家庭治疗、经验性家庭治疗、精神分析取向家庭治疗、认知行为家庭治疗等经典流派。同时，焦点解决治疗、叙事疗法等成为家庭治疗的最新方法。家庭治疗的基本理念认为个体心理及行为问题的形成或维持源于家庭或更大的系统的模式和关系等，改变家庭成员之间或更大的系统的成员之间的模式和关系等能有效改变个体的问题及症状。

家庭治疗个案概念化是基于家庭治疗理论对个案的问题的假设，包括描述、解释和干预设想。家庭治疗个案概念化注重家庭的代际传递、沟通模式、互动模式、组织结构、情绪表达等。不同流派的理论支撑下的家庭治疗个案概念化侧重点有所不同。本节以系统家庭治疗理论介绍家庭治疗个案概念化。家庭治疗个案概念化在社区矫正个案矫正的运用通过对个案的诊断概念化、临床概念化、文化概念化和治疗概念化建构对社区矫正对象问题的理解。家庭治疗个案概念化不仅从关系视角描述了社区矫正对象的问题还呈现了对问题原因的假设和矫正的设想。家庭治疗个案概念化、收集资料过程、干预过程是不断迭代、不断更新的过程。

家庭治疗个案概念化基于"人在情境中"的理念呈现了对案主及其所在系统的深入理解，有利于指导信息的进一步收集，有利于深入呈现案主与所在系统的互动和关系，有利于明确矫正目标、制定矫正策略、确定干预策略等。

一、对个案的诊断概念化

从整体上看，社区矫正对象社会地位较低、受教育程度较低、社会化程度不高，常存在着被歧视、被抛弃等心理，有着更多的负性体验和负面认知。社区矫正对象呈现出较低的心理健康水平，其心理危机发生的概率也高于普通人群。对于社区矫正对象的心理行为问题和社会适应不良，不同的理论有着不同的解释。家庭治疗强调从系统角度理解个体的心理和行为；倾向于去诊断化、去标签化。

家庭治疗个案概念化中对案主的诊断概念化是从系统的视角描述案主及其家庭发生了什么。不同于其他理论流派的方式，家庭治疗的诊断概念化既包括了对案主的问题的描述，又包括了对其他家庭成员的行为的描述，还包括了对家庭成员间关系的潜在描述。家庭治疗的诊断概念化呈现家庭成员的基本信息、和案主问题相关的过去和现在的信息、访谈过程中家庭成员的言语和非言语信息、家庭成员间的行为序列等。在资料收集中，社工形成初步的诊断概念化。诊断概念化也可以视为是对资料/信息基于家庭治疗理论的组合或假设。

案例 5-29

个案简介

G先生,男,34岁,中专学历,离异4年,育有一女,由前妻抚养,为还赌债利用职务便利挪用资金,被判挪用资金罪,判刑三年,缓刑三年。G先生父亲事业有成,家底丰厚,但为G先生多次偿还赌债,损耗巨大。入矫以来G先生能服从管理,接受教育。但感觉前途无望,表现出精神颓废,没精打采。G先生父亲为其安排到某公司上班,但G先生经常请假,难以坚持。社工基于家庭治疗模式进行介入,发现G先生对自己有强烈的否定,对未来有绝望感,有自杀想法;对父亲有复杂的情绪,不断诉说父亲的行为对自己的伤害;G先生父亲对其表达出深深的失望;G先生母亲对其表现出更多的心疼;父母之间缺少言语交流。

对个案的诊断概念化:

G先生,34岁,排行老大,中专学历,离异4年,女儿由前妻抚养,因沉溺赌博和违法行为而有着强烈的自我否定和绝望感,伴随自杀想法。其父亲58岁,在农村出生,排行老大,初中学历,从打工到创业,目前经营企业效益良好,也是大家庭的顶梁柱;其母亲55岁,出生在贫苦农村,排行老大,小学肄业,家庭主妇,育有两子;弟弟小G先生4岁,本科学历,独立经营企业,成家生子发展良好(家庭基本信息)。G先生父亲在孩子幼时忙于创业,很少管教两个孩子,多是给孩子带礼物、给钱,偶尔带孩子出去玩;G先生从小和母亲关系密切,母亲生活里的委屈都会和G先生诉说;父亲认为其弟弟从小自律、聪明要强;G先生工作后难以融入集体,人际交往困难;婚后两地分居,妻女关系紧密,妻子对G先生抱怨多;其开始涉足赌博,逐步难以控制,欠下赌债后,其父亲一再出手帮助还款,反复规劝均无效果;妻子无法忍受,最终离婚;G先生最后一次欠下赌债,其父亲坚持不帮助其还款,G先生挪用资金后东窗事发(家庭过去的相关信息)。家庭进入个案矫正室,G先生父亲先进入,坐在靠窗位置;G先生接着进入,坐在父亲对面,靠门位置;G先生母亲最后进入,坐在先生和儿子中间,更靠近儿子。G先生父亲穿着得体,容貌显年轻;其母亲穿着朴素、行为拘谨,容貌显老,目光大多只关注儿子;G先生穿着得体,形容憔悴,垂头瘫坐(家庭成员非言语信息)。G先生父亲言语多,更多指责儿子"给家族抹黑"(家庭成员言语信息)。G先生言语较少,对违法行为更多自责,但谈及幼时父亲的忽略和否定情绪激动,讲父亲"根本就没有关心过"自己(家庭成员言语信息)。尤其谈到父亲婚外情感极为愤慨;G先生父亲立刻反驳,认为这是自己的事情,和他人无关,自己对家庭对孩子已经尽职尽责,并指责妻子过去"什么都和屁大点娃娃讲";母亲对此话题反应漠然(家庭成员行为序列)。但在G先生每次情绪激动时,其母亲重复表达"你慢点讲,慢点讲",不时俯身用手拍拍G先生的腿(家庭成员行为序列)。G先生父亲相信儿子能改变,"要经得起挫折"。G先生问社工"我这样的状况还有救吗"(家庭成员言语信息)。

二、对个案的临床概念化

家庭治疗个案概念化中临床概念化是基于诊断概念化,采用家庭治疗的理论对案主及其家庭的问题的形成和维持的解释/假设。临床概念化从个人、关系和系统层面回答了案主及家庭的问题为什么会发生。家庭治疗的基础理念认为个体的心理和行为问题的形成和维持与家庭及更大的系统有关。家庭治疗的理论基础包括客体关系理论、依恋理论、系统论、控制论、信息论、结构论、协同论、突变论、沟通理论、家庭生命周期理论等。家庭治疗的临床概念化注重从家庭生命周期、家庭代际传递、家庭关系与模式、家庭结构与规则、家庭沟通与家庭秘密、家庭资源等方面解释症状的发展与维持。家庭治疗不同的流派分支均以系统理论为基础，强调不同的概念化内容。下面从几个主要的理论视角描述如何对案主及其家庭的问题进行理解。

（一）基于家庭生命周期的理解

家庭生命周期指从家庭形成、经历扩充、完成扩充、开始收缩、收缩完成等阶段，直至消亡的动态发展过程。卡特尔和麦克戈德里克的家庭生命周期理论认为不同的家庭生命周期有着不同的关键原则和家庭任务。该理论认为家庭生命周期包括年轻成人离家的阶段、组成新家庭的阶段、家有婴幼儿的阶段、家有青少年的阶段、孩子离家的阶段、步入晚年的阶段。年轻成人离家的阶段，其关键原则是年轻人需要承担情感和经济自立的责任；家庭任务包括从原生家庭中分离出来，发展亲密的同伴关系，在工作和经济独立中建立自我。组成新家庭的阶段，其关键原则是家庭成员致力发展新的家庭系统；家庭任务包括建立婚姻系统，重新定位自身与大家庭、朋友的关系，并融入夫妻关系中。家有婴幼儿的阶段，其关键原则是接受新成员进入家庭系统；家庭任务包括调整婚姻系统给孩子空间，参加到照顾孩子、经济和家务等任务中，重新定位与大家庭的关系，并进入父母和祖父母的角色。家庭在生命周期的转化过程中面临更大的挑战，也更容易出现适应问题。

社区矫正对象最初的犯罪心理和行为可能和特定家庭生命周期家庭任务未完成有关。社区矫正对象接受刑罚和社区矫正均给家庭带来横向压力，影响了家庭在特定家庭生命周期中的发展；有监狱服刑经验的社区矫正对象给家庭带来的压力更大。从家庭生命周期对社区矫正对象进行临床概念化有利于理解案主为什么出现犯罪心理和行为，有利于理解案主在社区矫正中出现的心理和行为问题。

（二）基于系统理论的理解

贝塔朗菲将系统定义为相互联系、相互作用的诸元素的综合体。家庭可以视为家庭成员相互联系、相互作用的综合体，同时也是家族或社区等更大系统的子系统。家庭内部也可以分为不同的子系统，如夫妻子系统、亲子子系统和手足子系统等。系统及子系统之间依靠边界进行区分。家庭系统的边界通常由内隐或外显的规则所决定，这些规则规定了特定的活动哪些成员可以参与及以何种方式参与。比如父母入睡后，青少年是否可以进入、以何种方式进入都会展现不同的家庭规则和亲子子系统的界限。通常系统的边界可分为缠结的、清晰的和僵化的。系统具有多元性、相关性、整体性、层级性和功能性。家庭由具有多样性和差异性的家庭成员构成；家庭成员之间相互影响；家庭是所有家庭成员构成的复合统一的整体；家庭中不同的子系统具有不同的层级；家庭具有生物、经济、抚养、教育、情感支持等社会功能。

与社区矫正对象犯罪心理形成有关的家庭系统因素包括家庭功能的不足、家庭结构的残缺、家庭氛围的缺陷、家庭角色的错位、家庭关系的错乱、家庭界限的紊乱等。与社区矫正对象犯罪心理形成有关的其他系统因素包括同伴的引诱、人际的冲突、管理的混乱、文化的浸染等。从系统论的视角进行对社矫个案的临床概念化，既关注案主的家庭系统，也关注案主的同伴系统、学校/工作系统、社会系统等。从系统的边界、规则、层级、功能等视角分析，有利于对案主及其家庭进行深入理解。

（三）基于家庭关系的理解

家庭是社会的最小单元，是个体社会化的重要场所。家庭关系指的是家庭成员之间的人际关系，是联结家庭成员之间的情感纽带。从家庭理论看，常见的家庭关系可以分为缠结的、冲突的、亲密的、一般的、疏离的、阻断的关系，此外还有缠结又冲突的关系等。家庭关系是个体发展其他关系的基础。个体的适应不良主要展现为人际关系的适应不良。从家庭关系的视角可以更为深刻地理解个体的心理特点和人际关系。

社区矫正对象一定程度存在不当的行为方式、不良的认知倾向、歪曲的自我评价和不利的个性倾向等特点。而这些特点与家庭环境的影响，尤其是家庭关系的状态有着密切的联系。家庭具有情感支持的功能，家庭关系的质量对于社区矫正对象的再社会化举足轻重。

（四）基于家庭互动模式的理解

家庭互动模式指家庭成员互动中展现出的稳定的、有目的的、可变的、重复的行为方式。家庭互动模式既体现了家庭成员之间的关系，又体现了家庭的特定规则和功能状况。家庭治疗理论基于交互决定论来理解人类行为，即家庭治疗不仅关注个人行为的倾向性和特异性，更关注个体的行为是如何受到特定系统中他人的影响。家庭治疗理论常用循环因果来描述家庭互动模式。循环因果指家庭成员的行为或状态既是其他家庭成员的行为或状态的原因，又是其他家庭成员的行为或状态的结果。如母亲越保护孩子，孩子就越依赖母亲；孩子越依赖母亲，母亲就越保护孩子。

社区矫正对象在遵守社会的行为规范上存在一定的困难。个体社会化的核心是行为规范的社会化，包括政治规范、法律规范、道德规范和角色规范的社会化。而个体正是在家庭氛围和社会文化的熏陶下从自然人转变为社会人。从家庭治疗理论看，社区矫正对象过去的犯罪行为和目前的适应不良与家庭互动模式有着纷繁复杂的联系。

> **小贴士**
>
> 党的二十大报告指出：家庭家教家风教育是提高全社会文明程度的重要途径。社区矫正个案矫正中的家庭治疗个案概念化技术关注社区矫正对象的家庭症状及问题对矫正对象现状的影响。社区矫正工作者在建立关系、收集资料、个案概念化及综合矫治等全阶段都应当注重对社区矫正对象的家庭的了解。

（五）基于症状意义的理解

家庭治疗认为个体及家庭的症状或问题均是具有意义和功能的。这些症状或问题具有特定的作用和价值，曾经帮助个体及家庭获益又制约了个体及家庭的发展。家庭治疗更多是从关系的视角看待症状的意义。哈利认为症状是家庭成员适应于当前社会情境的策略。症状的实质是维持家庭系统的平衡状态，而这种平衡很可能是一种倾斜的平衡。个体及家庭形成特定的症状或问题不仅和家庭成员有关，而且和家庭规则、家庭关系、家庭互动模式等均有关联。

在家庭情境和社会情境中理解社区矫正对象的犯罪心理和目前困境的功能和意义，具有家庭治疗资源取向的代表性。基于家庭治疗理论，社工对案主问题的意义建构有利于深入理解案主的需求和家庭的互动，有利于形成干预策略和矫正方案。

（六）基于资源取向的理解

相较缺陷取向，资源取向更重视个体及其所在系统的内在力量和优势资源。家庭治疗关注个体及家庭的问题，更重视帮助家庭发掘、扩展和利用家庭的资源。家庭治疗重视症状背后的功能，认为个体的行为背后可能是问题，也可能是资源，重要的是如何进行转化。资源视角认为个体及家庭都有解决问题的力量和资源，都有应对困难和危机的弹性和抗逆力。而陷入困境的个体及家庭往往忽略了系统的资源，家庭治疗取向的社工致力于帮助案主及其家庭寻找和利用那些被忽略或未被发现的资源。

基于资源取向，社区矫正对象及其家庭不仅存在着问题、困难和痛苦，还拥有内在优势因素、外部支持因素和效能因素。从资源视角，社工更关注案主及其家庭的兴趣、能力、信念和爱意等，而不是其缺陷、症状和问题。基于资源取向有利于挖掘案主和家庭的内在力量和外在支持，有利于促进案主和家庭的改变。

案例 5-30

个案简介

G 先生，男，34 岁，中专学历，离异四年，育有一女，由前妻抚养，为还赌债利用职务便利挪用资金，被判挪用资金罪判刑三年缓刑三年。（同案例 5-29）

对个案的诊断概念化：

同案例 5-29。

对个案的临床概念化：

G 先生家庭面临 G 先生违法事实和刑罚处理的横向压力，问题表现为 G 先生情绪低落，伴随自杀意念。基于诊断概念化的描述，结合家庭治疗理论推测 G 先生家庭问题形成和维持的原因：首先，从家庭生命周期看，G 先生的核心家庭因其离婚打破了家庭生命周期的惯常发展过程。G 先生离婚后回到原生家庭和父母共同居住，其核心家庭在家有婴幼儿阶段遇到了困难；结合 G 先生工作的人际适应不良、童年和母亲的关系、矫正工作中和母亲的互动，推测 G 先生在年轻成人离家的阶段遇到困难，其家庭未能支持 G 先生从原生家庭中分离出来、发展亲密的同伴关系、在工作和经济独立中建立自我。其次，从系统理论看，G 先生的家庭在孩子教育、夫妻情感支持和父子情感支持等方面功能不足；G 先生的家庭存在层级性紊乱；夫妻子系统是家庭系统最重要的基石，但 G 先生家庭中夫妻子系统功能不足；母子子系统更为紧密，手足子系统较为松散，G 先生弟弟和父亲的子系统较为亲密，G 先生和父母的边界模糊，母亲和父亲的边界僵硬；G 先生工作后未建立起具有支持性的同伴子系统。再次，从家庭关系看，G 先生父母的关系是阻断状态，无论在矫正工作中还是在日常生活中两人极少交流；从幼时状态到矫正中的表现可见，G 先生和母亲的关系为缠结状态；G 先生和父亲的关系既缠结又冲突，一方面他们都被对方的情绪和状态严重影响，另一方面他们相互指责抱怨甚至大打出手；G 先生和弟弟的关系为竞争关系，G 先生讲父亲从未真正关心过自己想要什么，但是"把认可和钱都给了弟弟"。然后，从家庭互动模式看，在 G 先生幼时，父母冲突越多，父亲越远离，母亲越抱怨；父亲越远离，母亲越抱怨，父母冲突越多；母亲越抱怨，G 先生越记恨父亲，安慰母亲，弟弟越独立，G 先生越记恨父亲，安慰母亲，弟弟越独立，母亲越抱怨；弟弟越独立，父亲越认可；父亲越认可，弟弟越独立；G 先生越记恨父亲，父亲越疏远越指责；父亲越疏远越指责，G 先生越记恨父亲；弟弟越担当越成功，G 先生越压抑越自我放弃；G 先生越压抑越自我放弃，弟弟越担当越成功。而后，从症状的意义看，G先生的赌博行为可能是处理亲密感缺失的方式，其和妻女关系疏远，工作后又远离母亲；G先生的赌博行为可能是和弟弟竞争的方式，可能是吸引父母关注的方式，还可能是渴望回到父母身边的努力；G先生的赌博行为可能是为自己同时也替代母亲表达对父亲的愤怒的方式；G先生的违法行为可能既表达了获得父亲联结和认可的渴望，又表达了对父亲的愤怒和攻击。G先生目前的问题（情绪低落和自杀意念）可能兼具赌博行为和违法行为的意义。最后，从资源取向看，G先生原生家庭有成功养育独立年轻人的经验；母亲对G先生有强烈的情感支持；父亲有丰富的人生经历和社会适应能力，对G先生问题的改善有信心；G先生也有一定改变的动机。

三、对个案的文化概念化

家庭治疗的个案概念化中文化概念化描述了文化因素对案主及家庭的问题的影响。文化是群体之间普遍认可的，生活和交流中存在的，能够传承的意识形态。文化包括被传播和被传承的国家或民族或群体的思维方式、价值观念、生活方式、行为规范、艺术文化、科学技术等。文化按照价值体系和社会势力的差异可以分为主文化、亚文化和反文化。多样化的亚文化的存在源于不同社会群体的存在。文化概念化是从文化的视角探索案主及家庭的问题产生和维持的原因，是对临床概念化宏观视角的补充。文化概念化中需要分析家庭及其所在的社会群体的主文化和亚文化对问题的影响。

社区矫正对象的犯罪行为不仅和个人有关，还和特定的家庭文化与特定亚文化等有关。如青少年犯罪通常受到暴力亚文化、色情亚文化和网络亚文化的影响。基于文化的视角，探索社区矫正对象及其家庭的问题形成原因和维持机制，有利于促进社工对案主及其家庭的理解，有利于提升社区矫正工作的针对性和有效性。

案例 5-31

个案简介

G先生，男，34岁，中专学历，离异四年，育有一女，由前妻抚养，为还赌债利用职务便利挪用资金，被判挪用资金罪，判刑三年，缓刑三年。（同案例5-29）

对个案的诊断概念化：

同案例5-29。

对个案的临床概念化：

同案例5-30。

对个案的文化概念化：

首先，G先生父亲的地域文化和母亲的地域文化之间存在文化碰撞。G先生父亲的出生地民风开化，其母亲出生地经济文化相对落后；其父亲受当地文化影响乐于改变、敢于冒险，其母亲受当地文化影响安于现状、易于满足。文化的差异和冲突为G先生父母婚姻中的冲突埋下伏笔。文化因素为G先生父爱的缺失、与母亲关系的缠结奠定了基础。其次，G先生父亲原生家庭文化和母亲原生家庭文化之间存在文化冲突。G先生父亲原生家庭中为父亲（G先生爷爷）做主，而G先生母亲原生家庭中为母亲（G先生外婆）做主。G先生父母均为家中老大，在婚姻之初的日常生活中常有权力之争。再次，G先生与弟弟的手足竞争与传统文化受到古代宗法制度影响有关。嫡长子继承制对G先生影响甚大，G先生愤愤地说父亲"从来都是偏袒他（弟弟）"，"本来（所有的家产）就应该是我的"。再则，G先生父亲受到商贾文化和传统文化的共同影响。G先生父亲选择了婚外的情感作为婚姻中情感支持不足、亲密感不足的补充,但选择不离婚不离家,并用充裕的经济支持妻儿。这样的行为是其受到多种文化影响的表现,也是G先生母亲长期悲怨、G先生与原生家庭分化程度低的重要原因。而后,G先生的犯罪行为与网络亚文化有关。G先生自我评价程度低,人际交往能力弱,婚后两地分居,缺少家庭温暖。网络赌博为其提供了虚幻的成就感和排遣压力的方式。最后,G先生的犯罪心理和目前困境可能和孝文化有关。G先生的赌博行为可能是为自己和替代母亲表达对父亲的愤怒,但受到孝文化的影响,这样的愤怒表达得隐晦而压抑。G先生目前情绪低落有自杀意念,深感对不起父母,也源于对父母的孝敬之意。

四、对个案的治疗概念化

家庭治疗概念化是对个案干预的基本构想,描述了初步的干预目标和干预方式。治疗概念化以临床概念化和文化概念化为基础,指导干预实践。在干预过程中,社工会收集到新的信息,这些新的信息又会帮助社工形成新的诊断概念化、临床概念化、文化概念化和治疗概念化。当然在形成临床概念化和文化概念化的过程中,社工也会根据相关理解进一步收集信息,以不断修正临床概念化和文化概念化。家庭治疗各流派干预思路异曲同工,干预技术不胜枚举,但其基本理念为重视家庭的次级改变而不仅是症状或问题的初级改变。比如,不是简单追求改变案主的抑郁情绪等显性问题,而是重视家庭关系、家庭规则、家庭模式、家庭结构等的改变。本节中采用系统家庭治疗流派的干预技术呈现家庭治疗个案概念化。系统家庭治疗的干预原则为"保持中立-循环提问-建立假设",社工保持中立,在不断与家庭互动的过程中获取新的信息,不断修正假设,扰动家庭。这也是不断完善个案概念化的过程。系统家庭治疗可能运用的干预技术包括循环提问、轮流提问、四面结盟、改释、外化、悖论处方和家庭作业等。

社区矫正对象的犯罪行为大多会给家庭关系带来负面影响。社区矫正对象面对家庭成员通常存在自责心理,面对工作单位或其他社会成员常感受被歧视等。家庭治疗重视家庭的次级改变的理念有利于预防社区矫正对象的再犯罪,促进社区矫正对象回归社会。家庭治疗治疗概念化改变的不仅是案主的心理与行为,还包括案主所在的重要情境,如家庭、同伴系统、社区等。案主所在重要情境的变化有助于维持案主的社会适应,尤其是有助于案主重新获得归属感和认同感。

案例 5-32

个案简介

G先生,男,34岁,中专学历,离异四年,育有一女,由前妻抚养,为还赌债利用职务便利挪用资金,被判挪用资金罪,判刑三年,缓刑三年。(同案例 5-29)

对个案的诊断概念化:

同案例 5-29。

对个案的临床概念化:

同案例 5-30。

对个案的文化概念化:

同案例 5-31。

对个案的治疗概念化:

基于其他概念化内容,个案干预目标设定为改善家庭成员之间的沟通、调整G先生和母亲过于紧密的关系、改善G先生和父亲缠结又冲突的关系、处理G先生和弟弟的手足竞争等，帮助G先生从原生家庭中分化出来、建立自我、体验成就感和被认可等，从而矫正G先生犯罪心理，促进其社会适应。个案干预原则为"保持中立－循环提问－建立假设"。下面选择临床概念化和文化概念化中的假设之一进行具体干预思路的呈现，该假设为G先生的赌博行为和违法行为可能是为自己同时也替代母亲表达对父亲的愤怒的方式。基于"保持中立－循环提问－建立假设"的原则，社工以提问作为扰动，扰动家庭子系统的界限、家庭的关系、沟通的模式等；同时也通过提问将收集到新的信息作为干预的后续基础。

仅以目前的信息作为干预思路的起点：比如提问父母："知道G先生触犯法律后谁更痛苦？""父母的情绪状态有什么不同？"和G先生探索违法行为对家庭和自己产生的作用。使用假设性提问："假如一切可以重来，最希望童年、青春期、成年早期等阶段有什么不同？"通过情境化，帮助G先生理解父亲创业的艰难和情感的痛苦。通过四面结盟，支持G先生母亲表达自己的过去和现在的情绪。采用资源的视角结合循环提问技术，讨论G先生对父亲的认可和未表达的情感需求；讨论G先生父亲对G先生的期望、爱意和认可，调动G先生母亲做出改变，更好地支持G先生的独立、适应和发展。

案例速递

社区矫正对象贾某某申请经常性跨市县活动监督案
（检例第135号）

【关键词】
社区矫正监督　经常性跨市县活动　依申请监督　简化审批

【要旨】
人民检察院开展社区矫正法律监督工作，应当切实加强社区矫正对象合法权益保障，着力解决人民群众"急难愁盼"问题。对于社区矫正对象因正常工作、生活需要申请经常性跨市县（包含跨不同省份之间的市、县）活动的，人民检察院应当监督社区矫正机构依法予以批准，并简化批准程序和方式。

【基本案情】
社区矫正对象贾某某，男，1978年2月出生，汽车驾驶员。2020年11月2日，贾某某因犯非法侵入住宅罪被河南省滑县人民法院判处有期徒刑十个月，宣告缓刑一年，缓刑考验期自2020年12月3日至2021年12月2日止。贾某某在河南省滑县某镇司法所接受社区矫正。贾某某在社区矫正期间遵纪守法，服从监督管理，表现良好。

2021年1月，河南省滑县人民检察院根据贾某某的申请，依法对滑县司法局不批准贾某某经常性跨市、县活动申请进行监督。经监督，社区矫正机构依法简化批准程序和方式，批准贾某某经常性跨市、县活动申请。

【检察机关履职过程】
线索发现　2021年1月，河南省滑县人民检察院接到社区矫正对象贾某某反映，其以从事长途货运服务为生，在社区矫正期间，因正常工作和生活需要经常性跨市、县活动，于2020年12月8日向滑县司法局申请经常性跨市、县活动，未获批准。现已严重影响其工作和生活，申请检察机关对滑县司法局进行监督。

调查核实 滑县人民检察院受理申请后，开展以下调查核实工作：一是了解社区矫正机构不批准贾某某申请的理由。通过走访滑县司法局，询问社区工作人员，了解到滑县司法局不批准贾某某经常性跨市、县活动外出申请的理由为：根据《社区矫正法》第二十七条、《中华人民共和国社区矫正法实施办法》第二十九条规定，社区矫正对象申请经常性跨市、县活动的，可以简化批准程序和方式，批准一次的有效期为六个月。但现行法律法规没有明确经常性跨市、县活动能否跨省，因此不予批准。贾某某可以在每次外出时，临时单独申请，社区矫正机构将根据申请予以审批。二是了解贾某某申请经常性跨市、县活动的必要性。通过调取贾某某家庭情况信息、父母及岳父母病历、贷款信息、银行流水，询问贾某某及其家属、村委会成员，了解到贾某某承包某运输公司滑县至江苏和山东某运输线路，每月需往返5~8次，频次较高；运输任务一般临时通知，接到任务后再向社区矫正机构申请外出，严重影响其按时完成运输任务。贾某某全家的生活支出主要依赖其工作收入，现因无法完成运输任务，收入锐减，已开始举债偿还每月一万余元的货车贷款和房贷，家庭正常生活开支难以维持。三是评估贾某某的社会危险性。经查阅贾某某原刑事案件卷宗、社区矫正档案，走访社区矫正工作人员，了解到贾某某犯非法侵入住宅罪是亲属之间矛盾引发，被宣告缓刑，社区矫正表现良好，社会危险性较小；其从事长途运输期间未发现违反交通运输法律法规行为。

监督意见 滑县人民检察院经审查认为，一是"经常性跨市、县活动"应当包含跨不同省份之间的市、县。《社区矫正法》《中华人民共和国社区矫正法实施办法》规定"社区矫正对象因正常工作和生活需要，申请经常性跨市、县活动"的主要目的，是帮助社区矫正对象解决正常工作需要和日常生活中遇到的实际困难，让其更好地回归社会。因此，根据立法精神，可以将"经常性跨市、县活动"中的"跨市、县"理解为包含跨省份之间的市、县。二是贾某某申请经常性跨市、县活动确有必要。贾某某的运输任务一般临时通知，每次单独申请严重影响其正常工作需要。贾某某一直从事货运服务，运输收入为家庭生活的唯一来源，如无货运服务收入，其家庭生活将无以为继，不利于贾某某顺利融入社会，易产生社会不稳定因素。贾某某申请社区矫正机构简化批准程序和方式，一次性批准其六个月经常性跨市、县活动，确有必要。

2021年1月20日，滑县人民检察院邀请人大代表、政协委员、律师、纪检监察人员作为听证员，就贾某某申请经常性跨市、县活动的必要性，社会危险性等问题组织了听证会。听证员一致认为，贾某某确属因正常工作和生活需要经常性跨市、县活动，社会危险性较小，一次性批准其六个月内可以跨市、县活动，更有利于解决贾某某家庭困难问题，帮助其更好地回归社会。滑县人民检察院参考听证意见并研究后，依法向滑县司法局提出检察意见，建议滑县司法局批准贾某某经常性跨市、县活动的申请。

监督结果 2021年1月21日，滑县司法局就"经常性跨市、县活动"范围理解问题逐级请示上级司法行政部门后，批准贾某某经常性跨市、县活动六个月。2021年10月，河南省司法厅印发《河南省社区矫正对象外出审批管理办法》，明确社区矫正对象申请跨市、县活动范围包括但不限于本省。

贾某某外出活动期间，滑县人民检察院跟进监督滑县司法局加强对贾某某的教育管理措施，保证社区矫正效果。2021年5月，滑县人民检察院进行回访调查，了解到贾某某外出期间能够遵守法律法规，通过经常性跨市、县活动从事货运服务的收入保障了家庭正常生活。

第六章　社区矫正个案矫正干预技术

本章导图

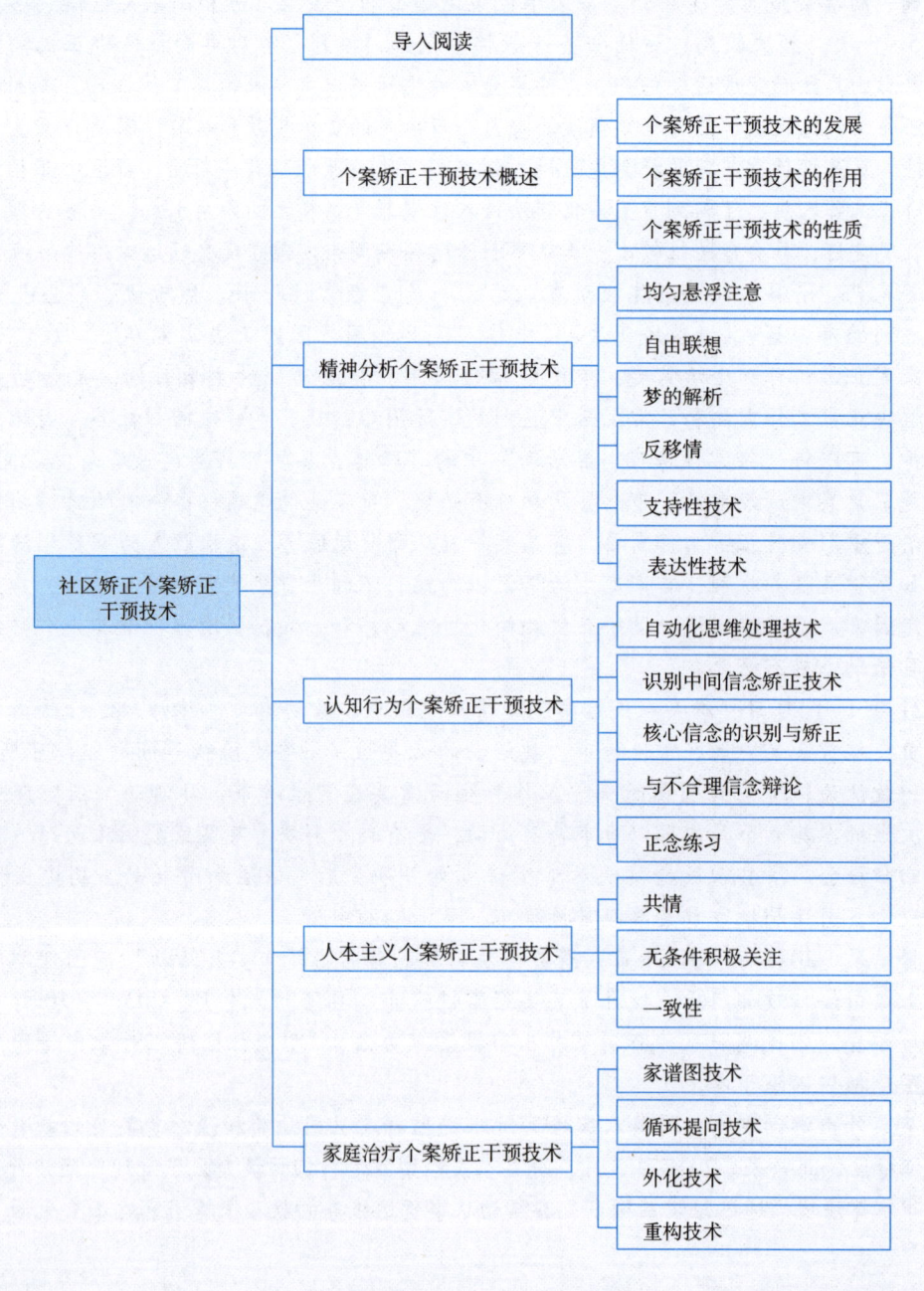

```
                                            ┌── 导入阅读
                                            │
                                            │                          ┌── 个案矫正干预技术的发展
                                            ├── 个案矫正干预技术概述 ──┼── 个案矫正干预技术的作用
                                            │                          └── 个案矫正干预技术的性质
                                            │
                                            │                              ┌── 均匀悬浮注意
                                            │                              ├── 自由联想
                                            │                              ├── 梦的解析
                                            ├── 精神分析个案矫正干预技术 ──┼── 反移情
                                            │                              ├── 支持性技术
                                            │                              └── 表达性技术
  社区矫正个案矫正干预技术 ──┤
                                            │                              ┌── 自动化思维处理技术
                                            │                              ├── 识别中间信念矫正技术
                                            ├── 认知行为个案矫正干预技术 ──┼── 核心信念的识别与矫正
                                            │                              ├── 与不合理信念辩论
                                            │                              └── 正念练习
                                            │
                                            │                              ┌── 共情
                                            ├── 人本主义个案矫正干预技术 ──┼── 无条件积极关注
                                            │                              └── 一致性
                                            │
                                            │                              ┌── 家谱图技术
                                            │                              ├── 循环提问技术
                                            └── 家庭治疗个案矫正干预技术 ──┼── 外化技术
                                                                           └── 重构技术
```

第六章 社区矫正个案矫正干预技术

> **导入阅读**

社会治理是社会建设的重大任务，是国家治理的重要内容。党的二十大报告指出，完善社会治理体系，健全共建、共治、共享的社会治理制度，提升社会治理效能。社区矫正个案矫正工作正是共建、共享、共治的社会治理体系的一项重要内容。社区矫正与监禁矫正相对，属于服刑人员矫正的一部分，其矫正方式区别于传统的监狱，将矫正过程置于社区之中，因此其应用对象主要是轻刑犯。社区矫正个案矫正基于不同矫正对象的个体差异而展开，在矫正过程中关注案主的独特人生际遇。社区矫正个案矫正工作必须基于人本主义思想，践行以人为本的观念，个案矫正社会工作者心怀社会治理，通过专业技术，使矫正对象从被动接受教育到主动进行转变，从而进一步提升社会治理水平。

社区矫正作为一种非监禁的刑罚执行方式，在制度化、规范化和专业化等方面得到长足发展，也进一步促进了矫正社会工作的专业化、职业化水平的不断提升[1]。个案矫正是社区矫正中的重要专业服务工作之一。个案矫正干预技术作为矫正工作中的核心技术，在建立关系、收集资料和个案概念化的基础上进行应用。同时，个案矫正干预技术为进一步建立关系、收集资料和个案概念化奠定基础。本章基于心理社会模型介绍了多种理论支持下的主要个案矫正干预技术，结合社矫案例描述了社工介入的具体技术应用。

第一节 个案矫正干预技术概述

社区矫正个案矫正隶属于服刑人员个案矫正，基本观点为社区矫正机构矫正工作属于社会工作范畴。服刑人员个案矫正是以社会工作的基本理论为基础，吸取心理学的技术的一种特定的以人为对象的活动[2]。个案矫正干预技术旨在针对社区矫正对象的错误认知、负面情感和行为问题进行矫正，使其认识到违法行为的心理根源，进而发生心理和行为上的良性改变，干预危机性问题、消除犯因性问题、解决适应性问题和预防发展性问题等。本节对个案矫正干预技术的发展、作用和性质进行具体描述。

一、个案矫正干预技术的发展

个案矫正干预技术是在个案矫正干预理论的基础上不断发展的技术体系。提姆斯主张将社会工作理论分为基础理论和实施理论。基础理论以社会心理学、临床心理学、社会学等为基础，包括系统理论、情境理论、人格理论、沟通理论等。实施理论是社会工作中形成的具有操作性的工作模式。社会工作的实施理论又可分为两组次理论[3]，即预估理论和干预理论。本章描述的社区矫正个案干预技术属于在多种干预理论基础上发展的具体干预技术。特纳在《社会工作治疗》中指出自我心理学、案主中心理论、认知理论、行为理论、家庭理论等是社会工作中的重要的实施理论。

本章选择精神分析、人本主义、认知行为和家庭治疗为实施理论呈现具体干预技术。不

---

[1] 刘琰. 社区矫正社会工作案例评析 [M]. 北京：中国社会出版社，2016.
[2] 宋行. 服刑人员个案矫正技术 [M]. 北京：法律出版社，2006：8.
[3] 张雄. 个案社会工作 [M]. 上海：华东理工大学出版社，2001：36.

同实施理论的干预技术也经历了发展和丰富的过程。在 20 世纪 60 年代之前，精神分析理论主导了国外社会工作的干预方向。从精神分析理论视角，社区矫正对象的犯因性问题和适应性问题等与其童年经历、防御机制、客体关系和自我价值等紧密相连。精神分析干预技术如释梦、移情与反移情分析等对矫正社区矫正对象的内心冲突、不良防御、人际关系等形成直接干预。精神分析干预技术历经百年、蓬勃发展：弗洛伊德创立自由联想技术和释梦技术、费伦齐主动技术、沙利文扩张移情的人际维度分析、科胡特强调精神分析中的共情技术、克恩伯格使用表达性技术、奥格强调反移情技术等。

随着其他理论的兴盛，相应的干预技术也在不断发展中。如认知行为疗法发展出的干预技术有：自动化思维的识别、评价和应对技术，核心信念的揭示、发展和强化，放松和正念技术，问题解决和技能训练，角色扮演，使用"饼图"，自我肯定和肯定清单等。人本主义疗法发展出共情、无条件积极关注、一致性、非指导性治疗技术等。家庭治疗发展出循环提问、家谱图、家庭雕塑、重构、家庭作业等技术。个案矫正干预技术的发展与理论的扩充息息相关，个案矫正干预技术的使用也紧扣着理论在个案矫正中应用。

二、个案矫正干预技术的作用

个案矫正干预技术核心作用是对社区矫正对象的不良心理和行为起到矫正作用，常应用于社工介入的中后期。不同流派的干预技术往往通过不同的机制，以不同的方式起效。精神分析的干预技术大多为了促进社区矫正对象无意识的冲突、冲动、愿望和情感等的意识化。认知行为疗法的干预技术更追求用适应性的行为、情绪和认知来取代不适应的行为、情绪和认知。人本主义的干预技术更追求创造尊重、温暖、理解、接纳和支持的矫正关系环境，以促使社区矫正对象深化自我认识、发现自我潜能。家庭治疗的干预技术大多关注揭示、扰动、重塑家庭的关系和互动的模式等。不同流派的干预技术在指导性、矫正性上各不相同。总体而言，人本主义的干预技术更具非指导性；而认知行为疗法的干预技术更具指导性；精神分析和家庭治疗干预技术的指导性介于两者之间。当然同一流派的干预技术也会具有不同的指导性和矫正性。以精神分析流派为例，相对而言，均匀悬浮注意技术比梦的分析技术更具非指导性；而梦的分析需要以均匀悬浮注意技术为基础。

个案矫正干预技术的附加作用在于维护和促进专业关系的建立、进一步收集资料和促进个案概念化的修正。当社工使用个案矫正干预技术时，社区矫正对象的反应能够给社工提供进一步的信息。这些信息使社工有机会更为深入地理解社区矫正对象。随着社工不断加深对社区矫正对象的理解，社工能更好地调谐情感并维护和促进专业关系。社工根据使用干预技术时社区矫正对象的反应，能进一步提出问题，深入收集资料。社工更新的资料进一步支撑了个案概念化的修订。最终，建立关系、收集资料、个案概念化和干预过程相互支撑、彼此嵌套，形成闭环回路。

三、个案矫正干预技术的性质

在矫正过程中，社工遵循特定理论流派的专业知识和技能，结合自身的实务经验，在前期的工作基础上适时使用干预技术。个案矫正干预技术的基本性质如下所述。

（一）基础性

个案矫正干预技术具有基础性。社区矫正工作旨在矫正符合条件的服刑人员的犯罪心理和行为恶习，并促进其顺利回归社会。矫正社会工作在社区矫正工作中正发挥越来越重要的作用。个案矫正是矫正社会工作的三大方法之一。个案矫正技术中干预技术是社工需要掌握的基础性技术。无论何种理论指导下的实务工作，个案矫正中都需要运用到干预技术，所以干预技术是实施个案矫正的必备基础。

（二）专业性

个案矫正干预技术具有专业性。干预技术建构在大量的专业知识的基础上。社工需要掌握社会工作的基本理论，熟悉特定的理论流派；还需要熟悉社区矫正对象的心理特点和生活现状等，才能更好地掌握个案矫正干预技术。个案矫正的多项技术中，干预技术是最具专业性的技术之一。社工需要接受专业训练，并刻意练习，在实务工作中将理论与技术融合。虽然不同理论流派的干预技术在发展中呈现整合的趋势，但不同理论流派的干预技术具有更为显著的专业性特点。社工掌握新的理论流派的个案矫正干预技术依然需要专业训练。

（三）复杂性

个案矫正干预技术具有复杂性。众多的理论流派为个案矫正提供了纷繁复杂的干预技术。即使是特定的理论流派也拥有数量众多、联系紧密的干预技术。干预技术的运用情境、使用步骤、注意事项等往往也具有复杂性。一方面源于干预对象的复杂性，具体体现在社区矫正对象的犯罪类型（酒驾、盗窃、吸贩毒、寻衅滋事；初犯、偶犯、过失犯等）、个性特点（内外向、情绪稳定与否、冒险性等）、成长背景（原生家庭、受教育背景、同学朋友关系、重大生活事件等）、工作状况（工作类型、工作胜任力、工作单位的接纳程度等）、家庭状况（家庭成员、家庭关系、家庭经济情况等）。另一方面来自技术本身的复杂性。仅以家庭雕塑为例，家庭雕塑操作步骤复杂、变形类别多样。

（四）灵活性

个案矫正干预技术的使用具有灵活性。个案矫正中干预技术的使用需要考虑问题性质、专业关系、工作假设、社区矫正对象的情绪状态和领悟能力、当次访谈的时间、社工的状态等。社工选择的个案矫正干预技术需要与社区矫正对象的问题和目标相匹配。社工需要根据个案概念化的预估，针对性地选择具体的干预技术并进行灵活使用。个案矫正既具有科学性又具有艺术性。社工在个案矫正中更是需要根据特定的情境随机应变地运用干预技术。

> **小贴士**
>
> 社区矫正是关系社会治理成效的重要工作。我国一向重视鼓励引导社会力量参与社区矫正工作的重要性。党的二十大报告指出，要完善社会治理体系，健全共建共治共享的社会治理制度，提升社会治理效能。在社区矫正个案矫正干预中，不能仅仅依赖社区矫正工作者的力量，必须发挥家庭、社会组织、企事业单位、基层群众性自治组织等的重要作用。

第二节　精神分析个案矫正干预技术

自 19 世纪末 20 世纪初，弗洛伊德创立的精神分析流派用于探寻和挖掘前人从未企及的人类心灵深处的潜意识问题。精神分析最初是在弗洛伊德的神经症治疗实践中产生的，逐渐发展为现代西方心理学的一个主要流派。其核心在于提出存在于潜意识中的性本能是人的心理的基本动力,是决定个人和社会发展的永恒力量。作为一种关于心理的知识体系,精神分析用动态的观点看待精神生活中内在的冲突,特别关注主观体验。[①]

自弗洛伊德开始,精神分析运动发展至今已经走过了100多年的历史进程,弗洛伊德之后的后继者们在更深、更广的角度观察和描述所经历的临床现象,比如:荣格基于文化角度创建分析心理学;克莱因和费尔贝恩基于俄狄浦斯前期的攻击性、嫉羡和幻想构建客体关系理论;鲍尔比通过研究母婴分离与聚合状态,发展依恋理论;美国自我心理学的集大成者科恩伯格,在面对较为严重的人格障碍患者的临床工作中,提出了移情焦点治疗;科胡特拓展了自恋型人格障碍病人的理论与技术,始创自体心理学……而主体间学派、对话模型、关系学派、关系性精神分析等是近十多年来在西方兴起的当代精神分析理论。尽管精神分析在不断发展,但其最核心的观念始终未变,即:人类的大多数精神生活是潜意识的,潜意识的思想情感和愿望构成了心理的基础。下面就常见的几种基础性技术展开叙述。

一、均匀悬浮注意

(一)均匀悬浮注意的概念

均匀悬浮注意是精神分析中常用到的一种倾听技术,是指社工在介入中不把注意力专门集中在任何事情上,总是平静地、中立地、专注地倾听和观察社区矫正对象提供的所有材料。"均匀"强调平均,不挑选;"悬浮"强调抽离,不评判。在访谈中,社工面对社区矫正对象时首先需要保持中立,在保持均匀悬浮注意时,需要对社区矫正对象的言语信息和非言语信息保持平均的、不加挑选的注意,同时注意的过程保持不评判的态度和相对抽离的状态。

(二)均匀悬浮注意的作用

弗洛伊德曾指出当个体刻意地去集中注意力的时候,个体会开始在面前的材料当中进行挑选,有一些就会固定在他的脑海里面,另一些会被忽略掉。当发生选择性注意时,个体会按照自己的期望或者倾向去行事,存在刻意的选择。在做出选择时,潜在的问题是除了自己已经知道的内容,难以发现其他的内容。

精神分析认为人类绝大多数精神生活都是潜意识的。在精神分析的场景下,社区矫正对象浓墨重彩叙述的部分未必是最重要的,而其轻描淡写带过的内容可能才是真正重要的。选择性注意往往使得社工过早聚焦、失去对社区矫正对象带来的感受和对其呈现信息的整体把握。社工在介入中采用均匀悬浮注意的技术不仅能避免遗漏社区矫正对象潜意识中所暴露出来的真正重要的信息,同时也有利于介入工作对社区矫正对象真正关注的问题的聚焦。

(三)均匀悬浮注意的实施

均匀悬浮注意是在倾听的过程中呈现出来的,社工在介入中对社区矫正对象提供的言语信息和非言语信息全方位地关注,而非只关注某些点,同时社工需要一直保持"第三只眼"悬浮在空中,像一个旁观者一样去观察自身和社区矫正对象之间发生了什么,在观察时保持的基本意识为:社区矫正对象和社工构建的关系再现了社区矫正对象内心的关系模式、其童年时和家人的关系模式及其现在的人际关系模式。

[①] 郭本禹,郗浩丽,吕英军. 精神分析发展心理学[M]. 福州:福建教育出版社,2009:1.

（四）均匀悬浮注意的注意事项

1. 保持中立性和开放性

社工倾听时应保持中立，同时注意力保持悬浮、均匀、自由的状态，对社区矫正对象的言语信息和非言语信息保持平均的、不加挑选的注意。

2. 注意保持跟随和放松

对于社区矫正对象陈述的内容，社工无须刻意地记忆、对某个内容进行针对性的关注，只需要紧贴社区矫正对象的言语及非言语的表述。

3. 保持好奇和自我觉察

社工持续性地保持好奇，不加预设的关注，对自身的偏见和投射保持敏感，对自己的反移情、自由联想、直觉保持注意，将自身的自由联想与对社区矫正对象的自由联想融为一体。

4. 避免纸笔记录

社工在介入中尽量不使用纸笔记录，专注于纸笔记录会严重干扰均匀悬浮注意和自由联想，也会阻断社区矫正对象与社工之间的"通道"。社工专注于纸笔记录的行为有可能也是一种防御，是社工试图与社区矫正对象保持距离的一种方式，会让社区矫正对象感到社工躲在一堆纸笔中，丧失了人与人之间直接的联结。同时在访谈中社工记不住的内容也具有无意识的意义，如果社工采用纸笔记录，会导致社工难以觉察哪些内容是自己记不住的，难以觉察记不住的内容背后的无意识的意义。

5. 验证假设需要恰当的时机

社工在收集了相关资料后会产生很多对社区矫正对象的工作假设，这些假设有利于干预工作的开展。但有时候需要暂时将工作假设搁置一旁，需要根据访谈的节奏，在恰当的时机再来验证，贴近社区矫正对象此时此刻的呈现是更为重要的内容。

（五）均匀悬浮注意的应用

案例 6-1

个案简介

A先生，男，35岁，大学专科学历，已婚，育有一子，因公司业务中违法操作被判假冒注册商标罪，判刑三年，缓刑三年。入矫以来A先生能服从各项制度，参与法制教育、思想教育和劳动教育等。A先生在该公司已工作十余年，是该公司的业务骨干，入矫后继续在原公司工作。其违法事实和矫正状态公司领导和同事均知晓，但大家对A先生态度自然，领导在工作时间支持其参加社区矫正各项工作。A先生接受社区矫正近一年，常常自责；认为自己害了家庭和孩子，尤其是"祸害"了孩子，影响孩子未来的职业选择。虽然A先生继续开展业务工作，能完成公司要求的任务，但A先生觉得自己是吃老本，如同行尸走肉，认为自己一无是处。

介入工作进行了一段时间，双方建立了良好的关系，A先生对社工比较信任，同时也对精神分析取向的社区个案矫正工作的基本原则、工作背景及方向有一定的了解。

A先生：（声音低沉，语速较慢）自从上周和我们部门经理吵了一架之后我就很想辞职，一直都没睡好。

社工：（身体稍稍前倾，露出关切的表情，呈现鼓励的状态，同时观察到 A 先生双手紧握放于腿上）可以说一说上周发生了什么吗？

A 先生：（稍稍抬起头，长叹了一口气）那天开会的时候部门经理当着所有人批评我之前工作中出现的一个小失误，我很没面子，这种小失误大家都犯过，为什么就揪着我不放？他们就是因为我出过事看不起我！（低头，双手捂住前额）

社工：（倾听过程中与 A 先生有一定的目光接触，并保持注意力均匀地分布在 A 先生的言语信息和非言语信息上）……（沉默，关切地看着 A 先生）

A 先生：（片刻后抬起头看着社工，语速加快）一开始我也忍了，我现在这种情况能有份稳定的工作就不错了，后来越想越生气，就去找他理论，我们就大吵了一架。

社工：（观察到 A 先生说"越想越生气"的时候咬了一下牙齿，也感受到自己在这一刻有些悲伤的情绪；同时用"第三只眼"关注此刻和 A 先生的关系）

很多社区矫正对象进入自身的内在世界是有困难的，面对社工去讲述自身真正痛苦的部分也是有困难的，社区矫正对象会无意识地把重要的信息藏在那些琐碎的、听上去不重要的信息里。社工要在社区矫正对象叙述的看起来非常重要的事情上和看起来非常不重要的事情上平均分配注意力。在本案例中，社工采用均匀悬浮注意地倾听，并没有把自身的注意力专门集中在 A 先生和经理的冲突或 A 先生的失眠上，且有所节制，并不急于针对社区矫正对象叙述的冲突去假设、提问，而是平静、专注、不加评判地倾听和观察所有细节，同时在倾听中始终表现出均匀而持续、温和而坚定的关注，才使 A 先生慢慢撤掉防御，逐步呈现潜意识的需要、冲动、情感和愿望等。如果社工在整个倾听过程中有所选择地去注意，就容易更多地关注 A 先生职场中的人际关系或躯体症状等，而错过了 A 先生对潜意识的表达，忽略了社工自身的自由联想，忽略了社矫工作中的移情和反移情。

二、自由联想

（一）自由联想的概念

自由联想是弗洛伊德在治疗实践中逐步形成的，其在治疗癔症病人时发现只要简单地鼓励病人自由地讲出浮现在自身脑海里的东西，同样能达到类似催眠的效果。由于这种方法完全借助患者自身的自由联想，所以弗洛伊德将之称作"自由联想法"。[1]

自由联想是一种不给予任何思路限制或指引的联想。在访谈工作中，社工让社区矫正对象在全身心放松的状况下，讲出其脑海中的一切。不管脑海中浮现的内容是怎样荒唐，怎样微不足道，怎样不合逻辑，都如实说出来。社工再将自由联想的内容加以分析和解释，连缀它们之间潜藏着的联系，发掘出埋藏在社区矫正对象潜意识深处的问题。

（二）自由联想的作用

1. 宣泄

当社工给社区矫正对象创造了一个安全放松的氛围，社区矫正对象可以自由自在地任意想象，并将自己的情感、冲突、愿望等逐步呈现。这在一定程度上具有精神宣泄的作用。精神分析学派认为宣泄具有"净化"心灵的作用，一种情绪如果不能得到适当的表现，就会

---

[1] 郭本禹，郗浩丽，吕英军. 精神分析发展心理学 [M]. 福州：福建教育出版社，2009：59 - 60.

堆积起来，郁积成疾，导致心理障碍或心身障碍，一旦宣泄出来，症状就会减轻，宣泄越彻底，效果越好。

2. 领悟

精神分析是一个领悟的过程。通过挖掘个体在潜意识中对问题的加工和认识，以及所使用的防御机制，让潜意识意识化，从而消除症状。在自由联想的过程中，社区矫正对象的心理防御被削弱，潜意识得到显现。精神分析学派认为心理障碍来源于潜意识，所以"说教"不起作用，有的社区矫正对象知道自己的行为是"错误"的，但无法克制，而当社区矫正对象了解了行为的意义和来龙去脉，有利于其产生新的领悟，促进其行为问题的自行缓解。

3. 矫正

社区矫正对象过去经历的情绪体验可能是极度的恐惧、悲伤、无助、绝望，所以不愿意回忆，并有意无意地压制，情绪得不到释放，于是通过症状及问题行为来表达。通过自由联想，社区矫正对象的情绪得到了宣泄，症状大大减轻，同时社区矫正对象还能认识到童年创伤已成往事，现在的情绪反应与过去已经大不相同，完全可以勇敢地去面对。自由联想不是重新经历，在社工的专业介入下社区矫正对象不会再度受伤。社区矫正对象现在已经长大，更加成熟，在自由联想中再次经历童年的创伤，伤害有机会得以修复。社工和社区矫正对象建立治疗同盟，在安全抱持的氛围中可以极大地缓解焦虑和恐惧，获得"矫正性情绪体验"。这样的体验与社区矫正对象过去经历伤害的体验截然不同，情绪反应也不一样。

（三）自由联想的实施

经典的自由联想的实施过程是社工让社区矫正对象躺在躺椅上，房间相对安静且光线适当；社工坐于社区矫正对象身后，以一段指导语来引导社区矫正对象随意进行联想，并鼓励社区矫正对象按原始的想法讲出来，不要怕难为情，或怕人们感到荒谬奇怪而有意加以修改。越是荒唐或不好意思讲出来的东西可能最有意义，并对治疗方面价值最大。随后自由联想工作方式逐步修正，社区矫正对象和社工保持常见的坐姿，通常沙发较为柔软；社工说明指导语鼓励社区矫正对象随意进行联想。

常见的指导语可为：现在请你把眼睛闭上，选择一个最舒服的姿势半躺着，然后放松，让身体放松下来，让自己的心情平复下来。当你完全放松下来的时候，把大脑里面的一切杂念都排空，然后静静地等待着。大脑里面会慢慢地浮现出一些画面、一些场景、一些想法、一些念头，只要是大脑中出现的东西，不管它是什么、不管它多么令人尴尬难堪、不管它说出来多么的有伤大雅，都请你把它毫无保留地、精确地讲出来。还可以是：从现在起，我就尽可能不说话，我把所有的时间都交给你说，你心里想到什么，或者脑袋里面有什么画面，或者是你身体有什么感受，全部都告诉我，不要回避诉说任何内容。也许有些东西说出来让你觉得脸红，比如与性有关系的东西，没有关系，把它说出来，我不会对你所说的所有内容做出好和坏的评论。也许还有一些东西，比如你对我的攻击在社交场合里面你是绝对不会说的，但是我们现在是在心理治疗，你可以把它说出来，记住不要回避诉说任何内容，把它说出来，你不会受到报复，也不会受到指责。

（四）自由联想的注意事项

1. 不在介入之初使用

自由联想技术一般不在访谈工作的初始阶段使用，社工需要与社区矫正对象进行前期的沟通，了解问题，在工作关系建立之后再评估是否适合使用自由联想。

2. 对主、客观环境的要求

使用自由联想技术不仅需要客观环境，还需要主观环境。客观环境是指做介入工作的房间需要相对舒适一些，放松一些，房间的大小、温度、湿度适宜。主观环境是指一个人的心理环境，社工让社区矫正对象感受到安全、放松、信任有助于社区矫正对象放下顾虑去自由联想。

3. 保密

社工事前要让社区矫正对象打消顾虑，把自由联想的内容自然呈现，社工需要说明对谈话内容的保密原则，同时也应说明保密的例外。

4. 以社区矫正对象为主体

在进行自由联想时，要以社区矫正对象为主，社工不要随意打断他的话，当然在必要时社工可以进行适当的引导。一般来说，社工鼓励社区矫正对象回忆从童年起所遭遇到的事情或精神创伤、冲突与挫折，从中发现那些与症状有关的心理因素。

（五）自由联想的应用

案例 6-2

个案简介

C 先生，男，55 岁，大专学历，已婚，育有一子，因公司经营中虚构事实获取巨款以诈骗罪被判十年。其表现良好，符合条件近期保外就医。C 先生为家中长子，弟弟小其 1 岁，妹妹小其 5 岁，父亲为转业干部，在政府部门任职多年后退休，母亲为全职主妇。社工介入多次后，C 先生表达原生家庭家教森严，自己幼时顽劣，经常被父亲严厉教育。母亲慈爱，但过去更疼爱早产的弟弟。C 先生出监后，难以控制饮酒和进食，不听妻子劝阻，母亲常来劝说和照顾。C 先生敏感压抑、回避外出、谨言慎行，长期胃疼、长期失眠，且患有严重的糖尿病，在介入中较少谈情绪和感受，更多描述身体问题，社工经过评估后在一次介入中使用了自由联想。

社工：（语气轻柔，语速缓慢）现在请你把眼睛闭上，选择一个最舒服的姿势半躺着，然后放松，让身体放松下来，让自己的心情平复下来。当你完全放松下来的时候，把大脑里面的一切杂念都排空，然后静静地等待着。大脑里面会慢慢地浮现出一些画面、一些场景、一些想法、一些念头，只要是大脑中出现的东西，不管它是什么、不管它多么令人尴尬难堪、不管它说出来多么有伤大雅，都请你把它毫无保留地、精确地讲出来。

C 先生：（停顿了一段时间）有一棵树……

社工：嗯，再放松一点，此刻还有什么在这个画面中？

C 先生：太阳，太阳照耀着这棵树，这棵树向阳的一面枝繁叶茂，背阴的一面枯枝败叶……还长霉了，可太阳怎么都照不过来……（喉结上下滚动了一下，呼吸稍显局促）后羿来了，把太阳射了下来，世界一片漆黑……

弗洛伊德认为个体一旦压抑了某一种观念和思想，甚至情绪情感，它们一般不会自然消失，而是一直在潜意识的某一个角落中改头换面，伺机再次表达。当自由联想的条件成熟之后，压抑在潜意识里的冲动、欲望、创伤等就会突破来自自我和超我的抵抗而以某种直接的或乔装替换的形式进入意识。多次介入后社工了解到 C 先生在婴幼儿时期，母亲因怀孕和弟弟早产未能给其提供足够的关爱，很多需要都没有被满足，也未能完成和母亲融合的愿望，如今通过贪食和酗酒重新获得了母亲的照顾，而在和弟弟的手足竞争中 C 先生一直都是失败的。社工猜想 C 先生潜意识中对母亲和弟弟都有愤怒，但又不允许自己攻击慈爱的母亲，现实中也竞争不过弟弟，C 先生可能通过采用否定、攻击转向自身、躯体化、行动化等防御机制来应对潜意识冲突。在自由联想中，C 先生潜意识中对母亲的攻击得到了释放，手足竞争中的挫败得到了宣泄，社工通过对太阳、枝繁叶茂、枯枝败叶以及后羿射日等意象的象征意义的分析，帮助 C 先生觉察到自己压抑了多年的愤怒和攻击，在宣泄情绪的同时也有了一定的领悟。

三、梦的解析

（一）梦的解析的概念

梦是有意义的精神活动，是潜意识中的欲望通过各种伪装手段改头换面后加以满足的心理过程。梦的本质是现实欲望的满足，而为了绕开梦的审查机制，梦在形成的过程中进行了各种的伪装，或是将材料加以凝缩或是移置，并通过润饰让其结构合理化。弗洛伊德曾说："梦的解释是通向理解心灵的潜意识活动的皇家大道。"[①] 其认为梦代表着潜意识愿望的曲折表达，梦的事件发生在两个水平上，其一是显梦，即梦的外显内容，其二是隐梦，即梦的真实意义，它是梦的隐蔽的、象征的意义。梦的分析就是利用某些方法与技术剥掉显梦的伪装，以了解隐梦的真实面目。[②]

社工透过社区矫正对象的梦可以理解到其情感、防御、过往以及对当下生活的组织，并通过对梦的分析和解释发掘社区矫正对象潜意识的想法、愿望和冲突。

（二）梦的解析的作用

部分社区矫正对象在介入中尽力避免话题深入，一旦话题接近内心症结就会把话题引开、突然情绪激动、拒绝回答问题。在这种时候社工使用梦的解析的技术可以成功绕开社区矫正对象的阻抗和防御去探索其潜意识中的欲望和需求。社工通过梦的解析可以提高社区矫正对象的自知力，促进其发展出自我探究的心智化功能，同时还能激发社区矫正对象的兴趣，使其更好地配合介入工作。

（三）梦的解析的实施

1. 应做好前期准备

社工先了解社区矫正对象的童年成长经历及其目前的现实冲突，工作生活等现状，明确矫正目标。

2. 根据梦境进行自由联想

社工请社区矫正对象完整地叙述梦，包括一些琐碎、模糊的片段，形容梦中的任何细节，再就梦中的人物、内容和场景进行自由联想。社工紧扣矫正目标以及社区矫正对象当次工作的目标，最后社工综合所有信息再来对梦进行分析和解释。

[①] 西格蒙德．弗洛伊德．梦的解析［M］．孙名之，译．北京：国际文化出版公司，2007：554.
[②] 郭本禹，郄浩丽，吕英军．精神分析发展心理学［M］．福州：福建教育出版社，2009：61.

3. 可选择无自由联想释梦

社工也可进行无自由联想释梦。分析的过程也需要关注矫正目标、社区矫正对象的童年成长经历及其目前的现实冲突等。社工基于精神分析的理论基础，在社区矫正对象完整地叙述梦之后就直接进行分析。无自由联想的释梦对社工的理论基础和实操经验的要求相对较高。

4. 遵循释梦具体步骤

简易的释梦步骤：第一，寻找梦的显意和隐意。梦是一种潜意识的表达，梦中的片段或场景很可能是某种情绪或意义的象征，显意即梦中出现的情景或事件，隐意则是这些情景或事件背后所隐含的由联想而得来的意义，找出隐意才是释梦的意义所在。第二，寻找梦的投射点。所有的梦都是一种欲望的投射，梦境表面看是琐碎的念头的任意组合，深入看则是压制愿望的刻意编码。找到梦在现实生活中的投射点就找到了释梦的潜在的起动机关。第三，寻找梦的生成环境。梦是以现实为依据，以想象为翅膀的，不能把梦作为一个单独的问题来阐释，一定要在社区矫正对象过去和现在的心理背景上来解释，社区矫正对象的经历（家庭环境、父母的人格、创伤性的经验、入矫原因等）和目前的处境都需要考虑。

（四）梦的解析的注意事项

1. 释梦节奏的把握

介入早期社区矫正对象的梦常常揭示了其核心冲突，但在后续的介入中，社区矫正对象会自动启用防御机制，可能之后报告的梦境会更加的松散、晦涩、难以理解，这时社工需要辨识和理解社区矫正对象的防御，当这些防御与阻抗得到理解之后，梦境又会变得清晰与凝聚，社区矫正对象的核心冲突和愿望才可能在意识中浮现，社工此时需要帮助社区矫正对象对冲突、愿望和恐惧进行澄清和理解。

2. 讨论节奏的调整

当梦中的材料内容太多、太过于松散时，社工应注意讨论不能走得太深，对梦的解析和讨论的节奏应与介入中的所有环节相协调。

3. 关注重要的梦境

一个连贯性强、对于社区矫正对象而言印象深刻的梦境不应该在访谈中被回避。这样的梦境可能提示着社区矫正对象要进入一个新的阶段，或者开启一个新的议题。

4. 验证假设的时机

访谈早期的梦会揭示出社区矫正对象的许多内心冲突，此时社工可以在内心建构很多对社区矫正对象的假设，但应等到访谈中后期，才能够逐一去验证，不能解释过早。

5. 识别防御

如果社区矫正对象在访谈中频繁地报梦，且报梦的内容均集中于梦的显性内容上，以至于其对梦境内容的详细描述几乎占据了访谈的全部时间。社工要留意：这可能是社区矫正对象的一种防御，是一种控制介入的手段。社区矫正对象通过显性内容的大量陈述来回避与社工关系中难以忍受的不确定性，拒绝向更深层的情感靠近，而这正是社区矫正对象在现实生活中和他人维持着相对疏离关系的呈现，此时需要社工给予恰当的干预，如面质等干预。

6. 运用局限

梦的解析存在运用的局限。不是所有的社区矫正对象都可以进行释梦的工作，也不是每次梦的解析都见得到效果。运用梦的解析技术需要注意技术和社区矫正对象的匹配性。

（五）梦的解析的应用

案例6-3

个案简介

E女士，女，24岁，大专学历，未婚，因酒后寻衅滋事被判刑两年缓刑两年。入矫后E女士服从各项管理，但认为刑罚太重。E女士和父母居住，家庭条件良好，在家人的公司中上班。E女士在大学期间热衷社团活动，参与多项比赛并获奖。E女士不喜欢目前的文员工作，觉得太多都是重复劳动，但收入较高所以不想辞职。E女士与父母关系疏远，近期失恋，和朋友关系紧密，经常下班后去夜店喝酒聊天。周末E女士常常喝酒到大醉，认为"喝酒的时候最痛快、最放松"。社工介入中，E女士谈及自己的母亲怀孕时没有准备好，在父亲的坚持下，自己才得以出生；出生为顺产，过程很顺利。E女士描述自己性急，母亲说自己难带，喂奶慢一点就会大哭，因父母生意较忙，E女士一岁时被送到外婆家寄养，外公早逝，外婆性情急躁，经常骂她，五岁时被接回到父母身边生活。其间父母探望不多，好几次父母来看E女士的时候，她都躲在房间里不出来。

在一次访谈中，E女士叙述了前一天的一个梦："我被人追杀，怎么跑都跑不快，也看不清对方的样子，然后我莫名其妙地躲到了一棵树下，但还是被找到了，一把匕首正对着我，我害怕极了，后来好像是被捅了，就吓醒了。"通过访谈，社工了解到E女士近期与男友已分手，没过几天对方就反悔了。面对前男友的纠缠，E女士非常烦心，也有点无力应对。她做梦的当天曾与前男友发生过激烈的争执。此外，梦中出现的树让E女士自由联想到外婆家院子里的那棵老槐树，E女士长大后经常听外婆说她幼年调皮捣蛋的时候就会被罚站在槐树下反思。综合介入中收集到的所有材料，社工对E女士做了如下解释：梦中显意是被人追杀，一直在逃跑，隐意则是在生活中遇到了困境。E女士一直在回避前男友的纠缠，这种回避愿望在潜意识中就变成了被追杀。槐树把E女士带回了幼年被父母"抛弃"，被外婆惩罚的痛苦体验中。

在经典精神分析里，枪、刀等物品一般是男性生殖器官的象征，但并非梦见刀、枪就一定是和性直接相关的，还可能是生活中的境遇焦虑引起的反应。社工先从E女士的梦中分析出显意和隐意，再结合E女士近来的生活事件，寻找到了投射点，即前男友对E女士的骚扰在梦中移置成为追杀。最后社工和E女士就其幼年在外婆家的生活经历做了讨论，促进E女士领悟到生活中总是没有安全感与这段童年经历有关，同时安全感的缺乏、与父母的疏离也是她目前沉迷于酒精的一个原因。

四、反移情

（一）反移情的概念

移情指社区矫正对象将过去对重要他人的情感、愿望、想法、冲动等转移到社工身上的过程，也用于指代社区矫正对象转移到社工身上的过去对重要他人的情感等。广义的反移情指社工在矫正关系中，面对社区矫正对象的移情产生的对社区矫正对象的态度、情感和反应。狭义的反移情指社工将过去对重要他人的情感、愿望、想法、冲动等转移到社区矫正对象身上的过程，也用于指代社工转移到社区矫正对象身上的过去对重要他人的情感等。狭义的反移情如同移情一样，来自社工或社区矫正对象的无意识的冲突、态度和动机。广义的反移情包括了狭义的反移情和社工对社区矫正对象移情的反应。

（二）反移情的分类

1. 主观反移情

主观反移情是指弗洛伊德早期定义的反移情，即治疗师对来访者的移情，是治疗师的盲点和局限性所在，会阻碍治疗的进展，这类反移情似乎也可以称为经典反移情。[①] 主观反移情和上文中描述的狭义的反移情是同义的。

2. 客观反移情

客观反移情是指克莱因学派定义的反移情，即来访者由移情造成的治疗师的反应，这种反应不但治疗师会有，其他正常人也会有，所以是一种客观的反应，称为客观反移情。[②]客观反移情和广义反移情中社工对社区矫正对象的移情的反应是同义的。客观反移情可分为一致性反移情和互补性反移情。

一致性反移情指社工体验到了和社区矫正对象相同的情感状态，两者的反应是一致的，彼此之间能互相理解。这意味着社工对社区矫正对象的核心主观体验以及社区矫正对象个人有着深深的共情，常常能有效推进介入进程。互补性反移情指社工体验到了社区矫正对象生命中某位重要客体的情感状态，社工此时共情和认同的不是社区矫正对象，而是其内在客体。

很多时候，社工在介入过程中既能体会到一致性反移情，也会体会到互补性反移情。反移情中蓄积了大量的情感冲击，社工和社区矫正对象之间的共谋往往会让互补性反移情活现出来，比如：社区矫正对象的愤怒、挑剔、挑衅会让社工感到愤怒与挫败，社工隐隐有中断工作的愿望。这可能会迫使社工启动自我防御，体会甚至采取社区矫正对象过往重要的、但往往带有伤害性的客体的立场。这会极大地削弱社工中立的立场，在介入中导致一种强迫性重复。社工对此需要保持觉察和识别，利用反移情去理解社区矫正对象内在的客体关系配对模式。若旧的客体关系配对模式已被活现，社工需要与社区矫正对象进行讨论，使之获得一种矫正性的体验，进而用一种恰当的、不一样的方式去对待社区矫正对象，用反移情去传递解释以及重构其内在的客体关系模式，增强其自体的力量，使反移情成为最有力的介入工具。

（三）反移情的作用

反移情能够帮助分析师理解病人的资料后面所隐藏的意义。[③] 在访谈中社工可以通过觉察社区矫正对象在自己身上唤起的细微情感反应，来了解社区矫正对象的人格特点和人际模式，再通过自我分析、个人体验、临床督导去分析与探索这些体验，让反移情成为一种更好地理解社区矫正对象的工具，从而促进访谈的良性发展。

[①②] 孔德生，李祎琼，于钦明. 精神分析心理学反移情概念的发展及应用 [J]. 学术交流，2015（1）：210.

[③] 郭本禹，郄浩丽，吕英军. 精神分析发展心理学 [M]. 福州：福建教育出版社，2009：413.

(四) 反移情的实施

弗洛伊德认为反移情是治疗师潜意识中的冲突和问题被激发出来,形成治疗师的盲点和局限,因而是治疗的阻力。海曼则认为反移情是治疗师观察和了解来访者潜意识情结的钥匙,是治疗的动力。之后,现代精神分析整合了上述两种观点,认为反移情是治疗师对来访者的全部反应,它是一柄双刃剑,合理应用就是治疗的动力,否则就是治疗的阻力。[①]

在介入中,社工必然会产生反移情。如果社工产生的是主观反移情,应该及时通过督导或接受分析来克服,如果产生的是客观反移情,首先不要付诸行动,继而变互补反移情为一致反移情,并在适当的时机适度地表露反移情,就可以利用自身的反移情洞察社区矫正对象的移情,明晰其人格和人际模式,为下一步的修通移情做好准备。

(五) 反移情的注意事项

1. 克服主观反移情

社工在处理社区矫正对象潜意识工作的过程中会有意或无意识地引发自身的反移情,如果社工不能识别和理解反移情,会破坏介入工作的有效性。自我分析等能促进社工领悟和解决自己的潜意识问题,从而克服主观反移情。

2. 接受临床督导

社工接受精神分析督导师定期的临床督导可帮助其认识和理解到持续存在的反移情引发的访谈僵局,在持续性的督导过程中,督导可以帮助社工去剥离那些积极和消极的情感表面,将聚焦点放到情感背后的深刻愿望与核心冲突上。

3. 不付诸行动

随着介入工作的推进,社区矫正对象可能会把对早期生活中重要他人的不满情绪移情到社工身上,可能引发社工产生厌恶、回避、愤怒等情绪,甚至希望中断工作等。如果社工把这些感受表现出来,付诸行动,就会破坏介入进程。

4. 调整反移情

当社工在访谈中出现互补性反移情时,会感受到社区矫正对象早年生活中重要他人的感受。如果社工此时付诸行动,会引发社区矫正对象早年人际互动的强迫性重复,而无法给予其矫正性体验。社工只有通过自身的反移情去了解社区矫正对象的移情,才能变互补性反移情为一致性反移情,从而有效地推进介入进程。

(六) 反移情的应用

案例 6-4

个案简介

E女士,女,24岁,大专学历,未婚,因酒后寻衅滋事被判刑两年缓刑两年。入矫后E女士服从各项管理,但认为刑罚太重。(同案例6-3)

在最近一次介入中,E女士由于堵车迟到了40多分钟,社工在完成了预约好的其他工作后额外为E女士安排了一次介入,因此E女士等待了近两个小时,介入工作一开始,E女

[①] 孔德生,李祎琼,于钦明. 精神分析心理学反移情概念的发展及应用 [J]. 学术交流,2015 (1): 208.

士表现得非常烦躁和冷漠。

E女士：（双手交叉抱于胸前，看着社工）我知道是我迟到在先，但半路堵住了我也没有办法，可是你竟然让我等了两个小时！

社工：（身体前倾）听起来你挺生气的？

E女士：（微微转头，看向窗外，面无表情）我没生气，只是觉得我们工作了这么久了对我也没什么帮助，我想换一位社工试试。

社工此时觉得有点胸闷，心里既委屈又愤怒，丰富的介入经验使其迅速觉察到自己的躯体反应和情绪反应都是被E女士的指责和否定所激发的，这种既委屈又愤怒的感受很可能是E女士的重要客体曾经体验到的，结合E女士的早年成长经历，社工意识到E女士是把幼年时对父母"抛弃"自己的恐惧和愤怒移情到社工身上了，E女士在等待做介入的那两个小时唤醒了她幼年被抛弃的痛苦感受，她内心很渴望父母的爱，可是既然得不到就索性让自己不需要，所以她选择的应对方式是：我远离你，就不会被抛弃。于是小时候父母来外婆家看她的时候她会躲起来，如同小时候的逃避反应一样，刚才她在受挫后会提出换一个社工。梳理清楚自己的反移情和E女士的移情后，社工理解到E女士的指责和冷漠只是她用疏远和回避来表达亲密这一人际模式的强迫性重复，她内心对关系和亲密充满了渴望。带着这样的理解，社工在后续的工作中运用解释技术，帮助E女士更好地去理解自己的人际模式和内在渴求。

在本案例中，社工忙于别的工作给E女士带来"抛弃"感，激活了她幼年被父母抛弃的创伤，于是E女士对社工产生了移情（指责和否定），并付诸行动（提出要换一位社工）。这让社工出现了躯体反应（胸闷）并感受到委屈和愤怒，这是社工的互补性反移情。如果社工不能及时觉察，而去付诸行动，攻击E女士或是接受她的提议，这就重复了E女士幼年时其父母对她的做法，这样只会固化E女士不良的人际互动模式，而没有任何矫正意义。所幸社工及时识别出自己的反移情，并通过反移情了解E女士的移情，尤其是在领悟到E女士否定并推开自己的行为背后暗藏的是对被抛弃的恐惧和对亲密的渴望之后，社工就能更加深刻地理解E女士，并成功地将互补性反移情转变为一致性反移情，在随后的工作中便能给予更多的支持和共情，促进其修复幼年的创伤。

五、支持性技术

（一）支持性技术的概念

支持性技术是精神分析的临床治疗中最为常见的干预技术。在访谈中，支持性技术是指社工通过身体及口头语言的表达，令社区矫正对象感到被尊重、被理解、被接纳，从而建立治疗同盟的一系列技术。通过以上支持性技术不仅能推动治疗同盟的建立，而且能让社区矫正对象在访谈中感受到足够的安全，使之放下"防备"，将那些深深困扰自己的内容对社工开放，最终促进社区矫正对象的心智化功能、反思能力的发展，从而达到相应的矫正目的。

（二）支持性技术的作用

在精神分析的个案矫正中，常用的支持性技术主要有专注、倾听、同理心、鼓励等。在第三章中已介绍过相关技术作为建立关系技术的运用。本节强调相关技术在干预中具有的支持性。

1. 专注

专注是指社工面向社区矫正对象，愿意和社区矫正对象在一起的心理态度。在某些人生的重要时刻，陪伴是非常重要的。当社工以专注的神情面对社区矫正对象会令其感到"他与我同在""他在专心地陪伴我"，这能给社区矫正对象带来心理上的支持，增强其面对困难的勇气和信心。专注既表现为通过生理上的专注行为表达心理上的专注，也表现为心理上的专注带动生理上的专注。生理上专注行为的主要表现有面向社区矫正对象、上身前倾以及良好的视线接触等。

2. 倾听

倾听是指社工积极地运用视、听觉器官去搜集社区矫正对象信息的活动。专注与倾听是不可分开的，是同一种行为的不同侧面。在访谈中，社工不仅要倾听社区矫正对象的言语信息，还需要观察其非言语信息，而倾听的最深层意义是要解读社区矫正对象整个人，包括其生活、行动及其问题相关的内容，所以社工在对其言语和非言语信息的搜集的基础上还需要迅速地进行思考分析和判断。

3. 同理心

同理心即共情是指社工进入并了解社区矫正对象的内心世界，并将这种了解传达给社区矫正对象的一种技术与能力。同理心包括两个层面内容：情绪同理指社工如同亲身体验一样去感受社区矫正对象的感受，是一种受他人状况感动的能力；角色同理指社工了解社区矫正对象的情境、参考构架及观点的能力。角色同理要求社工放下自己的参考构架和文化背景，站在社区矫正对象的角度去理解其问题及其相关的行为。

4. 鼓励

鼓励是指社工通过恰当的话语和身体语言去鼓励社区矫正对象继续表达其感受和想法的技术。鼓励可以达到让社区矫正对象表达、支持其去面对和超越心理上的挣扎，增强其自信及创造彼此信任的专业关系的目的。

所有以上的支持性技术都在于增强社区矫正对象的安全感，增加其对社工的信任感。总体而言，社工需要作出评估，社区矫正对象的自我功能越差，其对支持性技术的依赖越多；反之，社区矫正对象的心智化能力和自我功能越好，可酌情减少支持性技术的使用。

（三）支持性技术的实施

支持性技术贯穿介入的始终，社工需要在介入中明晰社区矫正对象的矫正需求，并逐步评估其功能水平，再以此来确定为其提供多大程度的支持性技术。一般而言，创伤轻、功能损伤越小的社区矫正对象，其潜在的心智化水平越高，社会功能会越好，则可以使用更多的表达性或探索性技术；创伤重、功能损伤越大的社区矫正对象，其潜在的心智化水平越低，则需要用更多的支持性技术来理解和维持其现有的防御，从而稳定和支持其日常的现实功能，因此社工需要根据不同的社区矫正对象，灵活地调整介入方案。

此外，对于那些严重自我缺陷、低功能的社区矫正对象而言，精神分析动力性介入也不是必需的，其他的支持性治疗、心理教育、康复服务与环境调整都可能是有效的干预手段。

（四）支持性技术的注意事项

1. 界定介入"框架"

从初始访谈开始，社工就需要和社区矫正对象说明，并在后续工作中持续性地维持好介入的框架。明确的工作设置包括：介入的地点、时间、时长、频率、注意事项、签订保密协议与保密例外、介入中断的可能性、社工休假安排、社工的基本伦理等，以及对社区矫正对象期望与目标进行探讨与商定，只有这一切就绪，才意味着社会工作的真正开始。

对于人际关系紊乱、低功能的社区矫正对象而言，稳定的设置提供了一种稳定而安全的感觉，这本身就具有干预的意义。很多社区矫正对象会有意无意地破坏工作设置，社工在处理破坏设置的行动时，应坚定地维持好工作的边界，同时也需要帮助社区矫正对象探讨对于边界和设置所激发的无意识愿望与冲突。

2. 提供共情性评论

共情性评论是指当社工倾听了社区矫正对象的叙述，感知到其想法和情绪的评论。在共情性评论中，既表达了社工听到了社区矫正对象的声音，又让社区矫正对象听到了社工自己的声音。

比如，一位社区矫正对象快崩溃了，但心智能力的受限让其很难在社工面前谈清楚自己的问题，且社区矫正对象对自身的情绪低落有着深深的恐惧与羞耻。此时，社工可以进行共情性评论："每天你头脑里的那些想法，真的耗费了你好多的精力，你依旧承受着很多的辛苦来做改变，对你来说是很不容易的。"这样的共情性评论能让拥有脆弱自尊心的社区矫正对象放松下来。

3. 维护关键防御

在精神分析流派理论中，防御是阻止各种想法、冲动、情绪进入意识层面的心理操作。关键防御对帮助个体抵挡来自无意识的恐惧、焦虑等情绪，起到庇护所的作用。因此，社工理解和尊重社区矫正对象的防御是十分有必要的，通过维护社区矫正对象关键的防御，可以让其免于退行或直面羞耻的体验。所有的防御机制都是为了保护个体远离痛苦的情感和冲突，但不同的防御在否认现实、压抑情感和破坏关系上的程度是不同的。当一些防御机制能够应对社区矫正对象当下的现实需求，并对其社会功能的破坏性较小，这样的防御机制对于社区矫正对象当下而言是具有适应性的。比如，一位接受社矫的中年男性在连续面试几次都被拒之后，其运用合理化的防御机制表达："这几家公司的待遇我都不太满意，我现在也不太需要这样的工作。"合理化的防御机制保护该社区矫正对象陷入痛苦，社工需要理解和尊重社区矫正对象的防御，在建立更为成熟的防御机制前不要轻易挑战其当前的防御方式。

4. 维持适当的自体客体移情

自体客体需求是一种情感需求；自体客体体验也是一种自我共情、自我理解的功能。在科胡特的描述中，自体客体需求是一种具有生存意义的、与生俱来的、需要获得他人理解和融合的情感需求。提供给病人的正是第二次机会，让他能够相信并内化一个好的、可靠的自体客体，而在此之前病人从未拥有过这样的自体客体。[①] 在访谈中，社工需要去识别社区矫正对象可能出现的自体客体移情，并给予相应的允许与接纳。当社区矫正对象的内心体验被社工说出时，其内心获得了一种情感性的共鸣，这种共鸣会增进社区矫正对象的自我体验和自尊感，使其自体变得更加凝聚。

---

① 怀特，韦纳. 自体心理学的理论与实践 [M]. 吉莉，译. 北京：中国轻工业出版社，2021：27.

5. 适当设定限制

在访谈中，需要考虑到一些危害矫正工作或者危险行为的限制，比如，保密例外里不自杀协议的签订，自伤或伤害行为的限制。对于有危险驾驶或者自伤自残等自毁功能的社区矫正对象，社工需要直接指出其危险性及后果，一方面表达出理解，一方面需要把工作限制在一个保证双方都感到安全的氛围内。某种程度上来说，这种限制性的支持作用，也会让社区矫正对象体验到安全感。

6. 指出进步成果

矫正工作进行一段时间后，如果社区矫正对象呈现出了一些朝向矫正目标的进展，社工需要及时地肯定其目前所取得的进步。这不仅会增加社区矫正对象的自尊体验，也有助于介入联盟的巩固。比如，一位社区矫正对象在第7次介入中，忧心忡忡地告诉社工自己无法在两个各有利弊的工作中做出选择的时候进行了以下描述："我太笨了，我没有办法决定我到底要选择哪一个工作？"社工对社区矫正对象的进步进行如下回应："我看到你能为孩子的择校问题做出决定，我也相信面对目前的困境你也是有能力抉择的。"当社区矫正对象听到社工这样说的时候，微微一笑，坐直了腰杆，说起话来变得更有力了一些。社工指出社区矫正对象在干预过程中取得具体进步，实质上是对社区矫正对象内在受损的自体进行镜映，使其不再体会到自己是那么无能为力、虚弱的，使其自体得到一些凝聚感，更有力量去面对当前的困境。

7. 重回此时此地

随着精神分析的不断演化发展，在如今的社会工作中，更加看重社工和社区矫正对象之间此时此地的解释，以及对当前生活的解释。重回此时此地能让社区矫正对象有能力、主动性参与当下关系，特别是和社工之间的关系中探讨和理解，这种聚焦当下的方式可以让社区矫正对象获得更多的掌控感和安全感。

8. 表达出真实的兴趣和尊重

在介入中，社工通过对移情和反移情的理解和识别来真正开启对来访者的兴趣与尊重。这不仅能打破僵局，还能让社区矫正对象在无意识中接收到社工的兴趣与尊重，促进社区矫正对象在介入中的自我探索。

（五）支持性技术的应用

案例6-5

个案简介

C先生，男，55岁，大专学历，已婚，育有一子，因公司经营中虚构事实获取巨款以诈骗罪被判十年。其表现良好，符合条件近期保外就医。C先生为家中长子，弟弟小其1岁，妹妹小其5岁，父亲为转业干部，在政府部门任职多年后退休，母亲为全职主妇。社工介入多次后，C先生表达原生家庭家教森严，自己幼时顽劣经常被父亲严厉教育。母亲慈爱，但过去更疼爱早产的弟弟。C先生出监后，难以控制饮酒和进食，不听妻子劝阻，母亲常来劝说和照顾。C先生敏感压抑、回避外出、谨言慎行、长期胃疼、长期失眠，且患有严重的糖尿病。在介入之处较少谈情绪和感受，更多描述身体问题。介入工作进行了一段时间，C先生渐渐愿意谈一些儿时往事。

C先生：我印象最深的一次是我小学二年级的时候，有一天和机关里的几个小伙伴们一起在院子里踢球玩，我弟一脚把球踢到一楼叔叔家的窗户上，玻璃碎了。后来我爸狠狠地揍了我一顿，我妈护着我弟就在旁边看着……（眉头一紧）我弟好像就只挨了几句骂，我妈一直护着他，我爸后来也没打他。

社工：（身体稍稍前倾，面带微笑地注视着C先生）你当时有什么感受？

C先生：我气啊，到现在想起来都气啊！（语速加快，有点激动，胸口有明显的起伏）

社工：（关切地看着C先生）

C先生：（迎上社工的目光）那一脚明明是我弟踢的，挨打的却是我！

社工：父母对你们的双标让你觉得很不公平，又委屈又愤怒？

C先生：对，（低头，叹了一口气）不过想想也是，我弟从小就体弱多病，哪里受得了我爸暴揍，我妈总护着他也是应该的，再说我弟从小成绩就比我好，从来不让我爸妈操心。

社工：你内心似乎很矛盾，一方面对于父母的偏心感到很愤怒，而另一方面又很想去理解这个偏心，去理解弟弟体弱多病、成绩好。

C先生：确实是这样。

社工：此刻我很好奇你的愤怒都藏到哪里去了？

C先生：（茫然地看着社工）我从来没有想过。（沉默）确实是的，我其实一直是生气……

社工：（保持目光注视，点头）

在本次介入中，社工运用了专注、倾听、共情和鼓励等支持性技术。社工的专注贯穿介入全程，表现在其一直保持着身体前倾和与C先生的目光接触。社工在倾听C先生言语信息的同时也在观察其非言语信息，比如其注意到了C先生讲话时的面部表情和语音语调的变化等。社工还在C先生有情绪流露时及时给予了共情，最后用言语和非言语信息对C先生进行了鼓励。经过前期的介入，社工了解到在C先生婴幼儿时期，母亲因怀孕和弟弟早产而未能给其提供足够的关爱，其很多需要都没有被满足，也未能完成和母亲融合的愿望，且在和弟弟的手足竞争中一直都是失败的，社工猜想C先生潜意识中压抑了很多对家人的愤怒。以上支持性技术的使用在增强C先生的安全感的同时也增加了其对社工的信任感，很好地促进了介入的进程。

六、表达性技术

（一）表达性技术的概念

表达性技术又可以被称为探索性技术或者释义性技术。当社工能够真正地倾听到社区矫正对象的痛苦、冲突、愿望之后，在支持性技术的基础之上，社工可以鼓励社区矫正对象对其所处的情境、所表达的内容进行探索，并在现实困境中去构建很多假设，然后再去验证这些解释，最终促使社区矫正对象对其问题有新的领悟。最理想的状态是不仅能促使社区矫正对象有能力去构建对自己当前困境和犯罪原因的解释，而且能促使社区矫正对象有能力建构对自己生命的解释。

（二）表达性技术的分类和作用

在个案矫正工作中，常用的表达性技术有澄清、面质、解释等。

1. 澄清

澄清指社工试图找到社区矫正对象那些无法言说、缺乏逻辑、滔滔不绝、含混不清的表达背后的逻辑和本质，使之前后一致、变得清晰和有逻辑的尝试。比如：有的社区矫正对象只会用"烦"来表达其所有不满的情绪，那么澄清可以试着在"烦"一个情绪层面进行拆解，比如，社工可以说："我听到你在说你很心烦，但是就你给我的感觉而言，对于事件 A，你更多的是感到担忧；而对于事件 B，你更多的是一种无力感，就是做什么也不能让事情有所转机的感受，不知道我这样的感受是合适的吗？"通过澄清，让社区矫正对象模糊不清的感受变得相对清晰。在社区矫正工作中，大量的澄清工作可促进社区矫正对象进一步的自我理解。

2. 面质

在支持性技术和澄清的基础上，如果社区矫正对象对一些显而易见的事实加以否认，社工需要根据社区矫正对象的可接受程度，对其进行面质，即协助社区矫正对象去直面事实。面质不仅能澄清社区矫正对象表述中的矛盾，而且能促进社工对其问题的了解。

3. 解释

解释是精神分析最重要的工具。经典精神分析认为解释是整个动力学心理治疗工作中真正起作用的部分；自体心理学创始人科胡特认为解释是精神分析让个体通往自我接纳的核心技术。解释意味着让潜意识的现象进入意识，社工通过解释，可以让社区矫正对象更清楚地了解自己目前的情感、态度和行为方式，并能更多地明了自己内心深处的欲望和动机，看到自己的情感、行为方式是如何受动机及欲望的推动和影响的。看到当前的心理活动方式是否能够真正有效地满足其心理需要、实现其潜意识的欲望。当社区矫正对象接受了社工的解释时，其思维、情感、防御方式及行为等都会发生相应的改变，以此起到矫正的作用。

（三）表达性技术的实施

表达性技术需要社工根据干预的进程、当下的现实情境以及社区矫正对象的需求灵活运用。通常在支持性技术的基础上使用，在良好的专业关系中，在社区矫正对象感受到了充分的理解和支持之后，表达性技术才能最大化地发挥其对矫正工作的促进作用。

（四）表达性技术的注意事项

1. 注意措辞

社工在进行内容表达时应注意措辞的缓和、尊重，不应该认为自己的观点是唯一正确的、必须执行的。

2. 以社区矫正对象为中心

社工做出情感表达是为社区矫正对象服务的，而不是为作反应而反应，或者为了社工自己的表达、宣泄。因此其所表达的内容、方式应有助于介入工作的进行。

3. 慎用面质

面质一般要在介入关系比较稳定的情况下，或者介入过程中社工认为有必要澄清某些矛盾的信息，或提醒社区矫正对象一些阻抗行为和无意识错误，或旨在挑战社区矫正对象的思维方式或价值系统时才使用。

4. 解释不宜过早过多

在个案矫正工作中，不宜过早进行大量的解释。因为解释的目的是让社区矫正对象看到其尚未意识到的内容，是让潜意识的矛盾和需求被意识所理解。社工太早进行解释可能会让社区矫正对象难以理解，还可能会引起社区矫正对象的阻抗。解释需要循序渐进地，在社区矫正对象有所准备的情况下进行，且仅对社区矫正对象未意识到、但能理解的部分进行解释。

5. 以共情为基础

共情既是一种支持性技术，也是一种表达性技术，可以让社区矫正对象体会到被理解被支持，同时也开启了其自我探索的可能。社工在介入中需要用共情的方式去表达澄清，以及使用面质和解释技术。

（五）表达性技术的应用

案例 6-6

个案简介

E女士，女，24岁，大专学历，未婚，因酒后寻衅滋事被判刑两年，缓刑两年。入矫后E女士服从各项管理，但认为刑罚太重。（同案例6-3）

经过前一次的"换社工"的风波后，E女士对社工更加敬重和信任。

E女士：（语速低沉、缓慢）最近状态很差，好不容易痛下决心戒酒了，可又鬼使神差地往酒吧跑，每天就是家、公司和酒吧，像个行尸走肉。我也知道那些都是酒肉朋友，但是起码有人陪我……

社工：（身体前倾，关切地注视，并微微点头）你说你状态很差是指？

E女士：昨晚我跟朋友喝到凌晨两点多才回家，我妈又在等我，劈头盖脸就骂了我一顿。

社工：（保持注视，保持呼吸的一致）

E女士：她骂我是讨债鬼，说我不让他们过安生日子……她还说要不是担心我再犯事，早就把我扫地出门了……她以为我愿意在那个家里住吗？要不是她和我爸都反对，我早就搬出来了！

社工：听起来你很生气。

E女士：对，我都要气死了，我又没让她等！

社工：（轻轻点头）

E女士：她又说我从小就不让她省心，有一次她来外婆家看我……我从小到大都是这样，什么事都做不好。（声音哽咽）

社工：讲到这里你似乎有很多委屈和悲伤？

E女士：我一点用都没有，没有给爸爸妈妈争气，还吃了官司……（点头拭泪）

社工：一点用都没有？

E女士：（低头沉思，过了半分钟茫然地看向社工）真的没有。我只是没有勇气去死，我觉得我该死……

社工：如果有一点用呢？

E女士：（眼圈一红、眼泪大滴大滴落下、哽咽着）我真的尽力了，尽力了……

社工在本次介入中不仅运用了专注和共情等支持性技术，还运用了澄清、面质和解释等

表达性技术。支持性技术表现在社工始终对 E 女士表达着关切，并保持着均匀悬浮的注意，当 E 女士有情绪流露时给予及时的共情。当 E 女士说自己从小到大什么事都做不好的时候，社工先运用了面质的技术，帮助 E 女士看到自身的矛盾。

> **小贴士**
>
> 全面推进社区矫正，健全社区矫正制度，是维护社会和谐稳定、推进平安中国建设的迫切要求，是完善刑罚执行制度、推进司法体制改革的必然要求，是体现国家尊重和保障人权、贯彻宽严相济刑事政策的内在要求。要切实增强政治意识、大局意识和责任意识，认真做好社区矫正工作，健全社区矫正制度，更好地发挥其在维护社会和谐稳定、推进平安中国建设中的积极作用。

第三节 认知行为个案矫正干预技术

认知行为干预技术是在个案矫正工作中使用的注重指导社区矫正对象行为和思维的技术，并用选择性认知技术来替代已有的不良思维模式，以提升社区矫正对象的亲社会行为。认知行为干预技术重点强调促进社区矫正对象的认知和行为的改变，而不是不加思考地做出反应和行为，对潜在的问题做出更有预期、更有计划的反应，形成更开放、更合理、更全面的思维模式和行为习惯。社区矫正对象接受循序渐进的指导并进行有目的的反复练习，逐步掌握并在现实生活中应用。

认知行为干预技术由认知疗法和行为疗法的干预技术逐步融合而成。认知行为个案矫正技术以两条核心原则为基础：一是个体的认知对情绪和行为具有控制性的影响；二是个体的行为能够强烈影响思维模式和情绪。基本认知行为模型如图 6-1 所示。

基本认知行为模型强调个体的认知性评估起着核心作用。认知性评估指个体总是对发生在环境和自己身上的各类事件进行评价。当个体在事件发生

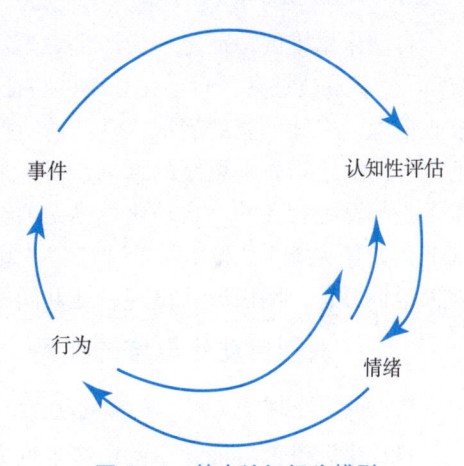

图 6-1 基本认知行为模型

前产生适应不良的认知性评估，通常伴随负性情绪的产生，进而导致行为反应的不当，引发不良事件的发生。个体进一步产生不良的认知性评估，形成认知行为过程的恶性循环。认知行为干预技术在社区矫正个案矫正的工作流程一般为：心理评估—重新概念化—新技能习得—新技能整合和重新应用—维护与巩固—干预后随访。矫正工作按计划结束后，社工还需要根据情况决定是否需要强化治疗以巩固效果预防复发。社区矫正对象因原生家庭、成长环境、个性特征、重大事件等，常出现愤怒和敌意等情绪障碍、婚姻家庭问题、复杂性哀伤。认知行为个案矫正干预技术对矫治社区矫正对象的心理行为问题、促进社区矫正对象回归社会、调整心态应对生活事件等效果显著。使用认知行为矫正技术对社区矫正对象进行干预，也是基于通过结构化训练帮助社区矫正对象习得或重新养成一些早年经历中未掌握的必要技术，重建理性信念，改善与社会的互动关系。

一、自动化思维处理技术

（一）识别自动化思维的概念

1. 识别自动化思维的概念

自动化思维源于贝克的认知矫正疗法。自动化思维，顾名思义是指大脑中自动产生的思维、观念和想法。自动化思维很多来源于个体的核心信念。自动化思维的出现，是长期训练后的惯性，无须努力就会产生，而且听起来似乎很合理，但与现实不符，不容易被识别出来。"消极"的自动化思维，会显著地影响个体的心理健康水平，甚至导致心理疾病和严重的社会适应问题。认知行为理论认为：当个体能够觉察自动化思维时，就可以进行现实检验。对自动化思维进行处理，可以帮助个体区分自动化思维与现实事件的差异，可以帮助个体觉察引起自身情绪的是面对事件时的自动化思维。例如：当社区矫正对象回到工作岗位上，与同事因工作原因进行沟通，同事因有其他公务没能认真听他说话时，社区矫正对象很可能会因为自身的核心信念"我无能"而迅速产生"我因为被判刑因而被人歧视，所以他敷衍我的谈话"的自动化思维，进而产生情绪困扰，如情绪低落、焦虑、悲观、愤怒等。

识别自动化思维就是把看似自发涌现、简短且迅速的想法识别出来，使之易于被预测，为后续的干预奠定基础。

2. 自动化思维的特征

自动化思维的特征之一为产生迅速。自动化思维经常以思维流的方式出现，且"顺理成章"，不易被觉察。自动化思维的特征之二为自发、简洁伴有强烈的情绪。自动化思维是核心信念、中间信念的展现，常与情绪伴随，背后存在着情绪逻辑。很多社区矫正对象常常把自己的情绪当作是思维的结果，而不是思维本身。但实际上，社区矫正对象感受到的情绪常常是与思维相关的。自动化思维无须经过意识和思维，自动产生，往往是带有评判性质的词汇，如"无能""弱小""讨好""羞耻"等。自动化思维的特征之三为常以速记出现。常以语词形式、图像形式出现，或共同出现。

（二）识别自动化思维的作用

1. 加快处理自动化思维的速度

自动化思维的特征之一就是产生迅速，不易觉察，因此基于核心信念的某些自动化思维常常在不被觉察的情况下出现。通过识别自动化思维的训练，个体就能在自动化思维出现的时候迅速觉察，并且在一定程度上进行现实性、批判性的检验。例如：刚刚入矫的社区矫正对象，路过社区活动广场，感觉路人看了自己一眼，一个念头很快就浮现出来——"他看不起我，他嫌弃我"。通过识别自动化思维的训练，该社区矫正对象很快能觉察到这个念头的浮现，并能够对这个念头进行一些检验，比如拓展很多种关于"这一眼"的含义。最初这些信息加工处理过程需要在社工的帮助下一次次澄清，随着训练次数的增加，社区矫正对象觉察自身信息加工处理过程会越来越熟练。

2. 促使情绪积极转变

认知模式表明：个体对情境的解释，会影响个体之后的情绪、行为和生理反应。这些解释常常以自动化思维的形式表现出来。有些消极情境（如被人攻击或被其他人拒绝等）确

实让人困扰，但是当个体存在消极的自动化思维，常常对一些中性甚至积极情境也会产生误解，如《三国演义》中曹操杀害吕伯奢全家的情节，也是曹操对积极情境的误解。这样的误解源于个体的自动化思维对现实情境的曲解。识别自动化思维有利于使个体对现实情境的理解更为积极、更为多元、更具适应性。当个体对现实情境有着更为恰当的理解时，个体的情绪也会从消极转化为平和或积极。

（三）识别自动化思维处理技术的实施

识别自动化思维前，通常社工需要给社区矫正对象简要讲解自动化思维，使社区矫正对象认识到自动化思维的存在以及识别自动化思维的意义。

1. 识别自动化思维

个体情绪强烈变化时，往往存在自动化思维。这时个体可以反思："刚刚我在想什么？"来进行初步识别。社工在与社区矫正对象的工作中，当出现以下两种情况的时候，社工可以通过提问来帮助社区矫正对象识别自动化情绪：一是多次描述类似的困境；二是会谈中社区矫正对象的情绪转变为消极，或者在言语中表露出消极。社工可以问"此刻，你想到什么"，这个提问能够使社区矫正对象逐渐建立对情绪与思维进行识别的意识。

2. 评估自动化思维

通常使用苏格拉底式提问来评估自动化思维的影响。社工需要把收集的材料按情绪、行为和生理反应进行分类，通过苏格拉底式提问尝试理解社区矫正对象的经验和观点以及内在的核心信念如何导致在某些特定情境中产生了某种自动化思维，并影响到自身的情绪。评估自动化思维的影响包括评估自动化思维出现的频率、伴随情绪的性质和强烈程度、对社区矫正对象社会适应的影响程度等。

3. 评价自动化思维

基于对社区矫正对象的自动化思维的评估，社工访谈中需要进一步评价自动化思维的重要性。对于访谈中社工识别出的自动化思维，社工需要进行概念化，思考并定性哪些自动化思维是重要的、值得关注的。一般通过以下类型的思考进行评价：这个自动化思维让社区矫正对象痛苦吗？会造成社会功能的损伤吗？出现的频率高吗？通常社工在多次评估社区矫正对象的自动化思维后，能更好地进行自动化思维的评价。

4. 应对自动化思维

社工帮助社区矫正对象应对负面的自动化思维，常采用觉察、命名、接纳、分心、放松等技术进行应对。比如：通过记录问题清单或思维记录表，帮助社区矫正对象更好地觉察自动化思维。社工邀请社区矫正对象对自动化思维的运作进行总结后，指导社区矫正对象记录问题清单或思维记录表。在访谈的间隔期或个案矫正结束后，社区矫正对象可以使用问题清单等来应对自动化思维，将访谈中的收获迁移到生活中。同时，应对自动化思维还需要多种干预技术的综合应用。

（四）自动化思维处理技术的注意事项

1. 当引出自动化思维存在困难时，社工可以更换提问方式、询问详细描述、角色扮演等方式引出。

2. 如果社区矫正对象仍然很相信自动化思维，通过识别、评估、评价、应对等一系列工作之后，社区矫正对象的情绪并没有好转，那么社工需要重新进行识别。

（五）自动化思维处理技术的应用

1. 识别自动化思维

案例 6-7

个案简介

A先生，男，35岁，大学专科学历，已婚，育有一子，因在公司业务中违法操作被判假冒注册商标罪，判刑三年，缓刑三年。入矫以来A先生能服从各项制度，参与法制教育、思想教育和劳动教育等。A先生在该公司已工作十余年，是该公司的业务骨干，入矫后继续在原公司工作。其违法事实和矫正状态公司领导和同事均知晓，但大家对A先生态度自然，领导对其矫正教育等活动给予支持。A先生接受社区矫正近一年，常常自责，认为自己害了家庭和孩子，尤其是"祸害"了孩子，影响孩子未来的职业选择。虽然A先生继续开展业务工作，能完成公司要求的任务，但A先生觉得自己是吃老本，如同行尸走肉，认为自己一无是处。

（访谈节选）

社工：可以谈一下昨天你在家里一个具体的、有情绪的时刻吗？

A先生：可以。昨天吃完饭后心情不太好。

社工：当时你有什么感受？如果用一个词来形容的话？（了解社区矫正对象当时的情绪反应）

A先生：（思索）很沮丧。

社工：当时你看到了什么？（尝试寻找引起情绪的现实性事件）

A先生：我看到我娃儿在写作业，非常认真。

社工：当你看到这个场景时，你想到了什么？（提示社区矫正对象反思自己的自动化思维）

A先生：（沉默数秒）我娃儿这么用功。娃儿看不起我。

社工：是的，你的儿子很用功，你看到了。而你觉得孩子会看不起你的想法称作自动化思维。每个人都有，就像是从脑子里自动涌现出来一样，所以叫作自动化思维（介绍自动化思维的概念）。回到刚刚的情境中，好像让你沮丧的不是儿子用功这个事，而是你看到儿子很用功，你快速地想到了孩子看不起你。这个想法来得很快，同时足以影响你的情绪。因为他们来得很快，所以我们更多意识到的是当时的情绪而不是想法。而且想法有可能是被歪曲的（指出刚刚对话中的自动化思维）。好像你容易感受到被看低，看见儿子用功你会想到，看见同事总会觉得他们好像在关注你、在贬低你（联系之前反复出现的类似情景）。

A先生：哦，刚刚我的想法是自动化思维？

社工：是的。我们要做的就是一起来识别你的自动化思维，然后对它们加以评估，看它们在多大程度上是正确的。

2. 评估自动化思维

社工：刚刚我们谈到你对自己的同事们充满了内疚之情？

A先生：是啊。

社工：那你能说说为什么会内疚吗？

A先生：我就是内疚啊。我做的事情（指假冒注册商标）就是给公司抹黑啊。

社工：你一直在关注过去的事情，好像不容易看到现在。

A先生：我做什么也没有用。

社工：你是指？

A先生：大家还是看不起我啊，这个也自然啊。

社工：你很容易觉得被看低，好像也很无力。你每天上班的时候有多长的时间处于自责中呢？

A先生：基本上都是（在自责中），只有特别忙的时候会好一点。

以上的访谈中，社工评估了A先生自动化思维带来的影响、自动化思维出现的频率等。

3. 评价自动化思维

社工：现在，你每天上班，觉得自己成了同事和领导们的累赘，你感到很内疚。这种内疚多大程度影响到你的工作？

A先生：90%？或者更多一点。

社工：觉得别人看不起自己的想法，又会多大程度地影响到你呢？

A先生：有点不好说，70%应该有的。

社工：你能具体说说当感到被看低的时候，会怎么影响你的状态？可以举个例子吗？

A先生：上班的时候，总是很紧张，生怕做错什么。因为觉得自己是个累赘吧，就害怕和同事打交道。因为很紧张，很多工作都会拖延一下，然后又会自责……

社工：听起来感觉被看低的想法严重影响了你的生活和工作。

4. 应对自动化思维

社工：现在，A先生，你想象一下，如果你回到家中，看到你的儿子正在认真做作业，你心中又出现了"孩子看不起我"的思维时，你想要提醒自己什么？

A先生：让我想想。（沉默几秒）我可能需要告诉自己，我这个想法有问题。并没有那么糟糕，我还是做了一些事情的。

社工：那么，那一刻你的沮丧应该怎么应对呢？

A先生：先停下来，不要一直担忧。可能是我的想法让我那么担心，而不是事实。

社工：很好。那么我们可以试着把这些记录下来。

二、识别中间信念矫正技术

自动化思维通常由个体的中间信念和核心信念引起。中间信念包括规则、态度和假设，核心信念包括对自我、他人和世界的整体观。下面重点阐述中间信念的矫正技术。

（一）识别中间信念的概念

中间信念，是应对某个生活侧面的一套心理策略，或者被称为心理机制。这套心理策略实际上包含社区矫正对象对待生活某个领域问题的认知观念和行为方式。个体的核心信念不同，决定了中间信念的这套心理策略大相径庭，进而各有行动，不一而足。贝克认为，中间信念有三个部分：态度、假设和规则。态度体现个体对事物的评价和理解。通常指个体的消极情绪，即个体认为特定的事物是糟糕的、可怕的、危险的。假设分为积极假设和消极假设，是个体对某个事件会导致某个结果的一种预判。规则是对自己行为方式的要求。通常包含"应该/必须"等关键词。

识别中间信念就是识别个体关于自身、他人以及世界的、隐藏的、通常并不清晰的态度、假设和规则。

（二）识别中间信念的作用

贝克将中间信念定义为个体在成长过程中逐步发展的，处于核心信念和自动化思维之间的认知观念。中间信念是核心信念在生活工作多领域中的具体表现，也是自动化思维的重要基础。中间信念是个体应对生活的心理策略，使得信息的加工更加简便。而且中间信念在核心信念和自动化思维之间起到承前启后的作用。

识别中间信念有助于社区矫正对象觉察自己过度使用的应对策略，有助于其未来使用更灵活及更实际的应对策略。识别中间信念有助于社区矫正对象觉察自动化思维的来源，更好地应对自动化思维。

（三）中间信念识别与矫正的实施

社区矫正对象面临突发事件、危机或让他产生负面情绪的场景、对话时，常常出现"都是我的错""未来会是糟糕的"等中间思维。通过提问引导社区矫正对象识别中间信念后，社工可以通过和社区矫正对象讨论等方法，采用评估零点技术、认知连续体技术、饼图技术、多重环节技术和照见未来技术等，帮助社区矫正对象建立更为合理的信念。识别中间信念的方法主要有以下几种。

1. 基于提问方式

通过提问引导社区矫正对象将中间信念作为自动思维表达。结合识别自动化思维技术，通过具体的提问关注社区矫正对象在自动化思维背后的态度、假设和规则。

案例 6-8

个案简介

A先生，男，35岁，大学专科学历，已婚，育有一子，因公司业务中违法操作被判假冒注册商标罪，判刑三年，缓刑三年。入矫以来A先生能服从各项制度，参与法制教育、思想教育和劳动教育等。（同案例6-7）

社工：当你看到孩子认真做作业的时候脑子里想的什么？

A先生：娃儿这么努力用功读书，但是将来却没有一个好前程，都是因为我违法犯罪，都是我的错！（中间信念）

社工：什么是好前程呢？

A先生：有编制，做公务员。现在还是要稳定点的工作才行，你看现在好多行业不景气。我要不是为了业绩好看，也不会出事。

社工：你会关注你孩子难以实现的部分。如果没有编制，不是公务员，孩子还可以选择什么职业或者生活方式是你觉得很好的？

A先生：（沉默）能去个国企也很好（沉默），其实娃儿自己觉得开心就好。

社工：我听到你对孩子深深的爱，只是会想：事业单位和政府部门里的工作人员，有没有不开心的呢？

A先生：也有的。

社工：你其实会很客观地看待世界：孩子未来在职业中、生活中能不能开心，和哪些因素有关呢？

A先生：现实条件吧，心理状态。现在才觉得，一个人心态太重要了。像我吧，就属于心态不好的。知道，但是改不了。

社工：你有很多反思啊，你触犯法律对孩子的未来的影响会是全面的影响、灾难性的影响吗？

A先生：也不是吧。我就是会控制不住这样想，冷静下来也知道不至于这样。

社工：所以呢，第一，你触犯法律对孩子的影响只是一部分；第二，你还可以在其他方面对孩子有积极的影响，帮助孩子有一个好的未来。（矫正中间信念）

A先生：对，对。

2. 基于完形方式

通过提供假设的前半部分，试着引出一个完整假设。

社工：看到孩子努力学习的时候，你好像有很多的担心。

A先生：是的。

社工：你担心孩子会怎样？

A先生：娃儿再努力也没什么用，将来读书、就业、结婚都受影响。

社工：你的意思是你触犯法律，就会影响孩子一辈子。（中间信念）

A先生：是的。

3. 采用直接引出

社工：你看到孩子努力学习，会想到自己的不好？

A先生：是的。

社工：觉得违法事实让孩子的未来没有希望，对吗？

A先生：就是，我对不起娃儿。

4. 采用箭头向下技术

箭头向下技术可识别中间信念，也可识别核心信念。当社工确认了一个重要的自动思维后，可询问社区矫正对象这个自动思维对自身的意义，通过持续地提问，直到发现多个重要信念。

社工：工作中你常常感觉到内疚。

A先生：是的，如果不是我做错了，也就不会影响自己和别人。

社工：你觉得内疚时，会想到什么？

A先生：我出了事，大家都会看不起我。

社工：嗯嗯，别人看不起你的原因是什么？

A先生：我没用，把事情搞砸了，害了大家。

5. 寻找共同点

社工：看到孩子努力学习你会觉得孩子看不起自己，工作中你也会觉得同事看不起你。好像你觉得违法后，自己就一无是处？

A先生：是的，我就是觉得自己没用——在家拖累家人，在公司拖累同事。

社工：是啊，觉得自己没有用，在很多时候这种想法都会跑出来。然后也会觉得自己没有希望了，是吗？

· 207 ·

A先生：（低头捂头）我就像个行尸走肉。

社工：我理解，原来很多情绪的背后有这么多的想法。

6. 直接询问

社工：A先生，你内疚的原因有违法行为，还有其他相关的想法吗？

A先生：就是觉得别人会觉得受牵连，责怪我。都是我不懂法，都是我的错。

7. 问卷评估

识别中间信念还可以采用标准问卷或自编问卷了解社区矫正对象的内在想法。

（四）中间信念识别与矫正的注意事项

在中间信念的矫正过程中，如果自动思维阶段的实例不足，或者应用苏格拉底式提问后，社区矫正对象对新信念的相信程度也并不高，社工切忌强行要求社区矫正对象改变信念。社工可以邀请社区矫正对象一起尝试设计行为试验，看看试验的结果支持新信念还是旧信念。随着行为试验的实施，更多的证据指向新的信念时，社区矫正对象对新信念的接受程度会越来越高。

（五）中间信念识别与矫正的应用

案例6-9

个案简介

A先生，男，35岁，大学专科学历，已婚，育有一子，因公司业务中违法操作被判假冒注册商标罪判刑三年缓刑三年。入矫以来A先生能服从各项制度，参与法制教育、思想教育和劳动教育等。（同案例6-8）

1. 苏格拉底式提问

社工：你对"如果我寻求心理咨询，就意味着我自己能力不足"这个信念的相信程度是90%，对吗？

A先生：是的。说明自己就是搞不定。

社工：那我们换个角度来看这件事，有没有可能寻求心理咨询代表着力量？请你假设一下，以你现在的状态，如果不寻求心理咨询意味着什么？

A先生：可能依旧是现在这种情绪状态吧，或者会越来越差。

社工：那是不是意味着，当你出现抑郁状态时，寻求帮助是一种突破，比停留在抑郁状态中更需要努力？

A先生：算是吧。

社工：那我们来假设一下，如果有两个人，都在抑郁状态，一个寻求了帮助，一个没有，那么你觉得哪个人更有能力？

A先生：寻求帮助的那个吧。起码他能够想到突破现状改变自己？

社工：好的，那么你觉得，接受心理咨询意味着自己能力不足这个信念，你对此相信多少呢？

A先生：大概50%吧。

社工：刚刚那个就是你的旧的信念，请你写下来，并在旁边写下"50%"。接下来请你写"新信念"几个字。你认为对新的信念该如何表述呢？

A先生：寻求专业的心理咨询，并不一定意味着能力不足？
社工：好的。你对新的这个信念有多相信？
A先生：60%~70%吧。

2. 设计检验行为实验

社工：刚刚我们识别了你的一个信念——"如果寻求心理咨询，就是没有能力的标志"，你对它的相信程度是50%。
A先生：是的。我认为，只有自己的能力不足，搞不定的时候，才需要寻求帮助。
社工：我们可以来看看在来会谈的路上或者会谈的过程中，你有没有感觉到有力量的瞬间？比如：在来的路上，感受一下自己脚步的力量；在会谈的时候，觉察一下自己言语的流畅、对未来偶或的希望，或者某个瞬间的笑意。在那些时候可以算你对应对能力的表现吗？
A先生：我感受不到。
社工：你说这句话的时候就会有笃定的感觉。如果我们确实感受不到，要相信这样的力量只是蛰伏了起来。但是你可以试着来感受一下隐藏的自我力量。

3. 引入参照人物

社工：A先生，刚刚我们谈到，你觉得在工作中如果做得不是最好，就意味着自己没用，那根据你的了解，你周围有抱有类似想法的亲朋好友吗？
A先生：我想想，可能我的同事小张也会这么想。
社工：你觉得这个信念对小张来说正确吗？
A先生：不太正确吧，小张脑子好使。他认真做事根本不会出错。
社工：有没有可能他觉得工作做错了也意味着自己没用？
A先生：有可能的。
社工：那如果他工作中出了错，你会觉得他没用吗？
A先生：那倒不是。他能力强啊。
社工：那对此你怎么想的？
A先生：虽然可能工作中会有错误，但他也不是没用的。
社工：你觉得这个观念适用于你吗？
A先生：哦。我觉得可以。

三、核心信念的识别与矫正

（一）识别核心信念的概念

核心信念是从童年起逐渐形成的关于自己和世界的看法，是最根深蒂固的认识和标准。每个人都认为自己的核心信念绝对真实和正确。当然，核心信念有正确和错误之分，错误核心信念可能任何时间都处于激活状态，更可能在个体处于抑郁或焦虑状态时被激活。

识别核心信念的概念与识别中间信念的概念类似，只是在识别核心信念时，社工还可以在个体的自动思维中寻找核心的主题。

（二）识别核心信念的作用

核心信念是我们思考的根本依据。人类在进化过程中，为加强对世界的认识和理解，形成了一套独特的认知模式。这种模式会在不断地重新发生的事件中，搜索与过去经历过的类似事件的相同因素，以便借鉴过去的经验更好地解决新问题，从而保持物种的生存和发展。这种思考的连续性和选择性，在个体形成了核心信念之后进一步发挥作用，不断地从新事件中找寻证据来强化支持这一核心信念。

识别核心信念，能帮助社区矫正对象更清晰地认识到心理问题和症状的根源，促进社区矫正对象建立合理信念和适应性行为模式。以案例 6-9 的 A 先生为例，A 先生一系列的自动化思维和中间信念的背后，存在着"我没有用"这一核心信念。从信息加工模型中可以发现，错误的核心信念一般难以发现和根深蒂固。所以越早开始对核心信念进行矫正，心理问题就能越早得以解决。

（三）核心信念的识别与矫正的实施

1. 核心信念的识别

负性核心信念分为无能类、不可爱类和无价值类。无能类的核心信念主要主题包括：完成某事的（"我没用""我不能胜任某事"等）、保护自己的（"我很脆弱""很无能""很容易被伤害"等）、取得成就的（"我很失败""我不合格"等）。不可爱类的核心信念主要主题包括我不可爱、我不受欢迎、我没有吸引力或自身有缺陷等。无价值类的核心信念主要主题包括我毫无价值、我是废物、我会给别人带来灾难等。

识别中间信念时，往往会带来核心信念的识别。对多个中间信念的归纳，往往能发现社区矫正对象的核心信念。

2. 核心信念的矫正

矫正核心信念，最重要的是区分核心信念的类型，并找出根据该类型和具体的自动化思维产生的心理假设。具体步骤如下。

（1）使用识别中间信念的技术识别核心信念，形成假设。在个案概念化阶段，你需要根据社区矫正对象的资料对他的核心信念进行假设分类。

（2）与社区矫正对象检验核心信念假设，并根据收集的信息修正、更新假设。

（3）教育社区矫正对象识别自己的核心信念，并学会监控核心信念的运作。

（4）帮助社区矫正对象准确树立和巩固一个新的、具有更好适应性的核心信念，并强化。

（5）调查负性核心信念的早期起因、为何维持至今和对当前问题的影响。

案例 6-10

个案简介

A 先生，男，35 岁，大学专科学历，已婚，育有一子，因公司业务中违法操作被判假冒注册商标罪，判刑三年，缓刑三年。（同案例 6-8）

社工：A 先生，在过去几次会谈中，我们已经探讨过很多不同的问题——你在工作中的成就感、在家庭中的付出等，无论何时我们检查你的思维，问到你的同事、领导或者你的孩子、父母、妻子等时，你总说你在他们面前太无用了。

A 先生：对啊，我真的太没用了。

社工：A 先生，你认为"自己没用"这个想法，就是我们说的核心信念。接下来我会告诉你一些关于核心信念的知识，这些知识可以帮助你更好地理解为什么我们对它的评估和改变很难，好吗？

A先生：好的。

社工：首先我们要知道，核心信念是一个当你情绪良好时基本不会相信它存在的想法。反过来说，当你情绪低落时，即使有与这个想法完全相反的证据，你也基本不会改变这个想法。

A先生：嗯嗯。

社工：当你情绪低落的时候，这个想法就在你的大脑里活跃起来。这时，你很容易注意到那些支持这个想法的事件，而忽略那些与之相反的事件。

A先生：我不确定是不是这样。不过你这样讲会让我有……有些思考（语速变慢）。

社工：好。让我们来举个例子说明。从接受刑事处罚以后，你在工作中任务完成得怎么样？

A先生：还可以吧。

社工：同事们怎么评价你的工作呢？

A先生：他们？还是比较接纳我的，没有对我的工作指责什么。

社工：（微笑着点点头），你会不会忽略同事们对你的接纳，有意无意地过滤掉正面信息，筛选留下负面的信息呢？

A先生：没有啊。我觉得他们没有指责我，是可怜我。

社工：（身体微微前倾，带着善意的笑意）我听到你正在"筛选"，可以这么说吧。当然我们每个人都有类似的过程。回顾刚刚我们的对话，你能看到自己是如何把与"我没用"这个核心信念相悖的信息忽略掉的吗？

A先生：嗯。好像有些明白。

社工：那么咱们现在想想，还有什么事件能够表明你是有用的、有能力的，即使可能你不这么认为。

A先生：（思考）我带我娃学足球算不算？我自认为足球的基本功还是挺好的，但是要想教别人可能不行，教娃足够吧。

社工：这个例子很好。听起来你平时不太关注自己踢足球还不错，忽略掉自己的运动能力，好像是因为这不符合你内心里那个"我没用"的想法。你孩子对这件事什么态度？

A先生：他很高兴，好像我会足球这事让他确实挺崇拜我的。

社工：来，我们总结一下。"我没用"这个核心信念好像伴随你挺长时间了，当你情绪低落的时候你特别相信这个观念。

A先生：你是说，当我不开心或情绪低落的时候，我会把支持这个想法的事件保留下来，其他不支持的事件被筛出去了。

社工：你试着留意一下，你是如何把信息保留或筛除的，最好记录下来，好吗？

A先生：好的，我试试。

社工：A先生，之前咱们一直在讨论"自己是没用的"这个核心信念。我们试着想：一个更为客观、准确的信念可能是什么？

A先生：我还是有些能力的？

社工：或者我们可以这么说，会更容易接受一些，"我在很多时候都能表现出自己的能力。我只是个普通人。"

A先生：也是的。谢谢您这样讲，确实我是个普通人。（身体放松，给人微微释然的感觉）

社工：A先生，我想了解一下你觉得自己没用是从什么时候开始的？

A先生：我记得上小学的时候，我的父母对我要求很高，比如考试要考高分等。为了让父母省心，我还是挺用功学习的，但是偶尔考不好的时候，我爹很不会讲话，而妈妈会责怪我没有用……

社工：所以那时候你就觉得自己没用了？

A先生：是的，我觉得让父母失望了。我受不了妈妈那样，话不多，但是很重。也不是重，就是很幽怨。

社工：好像感觉自己没用的画面有很多？

A先生：是的，妈妈在家里总是很辛苦、很能干。记得有一次……那时候我也会觉得自己做不了什么，很没有用。

社工：长大以后呢？

A先生：我在工作中也很勤奋努力，说到底，就是怕别人失望。

社工：那么我们进一步思考一下，总觉得自己很没用，如何对你的现状造成影响呢？

A先生：确实是影响很大，而且还多。总觉得自己没用吧，就会不自信。总觉得同事也好、家人也好，都是在看不起自己。然后，自己情绪不好、状态不好，更会觉得自己没有用。

社工：如果你可以修改一下这个信念，你会怎么修改呢？

A先生：我还是有点用的。

社工：是的，你一定是有用的，而且和大家一样有自己的局限，也有自己的贡献。

A先生：（点头）

本案例中呈现了社工识别与矫正A先生核心信念的简要过程。

（四）核心信念的识别与矫正的注意事项

核心信念是强大而牢固的，大多由多年负面经验积累而成，不易识别，难以改变。因此，社工通常并不是直接扰动核心信念，而是通过调整自动思维，进而带动中间信念的修正，最后影响核心信念。

社区矫正对象身份特殊，相对于普通人而言，更加倾向于因为现实问题的重大困扰而求助。社区矫正对象对解决现实问题更为关注，因此，社工也可以从解决自动话思维开始，帮助社区矫正对象缓解症状，再解决中间信念的问题，（在社区矫正对象愿意的情况下）最后处理核心信念。

四、与不合理信念辩论

（一）与不合理信念辩论的概念

1. 不合理信念的主要特征

不合理信念的主要特征有三个：绝对化的要求、过分概括化和糟糕至极。社区矫正对象的不合理信念常常具有如下特征。

（1）绝对化要求类的不合理信念中，常常出现"必须""应该"等字眼，如"我必须

考到班级第一名""我必须是公司表现最好的那个"等。这类信念使社矫人员难以适应某些逆境,当出现突发事件与其绝对化要求相违背时,就会感到无法接受、难以适应进而出现情绪困扰。

(2)过分概括化类的不合理信念,常常表现为以偏概全、一叶障目,例如,社区矫正对象因为被判刑,就认为自己是世界上最差劲的人,一无是处等。

(3)糟糕至极类的不合理信念,是指社区矫正对象评判当"不好"的事情发生将是非常可怕、糟糕至极的,如杞人忧天。

2. 与不合理信念辩论法

与不合理信念辩论法,来源于苏格拉底的"产婆术"辩论技术。社区矫正对象说出自己的观点(一般都是不合理信念),社工依照该观点一步步推理,最后引出观念中的谬误,从而让社区矫正对象自己领悟到所持有的观念是不合理的,并进一步矫正。

合理情绪疗法提出了 ABC 模型。A 代表诱发事件,B 代表信念(理性或非理性),C 代表个体对 A 持有某种信念所带来的结果。因此,A 不是产生 C 的直接原因,但对 C 有作用,B 被认为激发了 C,但并不决定 C。因此,合理情绪疗法认为,个人持有的不合理信念,是导致出现情绪困扰、行为反应等结果的原因。识别并矫正不合理信念,重塑合理信念,能够帮助社区矫正对象走出情绪困扰。

(二)与不合理信念辩论的作用

社工采用与不合理信念辩论的技术能够帮助社区矫正对象从科学、客观、理性的角度重新审视自己的观念、思想和态度,对存在的不合理信念和假设进行挑战和质疑,动摇这些不合理信念,从而改变社区矫正对象的认知。

(三)与不合理信念辩论的实施

1. 诊断

社工结合 ABC 理论,通过对社区矫正对象的概念化,确认引起社区矫正对象反应的事件(A),找出社区矫正对象出现的情绪困扰的具体表现(C),并对存在的不合理信念进行判断和分析。初步确认后,告知社区矫正对象,并指出不合理信念与其情绪困扰之间的关系。

2. 领悟

在这一阶段,社工需要进一步明确社区矫正对象的不合理信念,并使之明确这个不合理信念与自己的问题之间的关系。

3. 修通

在这一阶段,社工用辩论法对社区矫正对象所持有的关于他们自己的、关于他人的以及关于周围世界的不合理信念进行挑战和质疑,以动摇这些信念。主要有质疑式和夸张式。

1)质疑式

质疑式即社工直截了当地对社区矫正对象的不合理信念进行发问质疑。以案例 6-9 为例,社工可以提问:"A 先生,你有什么证据能证明你自己没用呢?"或者"A 先生,是否别人都有可以出错的机会,但是你不可以?"需要注意的是,在质疑的时候,社工需要不断地建立关系,可能是用共情、认可等方式,也可能是在质疑的时候用更为柔和的语气、关切的眼神等方式不断建立关系。社工切忌高高在上的质疑、带着敌意的质疑等。

基于核心信念形成的原因和过程，对于社区矫正对象而言，放弃原来的信念，接受新的信念是一件非常有挑战的事情。因此在使用质疑式时，应不断重复辩论过程，使社区矫正对象在一次次的反复辩论过程中逐渐认识到自己所持有的信念是不现实、不符合逻辑的，也禁不起现实的检验。在辩论过程中，要逐步提升社区矫正对象分辨合理信念和不合理信念的能力，进而用合理的信念取代旧有的那些不合理信念。

2）夸张式

夸张式指将社区矫正对象信念中的不合理之处以夸张的方式进行放大。以案例6-9为例，社工可以提问："A先生，你真的一点用都没有？是没有赚钱养家，还是吃喝拉撒完全需要家人的照顾啊？"……

4. 再教育

再教育的主要工作是巩固前几个阶段治疗的成果，帮助社区矫正对象进一步认清不合理信念并摆脱，巩固强化新的、合理的信念，进而使新的观念得以强化。

（四）与不合理信念辩论的注意事项

1. 应找到关键的不合理信念

关键的不合理信念常影响到社区矫正对象的情绪和行为，找到关键的不合理信念对解决社区矫正对象的症状、心理问题和不适行为均有帮助。

2. 应促进社区矫正对象的主动思考

使用辩论法时，注意辩论中的积极提问需要能够促进对方的主动思维，使社区矫正对象更多地作出"不是""没有"等否定性回答，从而促使其认识到自身存在的错误观念，进而帮助认知发生某种改变。

3. 应积极应对社区矫正对象的阻抗

个案矫正中的任何阶段都有可能出现阻力。在诊断阶段，向社区矫正对象解释不合理信念和与情绪的关系时，社区矫正对象可能会出于种种原因否认。在修通阶段，社工与社区矫正对象辩论时，如果出现社工的言语没有切合社区矫正对象的实际问题，没有结合问题核心，或者社区矫正对象认为如果按照社工的说法改变了自己的一些信念或想法，那"我就不是我了"等情况，矫正工作就会出现阻力。这要求社工有足够的耐心与信心，辩论时保持坚定、中立的态度，帮助社区矫正对象正视现状，找到并改变自身的不合理信念。

五、正念练习

（一）正念练习的概念

正念最初来源于佛教禅修，指抱一种开放、接纳和好奇的态度，有意识地将全部注意力投入此时此刻的体验的觉醒模式，它需要通过正念练习促发产生。正念练习是为了把个体习惯化、自动化的模式转化为觉醒模式从而展开的有目的、有意识的，关注、觉察当下的一切，而对当下的一切又多不作任何判断、任何分析、任何反应，只是单纯地觉察它，注意它的一种精神训练方式。

正念练习有以下几个核心：首先，正念练习必须是在个体清醒，全部意识投入的前提下使用的。其次，练习过程中不加任何判断。个体在日常生活中会受到很多"标准"的影响，常常会对自己的言行有非黑即白的评判。个体的情绪也容易跟随评判而波动，从而形成一些情绪或者行为问题。正念练习通过刻意、反复的练习，把个体的关注点放在察觉身体、内心、周围发生的事情上，排除评判，逐渐看到真相。最后，专注于当下。专注当下意味着珍惜此时此刻的一切，专注于自己正在做的事情，感受身心在专注过程中的愉悦。例如，社区矫正对象总是有比较愤怒的情绪无法处理，社工可以邀请社区矫正对象放松身体，轻轻闭上眼睛，感受自己的愤怒，并自然地呼吸，让自己的愤怒随着呼吸的节奏在一吸一呼之间流动，逐渐地感受愤怒的变化。多次练习之后，社区矫正对象逐渐掌握与自己愤怒相处的方式，有效控制愤怒。

（二）正念练习的分类

正念练习根据不同的分类原则有不同的分类方法，下面仅呈现依据训练方式分类。

1. 身体扫描

身体扫描是将身体感觉作为观察对象的正念练习。练习时，以不评判、好奇和开放的态度，依照一定的顺序陆续感受和体验身体各部分的感觉。无论体会到舒服或不舒服的感觉，是否体会到感觉都无须评判好坏。

2. 觉察呼吸

觉察呼吸是将呼吸作为观察对象的正念练习。练习中轻松地体会呼和吸，体会呼吸的过程和变化，留意呼吸间的停顿，无须调整呼吸，只是觉察呼吸，并且接纳当下的呼吸状态。

3. 正念听声音

正念听声音是将声音作为察觉对象的正念练习。练习时，轻松地聆听声音，觉察声音的自然属性（音色、响度和持续时间），觉察声音的发生、变化和消失。

4. 觉察想法

觉察想法是把想法作为观察对象的正念练习。练习时一般以觉察呼吸开始，然后将注意放在了解自己内心的想法上，觉察想法的形成、发展和消失，接纳所出现的任何想法，通常还需要留意与想法相关的情绪和身体感受。

5. 正念行走

正念行走是将行走感受作为观察对象的正念练习，练习时注意觉察脚底与地面接触的感觉，或者行走中脚抬起、移动、放下的动作，或者脚底、小腿和大腿等部位的各种感觉等。

6. 正念伸展

正念伸展是将瑜伽伸展活动作为观察对象的练习。练习时，注意瑜伽伸展活动，留意自身动作，尤其是伸展动作带来的身体感受，强调活动中更好地照顾自己的身体。

7. 无拣择觉察

无拣择觉察即开放地觉察。练习时不设定特定的觉察对象，接纳进入意识的任何事物，允许其进入和离开，保持观察、认可和接纳的态度。

8. 慈心冥想

慈心冥想是培养慈心的正念练习。练习时个体将一系列祝福按照一定的顺序送给不同的对象，祝福语可以包括平安、健康、远离痛苦、喜悦等。祝福的对象按照顺序包括自己、恩人、喜爱的人、普通人、讨厌者、所有人。

9. 生活中的正念

正念练习效果的一个重要来源在于将正念融入日常生活与工作。从早上起床开始，无论做什么事情都可以觉察当下，接纳当下，对当下做出智慧的行动与回应，进而享受当下。

（三）正念练习的作用

1. 改善躯体化表现

当个体经历压力事件时，负责逻辑思考和规划的大脑前额叶皮层的活动会减少，同时杏仁核、下丘脑和前扣带皮层区域会迅速激活，身体的应激反应也会随之增加，压力可能转化为身心症状。正念练习会降低这些脑区的激活，增加前额叶皮层的活动调节和减少生理的应激反应。研究表明，正念练习可以降低疼痛带来的痛苦程度，大脑中调节疼痛体验的相关区域也会发生改变，躯体化表现也会相应减少。

案例 6-11

个案简介

H 女士，女，30 岁，初中学历，已婚，育有一子，因帮助信息网络犯罪活动判刑一年缓刑两年。家庭经济困难，家庭关系紧张，目前 H 女士处于失业状态，情绪长期压抑无处诉说，伴随胃疼，四处寻医问药效果甚微，情绪更加低落。

社工介入 2 次后（收集资料、建立关系），建议社区矫正对象试试用正念练习来应对疼痛。

练习如下。

根据自己的身体情况，选一个舒服方便的姿势。等你准备好了，轻轻地闭上眼睛。首先将注意力放到呼吸上，自然地吸气，自然地呼气，感受呼吸时空气进入和离开身体的感觉。

随着呼吸，将注意力轻轻地扫过你的身体。让注意力来到头部、颈部、胸部、腰部、臀部、大腿、小腿，留意一下疼痛的地方在哪里。让注意力在痛的感觉那里停留。试着放下思考，单纯与疼痛的感觉同在，带着好奇开放的态度全身心地去体会这份感受。我们强烈地想摆脱疼痛，这份挣扎反而会让疼痛变得剧烈。试着与这种疼痛的感觉和平共处。这可能听起来有点儿奇怪，你可以想象，就像接待一个经常上门撒泼的客人，冷静地对他说，让我看看你今天有什么情况。此刻，可能你会感到痛的程度变得剧烈。没关系，让注意力停留在那里，体会这种感觉是如何存在的、它的变化是什么。你可以试着去包容这种感觉，好像它不是你的疼痛，尝试站在更高处去观察它，不需要用好坏去形容它。只需要充分地感受它。

现在，继续自然地呼吸。同时慢慢地放松你的身体。接下来我们进行一次自我关怀的练习。在这颗星球上，每个人都值得被善意地对待。这种宽广的善意同样落在你身上。你可以想象温暖的阳光，撒在你的身上。疼痛慢慢地减弱了。你也可以想象徐徐的微风吹来，疼痛慢慢地消失在风中。

继续自然地呼吸，放松你的身体。接下来试着将手掌贴在胸口。如同呵护一个受伤的孩子。对自己说，没关系，敞开心扉让这种关怀的善意与自己融为一体，成为自己的一部分。深深地体会这种感觉。

等你准备好了，可以动动你的手指和脚趾，慢慢睁开你的双眼。

2. 提升情绪管理能力

情绪是直接影响行为的因素之一，社区矫正对象提升管理情绪的能力是规范自己行为、建立良好社会关系、适应社会的重要条件。例如，社区矫正对象生气的时候情绪异常激动，大脑一片空白，呼吸急促，无法控制自己的行为（砸东西、咆哮或者打人）。社工面对这种情形，可以在工作中带领社区矫正对象慢慢做以下练习：关注自己的呼吸，把呼吸的节奏调整到自己舒服的状态（重复 2~3 次），其间观察社区矫正对象的呼吸状态，如果呼吸开始较为平稳，开始下一步；缓缓吸气（用时大概 4 秒），然后停住，保持 4 秒，缓缓呼气（用时大概 4 秒），然停住，保持 4 秒。这个练习可以让社区矫正对象较快从情绪的应激反应中解放出来，学会用适当的办法来处理情绪，其行为也会更符合社会规则。

需要注意的是：社工需要多次带领社区矫正对象练习，让社区矫正对象形成习惯，保证社区矫正对象在生活中遇到此情形可以使用；同时也要注意：社区矫正对象在生活中使用之后，社工需要耐心地和社区矫正对象一起讨论使用前后细微的不同，鼓励社区矫正对象继续使用。

3. 促进适应性行为

在正念练习中，社区矫正对象会试着与自己的烦恼和平共处，去接纳和探索负面观念和负面情绪。当社区矫正对象对于负性观念和情绪抱有的态度是探索、亲近和解决而不是一味地评判、指责、愧疚、羞耻的时候，更容易面对问题、解决问题，社区矫正对象也更容易拥有在工作和人际关系中的自我效能感，更容易适应、融入社会生活。

例如：社交对象特别害怕出门，一出门仿佛就有很多人盯着自己看，对自己指指点点，社区矫正对象一想到这些就很恐惧，并伴随有焦虑和自责。面对这种情况，社工可以带领社区矫正对象做觉察想法的正念练习。首先调整坐姿，寻找较为舒适的姿态坐好。然后把注意力放在呼吸上，感受呼吸时身体的感觉，不用刻意控制呼吸的方式（引导社矫对象感受呼吸的不同阶段自己身体的感觉）。引导社区矫正对象"如果走神了，可以回到呼吸上"（此引导语可以多次出现）。再次把注意力集中在声音上。可以是房间里或者房间外的声音，只要是把注意力放在听觉上就可以，注意声音的特点。接着把注意力放在想法上：此刻进入脑海的想法（社区矫正对象脑海浮现出害怕，浮现出别人对自己很多评价），在脑海中是怎么变化的（社区矫正对象脑海中别人的评价声音起起伏伏，自己的害怕也会时隐时现，有时候会有对评价反击的声音冒出来……），多听听反击的声音在说什么（社区矫正对象专注感受，这些偶尔进来的声音在说"我穿这些衣服跟你有什么关系，这个只是审美不同而已"），当这个声音出现时，身体的感受是怎么样的（社区矫正对象感受身体有一种释放的快感，好像有力量冲进四肢）。

社区矫正对象在与社工工作的过程中学习这个练习，并按规律练习。在不断练习中社区矫正对象反馈，最先发生变化的是"恐惧"，当自己感觉有力量涌进身体，恐惧在变弱，逐渐练习中焦虑也在发生变化。在这个练习中，社矫对象逐渐从被情绪裹挟到可以关注现实，从而稳定内在自我，有效应对外在环境。

（四）正念练习的注意事项

1. 社工应重视指导

社区矫正对象如果没有感受过正念练习带来的正向体验会较难开始练习，且不容易坚持，如果半途而废更增加其挫败体验。因此，社工带领社区矫正对象开始正念练习之前，需要评估社区矫正对象的练习动力；开始练习之后，需在指导过程中及时邀请社区矫正对象反馈练习体验，以调整下一次练习；指导性陪伴建议进行到社区矫正对象在日常生活中有正念练习的意识。

2. 练习需尊重规律

（1）带领社区矫正对象开始正念练习要注意一次只练习一种，熟练了再开始其他练习。可以先从最简单的呼吸正念法开始练习，呼吸正念法是所有正念练习的基础，熟练掌握之后再练习其他的方法。

（2）在练习正念的时候要保证社区矫正对象的舒适。一般不佩戴首饰，着舒适的衣物，练习场所光线略昏暗为宜——这样的状态更利于向内集中注意力。

（3）正念练习需长期坚持，练习过程中社工需加强社矫对象正向体验反馈，激励其坚持练习。

（4）不适合练习的情形：社矫对象饭后一小时内或酒后；极端天气下；社区矫正对象身体极度疲惫；社区矫正对象沉浸在强烈的情绪中。

（五）正念练习的应用

案例 6-12

个案简介

I女士，女，40岁，大专毕业，无业，未婚，与父母住在一起，因加入传销组织涉嫌诈骗获刑，又因其坦白，退缴赃款等量刑情节，被判处有期徒刑一年缓刑一年。入矫后，I女士异常焦虑，社工介入后了解到I女士父母均无相对稳定的收入，之前，I女士一直在超市打工，收入也不高。目前I女士无收入，仅靠父母微薄的收入度日，虽然社区给I女士安排了相对合适的工作，但I女士依然非常焦虑并伴有失眠。社工用正念练习的方式帮助I女士缓解焦虑。社工介入了5次，在充分收集资料的同时大量地共情，与I女士建立了良好的关系，并在第2次开始带领I女士做最基础的呼吸练习，并鼓励A女士日常练习。

邀请I女士坐下，适当地整理衣服，让自己感受到舒适，双脚稳稳踩在地上，双手自然摆放于腿上，调整背部姿势，整个人放松且舒适。

社工：（缓缓的语气）请你慢慢闭上眼睛，把注意力放在呼吸上，做几次深呼吸。通过鼻腔深深吸气，吸气的时候感受气息慢慢地流入身体。用嘴巴慢慢呼气（做三次）。现在回到自然呼吸的状态，不需要任何的控制，只是观察自己呼吸的过程。带着好奇心允许自己的呼吸平稳自然地流动，假如发现自己分心了，没关系，把注意力邀请回来看着自己呼吸，继续感受呼吸在身体中的流动。

接下来想象有一束温暖的阳光照在头顶，然后缓缓扫过额头、双眼、鼻尖、嘴巴、下巴、脖子、胸口、腹部、臀部、大腿、小腿，慢慢地最终到达脚趾，这个过程中有什么不舒服的感觉吗？或者你会感觉到脖子和肩膀的酸痛，胸口或者肚子的重量，这或许是焦虑给身体带来的感受，让那束温暖的阳光照在这些不舒服的地方，继续保持自然的呼吸，让所有不舒服的感觉都在阳光下缓缓蒸发，慢慢离开你的身体，再试着用手去安抚下那些不舒服的地方，把掌心轻轻地放在那些地方，你可以轻轻地揉一揉或者捏一捏，感受掌心的温度和触感。

继续平稳地呼吸,随着每一次呼吸,想象有一股暖流从掌心慢慢注入身体,感受不适和紧张感渐渐消失,身体变得越来越轻盈、越来越舒适,继续保持舒适的呼吸节奏。

现在我将和你一起面对焦虑、接受焦虑、安抚焦虑。焦虑来源于对未来不确定的恐惧,你担心未来可能会发生不好的事情,而你无法消除这种可能性,因此感到紧张、焦虑而恐惧。

邀请你把注意力放到你的情绪上,放到你的焦虑感上面,觉察这样的焦虑在身体的哪个部位呢,是什么样的形状,又会是怎么样的材质,而在这一刻,我们只是看着自己这样的焦虑,不需要控制,不需要解决,去看着,陪伴这样的焦虑,允许这样的焦虑感存在,不需要控制,只需要看着焦虑,看着焦虑自然地存在,我邀请你继续保持这样的专注,和焦虑待一会儿。

继续保持平稳舒适的呼吸,接下来我们感受下此时此刻。

你所担心的事情真的发生了吗?正在发生吗?感受下此时此刻你正安静稳定地坐在这里。现在跟着我的引导试着把注意力拉回当下,感受一下你坐的地方,感受当下你坐着的感觉,你的脚被地面稳稳地支撑着,你的臀部被椅子稳稳地支撑着,椅子被地面稳稳地支撑着,你的整个身体都被稳稳地支撑着,将注意力集中在这里,体会这种稳定和安全的感觉,你可以在心中默念:"我现在很安全很稳定。"

假如焦虑或多或少还是在,没关系,和自己的身体多待一会儿,记得体验此时此刻安坐于此的稳定和安全,当你觉得准备好了,可以缓缓地睁开眼睛。

这次练习即将结束,现在就带着这种对当下的觉知回到生活中去吧。

正念练习在此案例中的过程总结如下。

1. 觉知

社工带领 I 女士走近自己,建立正面状态的觉知学习。I 女士通过讲述,在社工的引导下了解了自己,注意到过去的伤痛、未来的担忧以及现在的事实体验。

2. 调整呼吸

这是一种帮助放松的部分,让 I 女士的身体在焦虑的状态下,逐渐放松,寻求安宁,多次重复,使身体记住这种放松的体验。

3. 身体扫描

这个练习带领 I 女士检查自己的身体,充分了解自己在身体上有怎样的感受,并静下心来观察自己的情绪。

4. 觉知并接纳

在这一步,社工带领 I 女士觉知自己的情绪感受,学习接纳自己的一切,不判断,不评价,不辩论,只是接纳和观察,用第三者的视角看着焦虑的变化,看到自己身上发生的一切。

5. 正念重新定向

在这一步,I 女士需要学会如何从焦虑状态中解脱出来,更多地关注当下的稳定和支持的感受。

6. 归宿

结束练习的最后一步,I 女士在逐渐睁开眼睛的过程中整合其中的信息和感受,并在之后逐渐运用到生活中。

第四节　人本主义个案矫正干预技术

人本主义疗法认为人是由内在驱力决定的，同时认为个体具有自我发现、自我成长、自我实现的自由。人本主义疗法于20世纪60年代在美国兴起。人本主义的先驱马斯洛的需要层次理论为人本理论的发展奠定思想基础，人本主义疗法的主要理论框架由罗杰斯创立。欧文·亚隆、维克多·弗兰克尔、罗洛·梅等存在主义学者不断推进，发展了以人为中心的疗法、人格中心疗法、存在主义疗法、个人建构疗法、聚焦取向心理疗法、完形（格式塔）疗法。罗杰斯认为：先天因素、后天因素和个体的自我决策共同决定了个体成为什么样的人；良好、信任的工作关系是至关重要的，可以促进个体的自我发现、自我成长、自我觉醒和自我实现。

社区矫正对象包括在社区服刑的管制、缓刑、暂予监外执行、假释、被剥夺政治权利法定五类犯罪，以及刑释解教人员。一般社区矫正对象的共性心理[①]主要表现为心理健康水平较低、心理面貌消极、边缘社会心理、心理危机。社区矫正对象的特殊心理[②]主要表现为拖混心理、优势心理、委屈心理、侥幸心理、绝望心理、对抗心理、茫然心理、戒备心理、后悔心理。由于社区矫正对象所犯罪错、惩罚强度、社会压力和生存环境因素有所不同以及社区矫正对象的成长经历、个性特征、家庭环境等存在差异，社区矫正对象呈现出不同的状态和困境。人本主义疗法采用非指导方式将治疗的焦点聚焦于社区矫正对象，而不是社区矫正对象面临的问题；而且聚焦于社区矫正对象表达的情感，而不是其想法，促进社区矫正对象提升洞察力和自我理解，逐步实现自我觉醒从而增强社会适应。

罗杰斯所提出的尊重、接纳、积极关注、共情等概念和技术，已是助人者的基础必修技术。因此第三章将其作为建立关系的技术进行了阐述。本节则从干预技术的角度，深入、系统地阐述共情、无条件积极关注、一致性技术的运用。

一、共情

（一）共情的概念

正如第三章给出的定义，共情是指充分理解他人，并把这种理解以关切、接受的方式表达出来。结合社区矫正工作来说，首先，共情是社工以社区矫正对象的内在参照系来看待世界。其次，共情的重点是感受，感受社区矫正对象的内在情绪体验。社区矫正对象自身被拒绝，被歪曲的经验难以用语言的方式言说，社工通过对这些经验的觉察、感受、体会，绕过社区矫正对象使用语言说出这些经历的困难，帮助社区矫正对象完成对自我经验的觉察和接纳。最后，共情不是与社区矫正对象的认同合一，共情需要社工保证不迷失于社区矫正对象的参照系，根据情况随时抽离出来。

（二）共情的作用

遵循不同理论的社工对共情表现出类似的重视与运用。在社区矫正个案矫正工作中，共

[①] 朱久伟，范海鹰. 上海市社区服刑人员心理矫正的理论与实践［M］. 北京：法律出版社，2012：71.

[②] 朱久伟，范海鹰. 上海市社区服刑人员心理矫正的理论与实践［M］. 北京：法律出版社，2012：72–73.

情技术是可以跨越理论流派边界加以运用的"通识"性技术，更多运用于建立关系过程中。但在基于人本主义理论的个案矫正中共情技术是最为核心、最为重要的干预技术。

在个案矫正工作中，共情的作用表现为：一是在个案矫正的建立关系过程中，共情不具有评判性，它只是表达出社区矫正对象是什么，而不是应当是什么，这有助于社区矫正对象放下防御；二是在个案矫正的建立关系过程中，共情可以提高社区矫正对象的自尊（"原来，他们能理解我！"），消除不被他人理解和接纳的自我怪异感（"这个人真正试图来理解我，而没有把我当成一个异类或罪人，而是真正在聆听我"），从而建立双方的工作同盟；三是在个案矫正的干预过程中，共情可以帮助社区矫正对象觉察自身的各种感受，有利于澄清自己凌乱的情绪，不会在混杂的感受中迷茫；四是在个案矫正的干预过程中，共情可以激发社区矫正对象的"自我能动性"，进行深入的自我探索，如觉察到自我的价值条件化过程。

（三）共情的实施

1. 共情可采取多种方式

此处采用大卫·凯恩对共情的详细分类[①]。对共情层次水平的分类，第三章已做充分论述，此处不再重复。

1）安静地倾听

无声的倾听是最基本的共情方式，同时融入其他类型的共情方式。共情、安静地倾听允许社区矫正对象以自身的节奏和方式来讲述自己的故事。专注耐心地倾听对社区矫正对象既是一种关怀和服务，也是一种包容和接纳。这对于在现实生活中很少被关注和聆听的社区矫正对象显得尤为珍贵。当然共情地倾听，不是被动地呆坐一旁，而是要与其他语言的、非语言的共情方式共同实施，如前倾的身体姿势、平稳的注视、不时地点头和共情语言的反馈。

2）共情式的理解

共情式的理解常见于个案矫正的建立关系过程，是经典的人本主义技术的具体表现。社工反映出社区矫正对象的情感、思想和话语所要表达出的意思，就像"紧贴着当事人走"，既不超前，也不滞后。

社区矫正对象：有时候，我不了解我的父母。他们希望我能够有个好工作，自己养活自己，但是他们又不让我出门，就让我待在家里。这怎可能？

社工：嗯，听起来，你的父母一方面希望你独立，一方面好像又没有给你足够的自由，这让你不能理解，还有些气愤。

3）唤起式共情

社工使用形象、贴切、到位的语言，生动的想象，甚至是戏剧化的方式，夸张地表述社区矫正对象的感受和所处情形，这样使社区矫正对象感到被充分地理解。唤起式共情对社工的语言表达能力有较高的要求。

社区矫正对象：（讲述自己身处想要挣扎而又绝望的生活）

社工：当你尝试了努力去跟别人打交道，真诚尽力地帮助他人后，换来的却是别人对你身处困境的袖手旁观。你还面临着工作、婚姻的不确定，这感觉就像掉进了一个坑里，你努

[①] 凯恩. 以人为中心心理治疗 [M]. 高剑婷，郭本禹，译. 合肥：安徽人民出版社，2012：105-112.

力地想找到一条绳索爬出来，但似乎每一条绳索都纤弱得不足以安定你那忐忑的心。

社区矫正对象：（长吁了一口气）是的，就是这样的感觉。

4）肯定式共情

当社工对社区矫正对象的积极行为和体验有所了解，社区矫正对象对自己所做所感也有所了解但是还显犹豫时，社工对其体验和自我感给予确认，帮助其向前推进。社工可以在语言中加入"确实""就是""的确""是的"等词语，加重确认的语气。

社区矫正对象：我曾经努力工作，维系整个家庭。我认为我是个好丈夫、好爸爸。

社工：确实，你尽力了。会有一些笃定的感觉，也会有一些愤怒？

社区矫正对象：但是现在，我好像对我妻子很不满。

社工：我可以感受到你的不满。

5）第一人称式共情

社工坐在社区矫正对象身旁，尽量减少眼神接触，集中注意力于社区矫正对象当下现场的体验，用第一人称说话，重复社区矫正对象话语。这样的共情类似于心理剧中的"替身"，使得共情反应更加个人化，更易走入社区矫正对象的内心。

社区矫正对象：我感到如此无望，连出门都觉得没有意思。

社工：我感到做任何事情都没有希望、没意思。

社区矫正对象：我就是觉得没意思、没劲。

要注意的是：以上五种共情方式都是以非批判的方式去表达社区矫正对象当下存在的客观状态，常常在个案矫正的建立关系过程中运用。后面八种共情方式则是社工协助社区矫正对象探索自己还未曾觉察的部分，激发社区矫正对象自我成长的能动性，工作的范畴已经超出了社区矫正对象当前已知已感的部分，因而常常在个案矫正的干预过程中运用。

6）澄清

当社区矫正对象表达出的内容较为模糊时，社工清晰地帮助其表达出来，就是澄清。澄清是指社工帮助社区矫正对象厘清情感的迷雾，协助其找寻到干扰自己的主要情绪感受。

社区矫正对象：今天真的很烦。

社工：你似乎很累，似乎是想要努力却茫然不知从哪开始？

社区矫正对象：是的，无法改变，唉！

7）潜在情感的共情

社工帮助社区矫正对象聚焦于身体，觉察身体上一些不明显、不强烈的身体感受，以发现潜在的情绪和情感。

社工：当你谈到你想到外面寻找工作，离开家想独立时似乎很兴奋，那身体会是怎样的感受呢？

社区矫正对象：嗯……还有一点紧缩，身体好像没法放开。

社工：身体没法放开，再仔细体会下，看看那究竟是什么？

社区矫正对象：（低下头，几分钟后）……是一种担忧……害怕。

8）探索式共情

社工帮助社区矫正对象对体验中不清晰，或者表达不明确的部分进行定位、探索，尝试确定。

社区矫正对象：这就像一下子周围的事情都朝你奔涌而来……唉（叹了一口气），你能理解吗？这个有些难于描述，你懂吧？

社工：你是说，就像周围忽然有很多的危险事情把你包围，每一件事情都需要你去解决，是吗？

社区矫正对象：就是这个意思。

9）推论性共情

社工尝试对社区矫正对象浅表提及或者暗示的内容进行推断。这些内容处于社区矫正对象意识的边缘。此种推断存在错误的风险，需要依靠社工的经验和直觉。

社区矫正对象：（一位曾经让父母引以为傲的女大学生，因贩毒罪而接受社矫）现在是我人生最糟糕的时刻，我还能做什么？

社工：我知道现在这个时刻你对自己非常的失望，而且我感到你的内心对未来不抱希望。曾经的错误让你感到再也不敢去尝试实现自己的梦想。

社区矫正对象：是的，正是这样，我还能做什么呢？自己这样的黑历史，谁会给我机会啊！出去找了几次工作，都被拒绝。将来……我不敢想。

10）共情式面质

社工以社区矫正对象的参考框架说出另外一些社区矫正对象没有表达出来的知觉和感受，为双方找到行为背后真实的缘由提供了一个机会。共情式面试需要在双方关系建立良好的时候再使用。

社区矫正对象：我不想出去工作。

社工：我认为你内心是想出去工作的，你只是害怕别人对你的拒绝，你会感到内心自尊的丧失。

社区矫正对象：是的，我本来也想出去工作，变得独立一些，但是一想到别人会知道我这个黑历史，我就羞愧和害怕。

11）推测或假设式共情

社区矫正对象描述了一个事实，但是并不明确背后的实质性情感，此时社工以特定的语句试探性地提供某种假设，促发双方的共鸣。

社区矫正对象：我就是不能理解最近为什么对我老婆和孩子容易烦躁。

社工：我有一个猜想，你愿意听听我的推测吗？

社区矫正对象：好的。

社工：有没有可能是你自己有诸多事情的堆积，内心的焦虑使你希望妻子和孩子尽量做好自己的事，以减轻你心中的惶恐。

社区矫正对象：是的，这样我就可以轻松一点。

12）观察式共情

社工将社区矫正对象非言语的表达如语调、面部表情、身体动作反馈给当事人，帮助社区矫正对象觉察自己言语中没有反映的体验。

社区矫正对象：我对我父母有点不满。

社工：我注意到，当你谈论父母的时候语调突然降低。

社区矫正对象：我有些担心，你是否认为我对父母很不尊敬。

13）自我暴露

社工向社区矫正对象分享个人体验帮助其减轻自身的孤独感，同时还能进一步向社区矫正对象提供当前认知以外问题解决的可能性思考。

社工1：我不知道这样说能不能对你有点帮助，我只想告诉你我非常理解你的那种感受，就是你觉得自己没有任何价值，只会给别人带来拖累的感觉，而且知道这样的感觉让人非常痛苦。

社工2：我也曾有过真心为他人付出，却并不被人理解的经历，那样的感觉让人非常痛苦，直到我了解到要以别人能接受的方式来爱她，才逐渐让我找到了出路。我不知道这对你来说，有没有意义。

社工2的共情运用了自我暴露的方式帮助社区矫正对象减少孤独感，使其感受被理解。

2. 共情需体现内容和过程的融合

共情能够减少双方的疏离感，增加彼此的信任，有助于建立矫正关系。从干预的角度思考，要进一步了解到共情不是社工对社区矫正对象做出的单个反应，即共情不是仅仅发生在某一个时刻，而是出现在大部分的时间里，即一个过程里。自从双方关系开始建立的那一刻起，社工就要尝试走进社区矫正对象的参考框架，并陪伴他漫步于自我探索的旅途。

案例 6-13

案例简介

F女士，女，22岁，大学本科肄业，未婚，家中独女，有吸毒史，因贩毒判刑三年，近期符合条件假释。（同案例5-22）

矫正简介：社工在前期3次建立关系，获取资料的干预后，在第4次干预与社区矫正对象进行如下对话。

F女士：我原本以为自己应该是一个"乖女儿"的……我原本以为我能够挣到很多的钱，就能够孝敬父母，就能够证明自己的能干。

社工：但是你发现这么做并没有实现你最初的目的，状况还变得更糟糕了，是吗？

F女士：是的，更加糟糕了。我以前不相信仅仅帮人"带一点东西"就会有这么糟糕的事情发生。我原本也不想的，可是我现在玩完了……

社工：事情完全超出了你的预期，结果似乎糟糕透顶无法回头。

F女士：是的，为什么会这样？（双手捂着脸）

社工：如果有可能，真希望这一切可以重来（语言轻缓低沉，目光轻柔地注视）

F女士：不可能了。我就是个不孝女，我所有的朋友都厌恶和看不起我。我除了把事情搞糟，还能做什么？（苦笑）

社工：听起来，你感到这样的自己让所有人讨厌。

F女士：（停顿……开始哭泣）

社工：（温和地把手放在她的肩膀上，一言不发）

在案例1中，社工对社区矫正对象做出了五次反应。这些反应包括专注技巧（与社区矫正对象同在，温和地把手放在她的肩膀上，一言不发）、镜映技巧（如果有可能，真希望这一切可以重来）、判断抽离技巧（听起来，你感到这样的自己让所有人讨厌）。另外，还有社工非言语的共情传达（温和地把手放在她的肩膀上，一言不发）。当然此种方式需要考虑到该行为在社会文化情境中运用的原则，最好是同性别之间应用，以避免在异性之间应用所引发的误会，进而陷入伦理困境。即使是通过同性别之间的身体接触来表达共情，也需要高度重视，避免社工的过度卷入和社区矫正对象的依赖等。

从上例看出，共情并非单一的语言呈现，非语言表达同样是共情表达的一个重要组成部分。社工通过低下头、声音颤抖或者和蔼、握紧拳头、眼神凝视、身体颤抖的方式来传递其共情。无论面对的是曾有贩毒行为自我追悔的年轻女孩，还是因为假冒商标罪自知祸害家人的中年男子，或是犯有挪用资金罪对未来绝望有自杀念头的父亲，社工的共情应当是社工作为一个人，整体地存在于社区矫正对象的问题世界。共情干预技术的整体实施就像是一部电影，而共情反应是情节发展过程中的一些静止镜头。社工对共情的学习是从单一技巧起步，向着系统整合的方向不断实践和提升。

3. 共情需对深层感知进行反映

第三章中的关系建立章节对共情的不同层次水平已经有所论述。共情的不同层级帮助我们把握共情的准确程度。卡可夫（R. Carkhuff）将共情划分为五个不同的水平，在第四、第五个水平中，社工不仅表达出对社区矫正对象表层感受和反应的理解（"这一定使你很苦恼"），并且表达出对潜在感受的理解（"你希望妻子可以对你更加宽容些"），在此基础上，提出了指导性的建议（"你看我们是否可以想出什么办法改善这种状况呢"）。这种多层次的递进过程交融着建立关系和干预指导的双重任务。在本章主旨于干预的方向指引下，共情运用中对潜在感受的觉察和表达，也即深层反映，可从下面几条路径来进行。

（1）关注觉知边缘进行深层反映。

人本主义心理学家尤金·T. 金德林认为共情应该包括对当事人尚未完全知觉的潜在情感反应。共情对潜在情感的反映对社区矫正对象的自我觉察具有推动作用。多数情况下潜在情感与表面情感的性质是一致的，但在有些情况下两者是相互矛盾的。潜在情感与表面情感共同形成了情感的多元性。金德林使用术语"觉察感受"来探讨我们处于已知和未知之间的觉知边缘。已知的是社区矫正对象表面上对事件的情感和行为反应，未知的可能是对先前事件的懊悔或憎恨，也可能是对未来的期许或担忧。深层反映处于已知与未知的觉知边缘。关注浅层情感可能只是回顾了先前的事件，而关注觉知边缘（深层反映）则有机会了解未知。例如个体面对他人阻止自己独立，表面情感是不断抱怨，潜在情感是面对挑战的恐惧。社工可以以询问社区矫正对象"感受"这样的途径来协助社区矫正对象探寻觉知边缘的情感，进而达成深度反映的目标。社工对社区矫正对象的潜在情感的深层共情反映有利于社区矫正对象获得进步。

案例 6–14

案例简介

F 女士，女，22 岁，大学本科肄业，未婚，家中独女，有吸毒史，因贩毒判刑三年，近期符合条件假释。其余同案例 6–12。

矫正简介：社工在前 4 次干预后，将第 5 次干预的部分对话摘录如下。

社工：自从我们上一次见面后，你谈到要尝试脱离父母对你的帮助，你也谈到这种帮助对你来说似乎是种束缚，因此你打算要为自己接下来的路制订新的计划，准备尝试自己找工作，为此你感到自由和兴奋……但这是你所有的感受吗？当你考虑这个计划的时候没有其他的感受吗？

F 女士：（停顿）没有，我只是感到兴奋——我真的很想以自己的力量出去自食其力。但是（长时间的停顿），我好像确实有一些别的感受（沉默），那似乎是一种（延长语音、身体抱紧，下沉）

社工：（保持目光注视）一种（延长语音）担忧？

F女士：是的，担忧，（沉默）虽然我也很想重新来过，但是（声音延长）就像一个人在努力地爬山，她曾经摔下山，现在准备重新出发，然而她很担心也许在半路上重新摔下来。无论她怎么努力，都没有办法改变（声音低沉，抱紧自己的身体）。

本案例中社工尝试用"担忧"来描述社区矫正对象身体抱紧、下沉所表达出来的感受。这时社区矫正对象来到了觉知边缘，随后打开了对未知的担忧与沮丧的深层感受。

（2）探索多样性的深层反映并注意处理边界。

案例 6-15

案例简介

F女士，女，22岁，大学本科肄业，未婚，家中独女，有吸毒史，因贩毒判刑三年，近期符合条件假释。（同案例 6-13）

矫正简介：社工在前期3次建立关系，获取资料的干预后，将第4次干预的部分对话摘录如下。

F女士：我一直是一个父母心目中的"乖女儿"，亲戚都说我总是特别乖巧。现在出了那件事，我父母不让我出去工作了，他们也会给我零花钱。我知道他们是为了我好，可是我天天待在家里，快要憋死了。我觉得就算是我做错了事，我又不是个小孩子……我知道自己在干什么……

A社工：（点这头，皱着眉，声音柔和）。似乎你的父母没有理解你，他们似乎像过去那样管着你。这种方式以前可能很有效，但是现在对于已经成年的你来说不合适了，你觉得被束缚、委屈，甚至生气。

上述社工的表达准确地反映出社区矫正对象F女士感受的性质和强度。这种反应不仅基于社区矫正对象所说的话语，还基于社区矫正对象说话时语气流露出的愤怒。社工用自己的话把社区矫正对象的感受反馈给社区矫正对象，这也进一步证明了社工理解了来访者。在此基础上，社工要注意：上述共情反映也许仅反映了部分，还有更多的深层情感未探查到。

B社工：（点着头，皱着眉，声音柔和）。我看出你很生气，父母似乎不明白你正在改变……那些被束缚、不被信任和委屈真的很强烈……可是，我也想知道……你在说话时，声音似乎有些缺乏力量……你是因为担心还是另有原因？

F女士：（长时间沉默）是的……是的，我有些害怕……我害怕我出去万一管不住自己。（低下头，叹气）

社区矫正对象对自身信息的阐述包括语言和非语言表达。对社区矫正对象深层情感的多样性探查，在极大程度上取决于社工感受到的非言语表达行为对社区矫正对象所具有的意义，如闪烁的眼神、身体的颤抖、声音的低哑。大部分情况下，这些语言与非语言之间是促进和协调的，但是也有可能相违背。例如，社工可能反问道："你说你想要独立，对于父母让你闲在家里很反感，你听起来好像虽有怨言，但是似乎也没有特别强烈的反对意愿……你现在真的希望独立吗？"

上述社工的深层反映使得社区矫正对象F女士意识到她不只是对父母的管束感到生气，而且也十分担心在没有管束时自己的失控。社区矫正对象随后找到这种恐惧背后的缘由：自我价值感低、负性的自我定义导致自己难以承担自我责任。从本案例中可以看出，社区矫正对象的深层情感并不唯一。社工需要借助对社区矫正对象非言语部分的关注（尤其是不一

致的部分），协助社区矫正对象觉察其多样的深层情感。当然，这样的处理并不总是会带来社区矫正对象更进一步的回答。社区矫正对象也许思考之后回答说："我就是生气。"可能的原因是社工正确地感受到了社区矫正对象隐藏于表面之下的某种感受，而社区矫正对象还无法意识到隐藏的感受，或者无法将隐藏的感受表达出来，还可能是社工错误地感受了社区矫正对象的感受。无论哪种原因，社工都需要优先尊重社区矫正对象的选择和理解，暂时放下这样的探索。社工以轻微的"扰动"引发社区矫正对象对自己更丰富情感的觉察，但没有必要强迫社区矫正对象直面当下无法觉察或者无法面对的经验感受。

（3）交替式融合应用深层反映与浅层反映。

社工在社矫工作中并非都需要呈现高级共情。尽管深度反应代表了共情的深刻程度，但社工并非时时刻刻都需要如此深刻。在矫正工作中，初级共情反应更为常用和普遍。在这些反应中，社工在不同程度上恰当地表现出追随社区矫正对象经验的叙事反应为干预过程提供了营养和水分，使得干预双方能够把控关系的密切度。初级共情也足以向社区矫正对象表明社工愿意努力去了解他。在此基础上，高级共情的指导和具体措施才能够水到渠成，点燃社区矫正对象主动解决问题的火苗。

4. 共情需遵循目标的指引

社工在新手阶段常常存在着对共情的多种误解，其中最核心的是：共情就是社工对社区矫正对象所说情况的理解。但实际上，社工共情的理解不是目的，真正的目标是创造条件使社区矫正对象认识自己。明晰的共情运用目标能够引领社工应对难以知晓的情况和理解社区矫正对象问题的情形。

社区矫正对象群体通常有着独特的人生经历，社工以自己已有的个人经历或者已经获知的事件信息，难以做到充分理解，但这并不影响社工协助社区矫正对象觉察和认识自己。社工的共情并不是提供选项去跟社区矫正对象的感受做匹配，而是要通过共情的过程协助社区矫正对象完成对自己感受和认识的开放式探查，尽管这种探查不是每次都能立刻成功。为此社工可以通过倾听，贴近他的体验，让社区矫正对象感受到社工真正地贴近自己（感受着他的感受）。

案例 6-16

个案简介

Z先生，男，50岁，初中，包庇罪，被判有期徒刑两年六个月，缓刑三年，目前在省会城市打工。因其没有固定的生活经济来源，买了一辆电动车在每天早上上班高峰期到某些交通要道载人赚取生活费。司法所要求其在每周固定两天的早晨9点到所报到。Z先生觉得这种报到影响其生意，于是到司法所跟工作人员协调。沟通过程中，Z先生情绪非常激动，语言非常挑衅，使司法所工作人员认为Z先生不服从管理，规矩意识差，拟采取更加严格的管理措施。此种情况下，社工临时接待了该社区矫正对象。这是Z先生初次同社工见面时说的话。

Z先生：你们太不讲道理了！……（握紧了拳头，眉头紧紧皱着，双眼盯着社工）。

社工：你现在特别地生气。（关心的语气，双眼微蹙，轻轻地看着对方）

Z先生：你们这些政府里的人没个好人！……

社工：（沉默，微微点点头）你希望这里能有人帮到你。（双眼继续微微地注视对方）

Z先生：我有什么好跟你讲的，你们都不讲道理！

社工：（头微倾斜、面部下垂、眉毛微蹙）你觉得我帮不到你什么，很委屈（嘴角微扬起呈略微苦涩状）。

　　Z先生：我都这么老了，你们这就是欺负人。

　　社工：嗯，你希望别人能善待你这样的老人，但是你很失望。

　　Z先生：你们把我送进监狱算了，我是没办法了。

　　社工：（停顿）你觉得豁出去算了，实在很无奈。（双眼探寻地注视着社区矫正对象）

　　案例中展示了社工在不了解社区矫正对象具体情况的背景下，如何与社区矫正对象感同身受并尝试与其沟通。社工虽然无法准确理解社区矫正对象这些语言背后的故事，但仍然能够通过倾听，以强有力的方式感受社区矫正对象。通过社工的共情，社区矫正对象缓解了对司法机构的愤怒和对峙情绪，并在随后的沟通中向社工讲述了事情原委并和社工寻求到解决该问题的其他可行性措施。

5. 共情需反映自我的不同组成部分

　　社区矫正对象自我概念的组成部分之间常常出现不一致和分裂（详见第五章第四节）。自我概念是个体对自己及自己与相关环境的关系的了解和看法。人本主义心理学创造了自我整合这一概念。当社区矫正对象的自我部分指向不同方向，社工可以尝试对这些自我组成部分进行共情反应。当社工与所有部分建立对话，那么社区矫正对象将会在更加全面认识自己的基础上作出决定。

案例6-17

个案简介

　　F女士，女，22岁，大学本科肄业，未婚，家中独女，有吸毒史，因贩毒判刑三年，近期符合条件假释。（同案例6-14）

　　F女士：发生了这么多的事情后，现在，我觉得自己已经没脸见人了。我父母对我很失望，我不配，不配做他们的女儿（双手捂脸）。

　　社工：曾经发生的事情让你觉得自己一无是处，羞于见人，甚至是父母，你觉得自己再也不是父母心中的骄傲了。这都让你很难受（目光温和地注视着她）。

　　F女士：是的，我觉得自己做什么都失败和丢人。

　　社工：这种"没价值"的感觉一定很折磨你。

　　社工共情反映社区矫正对象的自我概念，即其自我的觉知和评价低，并且以父母的视角来定义自己。

　　F女士：是的（哭泣）……（8分钟后）我该怎么办？要这样继续下去吗？我才22岁，以后该怎么办？（抬起头，眼睛湿润，注视着上方，显得迷茫）

　　社工：你好像正站在一个十字路口，觉得自己非常的无助，而看到的任何一个前进方向又都充满了迷雾。

　　F女士：就是这样（啜泣）……如果时间能够倒回，我一定不会是这个样子。

　　社工：如果时间倒回，那时候的你是什么样的呢？

　　F女士：2年前，我还在上大学，那时候我曾想着毕业以后考取教师编制，做一个幼儿园老师。这样的工作很稳定，对于女孩子很合适，我父母也很满意。

　　社工：嗯，听起来有很多的怀念和遗憾，这样的工作是一个从多方面考虑都让人比较满意的选择。

社工共情反映社区矫正对象的理想自我。该理想自我包括先要成为编制内的幼儿园教师，并且该理想自我来自他人（父母）和社会的期待，也同时明确了该社区矫正对象以外在评价作为个体价值评价的中心。社工还会在后续会谈中探寻社区矫正对象是否还存在其他类型的外在评价。

F女士：可是现在想这些有什么用？现在都不可能了。（低下头，双手扶着额头，手臂杵在膝盖上）

社工：现在自己的"一无是处"和曾经的理想无法实现，都让你觉得此刻自己非常的没用、非常的挫败。

社工点明了社区矫正对象对现实自我的不满、对理想自我的失望，造成了当下的不良心理。

F女士：（点了一下头）我什么都干不了了（眼睛湿润）。

社工：无能为力的感觉正在折磨你，但你内心似乎并不希望如此。

F女士：（点点头，沉默）

社工：我很好奇，在这样一种"无能为力"的痛苦感受之下，你是如何应对那些事情发生之后的生活的？

F女士：我什么都干不好了，就只能回家。

社工：嗯，回家。回家后，你具体每天做些什么呢？

F女士：每天就在家里看看小说，有时也看视频，偶尔练习瑜伽，给我爸妈做做饭。

社工：嗯，看起来在家里你还是给自己安排了很多事情，照顾了家庭，还是有充实的感觉。

F女士：也没有，反正是在家里做做事，我也只能做这点事了。

社工使用共情反映探索和证实社区矫正对象的现有能力，促进社区矫正对象对自己的理解，改变自我概念，增强信心，发挥潜能。

社工：嗯，听起来这是你为减少自己内心愧疚努力尝试做的事。那经常待在家里吗？有没有跟朋友出去？

F女士：没有出去，我也不想去。

社工：是出于什么样的考虑，你不想去呢？

F女士：出去找谁啊？我这个事情……他们也怕是对我避之不及。

社工：所以，你觉得你的同学和朋友会因为这个事情不愿意跟你有交往。

F女士：这个很自然啊（叹了一口气）。

社工：其实你还是希望有朋友能够接受你，哪怕一个也好。可是害怕和担心使你避免见到他们，这样也就避免可能发生的自尊伤害。

社工：（沉默）

社工再次共情反映了社区矫正对象部分自我概念：自己和同学朋友的关系很脆弱。同时使用共情式面质，探索社区矫正对象没有表达出来的希望，寻找避免外出的真实缘由，即害怕自尊受到伤害。

（四）共情的注意事项

1. 社工遵循的理论可能妨碍共情应用

社工遵循的专业理论和形成的个人理论都可能潜在地妨碍社工对社区矫正对象的个人体

验进行理解和感受。例如：文化和智力水平不高的人难以有效处理自己的问题；情绪极端变化的人通常都难以行为自控；对社工过分喜欢或者厌恶都是移情的表现。又如：社区矫正对象都是接受刑法处罚的人，他们都有行为上的失控问题；躺平的人都是缺乏自我实现动力的人；面对总比逃避问题要更有建设性；如果我也曾遭遇与社区矫正对象一样的问题，那么社区矫正对象可能会产生与我相似的经验。

理论是指对于在特定情况下会发生和可能发生的事情的假设、想象或预测。[1] 但无论哪种理论对预测单个的社区矫正对象的情绪行为反应都是不足的。首先，社工在完全体验到社区矫正对象的个性之前，需要悬置自身的专业理论。心理学理论和社会学理论等只是描述一个群体行为的趋势水平或者平均水平，理论无法有效地描述出某一个独特个体的感受和行为。其次，社工需要挑战自己的个人理论。比如有的社工会认为：如果我也曾遭遇社区矫正对象一样的问题，那么我的感受也就是社区矫正对象的感受。矫正双方具有共同或者相似的经历常常使双方交流变得容易，信任更易被建立，但双方曾经有相同的经历并不意味着双方的感受就是一样的。社工需要将成长作为自己持续发展的课题，面对更多的人性发展的可能性，了解诸多不同社区矫正对象的差异性，尽量不以某种理论框架去套住面前这一个特殊的人。

2. 社工自身的需要和情绪影响共情应用

共情所遇到的最广泛、最棘手的阻碍是在专业关系中社工自己的需要和恐惧。例如：社工希望看到社区矫正对象每次会谈都有所进步，希望自己对社区矫正对象是有所帮助的，恐惧"停滞"状态的出现。这种需要可能使得社工带领着社区矫正对象积极探索，无视探索和改变中社区矫正对象的彷徨、犹豫甚至痛苦；也可能使得社工倾向于带领着社区矫正对象在每次会谈结束时完成"积极总结"，难以忍受某次访谈工作"消沉的尾声"。如果社工更多地满足自身的需要或照顾自身的情绪，那么个案矫正中的共情可能足够安全却是无效的。另外，如果社工强烈需要社区矫正对象喜欢和需要自己，恐惧遭到社区矫正对象的否定甚或批判，那么社工倾向于对社区矫正对象给出过多的建议，造成社区矫正对象过度依赖自己。或者社工在面对否定和批判时，强烈的内在自我防御隔离了双方真实的关系。

（五）共情的应用

案例 6-18

个案简介

F女士，女，22岁，大学本科肄业，未婚，家中独女，有吸毒史，因贩毒判刑三年，近期符合条件假释。（同案例5-22）

人本主义疗法的共情、无条件积极关注、一致性等干预技术在介入过程中是融合一体化实施。此处结合案例重点展示共情技术的应用。以下是访谈的部分摘录。

第一次介入：与案主建立积极稳定的服务关系。访谈在司法所的社区矫正个案会谈室里进行。

社工：你好！（以从容步伐走到门口迎接F女士，微笑注视），请坐（引导F女士入座。

---

[1] 芭芭拉·特. 社会工作理论与方法 [M]. 余潇，刘艳霞，黄玺，吴腾，译. 上海：华东理工大学出版社，2013：3-4.

F女士进门，急促地观察四周环境）。

社工从容的步伐展示自己放松、胜任的心态，让社区矫正对象从紧张中放松下来。社工主动向社区矫正对象打招呼，使用非言语方式表达对社区矫正对象的关注和接纳，缓解社区矫正对象初到不熟悉的环境中的紧张。

F女士：你好。（身体落座于沙发的边缘处，双手握拳，背部挺直）

社工：（先给F女士端上一杯热茶）首先跟您介绍下我自己。我是×××社会工作服务中心的社工。你可以称呼我小A。我们机构承接本司法所所有社工服务项目，社会工作的目的是帮助有需要的困难群体，解决心理行为和现实问题，协助当事人更好地适应环境。我们的工作主要是以谈话的形式进行。接下来关于访谈你有什么不清楚的可以随时问我。我怎样称呼你好呢？

给社区矫正对象端上一杯热茶或者热水，表达社工对其的尊重、热忱和关心。利用这个时间，使社区矫正对象慢慢适应环境。社工主动自我介绍，给予社区矫正对象询问访谈情况的自由，和愿意如何被称呼的权利，使其找到在当下情境的控制感。

F女士：你可以叫我小F。

社工：嗯，好的。小F，今天的这次会谈我们大概会有50分钟的时间。（微笑）需要我为你做些什么呢？（你想怎样度过这段时间呢？）

F女士：……我也不知道，你也帮不了我……（沉默，低头默默地哭泣）。

社工：看来你似乎正在经历痛苦和无力的事情……（沉默，关切地等待）。

社区矫正对象处于情绪的激烈表达状态下，最需要的就是自己的情感得到理解和接纳。社工的共情回应常常能够缓解社区矫正对象当下的情绪状态，有利于其情绪的释放。社区矫正对象感到社工深层地理解了自己，不再感到孤单。这种经验本身就能削弱其内在的恐慌感和无力感。

社工后续的在场陪伴向社区矫正对象表明她值得被完全关注，值得社工竭尽所能去了解她、尊重她。社工和社区矫正对象之间的专业关系就逐步建立起来。

15分钟过去。

F女士：谢谢。我现在好多了（带着泪光微笑）。

社工：嗯，刚刚似乎有很多的事情让你很难过。他们看起来困顿了你很久（语气平稳，温和注视）。

F女士：是的，很久了，我本来以为我爸我妈只是会管我一段时间，可是他们完全没有说可以让我出去工作的意思。我能控制好自己啊，不会再吸毒了，其实我也没有什么毒瘾，当时就是好奇嘛。但是我爸我妈就是不放心。

社工：在这样的日子里，你一定过得很不容易。

社工的这句话是推论式共情，贴着社区矫正对象的感受走，即使社工目前还不是非常明确社区矫正对象究竟发生了什么样的事件。

F女士：（点点头）你能帮帮我吗？

社工：我猜想你遇到了一些困难，你可以说出心中所想的东西，也许这样就能够把问题看得更加清楚。然后我们可以共同来商讨我们的工作目标。

社工的回应强调了在社工的帮助下，社区矫正对象有责任更清晰地认识自己所处的状况；另外也强调了"说出心里所想的东西"需要在得到社工专业工作的帮助下才能完成；

社工的言语和非言语信息，传递给社区矫正对象被关注与被重视的感觉。

F女士：我的情况你应该也有所了解。我之前因为犯糊涂，搞了毒品。现在又没有工作，每天待在家里。就是这样一个浑浑噩噩的状态。我也不知道怎么办。

社工：（倾听）所以你现在内心很着急，也很颓丧，想改变但是似乎还没有找到出路。就像周围都是墙，你想走出去但是找不到出路。

F女士：就是这样……唉（叹了一口气）。

社工此处使用了唤起式共情和推论式共情，使社区矫正对象感到被充分地理解。

社工：也许我们可以试着把问题梳理，一起来看看究竟发生了什么。你刚刚提到，你每天待在家里，你能先跟我说说这个方面的情况吗？

F女士：自从我被假释到社区后，我就待在家里了。原本是想出去找个工作，但是父母担心我又被以前那些人带坏，就不让我出去了。

社工：那你在家里做些什么呢？

F女士：我就在家里做做家务什么的。

社工：具体是些什么家务呢？

F女士：家里的中午饭和晚饭都是我做。我父母都已经退休了，我也不想让他们再操心。

社工：除了做饭，你还做什么呢？

F女士：我父母不让我出去工作。做饭以外如果还有时间的话，我就会看看小说，还有视频。有时也会练练瑜伽。

社工：看起来，你在家的生活安排得挺紧凑，也有充实的感觉。

F女士：那能怎么办？我又不能出去。我待在家里能让我父母安心。我已经很对不起他们了，我现在就是个不孝女。

社工：你内心感到对父母很愧疚。

F女士：是的。我也不想这样。以前我是父母口中的乖女儿。

社工：确实。

社工使用肯定式共情，确认社区矫正对象曾拥有的潜在能力。

F女士：可是，我后来跟错了人，以为不会有多大的事，就吸毒了。后来也是顺便帮朋友带东西，就被判了。唉，父母算是白养我了。（叹气，低下头，整个人瘫坐在沙发上）

社工：我可以感受到，你对现在的自己很不满意，觉得自己让父母很失望。

社工使用肯定式共情，推进社区矫正对象的自我探索。

F女士：是的。我现在把一切都搞砸了：把父母闹得老了还不得安心，大学也没有正式毕业，工作也没了，身上还要带着这个污点过一辈子。我算是完了。（低头啜泣）

社工：我把一切都搞砸了。

F女士：垂下头，哭泣。

社工使用第一人称式共情，重复对方的话语，确认理解对方当下的感受，并不急于推进对方的改变，允许对方负性情感的宣泄。

社工：递上纸巾，安静地陪伴。（5分钟后）我很理解你现在的痛苦。你觉得现在的自己一无是处，做了很多让父母和朋友讨厌的事，甚至让自己都很讨厌。

F女士：是的，就是这样的感觉。

社工对社区矫正对象的自我概念部分进行共情，取得了社区矫正对象的印证。

社工：这样的感觉真的让人很难受。我很好奇，这些事情发生之前的你是什么样，比如在你刚上大学的时候，你对自己的期望是什么呢？

F女士：那时候和现在完全不一样。那时候我是一个不会让父母操心的孩子，我希望毕业后能成为一个公办幼儿园的老师。父母也觉得这个职业对于女孩子来说挺好。

社工：听起来，那时候你希望无论是工作还是和父母的关系都很稳定。

社工对社区矫正对象的理想自我进行共情，使其更加清楚自己的理想自我状态。

F女士：是呀。女孩子也不要多有成就，能把自己安稳地安排好就可以了。唉，可是，现在什么都落空了。

社工：听起来，这些期望目前难以实现让你有些绝望。那你是怎么在这种有些绝望的状态下度过这些难熬的日子的？

F女士：唉，能怎么办呢！因为这些事（吸毒和贩毒），我大学没有毕业就回家了。本来也想出去找份工作干着，可是我爸妈怕我出去又被带坏，就让我待在家里。我知道他们担心，也拗不过他们，就没出去。我待在家里这么久，很无聊，感觉每天都是混吃等死。但是只要我一提出去工作，我父母就要跟我闹。

社工：看起来，你父母确实很担心你，他们的意见对你很重要。那么在这段无聊时间中，还有什么让你感到比较难受的事情呢？

F女士：还有就是，因为每天都待在家里，我也不太愿意出去，最难忍受的就是我长胖了太多。人家都说嘛，女不过百，可是如果想要拍照好看，就不能超过90斤。我现在92斤了，我最近严格控制还长这么多。

社工：嗯，你觉得只有非常苗条才能让自己看起来很漂亮。要做到这一点可不容易。你是怎么维持这么低的体重的？

社工对社区矫正对象的价值条件化进行共情，关注了社区矫正对象的重要他人及要求、外在社会评价的内化。

F女士：我每天只吃两顿饭，早餐和午饭，晚饭坚决不吃。我从来不吃米饭，中饭吃饭也吃蔬菜。可是，确实有时候看着肉太香没忍住，吃一点点。有时候晚上确实很饿，就没忍住会偷吃。吃完就难受得很，觉得自己特别没毅力，就会觉得自己真是什么都干不好。

社工：我听着都有些胃紧了。女孩子为了这种别人认为的苗条，要吃这么多的苦头——不仅胃要遭罪，心也要跟着遭罪。

社工此处使用了自我暴露式共情和普通的共情式理解，点明了社区矫正对象以外在评价为中心的自我价值建立方式，帮助其识别这些内化的外在价值条件与自我真实意愿的矛盾，进而为下一步回复自我联结和社会联结创造条件。

F女士：是的，确实太难了，感觉就像自虐。可是不这样的话，我好像更难受。

社工：我不知道这样说对不对：让自己保持苗条似乎是你目前能够控制的事情，这会让你有些许安心。

社工此处使用了推测或假设式共情，提供了社矫对象看待自己严苛减肥的另外一种视角。

F女士：也许是吧。如果我能很苗条，别人至少会觉得我漂亮一些。

社工：嗯，别人的认可似乎能让你感到自己的价值。

F女士：我不知道。我现在还能有什么价值呢？

社工：这么一段时间以来，你一直都处于"一无是处"这种感觉的煎熬中。

F女士：是的（低头，开始哭泣）。

社工：沉默（温和地轻拍她的肩头）。

5分钟后。

社工：在这种煎熬下，并不是每个人都能这么自律，严格的饮食控制，这需要非常坚强的毅力。（温和地看着她）。

F女士：（双眼有些惊奇地看着，表现得有些羞涩）是吧。

社工：你曾经是父母的乖女儿，认真学习，考上大学，这也一定有你身上这种坚强的毅力的作用吧。

F女士：（情绪缓和，慢慢露出微笑——谈起曾经的学习生活）。

社工此处使用了推测或假设式共情，协助社交对象探索已存的能力，激发社区矫正对象自我发展的动能。

二、无条件积极关注

（一）无条件积极关注的概念

如第三章所述，无条件积极关注（积极关注）是指社工对社区矫正对象的言语和行为的积极、光明、正性的方面予以关注。作为干预技术来讲，无条件积极关注的领域向外扩展，是指社工不以社区矫正对象的任何特殊行为而影响对其人性的重视，行为上始终如一地保持完整的接纳和持久的温暖。

罗杰斯对无条件积极关注的强调包括：一是建立关系的过程中，社工需要看到社区矫正对象的资源，建立双方彼此的信心；二是社工把社区矫正对象看作一个与自己具有不同的观点和信念的、行为失当的个体，看作一个有价值的人并予以重视。无条件积极关注意味着社工不在意社区矫正对象的积极或者消极表征，接纳社区矫正对象全过程、全方位地存在。无条件地积极关注会给社区矫正对象带来被尊重、被接纳的感受。值得注意的是：喜欢和无条件积极关注有着较大的差别。通常而言，喜欢是有条件的，我们喜欢的人或物都与我们自己相似或者互补。无条件积极关注是面对可能与自己不一致甚或价值行为有冲突的个体，从人的基本价值性出发对其深切重视和接纳。

（二）无条件积极关注的作用

1. 无条件积极关注有利于社区矫正对象放下防御

在压制性价值条件下成长起来的社区矫正对象有一种内化的潜在意识：只有自己的行为符合他人的期望，自己才会被重视。例如，F女士在体重管理上参照社会标准，知道自己偏瘦，但是始终不满意，觉得只有自己骨感的形象才能赢得他人的尊重；只有遵循父母的建议，才能获得父母的赞许。社工的无条件积极关注打破了条件价值；表达出无论社区矫正对象是否符合"条件"，社工都对其给予重视。在破坏条件价值的过程中，无条件积极关注打破了来访者消极的、自我挫败的循环过程。社区矫正对象通常并不期望他人会重视自己，所以在与他人的关系中，社区矫正对象表现出强烈的自我防御。他人感受到社区矫正对象的冷漠或过度攻击性以及对亲密关系的逃避后选择远离。社区矫正对象看到他人的远离，会感受到挫败，并会觉得证明了自己内心的担忧——没有人会喜欢自己。面对社区矫正对象的自我防御行为，社工没有远离，反而对其内在价值（有价值的人）提供始终如一的接纳，那么无条件积极关注就打破了上述循环。社区矫正对象也会放下防御，感受到足够的安全，能够更多地表露自己，更深入地探索自身的体验。

2. 无条件积极关注提供了示范作用

社区矫正对象感受到社工的接纳态度，觉察自身在价值条件化下产生的对自我的拒绝和忽略，尝试重视自己、开始真正的成长与改变。社工的无条件积极关注给社区矫正对象带来全新的体验。社区矫正对象通过体验、模仿和认同，学会对自我的接纳，开始去条件化。

（三）无条件积极关注的实施

1. 社工读懂社区矫正对象的信息促成接纳

社工在面对社区矫正对象时，对其防御方式要努力地保持宽容、耐心和关切。社区矫正对象的防御机制是个体本能地保护自己弱点的一种特殊方式。这些防御方式都是社区矫正对象在用个人语言表达独特的自己。社工不进行是非对错的评判，而是去关注这些防御机制对社区矫正对象的意义。社工可以联合使用共情技术和无条件积极关注去理解社区矫正对象的防御。社工对社区矫正对象的言语和行为的理解，能更好地理解社区矫正对象。

2. 社工的言语信息表达接纳

社工在访谈中的言语信息直接反应了其是否做到无条件积极关注。社工对社区矫正对象人性的重视，表达社区矫正对象本身就值得重视，而无论其是否满足了其生活中已被设定好的价值条件。而社工在访谈中表达出在意社区矫正对象的积极或者消极表征，甚至评价社区矫正对象的想法和行为等，则强化了价值条件化的过程。社工在读懂社区矫正对象信息的基础上，需要用自身的言语信息表达出无条件地接纳。

3. 社工的非言语信息表达接纳

社工的非言语信息也是表达无条件积极关注的重要渠道。社工表达接纳的方式主要是传递热情。热情也可称作温暖，在第三章也有所阐述。热情有助于在咨询关系中建立信任。缺乏热情会延缓关系的建立和咨询的进程。社工传递热情的方式既有常见的一般性的社交方式，也有自己独特、偏好的方式。表6-1是社工可以参考的表达热情的方式，其中某些方式对社工个人来说需要确定是一般性方式，还是个人偏好，并对此有所觉察。

表6-1 热情技术的表现方式

	热情的传递方式
1	微笑
2	走到门口迎接社区矫正对象
3	与社区矫正对象握手
4	询问社区矫正对象，愿意如何被称呼
5	记住和称呼社区矫正对象告知的称谓
6	使用温和的语气
7	保持眼神的接触
8	和初见面的社区矫正对象聊聊家常

续表

	热情的传递方式
9	对社区矫正对象的问题呈现出真正的兴趣
10	身体面向社区矫正对象,适度前倾
11	握住社区矫正对象的手(根据对象)
12	轻拍社区矫正对象的肩头(根据对象)
13	触摸社区矫正对象的手臂(根据对象)
14	拥抱社区矫正对象(根据对象)

社工传递热情涉及的身体接触需要社工审慎对待。社工握住社区矫正对象的手、轻拍社区矫正对象的肩头等,是社工访谈中源于与社区矫正对象思想或情感联结的自发反应,也表达了社工对社区矫正对象的热情和接纳。但需要注意的是,这样的表达需要考虑文化背景、性别因素和专业关系等,使用时务必审慎。

(四)无条件积极关注的注意事项

1. 社工应保持自我觉察

社工面对的社区矫正对象是接受法律处罚的个体,其过往的行为违背社会主流价值或者法律准则。在个案矫正中,其价值观与社工自身的价值观容易产生冲突。介入初期,社工往往会对社区矫正对象的言行感受到不喜欢;介入中期社工可能会希望撤离专业关系。这些感受最初是一种无意识的反应,希望远离社区矫正对象,也是社工的自我防御。针对这种最初的无意识反应,社工需要首先"意识"或者"觉察"到这些感受。然后社工需要停止对社区矫正对象言行的评判。最后社工需要调整自身,努力地保持开放和好奇。

社工对自身状态的调整可以通过如下方法:一是社工可以尝试更多地与社区矫正对象共情。社工在共情社区矫正对象时将注意力转移到社区矫正对象身上而非内心的评判上,同时帮助社工对社区矫正对象有更多深入地了解和揭示,从而质疑和验证自己早先的评判。二是社工对自己提出一个问题——"对于社区矫正对象我还有什么不知道?"这个问题提醒社工思考,之前的评估依据是否充分,现在是否还需要进一步了解和揭示社区矫正对象的信息。三是社工还可以同社区矫正对象开诚布公地讨论这些关系上的困难感受,使社区矫正对象参与到问题的解决过程中来。

2. 社工应保持警惕

社工对自己是否被社区矫正对象的负性行为诱发出拒绝保持警惕。一般情况下,受到刑法处罚监外执行的社矫人员总是会感受到社会的排斥与拒绝(既有客观存在,也有社矫人员的主观感受)。如果能够在社矫过程中感受到社工的重视和接纳,社区矫正对象绷紧的心弦会得到松弛和解脱。如果社区矫正对象长期处于被拒绝的境地,形成了被拒绝的预期和准备,很可能会诱发社工的拒绝。社区矫正对象看似不在乎的语气、挑衅的表情会让缺乏经验的社工认为这就是社区矫正对象的"本质",从而产生评判和排斥的心态,实现了社区矫正对象被拒绝的预期。社工需要觉察自己的评判和排斥,避免被社区矫正对象的负性行为所引诱,重新掌控传达接纳与重视的主动权。

3. 社工应保持足够耐心

社工要对社区矫正对象验证无条件接纳并保持足够耐心。如果社区矫正对象长期处于被拒绝的境地，除了上述的无意识诱发他人的拒绝，还会在关系建立初期不相信社工的接纳。社区矫正对象存在着总是被拒绝的经验，或者必须达成某一目标才能被接纳的经验；社区矫正对象对社工此时此刻的接纳和重视大多表现出不适应。社区矫正对象往往会不断试探，展现其"糟糕透顶"的想法和行为，以验证社工是否能无条件地接纳。当社区矫正对象感受到无条件接纳，才会安心完全做自己，为找寻到自己的价值创建基础的信心。案例6-19展现了社区矫正对象最初难以相信咨询师的接纳。

案例6-19

个案简介

以下摘录选自社区矫正对象在咨询即将结束时与社工共同回顾咨询过程时，自己曾经以各种方式拒绝社工的接纳。

刚开始的时候，我不相信你会为我们这种被判刑的人用心。我们都是犯了错的人，别人都是斜着眼看我们，能躲就躲。没人会喜欢我，包括我自己。你刚开始看起来好像对我很重视，也不会歧视我，甚至觉得我有些事情做得还不错，那是因为你没有看到我的全部。如果你看到了，你就不愿意对我这种人付出那么多的精力了。无所谓了，反正你们都不愿意接近我们这种人，那就破罐子破摔，后来我确实做了些糊涂事。可是，后来我发现，你依然对我还是那么热情，依然还愿意来帮我，我觉得你是真的尊重我，你是个好人。我不能对不起你。

本案例中，社区矫正对象出于对社工接纳的不信任，尝试用多种"糊涂行为"来试探社工的接纳是否真实，是否有条件。社工需要谨记无条件积极关注的核心是将社区矫正对象当做一个有价值的人来重视。当自身的"价值"被肯定，社区矫正对象的自我成长动机才能被激发，才会踏出改变的第一步。

4. 社工应保持专业关系

社工对社区矫正对象的无条件积极关注，可能激发社区矫正对象对社工"爱"的幻想。这可能源于社区矫正对象将社工的接纳、热情误解为建立非专业关系范畴内的亲密关系的行动"暗示"。社工需要遵守工作伦理，表达自己专业工作的局限性，探索社区矫正对象存在的"爱"的缺失。同时一如既往地表现出对社区矫正对象的接纳。如果社工因为害怕社区矫正对象误解专业关系而减少接纳，往往会导致社区矫正对象再次验证了生活中一直被拒绝的经验，强化了自我无价值感。下述案例展现了社工如何接纳和回应"爱"社区矫正对象。

案例6-20

个案简介

以下摘录选自一个社区矫正对象在与社工经历了长时的咨询后，社工试探性地提出结束咨询，同时也感受和预期到社区矫正对象会说出某些特殊的感受。

社区矫正对象：（沉默数秒）我也不知道为什么（眼神回避），在这几个月接触和交流中，你对我特别的好，我总能感受被关心、安全、随意和自由，这都需要谢谢你。一想到结束，我就特别的难受，（沉默数秒）我很难接受以后我们不再见面。

社工：（沉默数秒）很难接受我们分开？

社区矫正对象：（沉默数秒）嗯，我知道这有点……（沉默数秒）但是，你实在太好了，我以前碰到的那些人从来不会让我有这种感觉。

社工：我感觉此刻你的信任（沉默数秒）如此珍贵，这种信任对我也是一份礼物。

社区矫正对象：谢谢。

社工：嗯，你担心我无法同等回应你的这份礼物？

社区矫正对象：（沉默数秒）是的，我知道这有些突兀（沉默）。

社工：是一种"爱"的感觉？

社交对象：（沉默数秒，眼神回避）是的。

社工：我知道这是一份很难表达的情感，也会看到你勇敢的部分。我相信这样的感觉背后一定有更深层次的原因，好像你需要被看到、被关怀。其实我很好奇在你的生命里，有人像我这样关注你、接纳你、关心你吗？

社区矫正对象"爱"上社工，表达了社区矫正对象内心的渴望和诉求，同时也是社工作为专业工作者了解社区矫正对象的机会和可能。初学的社工内心更容易关注自己，比如关注自身的行为是否符合职业伦理，关注内心的忐忑，关注自身难以回应对方。有经验的社工会考虑：社区矫正对象为什么会爱上像我这样的人，其内心是不是有什么渴求没有被实现，是否与其成长经历有关，与其重新融入社会有什么样关联。

5. 社工应觉察阻碍

由于实务工作中的困难与阻碍，人本主义疗法指导下的个案矫正工作尤为强调"无条件"。日常生活中的重视和接纳都是有条件的。生活中，重视和接纳往往有着特定的前提，比如"如果你……我就更加喜欢你，重视你"。生活中，当他人达到自己的期望或者目标，个体自然会表达对他人的重视和接纳。值得注意的是，社矫工作中，社工的无条件积极关注不同于日常生活中的有条件喜欢。社工需要关注自我安全性和自我接纳性，以更好地表达无条件积极关注。如果社工的自我安全性和接纳性不足，社工的自我防御会逐渐显现，进而自然表达出对社区矫正对象有条件地接纳和重视。社工需要觉察各种情境下是否有着自己未曾觉察的"喜欢的条件性"。表6-2列举了社矫工作中的部分情境，社工需要思考自己接纳这些社区矫正对象的难易程度。

表6-2 社工接纳技术训练表

社工对社区矫正对象的接纳有哪些条件（找案例列举）	
1	一位社区矫正对象质疑社工的专业能力
2	一位社区矫正对象向社工展示自己与司法所领导的关系很硬
3	一位社区矫正对象认为自己受到的判决不公，并把这种不满发泄到社工身上
4	一位社区矫正对象不认为自己的醉驾是犯罪
5	一位社区矫正对象盗窃，认为自己劫富济贫，主持社会公平正义
6	一位社区矫正对象在不知情的状况下为了盈利提供自身银行信息，帮助网络诈骗
7	一位社区矫正对象告知社工自己是同性恋
8	一位社区矫正对象经常殴打自己的妻子
9	一位女性社区矫正对象，经常遭受丈夫的殴打，但是习以为常

当社工认识到自己的价值观，觉察到条件性要求，愿意进行自我探索，就可以尝试在矫正工作中自我控制。这些条件性要求可能来源于社工自身的心理学理论，也有可能来自于自身的需要和恐惧。如下面的案例。

案例 6-21

个案简介

一位社工秉持着人本主义取向，但是在个案矫正工作中发现存在的挑战后进行自我觉察。

我发现我很难接纳某些放弃自我的社区矫正对象，例如：他们总是退缩到自己的内在想象中或者现实的家庭里，或者对自己的身体采取苛刻的具有破坏性的节食手段，或者一个被家暴的女性也还存在着对丈夫和婚姻的眷念。我发现我所采取的干预工作其实都是有条件的：我鼓励社区矫正对象需要朝着建设性、成长的方向前进，如果社区矫正对象做不到，我就会督促社区矫正对象反省，引导他们朝着我所认可的方向前进。这个过程显现着我的条件化重视和接纳。因此，从中我认识到要想做到真正的以人为中心，无条件地积极关注，在实际上就不得不尊重那些朝着与发展相反方向前进的个体。这真的很难。

（五）无条件积极关注的应用

案例 6-22

个案简介

F 女士，女，22 岁，大学本科肄业，未婚，家中独女，有吸毒史，因贩毒判刑三年，近期符合条件假释。（同案例 5-22）

问题概述：F 女士有着焦虑和抑郁情绪、回避社交行为，其更关注的问题是未来职业定位和发展。

人本主义疗法的共情、无条件积极关注、一致性等干预技术在介入过程中是融合一体化实施。此处结合案例重点展示无条件积极关注的应用。以下是访谈的部分摘录。

第一次介入：与案主建立积极稳定的服务关系。访谈在司法所的访谈室进行。

F 女士：你好。（身体落座于沙发的边缘处，双手握拳，背部挺直）

社工：（先给 F 女士端上一杯热茶）首先跟您介绍下我自己。我是×××社会工作服务中心的社工。你可以称呼我李老师。我们机构承接本司法所的社工服务项目，社会工作的目的是帮助有需要的困难群体，解决心理行为和现实问题，协助当事人更好地适应环境。我们的工作主要是以谈话的形式进行。接下来关于访谈你有什么不清楚的可以随时问我。我怎样称呼你好呢？

社工微笑，走到门口迎接，以温和的眼神注视，给社区矫正对象端上一杯热茶或者热水，询问其希望如何被称呼，都表达社工对其的尊重、热情。这是表达社工对其接纳非常自然舒适的行为。

F 女士：你可以叫我小 F。

社工：嗯，好的。小 F，今天的这次会谈我们大概会有 50 分钟的时间。（微笑）需要我为你做些什么呢？（你想怎样度过这段时间呢？）

F 女士：……我也不知道，你也帮不了我……（沉默，低头默默地哭泣）。

社工：看来你似乎正在经历痛苦和无力的事情。没关系，在这里你可以哭的……（沉默，关切地等待）。

15分钟过去。

F女士：谢谢。我现在好多了。（带着泪光微笑）

某些社区矫正对象初次访谈时是极度自我拒绝的，大多会觉得自己一无是处、毫无希望。社工热情和无条件地关注最能有效建立双方的信任感。社区矫正对象会对社工的无条件积极关注进行长期考察，以确认社工的这种热情和关注是否长久，还只是短暂的礼貌。社工需要秉持着对每个个体能力的深刻信任，保持耐心和关注，直到社区矫正对象能确信热情和关注是稳定而持续的。

社工：嗯，刚刚似乎有很多的事情让你很难过。他们看起来困扰了你很久。（语气平稳，温和注视）

F女士：是的，（双手抹去自己的眼泪，挺了挺背）我现在混吃等死也没有什么不好，有些人还没有我这样的生活呢！（抬高下巴，仰着头）

社工：看起来你似乎有一些担心，担心被看不起吗？

访谈初期，社区矫正对象并不容易表达自己深层强烈的情绪，比如恐惧和害怕等，可能是害怕表现得太脆弱而受到伤害，也可能是担心自己的情绪吓到他人。社工需要识别社区矫正对象F女士此刻的言语是一种伪装，理解F女士表达的不在乎意味着她害怕他人对自己当前生活的否定。

F女士：我知道我是什么样的身份。你们对我们这样的人不就是这样嘛！

社工：看来因为这个身份，你在平时感受到了很多委屈和羞耻。你感到我也可能这样对待你。

社工需要了解，社区矫正对象带有自我贬损和攻击话语是自我保护的表达，意味着社区矫正对象体验过许多负性感受。社工对社区矫正对象的持续共情，呈现了真诚和接纳。社工需要保持牢固的自我认同，才能耐受社区矫正对象的攻击和嘲讽。社工保持无条件积极关注，理解社区矫正对象的感受并接纳对方的验证行为。值得注意的是：社区矫正对象对社工可能会拒绝的预期会激发社工的评判和防御，社工保持共情和无条件积极关注能体现持续的接纳。

F女士：（低下头）平时我特别怕出门。今天要不是因为所里有通知，我也不想来。

社工：谢谢你即使是担心，依然还是来了。从这一点，我看到你很勇敢，也很有责任感。

F女士：（抬起头，眼神中有些惊奇，露出不好意思的微笑）。谢谢……你需要我谈些什么呢？

社工从社区矫正对象看似"不情愿"的行为中看到对方的积极面并进行鼓励，同步表达了自己的接纳。不同于以往的拒绝和歧视，社区矫正对象感受到社工看到自己的独特存在与价值，内心慢慢放下防御。

三、一致性

（一）一致性的概念

第三章使用真诚这一概念来整合社工坦诚地面对社区矫正对象，开诚布公地与社区矫正

对象交流自己的态度和意见,不掩饰和伪装自己的工作内容。一致性是助人者在专业关系中的一种存在状态。一致性是社工对社区矫正对象的外在反应和对社区矫正对象的内部经验之间始终保持相同,即社工需要表达出自己的真实经验。罗杰斯认为,一致性的概念内涵要比真诚更加丰富和深邃。但一致性在实践中却面临诸多困难。如同有条件关注一样,不一致性亦是个体在日常生活中被社会化的常态。

(二) 一致性的作用

1. 社工的坦诚有利于获得社区矫正对象的信任

一致性要求社工不扮演专家的角色。社工保持一致性可以让社区矫正对象更容易信任社工。社区矫正对象感受到社工的表里如一和坦然真诚,会逐步放松。如果社工通过扮演专家角色来强调自身的权威性和优越性,可能也会建立一种不平等的信任关系。但是专业关系失去平等性后,社区矫正对象需要采用防御方式维护自身的自尊等,那么社工也很难了解社区矫正对象真实的感受。

2. 社工的坦诚示范社区矫正对象接纳自身脆弱

社工能够坦然承认自身的脆弱时,给社区矫正对象接受自身脆弱提供了示范。社工在访谈中需要开诚布公地说出自己的疑惑、无力等负面情绪,坦诚自身的不完美,以建立双方的平等关系。社工给社区矫正对象展示了对待自身脆弱与不完美的新的方式。社区矫正对象在观察中学习,开始质疑原有行为方式的唯一性,从而为社区矫正对象坦然接受自身的局限创造了可能性。

案例 6-23

个案简介

一位社区矫正对象分享社工触动自己的一个时刻。

我是很震惊的,当×老师(社工)说他的经历显得单薄,抱歉没有办法完全地理解我的过去时。做这种工作的人不应该都是专家吗?怎么会说自己不行?如果我是个专家,我会很难承认自己的问题。可是,×老师说他确实有不足,他不是什么事都能搞定。我就很吃惊,他也会反思自己。原来每个人都有搞不定的事情。专家都可以承认自己的不足,那我们也可以有缺点和问题,这个才是,才是每个人真正的样子吧。

3. 社工的坦诚促进社区矫正对象提升一致性

社工以一致性的状态呈现,促进了社区矫正对象的社会学习。社区矫正对象以社工一致性的状态为参照,更容易发现自身状态的差别。社区矫正对象在生活的磨砺中大多学会了掩饰自身的感受。面对社区矫正管理工作人员和社会工作者,社区矫正对象往往不愿直接表达自身真实的感受。社工的一致性状态为社区矫正对象示范了如何将外在反应和内在经验统一。社区矫正对象通过反复地观察学习,逐步进行自我探索和自我反思,逐步提升一致性。

案例 6-24

案例节选

社工:我们前面三次的约谈你没有来。我不知道在这期间你发生了什么事情使你没来,还是你对会谈有什么想法?

社区矫正对象:我只是不想来了。

社工：是觉得我们的沟通没有作用（停顿），还是什么？

社区矫正对象：这个（停顿），也不是没有作用。

社工：我很关心你。我不知道发生了什么。如果是我之前出现了一些失误让你决定结束，你可以告诉我，帮助我改进吗？

社区矫正对象：不，你没有出现什么失误。我只是觉得在你面前很丢脸，你会不会觉得我这个人很可怜。

社工：完全没有。我没有那种感觉，从来也没有过那种感觉。

社区矫正对象：但是我们最后一次见面的时候，我哭得稀里哗啦，我就是个可怜鬼。

社工：我并没有那样觉得。现在我觉得，也如同上次一样，我了解到你在那么多的压力下努力挣扎，付出了如此的辛苦让我感动。我不知道我在那种相同的情形下是否能像你那样坚强地应对，一直不放弃。

社区矫正对象：真的吗？

社工：是的。

社区矫正对象：从我们最后一次见面后，我一直觉得很丢脸。你会怎么看我呢？我就是懦弱又失败的人。如果我们不见面，我就可以不去想我是失败的人。

社工：我想这样的感受一定很折磨你，而想着找到怎样的理由来结束我们的交谈，同时还要照顾我的感觉，就更让你烦扰了。

社区矫正对象：谢谢你这样讲，我说出来也好很多。好像我现在也没有那么羞愧了。

本案例展现了重要的干预过程：社工和社区矫正对象比较各自的现象实在。现象实在指的是个体所体验到的现实。在干预过程中，社工和社区矫正对象比较彼此现象实在的差异，有利于社区矫正对象对自己的现象实在进行质疑。社区矫正对象预期自己表现出的情绪被社工看成一种"可怜"和"懦弱"。如果社工没有意识去尝试保持一致性，即清楚地表达出自己的实际感受，那么社区矫正对象的错觉会成为终止双方交流的句号。通过一致性对话，社区矫正对象发现自己的现象实在——自己的悲伤情绪会被当成可怜，不同于社工的现象实在——被对方的挣扎和辛苦所感动。由于社工的社会地位、人生经验、专业学习和生活状态，社区矫正对象对社工大多存在羡慕或尊敬。社工需要详尽而准确地表达出自己的感受，也就是呈现给社区矫正对象对现实新的理解。

（三）一致性的实施

1. 表达多种类型的共鸣

社工要保持这种存在状态时，要清楚地表达出自己的实际感受。共鸣指专业关系在社工身上引发的回音，常见的形式有自我共鸣、共情共鸣和个人共鸣。

自我共鸣指社工受到社区矫正对象的影响引发和自身有关的思维和情感等。自我共鸣的内容来自社工，是社工根据社区矫正对象的表述说出自己的故事。被表达出来的自我共鸣类似于自我暴露，共情的内容来自社工本身。

社区矫正对象：我究竟该不该离开他？他会打我，但是为什么我还是无法下定决心离开他。

社工：（想到自己的情况）我的丈夫如果打我，我肯定会立马离开他。

共情共鸣指社工接收到社区矫正对象的感觉，并反馈给社区矫正对象。共情共鸣包括一致性共情共鸣和补充性共情共鸣。其中共情共鸣是准确反馈社区矫正对象所表达的内容和情感的共鸣，也叫一致性共情共鸣。共情共鸣的内容来自社区矫正对象。

社区矫正对象：我究竟该不该离开他？他会打我，但是为什么我还是无法下定决心离开他。

社工：你感到很乱，一方面你觉得应该离开他，而另一方面你似乎也有理由继续留下来。

补充性共情共鸣指社工可以进一步反馈社区矫正对象尚未意识到的但已经处于意识边缘的经验。补充性共情共鸣是一种深度反映，内容来自社区矫正对象。值得注意的是：如果社工对社区矫正对象的理解不尽准确或者回应过早，所做出的回应就不是补充性共情共鸣。下例呈现了补充性共情共鸣的运用。

社区矫正对象：我究竟该不该离开他？他会打我，但是为什么我还是无法下定决心离开他。

社工：如果在保证自己经济独立的情况下，你离开他的决心也许会更强烈。

个人共鸣指社工受到社区矫正对象引发，并对自身与社区矫正对象的关系进行反馈。矫正工作中，社工反馈工作当下的感受，这些感受和社工与社区矫正对象的关系有关，所以个人共鸣的内容来自两者之间的关系。

社区矫正对象：我究竟该不该离开他？他会打我，但是为什么我还是无法下定决心离开他。

社工：（社区矫正对象的困惑和纠结触动了社工自己）……看到你这样的纠结，我有些迫切地希望你这一次能够有一个妥善的处理决定。

面对难以充分表达自我的社区矫正对象，社工使用个人共鸣技术往往具有良好的效果。当社区矫正对象沉默寡言，并且社工有着充分的感受和体验时，社工可以反馈自身此时此刻的感受和体验，使得会谈更加深入，为后续的干预奠定良好基础。

社区矫正对象：我觉得没有什么好说的。

社工：（保持目光注视，目光温和）当听到你这样说，我感受到你对我们的这次交流好像有不满意的地方。

2. 多种共鸣表达需要遵循两个准则

社工进行一致性的表达时，需要保持外在反应和内在经验始终一致。实际上，个体的内在经验往往是丰富而复杂的。在矫正工作中，社工并非所有的感受和体验都适合在工作过程中表达。社工在表达多种共鸣时需要注意以下两点。

一是社工的自我共鸣表达要适当，需要以社区矫正对象为关注的焦点。社区矫正对象所引发的社工的反应实际上与社工自己有关，社工需要注意自我共鸣不能以自身为中心。

社工可能会说："我曾经也失去了至亲，我记得当时我感受到一种极度的痛苦（自我共鸣），但是你的感受好像不至于此，除了这种痛苦，你还感到了……绝望（共情共鸣）？

上例中，社工综合使用了自我共鸣和共情共鸣。社工的自我共鸣拉近了与社区矫正对象的距离，也使得共情共鸣更具有信服性。共情共鸣又将注意点转移到社区矫正对象的感受上，保持了以社区矫正对象为中心。

二是社工进行一致性表达要关注自身持久或强烈的感受和体验。社工不能将短暂或平淡的反应作为一致性反应的内容，比如快速出现又消失的恼怒等。但是如果这些感受和体验持续存在或者反复出现，那么社工就应该关注它。社工进行一致性表达需要具备选择性，需要考虑一致性表达的作用和意义。社工对自身感受的即刻判断是否适当尤为重要。通常而言，社工很快消失的感受和体验大多不是社区矫正对象主要表达的内容。社工随着经验积累，在保持一致性方面更加灵活而自如。

3. 使用元交流来达成一致性

元交流是交流双方对于交流本身的思考与反馈。通常社工会应用如下的一些话语来开始双方的元交流。

今天到目前为止，我们的交流都比较顺利。你觉得这次会谈怎么样？

我感到你对这次谈话有些抵触？

我感到你今天似乎有些退缩，不知你怎么看？

我今天感到有些不自在。

我说这句话……真正想要表达的是……

我不太确定你刚刚这样说是不是真的，因为我的内心似乎还有一个声音说这不是真的。

今天到目前为止，我们还没有谈及上次会谈时遗留的话题。

社工的一致性表达和社区矫正对象的真诚坦白促成了双方的元交流。对于社工来说，其个人共鸣引发通向元交流的一致性。如下例。

案例 6-25

个案节选

社工：这或许是我感觉错误，但是今天在与你的谈话中我一直觉得不太舒服（停顿），就像隔着一点什么……（声音延长）我想知道我们之间是不是发生了什么事。你有这样的感觉吗？

社区矫正对象：没有！（垂下眼睑，搓着双手，看起来有些坐立不安）

双方沉默。

社工：（身体向外倾斜，声音温和）你说"没有"一定有你的道理，只是你的表情好像在回避。

社区矫正对象：也不是。

社工：你想要结束会谈……还是继续会谈下去？

社区矫正对象：（停顿）我觉得上次你说的那句话，让我感觉很不好。

本案例中，社工敏感地觉察到社区矫正对象没有表达的内容。社工运用了个人共鸣表达一致性。社工关注元交流的信息，帮助社区矫正对象表达了未曾表达的感受和体验，从而也促进了双方的信任关系和交流深度。

4. 共情、无条件积极关注、一致性的结合运用

社工需要将共情、无条件积极关注、一致性结合应用，才能取得良好的干预效果。个案矫正工作中，共情、无条件积极关注、一致性往往也是同时出现、相互交织的。首先，共情和无条件积极关注一体化。在共情过程中，社工进入社区矫正对象的内心世界，感受社区矫正对象的现象实在，也体现了社工的无条件积极关注。当社工对社区矫正对象进行无条件积极关注时，才能做到真正的共情。其次，共情和一致性一体化。社工保持一致性，需要根据自身此时此刻对社区矫正对象的感受和体验作出反应，其中就包含了共情共鸣。而当社工使用共情技术时，社工也需要保持外在表现和内在经验的一致性。最后，无条件积极关注与一

致性一体化。社工无条件积极关注社区矫正对象，更容易和社区矫正对象建立信任的专业关系，为社工保持一致性的状态奠定了基础。而社工运用一致性时，也需要保持无条件积极关注状态。

（四）一致性的注意事项

1. 社工需要注意不一致性的影响

社工做到一致性需要专业训练和实践检验。相较而言，不一致性才是个体生活的常态。社工的不一致性往往是在一系列的会谈后，逐渐显露出防御性，进而展现出不一致性。受限于专业能力或其他原因，社工的不一致性可能非常明显。比如社工对社区矫正对象表达很乐意一起工作，而内心有着难以控制的厌烦和担忧。社区矫正对象往往会觉察这样矛盾的信息。社工能意识到自己的感受和体验，但出于专业训练的要求或为了维护专业形象，选择所谓正确的方式应对。而这样的矛盾信息也使得社工的工作偏离了专业规范。当社工识别到自己的不一致性时，应该及时处理自身的不一致。社工的不一致性可能非常隐蔽。例如，当社工自己未曾意识到对社区矫正对象的某些感受和体验，也很难进行表达。虽然社工没有注意到自己此时此刻的感受和体验，但社工的非言语信息会发生微妙的变化。而社区矫正对象往往能敏锐地觉察社工的微妙变化。社工需要提升自我觉察能力，加强专业训练。

2. 社工需要重视自我共鸣对一致性的干扰

一致性是社工专业训练中极具挑战的干预技术。共鸣的目的是社工通过表达当下的内在感受，以呈现真实自我，维护专业关系，促进社区矫正对象的自我发现、自我成长、自我觉醒和自我实现。社工将"自我"投入矫正工作过程中往往是危险和机遇并存。比如自我共鸣的内容来自社工，社工可能将自我的恐惧和需要强加给社区矫正对象。共情共鸣和个人共鸣也可能出现社工的误解或投射等情况。

3. 社工需要面对无法接纳与一致性产生冲突

人本主义取向的社工需要面对的挑战在于是否敢于向来访者坦诚自己的无法接纳。社工难以理解和接纳社区矫正对象的价值观或行为表现时，社工可以选择坦然地承认自身的痛苦，并保持社区矫正对象的矫正工作。如果社工在专业训练不足及个人限制下，也可以选择停止矫正工作，采用转介等方式，从而避免将自己的无法接纳投射到社区矫正对象身上。当社工选择承认自身的不足，需要超越自己的个人局限，保持一致性地表达自身的感受和体验。

案例 6-26

个案节选

社区矫正对象是一名女同性恋者，其对社工（女性）表达出了"爱意"。这对于社工挑战巨大，难以接受。如果在社区矫正对象面前装作若无其事，社区矫正对象一定会感受到。最后，社工尝试开诚布公地对话。

社工：我与你之前的对话，尤其是你谈到你的同性恋，我会感到害怕。但是这与你无关，更多的是与我自己有关。我一直难以接受你对我发出的爱意，在此之前我无法真实地说出我的感受。

社区矫正对象：嗯……我知道，其实我能感受到你并不喜欢我，就是恋人的那种喜欢。我现在确实很难受……但还是谢谢你诚实地告诉我。如果你一直装成很接纳我，这会更加让我讨厌。

（五）一致性的应用

案例 6-27

个案简介

F 女士，女，22 岁，大学本科肄业，未婚，家中独女，有吸毒史，因贩毒判刑三年，近期符合条件假释。（同案例 5-22）

问题概述：

F 女士有着焦虑和抑郁情绪、回避社交行为，其更关注的问题是未来职业定位和发展。人本主义疗法的共情、无条件积极关注、一致性等干预技术在介入过程中是融合一体化实施。此处结合案例重点展示一致性技术的应用。以下是访谈的部分摘录。

第一次介入：与案主建立积极稳定的服务关系。访谈在司法所的一个安静独立的房间进行。

社工：你好！（以从容步伐走到门口迎接 F 女士，微笑注视），请坐（引导 F 女士入座。F 女士进门，急促地观察四周环境）。

F 女士：你好。（身体落座于沙发的边缘处，双手握拳，背部挺直）

社工：（给 F 女士端上一杯热茶）首先跟您介绍下我自己。我是×××社会工作服务中心的社工。你可以称呼我李老师。我们机构承接本司法所的社工服务项目，社会工作的目的是帮助有需要的困难群体，解决心理行为和现实问题，协助当事人更好地适应环境。服务主要是以谈话的形式进行。接下来关于这次服务你有什么不清楚的可以随时问我。我怎样称呼你好呢？

F 女士：你可以叫我小 F。

社工：嗯，好的。今天的这次会谈我们大概会有 50 分钟的时间。（微笑）需要我为你做些什么呢？（你希望谈点什么？）

F 女士：……我也不知道，你也帮不了我……沉默（低头默默地哭泣）。

社工：看到你这样难过又无力，我似乎同样感到很难受。我希望我能够为你做些什么。

F 女士：谢谢（身体逐渐放松）……

社工使用自我共鸣向社区矫正对象坦诚自己内心的感受，使其感受到自己被真诚相待。

F 女士：可是，我觉得我的问题谁也帮不了我。

社工：是的，在经历了很多次的努力后依然无法摆脱困境后，我们就只剩下了孤独。我也曾经有这样的感受。你经历的困境一定不寻常，尽管我内心也很忐忑是否能够帮到你，但是我还是愿意和你一起再试试。

社工使用共情共鸣和自我共鸣向社区矫正对象坦诚自己内心的感受，激发社区矫正对象再次挑战的意愿。

F 女士：这很难，我试过很多次……你真的不觉得我是个麻烦吗？

社工：我们在接下来的工作中可能会碰到困难，我有时候也会被困难暂时的挫败而泄气，但是我会告诉你我的感受，我们可以试试，一起克服这些困难。

社工使用自我共鸣向社区矫正对象坦诚自己可能的受挫和情绪反应，放下专家波澜不惊的面具，寻求社区矫正对象加入共同前进的旅程。

第一次介入结束时，社区矫正对象已经充分地讲述了当前最困扰自己的问题，社工也在这个过程里小心而慎重地向她表达了自己的兴趣、热情和理解，然后非常肯定地说出下面的话。

社工：今天你已经告诉我很多关于自己的事情。我明白了这样做令你感到多少有些害怕、担心和不确定，不确定这样做究竟有什么意义。但谢谢你依然选择信任我。你非常有勇气，有勇气信任我并再次面对这些问题。

社工使用个人共鸣，清晰、有力地表达了对社区矫正对象勇气的钦佩，这种肯定对社区矫正对象的努力抗争可能非常重要。

第四次介入：基于前两次会谈，社区矫正对象尝试违抗父母溺爱的关护，决心与父母商量外出工作。本次会谈始于社工询问"这一周有什么事情吗"。F女士回答说："没什么事。"在会谈的前三分之一时间里，F女士显得沉默而退缩。对于这种沉默，社工直截了当地说出自己的感受。

社工：我觉得你今天一直在避免看我……你看起来似乎有什么事情不想说……你怎么了？

F女士：（眼泪夺眶而出）我很难受……我觉得我做不到……我说服不了他们（父母）。

社工：还有什么别的感受吗？

F女士：我觉得你会失望的，我做不到。

社工：因为你没有勇气？

F女士：是的。我觉得我不值得你的帮助。

社工：你好像认为你说服不了父母，我就会改变对你的看法，不会再像以前那样喜欢和关注你了，是吗？

F女士：（仍然回避眼神接触）是的……谁会喜欢我这样失败的人呢？（蜷缩着腿、双臂抱住腿，并将头埋在膝盖中。哭声变成了深深地呜咽）

社工：（身体向前趋近，一只手握着F女士的胳膊，一只手轻轻地拍着F女士的肩膀。伴随着F女士不停地呜咽，就这样一直坐了将近5分钟。）

社区矫正对象原本以为社工会拒绝和不再接纳自己，但事实上社工向F女士靠近，坐在身旁陪伴。社工应用这些非言语表达，不仅对F女士不断加深的痛苦和孤独进行了准确的共情，而且始终如一地保持着高度重视。自始至终，社工的外在表达都与自身情感的性质和强度保持高度的一致。社区矫正对象有了真真切切的"在一起"的感受，才能有力地去面对自己的孤独、自责和自我厌恶。社工将共情、无条件积极关注、一致性技术相互融合，发挥了良好的干预效果。

第五节 家庭治疗个案矫正干预技术

家庭治疗除了关心社区矫正对象的人格特征或重复的行为模式，还将注意力放在社区矫正对象发生的行为所处的家庭背景。家庭治疗的基本理念认为：所有的家庭成员都处于关系网中，个体心理及行为问题的形成或维持源于家庭或更大的系统的模式和关系等。家庭治疗常以社区矫正对象的家庭为工作单位，相对改变个体的问题及症状，更重视改变家庭或更大的系统的成员之间的关系和模式等。家庭治疗取向的社工帮助社区矫正对象及其家庭成员改变家庭的结构、典型的互动模式或信念系统，帮助社区矫正对象解决心理行为问题，帮助其家庭更好地适应和发展。值得注意的是，家庭治疗个案矫正干预技术不仅能运用于社区矫正对象的家庭，也可以运用于社区矫正对象个人。家庭治疗的干预技术难以枚举，下面就家庭治疗的常用干预技术进行介绍。

一、家谱图技术

（一）家谱图技术的概念

家谱图是用于描绘社区矫正对象家庭系统的示意图，是了解社区矫正对象家庭历史和家庭人际关系的通用语言，是帮助社工理解社区矫正对象当前问题和家庭模式的实用工具，更是干预社区矫正对象及其家庭的重要技术。家谱图的绘制以家谱图基本符号为基础，采用家谱图访谈收集社区矫正对象的个人、家庭和社会信息。家谱图呈现了三代家庭成员的个人信息、关系状态和家庭模式，有利于社工建构对家庭的理解进行个案概念化并指导矫正过程；有利于促进社区矫正对象构建对自身和家人乃至世界更为恰当的理解，激发其新的适应性的行为。

家谱图的主体是一个描述多代家庭成员间血缘、法律和情感关系的图谱。家谱图以社区矫正对象为核心，描绘其核心家庭的信息，核心家庭的父系和母系两系的信息，描绘至少三代的信息，通常需要描绘至社区矫正对象的祖父母一代。常见的家谱图的基本符号如图6-2所示，方框代表男性、圆形代表女性；社区矫正对象用双方框或双圆形表示。直线代表婚姻，竖线代表亲子关系。两个结了婚的人使用向下—水平—向上的实线连接起来，通常将丈夫画在左边，妻子画在右边，用一个小"m"表示婚姻，并在后面标注结婚的年份。每个家庭成员的年龄写在标志中间，出生日期写在其标志的左上方。

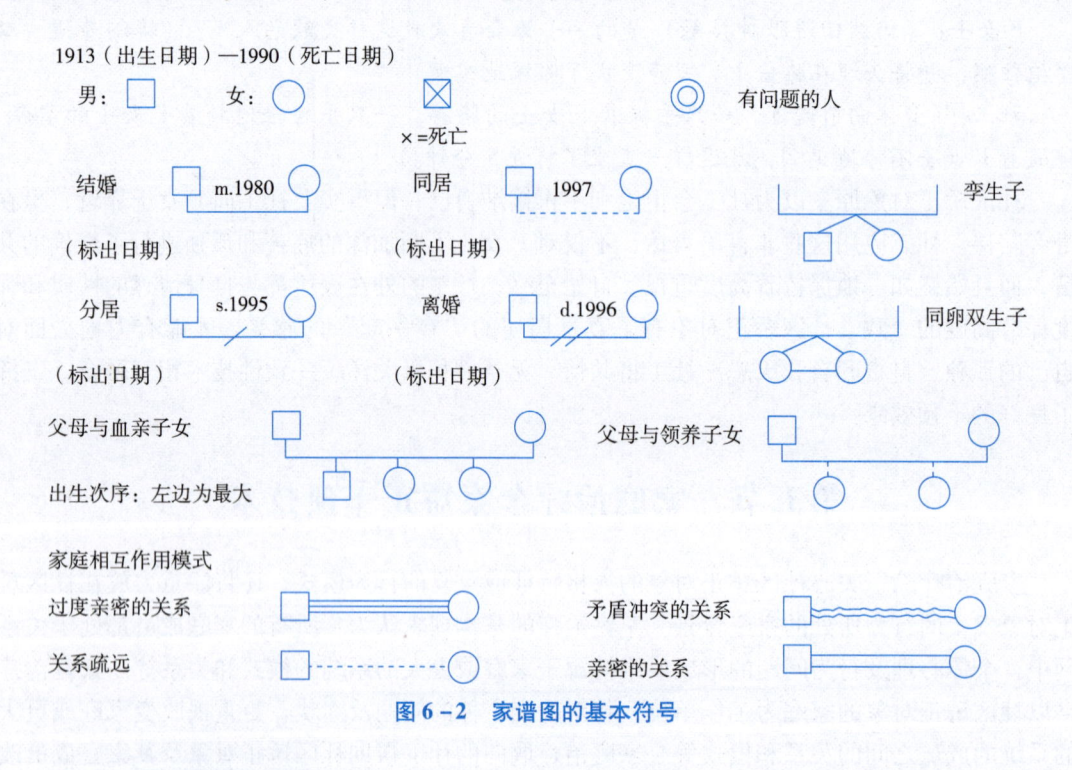

图6-2 家谱图的基本符号

（二）家谱图的分类

家谱图呈现的信息能具体描绘、解释社区矫正对象家庭系统的状态、结构、关系和历史，能有效评估社区矫正对象的心理健康状况，评估其家庭的模式和功能，有利于社工建构对家庭的理解从而进行个案概念化，有利于社区矫正对象的领悟和改变。根据家谱图的不同功能可以做以下分类。

1. 基本家谱图

基本家谱图用于描述社区矫正对象家庭成员的基本信息，包括性别、年龄、出生和死亡的信息、婚姻状况、血缘关系、职业、教育程度、宗教信仰等。

2. 关系家谱图

关系家谱图是在基本家谱图基础上以社区矫正对象的感受为基础，描述家庭系统中的人际关系，包括亲密、疏远、隔离、冲突、纠缠等。

3. 细节家谱图

细节家谱图是在基本家谱图和关系家谱图基础上探索社区矫正对象及家庭中发生的重大事件、重要信息等，采用图文结合方式记录相关信息。

（三）家谱图技术的作用

1. 家谱图有利于社工引导社区矫正对象思维视角的改变

通过家谱图，社工可以全面地了解家庭背景信息，评估社区矫正对象与其他家庭成员之间的关系，以及更宏观、更系统地了解社区矫正对象与家庭、朋友、社区、社会和文化等方面的联系程度，帮助社工和社区矫正对象系统化地思考社区矫正对象生活中的事件和人际关系，以及这些因素如何对社区矫正对象的症状产生影响。在家谱图的绘制过程中，社工向社区矫正对象家庭成员询问当下的家庭情况以及与社区矫正对象呈现出来的症状相关的前几辈人的生活主题、家庭规则和情结情感等问题，那些被不断重复着的家庭模式会浮现出来，变得越来越清晰，社工逐步找到社区矫正对象的问题及症状与家庭模式、规则、关系等的关联，探索改变家庭模式等的策略。同时绘制家谱图的过程也让社区矫正对象看到自己面临的问题受到家庭系统的影响，自己的变化也会引起家庭其他成员乃至整个系统的变化，从而转变看待问题的视角，增强改变的动力。

2. 家谱图技术有助于社区矫正对象及其家庭成员建构资源的视角

社工运用家谱图技术不仅让社区矫正对象注意到自身的家庭互动模式、关系亲疏、家庭功能和家庭资源等，而且帮助社区矫正对象看到自身的家庭资源与力量。家谱图以更宏观的视角呈现了社区矫正对象家庭的问题、探寻问题的意义和功能、展现社区矫正对象家庭维持倾斜的平衡的方式。家谱图呈现家庭资源的概貌，包括家庭成员积极品质、家庭的弹性、家庭结构支持等。通过社工资源视角的引领，社区矫正对象及其家庭成员就能以更积极的视角审视当下遇到的问题，探寻当下问题的意义，并探寻进一步的解决办法。社区矫正对象及其家庭成员通过多次家谱图的绘制和完善，不断学习以积极的视角看待目前的困境，以更平和的心态融入社区和社会。

3. 家谱图技术有助于社区矫正对象及其家庭成员构建适应性的行为

家谱图访谈不仅为社工提供社区矫正对象的信息，同时引导家庭成员采用系统化的观点看待自身的问题。家谱图技术呈现社区矫正对象家庭功能的互动模式，呈现其互动模式对家庭及个人问题的影响。社区矫正对象及其家庭成员对家庭关系、互动模式等的觉察，促进其逐步建构适应性行为，如社区矫正对象黄女士入矫后呈现退缩、回避社交的问题。通过家谱图技术，黄女士和其母亲逐步理解到纠缠的母女关系如何影响到黄女士的情绪和行为。黄女士母亲学习放手，鼓励女儿尝试自己去解决面临的问题、建立更多元的人际关系。黄女士也学习用成人的状态对自身的情绪和行为负责、减少对母亲的依赖和攻击。结合其他家庭治疗取向个案干预技术，该个案取得良好的矫正效果。

（四）家谱图技术的实施

1. 家谱图访谈

家谱图访谈旨在收集绘制家谱图所需的家庭信息，访谈的时间和次数根据矫正目标设定。为了解社区矫正对象家庭的结构并构建家谱图框架，社工可以询问社区矫正对象两系三代家庭成员的姓名、年龄、性别及职业，其他相关信息通过围绕当前家庭面临的问题提问而获得。社工可以对社区矫正对象所有家庭成员提问，询问有关大家庭、社会关系网和文化背景等方面的信息，以此寻找机会收集更宏观的背景信息。为了在家谱图中将社区矫正对象面临的问题、当前家庭的关系置于恰当的位置，社工有必要了解社区矫正对象家庭的背景资料，包括：家庭所属民族的文化、家庭的社会经济状况、家庭成员的宗教信仰等。探索社区矫正对象家庭的背景资料，有利于社工更好地理解家庭运作方式、家庭态度以及家庭行为模式，有利于社区矫正对象看到家族、社区、社会等大系统对自身的影响。需要注意的是，家谱图的访谈切忌变问诊式一问一答，而需要把家谱图访谈和社区矫正对象关心的问题紧密结合；此外，在访谈中社工还需要不断维护和强化与社区矫正对象的专业关系。

为了能更有针对性地开展矫正工作，社工还可以询问下列问题：家庭成员当前最希望社工帮助解决的问题是什么？在你的直系家庭之外，还有哪个人对你来说非常重要？还有谁会给你带来压力？还有没有其他专业人员为你们的家庭提供过帮助？给家庭成员带来最大压力的事情是什么？哪些信息是家庭成员之间愿意分享的？哪些信息是不希望其他人知道的？家庭中谁最有爱心？或哪位家庭成员最值得他人敬佩？家庭成员认为他们目前面对的最大困难是什么？

家谱图访谈在收集信息的同时还可将所收集到的信息有条理地展示在家庭成员面前。一方面，家谱图使得社区矫正对象及其家庭成员在认知层面理解症状或问题行为产生的背景，了解症状或问题行为与家庭关系和家庭模式等之间的关联，以此能够增强家庭成员对当下现状的掌控感；另一方面，家谱图也向社区矫正对象家庭呈现一幅有关其家庭历史的图谱，其中丰富的家庭经历是家庭成员确立心理认同的重要资源。为了避免访谈结束后家庭成员深陷痛苦经历或困惑不解，社工在访谈结尾时需要对该次访谈做总结，让社区矫正对象家庭看到在访谈过程中取得的成果，增强改变的动力。

2. 组织家谱图的布局

绘制家谱图的过程中难度最大的工作之一是筛选收集到的信息并决定哪些内容绘制到图中。社工并不可能将收集到的每一条信息都纳入家谱图。社工对家庭治疗理论的熟悉，有助于社工区分家谱图访谈获得信息的重要层级。除了社区矫正对象家庭成员基础的人口学信息，社工在整理信息时应优先在图中收录下列内容。

首先是跨代际的或反复出现的家庭功能模式、家庭关系模式或症状模式。反复出现的三角、联盟、断绝关系、冲突等关系模式，以及功能过度或功能缺乏，以上内容都是解读家谱

图的核心。其次是日期上的巧合。例如：在某位家庭成员的亡故日期或死亡周年忌日，另一位家庭成员出现症状；或某个家庭成员身上症状出现的日期（或症状的起止日期）与另一位家庭成员出现问题的日期（或问题的起止日期）相一致。最后是生命周期的过渡和变化都会给家庭带来冲击，特别是那些因重大家庭事件或生命周期过早发生过渡（如孩子出生、结婚、孩子夭折等）而造成的家庭功能或家庭关系上的改变。

3. 分析家庭关系

社工可以从双人关系入手来分析家谱图，使用各种线形将这些关系简要地表述为"亲密""融合""敌对""疏远""断绝"等。由两个人组成的关系系统是最基础的人际关系。这些双人的关系通常会引入第三人而发展成为三角关系，社工可以将家庭系统看作是由多个三角关系相互作用而构成的整体。对家庭系统中任何一个三角关系都能推理出相同的假设：任意两人的互动都与三人之间的关系密不可分。在收集到的家庭关系有限的情况下，社工可以利用家谱图推断可能存在的三角关系。任何一个三角关系都是某个更大的系统模式的一部分。例如：孩子对母亲发脾气不仅仅是母亲与孩子冲突的结果，而且极有可能是母亲与父亲之间的冲突卷入了孩子的结果；孩子对母亲发脾气甚至可能是父母与过度卷入的祖父之间的矛盾造成母亲与父亲的冲突，再卷入孩子的行为，从而形成孩子对母亲发脾气；孩子对母亲发脾气或者是与一个或多个成人、早熟的兄长或姐姐等成员之间关系的结果。除了展现复杂的家庭关系，家谱图还能显示出家庭的互动模式。家庭的互动模式可以补偿婚姻中的距离；代际的联合与冲突能够以某种方式相互协调。社工可以利用家谱图呈现出来的特定关系开展介入工作。

4. 澄清家庭模式

澄清家庭模式是应用家谱图技术的关键，也是促使社区矫正对象对自身、对家庭的觉察的重要步骤。首先，伴随着家谱图信息的收集，社工不断地了解社区矫正对象家庭成员的互动序列，了解成员间的交互作用过程；其次，社工基于对社区矫正对象家庭成员关系的理解和家庭互动信息的收集，逐步建构和修订对社区矫正对象家庭模式的假设；最后，社工在社区矫正对象的问题行为和家庭模式之间建立联结，帮助社区矫正对象及其家庭成员看到家庭因素对个体的行为的影响。社区矫正对象及其家庭成员逐步学习以整个家庭为大背景去审视社区矫正对象的行为，激发社区矫正对象及其家庭改变问题行为的动力，探索引发这些行为的家庭冲突和信念等。

5. 挖掘重要细节

社工对社区矫正对象家庭中的重大生活事件、巧合事件、重大转折及创伤等一些特殊细节的挖掘对理解社区矫正对象的行为和面临的问题具有重要的意义。在家谱图中追踪社区矫正对象家庭中家庭成员的重大生命周期过渡、工作变动、家庭成员的迁入迁出、家庭关系转变、迁居移民、事业上的成功或失败等，可以让社工了解家庭的发展史，以及这些历史对整个家庭、家庭中的个体都造成了什么样的影响。不仅如此，家谱图评估还要求社工对社区矫正对象家庭中"生活事件与社区矫正对象的犯罪行为和当前困境之间存在什么样的联系"这一问题有所把握。例如，当家庭中发生了什么样的生活事件使得家庭的功能发生怎么样的变化，是否直接或间接地导致家庭成员发生了触犯法律的行为。在家谱图中，社工应仔细检查那些创伤性事件、周年反应以及社会、经济和政治事件给家庭造成的影响是否在持续发醛，或不断地给家庭累加压力。社工可以对各种剧变给社区矫正对象家庭带来的冲击做出有效的评估，并了解到在应对未来的变化和挑战时家庭中存在着哪些问题和资源，从而使介入工作能够更加有针对性地开展。

（五）家谱图技术的注意事项

1. 需注意介入时跟随和干预的平衡

社工应注意介入中跟随和干预的平衡，不应该只关注尽可能多地收集家庭信息，而无视家庭的态度和需求。在访谈过程中，社区矫正对象及家庭成员可能会对当前的困难和解决困难的方法存在片面的看法和认识，或者是认为只有社区矫正对象需要改变，任何导向其他家庭家庭问题的努力都会遇到阻抗。在与家庭的关系建立得不够好时，过度的干预只会让家谱图访谈半途而废。家谱图信息的收集是循序渐进的。社工应不断维护与家庭成员的专业关系，在跟随家庭需求中逐步寻找问题的线索，才能收集到更多与社区矫正对象面临的问题相关的重要信息，才能有效干预社区矫正对象及其家庭。

2. 需觉察社工自身状态带来的影响

在个案矫正过程中，社工应该紧密关注并评估自身的状态和所处的位置。家庭治疗需要面对社区矫正对象及其家庭成员，对社工有着更大的挑战。社工在社区矫正对象及其家庭成员之间需要保持价值中立、社会中立和结果中立，才能和不同的家庭成员建立良好的专业关系。家谱图访谈中，社工收集家庭信息时，应保持温和而坚持的态度。在与社区矫正对象家庭成员接触的过程中，社工会遇到多重困难，如文化、社会阶层、性别、年龄、种族、性取向、宗教信仰或信念等方面的差异。社工访谈时可能会卷入家庭成员间的三角关系当中，保持中立尤为重要。社工同时也应该留意自己的文化背景或身处的生命周期阶段对个案矫正带来的影响。

3. 需维护和提升社区矫正对象的改变动机

如果家庭的阻抗太过强烈，社工可以暂停家谱图访谈，将关注点重新聚焦在家庭所呈现的困难上，但仍可在适当的时机把当前困境与家庭历史、家庭模式联系起来，提醒社区矫正对象家庭实际上从属于身外更大的群体，有效地维护和提升社区矫正对象改变的动机。

（六）家谱图技术的应用

案例 6-28

个案简介

A先生（小A），男，21岁，大学三年级在读，未婚有同居女友，因在夜宵摊上与人口角，殴打他人致他人受伤，判刑两年缓刑两年。学校从教育挽救的角度出发，给予A先生留校察看处分。A先生入矫之后情绪一直起伏不定，由于自卑和羞耻不能按时到校上课，对于自己控制不住的行为有较深的自责、自罪感。

在与社区矫正对象首次工作时了解到社区矫正对象自上小学开始打架伤人的事情就时有发生，同时也了解到社区矫正对象也会对自己的同居女友动手。从家庭治疗的视角来看，社区矫正对象的问题可能是家庭大系统互动的结果，在征得社区矫正对象的同意后，后续几次访谈绘制家谱图并基于家谱图开展工作，A先生家谱图如图6-3所示。

图6-3 A先生家谱图

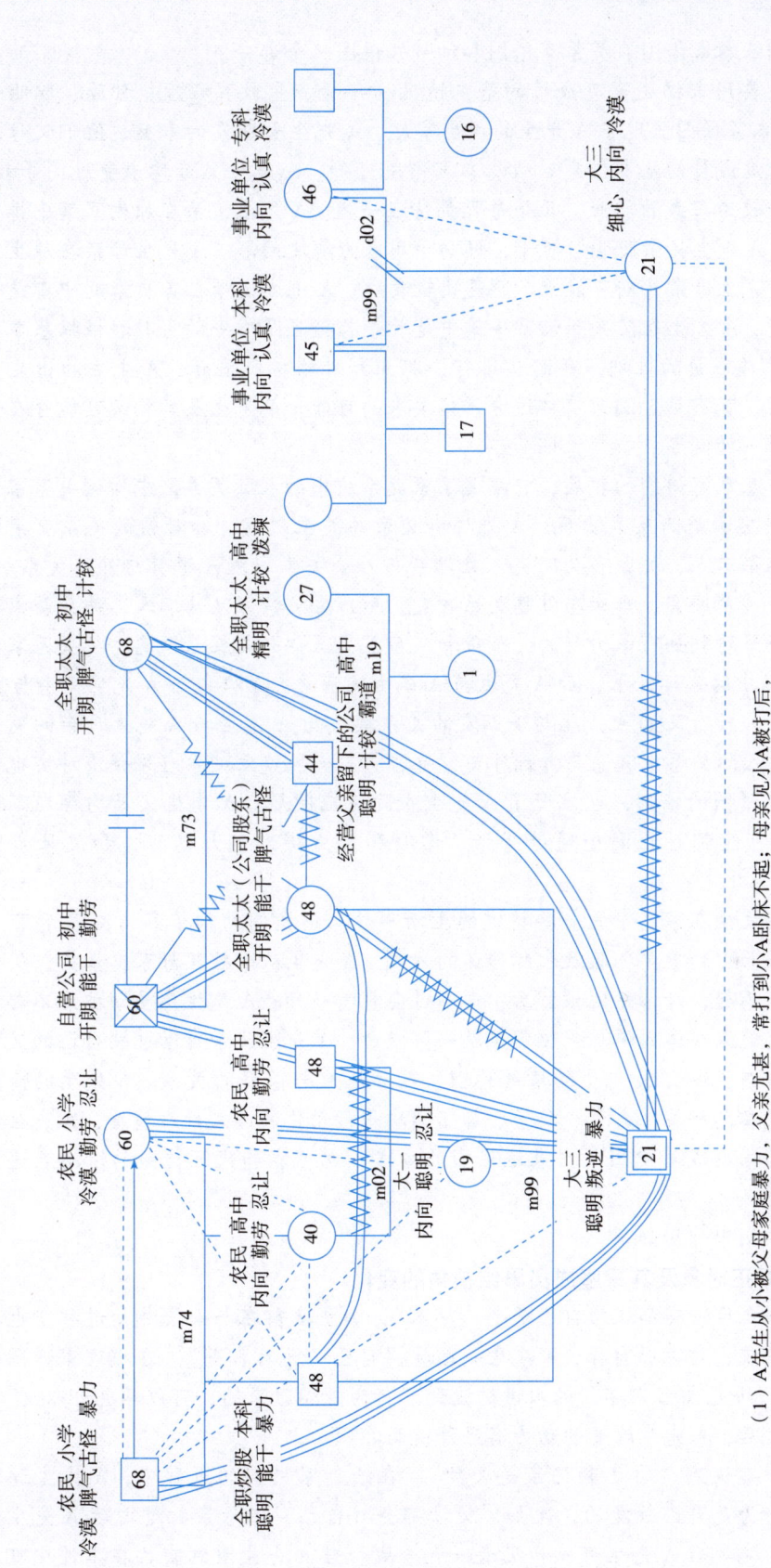

(1) A先生从小被父母家庭暴力，父亲尤甚，常打到小A卧床不起；母亲见小A被打后，对小A父亲生气，转而再打一顿小A。
(2) A先生感受到被冷落的时候，就冷落被看不起。
(3) A先生父亲自幼也被自己的父亲家庭暴力。

该家谱图包括基本家谱图、关系家谱图和细节家谱图三个部分。

基本家谱图主要用来描述家庭成员的基本情况（年龄、受教育程度、种族、职业等信息），本案例中基本家谱图呈现了A先生的原生家庭、A先生女朋友的家庭、他们父母的原生家庭的概况及家庭成员的基本信息。从基本家谱图可知，A先生父母均未受过高等教育，近8年来都未从事较为正式的职业，几乎每天都待在一起。A先生父亲在原生家庭中排行老大，有一个妹妹。A先生父亲聪明、能干，倾向于用暴力解决问题。A先生母亲在原生家庭中也排行老大，A先生母亲开朗、能干，脾气比较急躁。A先生父母在各自家庭中都是受教育程度较高的孩子，A先生在父系和母系平辈中是长子长孙且是唯一的男孩。根据基本家谱图呈现的A先生家族成员的性别、年龄、排行、职业和性格特征显示，A先生的出生可能被寄予家族的希望，既有被宠溺又有被过分严格要求的可能，A先生及其父亲可能存在情绪表达及应对方式单一的问题。

关系家谱图是基本家谱图的扩展，它描述了家庭系统中的人际关系。本案例关系家谱图中A先生家族中冲突和疏离反复出现。A先生和父亲的关系疏离，和母亲的关系有亲密也有冲突。母亲家姐弟二人，关系多为冲突，且母亲与外公关系纠缠，舅舅与外婆关系纠缠，反之，舅舅与外公关系冲突，母亲与外婆关系冲突。A先生父亲家兄妹二人，关系疏离，爷爷和奶奶疏离且爷爷对奶奶有暴力行为，爷爷和父亲疏离，奶奶与父亲疏离。从关系家谱图中可见A先生家庭中的代际传承：如A先生与A先生父亲的关系模式与A先生父亲与A先生爷爷的关系模式一致，又如A先生与女朋友的关系模式与A先生与A先生母亲的关系模式一致。A先生在人际关系中容易与男性冲突，更容易与女性建立关系（即便有冲突也可以化解）既支持了家谱图的推测，也体现了A先生人际适应问题；A先生父母均存在不同程度的"被忽视"，可能都存在渴望通过听话、孝顺和努力得到父母认可，和父母亲密的愿望。

细节家谱图指发生在家庭中的一些特定的生活事件。该案例的细节家谱图显示了A先生的情绪状态、成长中的重要体验及代际传递的方式。A先生从小被父母家庭暴力，父亲尤甚，常打到他卧床不起；母亲见他被打后，气不过会再打一顿；A先生感受到被看不起、被冷落的时候，愤怒就像在体内爆炸，脑袋里就一片空白；A先生父亲自幼也被自己的父亲家庭暴力。细节家谱图呈现出A先生的情绪处理、人际适应与家庭的关系。A先生的情绪处理问题与家庭模式息息相关，夫妻、父子、母子间均用行动化的方式处理情绪，A先生的人际适应问题可能与家庭成员中用攻击表达亲密的方式，也可能和代际传递的情绪表达方式有关。

家谱图在本案例中作用如下。

1. 引导社区矫正对象及其家庭成员思维视角的变化

A先生在获刑之后一直都认为自己是个"坏人"，加之之前在与女友相处过程中也有动手打女友之后的内疚、自责和自罪，A先生一度觉得自己"无可救药"。在梳理家谱图的过程中A先生逐渐从认定自己"坏"的人设过渡到"行为是学习来的，可以学也可以改"，当方式变得有选择之后，A先生改变的动力有显著提高。

A先生以前一直认为"自己和父亲是天敌"，在绘制家谱图的过程中，A先生逐渐发现，父亲的很多行为是自己激发的，比如，父母都会打自己，但母亲打过之后A先生会去认错服软，父亲打完之后A先生可以和父亲一直冷战。当A先生看到自己在事件中可以负责的部分，A先生的情绪状态有较为显著的变化。

A先生父母一直都很困惑"自己一直都在严加管教孩子，可是孩子怎么变成了这样"，在绘制家谱图的过程中，A先生父母意识到家庭中每个人表达情绪的方式都是有问题的，自己和爱人表达情绪的方式也是影响孩子的，所以需要大家一起努力改变。

2. 促使社区矫正对象及其家庭成员关注家庭系统中的资源

在绘制家谱图的过程中，A先生一直较为悲观，同时也对自己的家庭，对自己的父母有很多愤怒；A先生父母也觉得面对这样的孩子很无力，也有很多面对孩子愤怒的委屈和自责。在家谱图绘制完成之后，A先生及其父母发现了很多家庭的资源。

首先，爷爷、奶奶、外公、外婆，他们随着岁月的沉淀越来越懂得去爱一个孩子，他们对A先生的种种爱、理解、包容、支持的背后也许也有着对自己儿女的弥补。A先生父母对此有些动容，也更多地去反思自己对待孩子的态度和方法。

其次，A先生父亲其实一直是渴望靠近孩子的。在细节家谱图中，A先生在学校闯祸一般都是父亲第一时间赶到学校处理，承受学校、老师、家长的压力；A先生从幼儿园开始直到高中毕业，父亲一直接送，风雨无阻。A先生父亲对妻子和儿子看到他的付出非常感动，也增加了A先生父亲在后续工作过程中的投入度。

再次，A先生的母亲有和男性建立良好关系的经验。A先生的母亲和自己的父亲有相对良好的关系。

最后，A先生和自己的父亲在情绪平和的状态下，学习能力很强，吸收信息较快，A先生外公在世时最欣赏A先生父子的这个特点。

3. 促进社区矫正对象及其家庭成员构建适应性行为

从家谱图中可以看到，A先生父母之间有很多冲突，假设A先生父亲在婚姻中是相对冷漠的，A先生母亲感受不到丈夫的亲密会有很多愤怒，同时也会不自觉靠近A先生，在母子较为亲密的关系中A先生母亲会更多看到A先生和A先生父亲相似的部分，这些部分引发A先生母亲与A先生的冲突，形成一组既纠缠又冲突的关系。

同时，当A先生与母亲关系较为亲密的时候，A先生父亲会有局外人的感觉，这种感觉一方面会让A先生父亲离妻子和孩子更远，另外一方面可能对妻子和孩子也有愤怒。

依据家谱图提供线索，工作可以着手于A先生父母的关系，假设A先生父亲在夫妻亲密关系上做一点改变，如傍晚的时候陪妻子散步、和妻子一起做饭等，那么A先生的母亲会把更多的注意力放在丈夫身上。假如A先生的母亲对丈夫有更多的认同和赞许，A先生的父亲可能会更靠近妻子。家庭中父母发展出一定的适应性行为，整个家庭的情绪系统就会跟随变化，夹在父母婚姻中的A先生也可以发展更适合自己年龄的行为方式。

社工基于家谱图技术的工作过程对社区矫正对象的干预主要有以下几点。

（1）促进社区矫正对象家庭系统对家庭成员行为的理解，从认为"自己就是一个有暴力倾向的人"到"这些方式是学习来的"，从认为"自己改不掉了"到"既然是学来的，也可以学其他的方式"，从认为"自己在管教孩子"到"自己没能把情绪处理和管教孩子分开"等。

（2）社区矫正对象及其父母一定程度理解了孩子与父亲之间互动的循环，父子双方找到了阻断家庭成员间负面循环的一些方法。

（3）基于对家谱图的分析，每个家庭成员都找到了新的处理情绪的方式。

以下展示如何利用家谱图起到干预作用片段。

片段一：

社工与社区矫正对象家庭在画关系家谱图阶段。

社工：（面对 A 先生）我们第一次见面的时候，你说你从小到大经常打架，这种"闯祸"之后父母一般是怎么处理的？

A 先生：（瞥了一眼父母）我爸就揍我一顿，我妈一般要么旁观，要么也揍我一顿。

（A 先生父母相互看了一眼）

A 先生父亲：那你怎么不说说为什么揍你。

社工：（对 A 先生父亲）我相信，一切都是有原因的，听起来小 A 小时候很皮。对着这样一个有点皮的孩子，您和太太谁管教的次数更多？

A 先生：（抢着说）我爸爸。他动不动就揍我，不仅揍我，随时都像我欠了他一千万一样。

社工：（对 A 先生）记得相当清楚啊。（对 A 先生父母）不知道你们怎么理解这个"欠了一千万"呢？

A 先生母亲：我想着就是他从来不对儿子笑，对我也不咋笑，有时候就算是儿子考得好甚至是拿了奖，他也一直拉着脸，我经常说，他们父子之间就像仇人。

社工：（对 A 先生及其父亲）你们同意吗？

A 先生父亲：我没觉得啊，我一直都是这个样子，反正我做什么这个娃娃都只和他妈妈亲，只要他们两个好就行了。

社工：好像做了一些努力，但在亲子关系上没有什么帮助，会有些无奈。（对 A 先生）听爸爸刚才说的，你和妈妈的相处会有不同吗？

A 先生：会。我妈虽然也打我，但我妈妈会给我做好吃的，小时候给我讲故事，会带我出去玩，总之她打我，我恨她一会儿就好了。

社工：妈妈虽然有揍你的时候，也会有温暖支持的部分。爸爸不仅揍你而且还比较冷漠，和你的关系比较疏离。

A 先生：对的，就是这样。

社工：（对 A 先生父母）你们对儿子的总结有什么感受？

A 先生母亲：他们姓 A 的一家都疏离，和他们在一起就像在冰窖里，不过爷爷奶奶对我儿子倒是相当好。

社工：喔，能具体对照家谱图说说吗？

A 先生：（抢着说）我爷爷吧，干农活是一把好手，但是打我爸爸也是一把好手，所以打得我爸爸不敢和他亲近。而且据说年轻时候还打我奶奶，我奶奶也被打得不理他。我姑姑看我爸被打得很惨，从小就拼命干活也不跟人讲话，初中出去住校假期都在外面打工不回家的。

社工：好清晰啊，你是专门采访过他们吗？

A 先生：（笑）没有没有，我爸讲给我妈听，我妈讲给我听的。

社工：喔，爸爸会在什么时候那么耐心地把这些故事讲给妈妈听？

A 先生：不知道，你们来说（看父母）。

A 先生父亲：好多年没有这种安安静静有个时间好好聊天了（看妻子）。

A先生母亲：是啊，好像生活节奏没有那么快的时候，那个时候收入也不高，一家三口还有讲讲话的时候。

社工：那个时候你们的情绪状态是怎么样的呢？

A先生父亲：压力不大，人也没那么容易生气。

A先生母亲：（指着丈夫）他一生气就拉着脸，只要他（指着A先生）稍微闹一点就要被揍。

社工：（对A先生）你妈妈说你爸爸一生气比较容易揍你，你妈妈生气了会怎么办呢？

A先生：我妈一般不会对我生气，一般是我爸爸生气了，我妈也会跟着生气，然后我就惨了。

A先生母亲：是的，我最受不了他爸爸生气，他一生气浑身就冰冷，感觉这个人拒人千里之外，我就不容易控制情绪。

社工：所以好像揍A先生是你们处理情绪的一种方式，而A先生经过多年之后学到了这种方式。

A先生：老师你说得对。（指着家谱图，很惊诧）我发现我爷爷教我爸爸打人，我爸爸再教我打人，这是遗传吗？

社工：你问问你爸爸是遗传吗？

A先生父亲：我也不知道算不算啊，好像我爸爸当时打我也是因为家庭经济比较困难，压力大他就打我，打我妈。后来经济状态好了，他的脾性就好了很多。

A先生母亲：我觉得不算遗传，爷爷都可以改好，肯定不是遗传。

社工：我很好奇啊，爷爷现在生气了用什么方式表达呢？

A先生：我爷爷对我爸爸会叹气，对我会轻轻打我屁股。

社工：原来爷爷表达生气的方式从单一地揍人，到了可以叹气也可以只是做做样子，（对A先生父亲）你猜你太太和你儿子都用什么方法表达生气。

A先生父亲：我儿子会打人，会鼓着我，我媳妇会不理我……老师，你说着这个我明白了，我同意我媳妇说的，我回想了一下，的确打孩子的时候，其实是本来自己就很烦躁，不舒服，然后就容易上火揍儿子。

A先生：终于承认了，不单是我的错？

A先生父亲：是呢是呢，（看太太）我们都多学学，好好说话，（对A先生）你也学点好呢。

A先生：只要不是遗传呢，我一定可以学到其他的。

片段二：

A先生：老师，我这周观察我爸爸有个发现。

社工：（对A先生父亲）你猜会是什么？

A先生父亲：（笑）我知道的，他跟我和他妈妈说过了。他看这个图说我们家，就是我父母这边一直都是虚线（虚线表示家庭成员关系的疏离），他就想我的那种"生人勿近"是不是也是学来的。

社工：（对A先生）你对这个图里的信息很敏锐啊，你是比我更了解这个家庭的，你这样猜的依据是什么？

A先生：你看图上，我爷爷他们这一边甚至我姑姑他们的线全是虚线，所以他们从小就生活在那种比较冷漠的环境中，所以他们待人也比较冷漠？

A先生母亲：我完全同意我儿子的看法，（看丈夫）你也同意，对吧？

A先生父亲：是呢，我小时候就不太爱回家，大家都不说话，所以我老岳父对我多讲些话，我都觉得他对我太好太好了。

（A先生母亲拍了拍A先生父亲的背）

A先生：我突然觉得我爸爸很可怜，我看他到40多岁了给我爷爷打个电话都要想好久，走来走去的，要想好久。就是那种很想打但又不知道说什么。

社工：你对爸爸观察得很仔细，也能感受到他的感受，不知道你对他的这些观察和体验，他会有什么不同的感受。

A先生：不会有，我们是天敌。而且我爸没有这个悟性（捂嘴笑）他都认为他是对的，他没有意识到这个问题。

社工：真的吗？我倒是从家谱图上看到，你爸爸和你、你妈妈冲突都很多，但是只和你动手，和妈妈只动嘴。

A先生：他欺负弱小（笑）。

社工：有这个嫌疑（笑），（对A先生父母）你们怎么看？

A先生母亲：我会认错，这个（指儿子）就死活不认错。

A先生：我妈吵过架晚上就可以挽着她老公的手出去散步，我特别看不惯这种没有骨气的行为。

A先生父亲：我其实知道我的臭毛病，控制不住，他妈妈有时候低个头，其实我还更内疚，这个（指着儿子）错不错都是梗着脖子的犟头犟脑的样子，我就更控制不住。

社工：你的意思是说，你父母的互动是我们可以吵，我们也可以好。你和爸爸的互动是他越生气，你就越强硬，你越强硬他就越生气。

A先生：对……对的。只是我强硬他有时候生气，有时候就离我远远的。

社工：所以，好像你们父子的"虚线"，你也贡献了一些力量？

A先生：（笑）那倒是的，意思是我如果像我妈妈一样可以吵归吵，不要那么强硬我和我爹会好一些，可是我不会啊，我觉得掉价、觉得谄媚。

A先生母亲：你也敢讲你不会，你跟你爷爷、奶奶、外公、外婆怎么撒娇的？

A先生父亲：跟你妈你也会呢嘛。

社工：（对A先生父亲）你又是怎么做到让太太可以向你认错的呢？

A先生母亲：应该是他（指丈夫）对我生气和对儿子生气方式不同吧。对我就单纯生气表达不满，对儿子其实会骂难听的话。

社工：能具体一点吗？

A先生母亲：比如对我可能就是"你这种做法我不能接受，你把我放在什么位置，你简直就是蠢"这类的，对儿子就会"你连这种事情都做不好，我怎么会有你这种无用的儿子，你不如去死"等。

A先生父亲：我有那么刻薄？

A先生：比这个还刻薄，还难听得多呢。

社工：我们稍微停一停，好像你们父子"天敌"论是爸爸越生气，越容易刻薄儿子，越刻薄儿子，儿子就越倔强，儿子越倔强，爸爸就更生气。

A 先生及 A 先生父母一起点头。

社工：看到你们都点头了，会想到什么？

A 先生父亲：还是前次谈到的问题，我的情绪处理的问题，如果我能稍微冷静一点就好。

A 先生：（流泪）我突然想到我女朋友不想和我贴贴，拿背脊对着我，我就很生气，想揍人，我突然有点理解我爹为什么揍我。

（大家都很安静地看着 A 先生，空气有点凝结的感觉。）

片段三：

社工：看着这张家谱图，我会觉得你们家里有很多情绪啊，你们一般用什么方式来表达情绪呢？

A 先生：吵和打呗。

社工：（微笑）

A 先生：我知道，你要问，那么这些两条和三条直线（一条直线代表关系一般，两条代表亲密，三条代表纠缠）相连的人，他们的情绪怎么表达？

社工：套路都被你学走了啊。

A 先生父母：这个娃娃其实很聪明。

社工：你们看 A 先生的视角越来越丰富了，好像也更容易表达对他的欣赏了。

A 先生父亲：以前总是觉得管教他是件重要的事，好像都看不到他的优点，说话么当然也有很大的问题。

社工：的确，刚才看你们一家三口的互动，情绪平稳了很多。你们是怎么做到的。

A 先生母亲：其实很多时候还是刻意地忍着，能感受到有情绪，只是他们都在忍着。

社工：您的感受性真好，既可以感受着他们情绪的内容，还能感受到他们对情绪的克制和忍耐，是件不容易的事情。

A 先生：其实我们都不知道怎么处理。

社工：我们来就这个问题讨论一下。我会和 A 先生对话，也会停下来问问你们二位的反馈。

你还记得吗，你说你妈妈来处理你打人这个事情，你看到你妈妈后就躲在她身后，你妈妈说了什么？（细节家谱图）

A 先生：我妈说，不怕。我当时眼泪就下来了。

社工：那如果换爸爸来，你会是怎么样的呢？

A 先生：昂头挺胸，那怎么能让他小看了我。

社工：昂首挺胸的背后是什么感受？

A 先生：又害怕又心虚，又有点鸭子死了嘴壳也要硬的那种。

社工：（对 A 先生父母）这一段你们有什么要反馈的吗？

A 先生母亲：我儿子在他爹面前要用强势的方式来表达他的害怕……？

A 先生父亲：我觉得儿子和我太像，有时候打他其实是教育他的那种无力，好像说不出，只能用打。

A 先生：（沉默）（擦眼泪）（2分钟）是的，所有的情绪都用吼别人，用打人来表示。

社工：所以，杀敌一千自损八百。

A先生：对，自己心里内疚自责得不得了，有时候过后也会打自己。

A先生父亲：我也是，心里难受得不行。

A先生母亲：有时候揍儿子一顿，他（指丈夫）翻来翻去一晚上都睡不着。

社工：我们来假设一下，（对A先生）如果你拉着爸爸的衣角，躲在爸爸身后，他会有什么不同。

A先生父亲：（抬手擦眼泪）

A先生母亲拍拍A先生父亲的背。

A先生诧异地看着父亲。

A先生：我第一次见我爸爸这样。

社工：你感受到什么？

A先生：我有点心疼我爸爸。

社工：你会怎么表达你对爸爸的心疼？

A先生：（坐到父亲身边，拍拍背）

A先生父亲：（擦擦眼睛）做梦都想有这一天。

A先生母亲：这不是有了（擦眼泪）？

社工：这一段你们有需要反馈的吗？

A先生母亲：我们家这种时候太少太少了，大部分就是大声吼。

A先生：我们都太要强了，必须用吼啊，打啊来武装自己。

A先生父亲：正确地表达才能有想要的结果。

社工：（对A先生母子）爸爸这句话很有哲理啊，你们是最了解他的人，你们怎么理解。

A先生：我想就是害怕了就是害怕的样子，就像我躲在妈妈背后，妈妈就会保护我。

A先生母亲：就是要表达啊，不能只用吼和打。

社工：看起来你们对表达情绪都有很多思考，如果别人有情绪了，你们更希望他用什么方式表达出来，要说三个以上啊。

A先生母亲：说出来嘛，有时候我老公会说"我太气了"，我就觉得很明确啊；还可以用我儿子那种"躲在背后"，我也觉得很明确；还可以在微信上写（看丈夫和儿子）。

A先生：还可以用表情包。

社工：（看A先生父亲）爸爸来一个。

A先生父亲：（尴尬地笑笑）我不行，我能先知道自己除了愤怒还有什么情绪就好了。

社工：那也很厉害了，要邀请你们一起来相互帮助，A先生和妈妈的表达帮助爸爸更多地觉察自己的情绪，爸爸的觉察帮助A先生和妈妈更深入地体会自己的感受。如果这些蠢蠢欲动的情绪都在有序地被察觉和表达，你们会有什么不同，希望你们这周尝试一下，我们来看看有些什么不同。

……

家谱图可以把社区矫正对象置身于的系统用外化的方式表现出来，其中的症结和纠葛就会直观地呈现出来，社工在收集资料的同时协同社区矫正对象纵向整理家庭历史，横向梳理关系，在轻松的访谈氛围中看到人际交互作用、家庭资源，改变家庭的互动达到干预目的。

二、循环提问技术

（一）循环提问技术的概念

循环提问是家庭治疗个案矫正的重要干预技术。狭义的循环提问技术是指在与家庭工作过程中请某位成员表达其对另外一个成员行为的观察，谈出对另外两个家庭成员之间关系的看法，或者是谈问一个人的行为与另外一个人的行为之间的关系。

例如：在与夫妻关系冷漠的社区矫正对象家庭开展工作中，妻子说着说着哭了，丈夫面无表情地坐在旁边。运用循环提问技术，社工可以问妻子："你认为你的哭泣对你丈夫意味着什么？"也可以面向家庭中的孩子发问："你觉得你爸爸看到你妈妈哭了，会有怎么样的感受？"

广义的循环提问是通过提问来建构每一个问题，以此聚焦于家庭的关系联结而非个案的症状，借此呈现家庭成员对于事件或者关系的观点差异；同时也启发社区矫正对象家庭成员关注家庭的关系联结。在该案例中，社工通过循环提问让妻子表达关于丈夫感受的猜测：对社工而言，循环提问可以收集到更多家庭成员间互动的信息，针对互动模式进行提问，推动家庭成员透过事件看到过程；对于个案中妻子而言，这种表达可能是自己期待的情绪的一种梳理；对于个案中丈夫而言，这个猜测很有可能会增加对妻子的理解。循环提问基于关系的视角，对家庭成员提供了全新的信息，这些信息会推动家庭成员进行新的思考和产生新的观点。

（二）循环提问技术的分类

家庭成员通过言语及非言语表达的信息，揭示了家庭成员之间的关系连接。家庭成员对于彼此间行为、感受及对此的反馈行为显示了每个家庭成员对同一个事件所给出的意义差异。这些差异又反过来反映了家庭的关系等。社区矫正对象常因背负着对其他家庭成员的负疚感，在生活中一方面暗中观察揣摩其他家庭成员的脸色及想法，一方面又表现得情绪不稳定。此刻，家庭中其他成员的反馈信息就显得尤为重要。但是日常生活中，家庭成员之间的这种表达和反馈难以实现。社工介入时，通过循环提问引出和澄清对家庭关系的观察和猜测，并将这些差异信息以新问题的形式反馈给家庭，促进家庭成员的思考，达到干预的目的。

因此，总结广义的循环提问技术，做以下分类。

1. 关系差异提问

关系差异提问是一种评估社区矫正对象家庭成员间关系亲疏，梳理家庭子系统和结盟情况的提问技术。例如：问已婚且育有一子的社区矫正对象"你和谁最亲密"，社区矫正对象说自己和妹妹最亲密。社工在工作中基本可以评估社区矫正对象在核心家庭中的状态表现为夫妻关系和亲子关系均相对疏离。

2. 程度差异提问

程度差异提问是澄清问题的持续程度和变化规律的提问技术，其作用是增加问题停止的可能性。例如：社区矫正对象失眠，提问"什么时候可以睡得好一点？"社区矫正对象回答"老婆高兴的时候可以好好睡，和老婆吵架失眠的程度严重些"。社工通过程度差异提问，不仅获得相关的信息，而且也帮助社区矫正对象看到症状是和情境相连，受到家庭关系的影响，为后续干预奠定基础。

3. 时间差异提问

时间差异提问是针对在不同时间维度中问题的差异的提问技术。例如：问离婚后担心亲子关系的社区矫正对象，"离婚前后，你和孩子的关系有什么不同"，社区矫正对象回答"没有什么不同，只是担心将来孩子会疏远我"，社工继续问"你是怎么做到离婚后和孩子保持关系的？"此案例中，社工采用时间差异提问一方面评估社区矫正对象的焦虑发生的情境，一方面促进社区矫正对象看到解决问题的可能。

4. 假设性提问

假设性提问是采用假设的方式对于没有发生的事情进行提问的技术，包括指向过去没有发生的事情和指向未来没有发生的事情。假设性提问旨在使家庭系统中建构出不同的可能性。例如，问对父母有很多愤怒无法表达的社区矫正对象："如果那个时候你对父母说出你的愤怒，他们会做些什么？"社区矫正对象回答："他们可能会更生气。"社工继续提问："你有什么办法应对他们的生气？"本案例中社工采用了假设性提问帮助社区矫正对象看到其在家庭系统里有面对冲突的可能。

5. 观察者角度提问

观察者角度提问是通过对社区矫正对象的家庭中的第三方提问，以通过第三方的观察和观点来探索家庭系统中的关系特点和互动模式的技术。例如：对社区矫正对象的母亲提问："你觉得他们父子的争吵像什么？"母亲回答："像两个娃娃吵架，一个不让一个，吵完还赌气。"本案例中采用观察者角度提问，社工通过第三方（母亲）的视角将父子之间互动模式反馈给双方，从而为父子关系的变化奠定基础。

6. 常态比较提问

常态比较提问是通过建立健康的参考框架来促进健康的功能方式，以帮助社区矫正对象对自身的困境感到不太异常。例如，面对家庭争吵感到焦虑的社区矫正对象母亲提问："你们家庭中的争吵比你兄弟姐妹的家庭的争吵更多还是更少？"母亲回答："其实都差不多，只是我觉得不应该吵架。"该案例中，常态比较让本来是"问题"的家庭互动模式恢复正常化，推动家庭成员在这个模式中增强面对冲突的能力。

7. 假设引入提问

假设引入提问是通过将工作假设植入问题中，帮助社区矫正对象的家庭趋向新的领悟和问题的解决方法。例如，社工在介入社区矫正对象家庭工作了2次后形成假设：社区矫正对象在帮助母亲表达对父亲疏离的愤怒。具体表现为当父母有矛盾，母亲的委屈和愤怒隐而不发的时候社区矫正对象和父亲的冲突会更剧烈。社工面对家庭提问："如果妈妈在对爸爸感到愤怒的时候就能直接说出来，儿子和爸爸的关系会有什么变化？"以上提问，社工利用假设，引导家庭成员看到冲突中的二人关系扩展为三人关系，帮助家庭成员透过父子关系看待夫妻关系，促进社区矫正对象分离个体化。

（三）循环提问技术的作用

循环提问技术有助于社工收集资料，更有利于促发社区矫正对象及其家庭的改变。循环提问具有扰动的作用，能促进社区矫正对象及其家庭成员觉察家庭互动过程、建立系统思维、促发社区矫正对象及其家庭成员行为变化和关系变化。循环提问技术的作用总结如下。

1. 澄清和评估社区矫正对象家庭系统的结构和关系模式

每个社区矫正对象的家庭中家庭成员的构成及其相互作用、相互影响的状态，以及这种状态形成的相对稳定的联系模式深深影响着各家庭成员。某些家庭模式也许是促成问题形成的因素之一。例如，社区矫正对象夫妻吵架，妻子生气了就回娘家告状，娘家人就会来集体讨伐丈夫，丈夫每次面对集体讨伐非常愤怒，无法表达自身的愤怒就用酗酒行为疏远妻子，如此往复。可见，探索家庭结构和模式是理解问题形成的大门。

2. 增加问题解决的可能性

社工通过循环提问可以呈现社区矫正对象家庭问题大小变化及起始状态。假设一个问题可大可小，那么探索问题变大时候的特定情境和问题变小时候的特定情境就会增加个体对"问题"的控制感。比如：什么时候失眠严重一点，什么时候可以睡得好一点。当特定的情境表现出来，增强该个体应对情境的能力就可以成为解决问题的方式之一。

3. 帮助家庭探寻问题解决的办法

循环提问技术可以帮助社区矫正对象家庭成员意识到个体的反应行为在家庭交互中对家庭关系的影响。家庭中很多问题和症状是互动出来的。例如：社区矫正对象的家庭中，丈夫看妻子较为喜欢做主，遇到事情就退让、让妻子做主；妻子看到丈夫"退让"觉得丈夫无能，就越主动做主；丈夫看到妻子越来越做主，就越退让；丈夫越退让，妻子越觉得丈夫无能。这个过程在家庭中运行还会掺杂很多的情绪，妻子的愤怒、失望，丈夫的压抑、无奈等等。家庭成员保持无效的家庭互动模式后问题就被维持住了。当家庭互动模式通过循环提问呈现出来，家庭成员就可以有选择行为的主动性，解决问题就成为可能。比如上例社区矫正对象的家庭中，丈夫可以更加主动，妻子可以试着放权。

（四）循环提问技术的注意事项

1. 注意伦理的需要

循环提问技术种类繁多，对社工的理论基础和技术方法要求高。社工在使用循环提问技术时需要遵循社工的伦理守则，应在自身专业能力和服务范围内开展工作。社工在工作中需要不断增强自己的胜任力。其中特别需要注意的是社工在使用循环提问技术的过程中需要保持中立。中立是家庭治疗中社工工作非常重要的态度。社工保持中立才能与不同的家庭成员建立联结，才能理解不同家庭成员在家庭中的贡献和委屈等。中立的态度使得社工避免卷入到家庭的问题中，更有效地和家庭一起解决问题。

2. 注意维护专业关系

以家庭为单位的家庭治疗，社工尤其需要维护好与不同家庭成员的专业关系。具体方法包括在使用循环提问之前注意加入对家庭成员的共情及支持性语言的使用。如："听起来你是家庭中最操心的人，你也最能感受到大家的需要，如果有一天你不那么操心了，他们的生活会变成什么样子？"此外，还包括社工使用循环提问需要小心评估社区矫正对象及其家庭的跟随程度。有些时候家庭的跟随跟不上社工的工作思路，社工需要放慢节奏，继续以陪伴和共情为主线工作。例如，当社工看到社区矫正对象妻子的愤怒来源于社区矫正对象在家不做家务事，而社区矫正对象表达"我没有机会做啊，我还没开始她就一边骂一边做了"，社工的工作思路想促动夫妻看到自身行为对对方产生的影响，问丈夫"你猜你妻子知道你其实想做的，只是需要慢慢来吧？"，丈夫回答"她天天这种骂法，我在家都待不住"。显然案例中丈夫的情绪需要被看到、被理解。面对这样的状态社工需要放慢节奏，优先处理家庭成员的情绪。

3. 循环提问需要与保持中立、建立/修订假设结合使用

保持中立—循环提问—建立/修订假设是家庭治疗取向社工的工作准则。循环提问作为重要的干预技术，同时还可以获取新的资料，以建立或修订工作假设。社工在保持中立的基础上，根据工作假设进一步循环提问，以扰动家庭并获取新的信息，为工作假设的修订奠定基础。所以循环提问技术需要和保持中立、建立/修订假设结合使用，才能达到良好的干预效果。

（五）循环提问技术的应用

案例 6-29

个案简介

A 先生，男，20 岁，大专肄业在家，未婚，因打架致他人重伤被判刑一年缓刑一年。入矫后 A 先生终日躺在床上，与父母极少沟通。父母对 A 先生呈现出来的无所事事、自暴自弃非常焦虑，A 先生对父母经常在家里唉声叹气非常愤怒。社工已经介入 2 次。

社工在与 A 先生家庭的工作中，观察到 A 先生总是背对着父亲坐，同时在讲述自己成长经历的时候又多次提到"爸爸说……"。

没有差异就没有信息，A 先生身体姿态和语言信息呈现出来的不同似乎在说 A 先生的父子关系是既渴望远离又渴望亲密，社工假设这组矛盾可能影响 A 先生的家庭关系，于是社工采用关系差异式的提问澄清其家庭成员之间的联盟和子系统的形成。

社工：（对 A 先生）你最信赖谁？

A 先生：爸爸。

A 先生父亲：（诧异地看着 A 先生）我一直以为你怕我呢。

社工：（对妈妈）妈妈，爸爸觉得儿子怕他，爸爸会做点什么呢？

A 先生妈妈：他就一直离孩子远远的，也不管也不说话。

社工邀请妈妈作为观察者，实际上是探索家庭中父子之间的模式，看上去提问是面对妈妈的，但其实问话中涉及家庭中所有成员，有效吸引了 A 先生一家三口的注意力。同时，当家庭模式被识别、被表达时也是对家庭固有模式的扰动。

社工：（对 A 先生妈妈）孩子会怎么理解爸爸离得远这个行为。

A 先生父亲：（抢着答）估计会觉得我不满意他吧。

A 先生母亲：（白了一眼爸爸）会觉得爸爸不喜欢自己，有时候我都觉得他不喜欢孩子。

社工：（对 A 先生）哦，爸爸猜不满意，妈妈猜不喜欢，那么你觉得爸爸和妈妈哪个说得对？

A 先生：都有，我觉得这个世界上没有一个人喜欢我、满意我。

为了持续扰动的作用，社工继续对妈妈提问"孩子怎么理解爸爸远离的行为"，此刻爸

爸抢着回答,社工对整个家庭改变的动力进行评估,父母的改变动机较强。社工邀请 A 先生对父母猜测进行反馈,让每位家庭成员看到家庭系统中个体的行为及感受的相互作用,A 先生爸爸以为 A 先生怕自己所以远离 A 先生,A 先生看到远离这个行为以为爸爸不满意、不喜欢自己。通过反馈及对反馈的反馈促进家庭成员各自的反思并加深相互之间的理解。

(当 A 先生父母听到 A 先生说世界上没有喜欢自己,满意自己,显得非常着急)

A 先生父母:(对 A 先生)我们哪里不喜欢你,不爱你,我们真的是……

社工:(对 A 先生父母)你们猜猜看你们还有哪些行为让 A 先生感受到自己不被喜欢?

A 先生父亲:(毫不犹豫)可能还有我整天不说话吧,我其实是不知道哪句话该说哪句话不该说,我真的是……唉!

A 先生:(依然背对父亲)不会讲话也不用整天拉着脸吧,看你的脸色我就觉得我是个垃圾(有眼泪)。

社工:(对 A 先生妈妈)妈妈你看他们父子是怎么了?

A 先生妈妈:我看就是一个不爱说话摆臭脸,一个就觉得被嫌弃了,觉得被嫌弃了也就臭着脸,这个(指 A 先生爸爸)脸就更臭。

社工:(对 A 先生全家)爸爸不爱说话,摆个脸色好像是 A 先生情绪的开关。

A 先生父亲:(尴尬地笑)我注意我的脸色。

当 A 先生开始呈现自己在惯常家庭模式中的感受,社工观察并进一步评估 A 先生父母的状态,利用观察者视角进一步深入探索家庭的互动关系,让父子之间的互动模式和个体在其中的体验逐渐完全浮出水面,受到扰动之后的家庭开始自动寻找新的问题解决方法,开始建立对行为的控制感,而不是面对问题手足无措。

社工:(对 A 先生和 A 先生妈妈)爸爸说他会注意脸色,你们信吗?他真的会吗?

A 先生:(身体转正)他会,我生活费用一个月不超支的时候脸色就好多了。

社工:(对 A 先生爸爸)原来爸爸的脸色也是会变化的,这种变化是怎么样的呢?

A 先生父亲:就是他中考没考好后我就非常担心啊,担心没有个技能,担心他养不活自己,担心他乱花钱以后怎么独立……一担心我就特别愁,愁的时候可能脸色就难看吧。看他会计划花钱,心里就放心,放心了脸色就好点。

在家庭成员开始对行为有改变意识的时候,干预的工作进入较为关键的时刻,社工继续利用程度差异提问和家庭一起探索问题时大时小的情景,情景展开得越细致家庭中个体之间相互理解的可能性越大,相互支持的可能性也越大。

社工:好像你为孩子考虑得特别多,从现在到未来,从经济到生活。刚才你说中考后对孩子的担心会更多一些,不知道孩子中考前后他的变化是怎么样的。

A 先生父亲:其实他没什么太大的变化,就是自己忍不住担心。

A 先生:你担心就说,何必闷着摆脸色呢。

社工:听起来,对爸爸的担心你有新的建议。

社工利用时间差异提问,明确问题开始的时间,这就意味着"如果问题有开始,就有结束的可能"。经过程度差异提问和时间差异提问,A 先生父子关系的问题逐渐缩小范围,定位于 A 先生父亲对儿子担心的表达方式上。这个潜移默化的解释,让解决问题的办法逐渐呈现,逐步促进家庭成员之间的表达和反馈,并不断练习,逐步完成干预。

三、外化技术

（一）外化技术的概念

外化是家庭治疗中常用到的一种干预技术，其核心思想是把问题与人分开，从而将人去标签化、去病理化。社区矫正个案矫正工作中，社工常常会认为社区矫正对象存在着未解决的犯因性问题和适应性问题等，这样的表达是将社区矫正对象和问题紧密结合。家庭治疗取向的干预工作中，社工透过外化的拟人化语言把社区矫正对象和其问题分开。社工把社区矫正对象存在的问题当作有独立生命和有历史的个体，并将其外化为具体而形象的事物，可以是想象体，也可以是实物体，从而创造了更大的空间和机会同社区矫正对象一起用合作的方式面对问题。外化技术针对社区矫正对象的焦虑、抑郁、恐惧等不良情绪进行干预效果明显。

（二）外化技术的作用

1. 问题具象化

外化技术可以帮助社区矫正对象更好地去感受问题，并将它具体化、生命化，从而使问题和症状从抽象变为具象，把抽象的、无形的、不易理解和感受的问题变得直观、可见、易理解和易感知。

在介入中，当社工通过命名把问题从社区矫正对象身上抽离之后，就视问题为一个独立的个体。社工再引导社区矫正对象对问题进行拟人化，比如给问题画像、感受问题的状态和位置、想象与问题的对话等。这一过程为问题赋予了生命力，使问题不再附着在社区矫正对象的身心。社区矫正对象从而有机会成为一个独立的、鲜活的、有具体形象的个体，从而促使社区矫正对象更清晰地认识和衡量之前混乱、含糊的问题，进而有思路、有逻辑、有节奏、有控制地去应对。

2. 聚焦问题

外化技术可以帮助社区矫正对象将问题和人分开，使其能比较客观清楚地看到自己的问题所在。这能有效促进社区矫正对象将注意力放在问题解决上，收集有助于解决问题的信息，构建解决问题的方案和资源。比如社工使用外化技术帮助一位受失眠困扰的社区矫正对象将失眠外化为"坐立不安的小猫"。在双方深度讨论了"小猫"的状态和其带来的影响之后，社工引导社区矫正对象探索可能加重和减轻"小猫"的焦虑的因素，并专注于搜寻安抚"小猫"的可能的方法，最终帮助社区矫正对象更好地应对失眠。把问题聚焦在降低社区矫正对象的阻抗和防御的同时，也能避免将问题扩大或者严重化，并促使社区矫正对象将更多的力量放在寻找着力点和解决问题上，从而增加了解决问题的可能性。

3. 明确需求

外化技术需要社工和社区矫正对象就问题对社区矫正对象的影响做全面、深度的讨论，这不仅能帮助社区矫正对象重新定义自己与问题的关系，还能促进其在梳理和思考的过程中不断明晰自己的真实需求。比如一位深陷婆媳冲突中的社区矫正对象，当社工帮助其将婆媳冲突外化为"婚姻疙瘩"之后，社区矫正对象逐渐认识到自己最需要改善的是夫妻关系，而非婆媳关系。

4. 增加掌控感

社区矫正对象相对在监犯、服刑人员有一定的人身自由，但同时一直贴着"罪犯"的标签，要定期接受司法行政机关的改造、教育和帮扶，其内心很容易产生自卑、自责、自弃等负面情绪。外化技术能避免社区矫正对象将遭遇到的问题与自身价值和能力做不恰当的连接，这不仅能帮助其脱离对自我的否定、贬低、指责等情绪，还能帮助其增强掌控感和信心，以便更有效地去解决问题和重新回归社会。

（三）外化技术的实施

社工访谈中使用外化技术一般包括以下四个步骤。

1. 命名问题

社区矫正对象常见的不良心理主要表现有身份转化的适应不良综合征、自卑自弃心理、焦虑恐慌心理、抑郁悲观心理、冷漠消极心理和抵抗报复心理[1]。为了将问题从内部转移到关系中，社工需要通过提问了解问题的细节和发展过程，再帮助社区矫正对象用语言把问题变为影响关系的外部因素。命名的过程也是让谈话聚焦的过程，给外化的内容取一个恰当的名字非常重要。命名通常是名词，可以是单字词或简单的短语，并用社区矫正对象自己的语言。命名问题的过程需要社工和社区矫正对象共同完成。

2. 描述影响

社区矫正对象违法前本身拥有社会角色，承担相应的社会功能，当身份变成了"罪犯"，其生活和工作环境会发生重大改变，其思想和行为也会有明显的不同。社工需要和社区矫正对象对其面临的问题在其生活各个方面的影响进行探讨，主要了解以下三方面内容："问题对社区矫正对象的哪些方面有影响？有什么影响？哪些方面影响大一些？哪些方面影响小一些？""如果将问题比作一个有自己想法的人，它要把社区矫正对象的生活引导向何处？""社区矫正对象生活中的哪些人、事、物对问题是有利的？什么因素会增强问题的力量？什么因素会削弱问题的影响？"。

3. 评估影响

在探讨问题的影响之后，社工邀请社区矫正对象对问题的影响做一个评估：这些影响或改变是不是自己想要的？感觉如何？有的社区矫正对象在矫正期内会对生活缺乏信心，感到恐慌甚至是绝望。在外化之前，社区矫正对象通常会感到自己没有选择，只能受制于问题，通过对影响的评估，可以帮助其重新审视自己的生活，做出选择。例如，一位受酗酒所困的社区矫正对象，当社工帮助其看到酗酒带来的影响中有一部分是潜在的需要时，便会促使其去思考是否是自己主动选择了酗酒，以及除了酗酒还有哪些方式可以满足自己这部分需求，进而看到自己是有选择的机会和空间的。

4. 论证评估

社工邀请社区矫正对象对影响做出这种评估的原因，如"为什么对于这样的变化你会有这样的感觉？""如果是好的，好在哪里？如果是不好的，为什么你会有这样的感受？"也可以让社区矫正对象讲一个故事来解释原因。

---

[1] 刘丹福，李芳. 社区矫正人员心理矫正[M]. 北京：中国政法大学出版社，2015：10.

通过问题的外化，社区矫正对象有可能重新定义自己和问题的关系，此时社区矫正对象原本固化的自我认同就会有所松动，有助于其健全人格的重塑和社会适应能力的提高。

（四）外化技术的注意事项

1. 首次访谈不建议使用

一般情况下首次访谈不建议直接使用外化技术。相较其他人群，社工和社区矫正对象建立关系需要更长的时间。有的社区矫正对象会觉得自己低人一等，总觉得别人在背后议论自己，在心理上敏感自卑、怕与人接触。有的社区矫正对象会存在抵触情绪，不满他人和社会，表现出不愿与人沟通。社区矫正对象在首次访谈时通常不会对社工开放自己，使得外化技术中的讨论和探索无法深入。外化技术的使用前提是良好的专业关系，在社工充分明晰社区矫正对象的问题，并尊重社区矫正对象本人意愿的情况下方可使用。

2. 命名问题时使用社区矫正对象自己的语言

当外化的问题用社区矫正对象自己的语言来命名时，就能贴近其体验，从而引起其共鸣，激活其自身的策略、技巧和观念，这些资源更有利于解决其目前的困境。比如未成年的社区矫正对象容易出现挫折心理和逆反心理，可能会使用一些比较网络化或是灾难化的短语来给问题命名，如"emo""舔狗""灭霸"这样贴近社区矫正对象生活体验的命名有利于社工进入其内心世界，更好地帮助其构建解决问题的方案和资源。

3. 外化形象不唯一

外化不同于医学诊断，不存在唯一正确的外化，要外化的东西一定要契合社区矫正对象的真实体验，且随着时间的推移可以变化。比如一位受暴食困扰的社区矫正对象，在社工第一次使用外化技术时，将暴食外化为"恶魔"，随着介入工作的不断深入和推进，社区矫正对象对暴食的敌视和恐惧逐渐减弱，暴食频率也有所下降，再次外化时，社区矫正对象将其命名为"损友"。外化的变化也能呈现出社区矫正对象内心体验和感受的改变。

4. 外化不是推卸责任

对于暴力、虐待、欺凌等事件，外化关注的不是把个体与其行为或行为的影响分开，而是哪些想法或观念诱发或维系着问题的存在，如"控制感""优越感""别人的评价"等。外化要做的是探究这些行为所依据的信念是如何产生、维持的？

比如一位经常因为妻子和男性接触就殴打妻子的社区矫正对象，因其认为自己犯了事，人生有了污点，在社会上留下了不好的印象，别人都戴有色眼镜看待自己，所以自卑敏感，易暴易躁。一看到妻子和男性接触，尤其还有说有笑时，他就觉得妻子在羞辱他。社工在使用外化技术时，就不能仅仅把家暴这一行为作为外化的对象，更重要的是去探究"别人都看不起我""妻子在羞辱我"这些信念从哪里来的？什么时候比较薄弱？为什么会如此？通过对维持行为背后的信念的深究，促进社区矫正对象领悟到自己的真实需求并找到对自己行为负责的方式，重新安排自己的生活。

（五）外化技术的应用

案例 6-30

个案简介

E女士，女，24岁，大专学历，未婚，因酒后寻衅滋事被判刑两年，缓刑两年。入矫

后E女士服从各项管理，但认为刑罚太重。（同案例6-3）

访谈工作进行了一段时间，双方建立了良好的关系，E女士对社工比较信任，在本次介入中E女士再次谈到了酗酒带来的困扰，希望得到社工的帮助。

E女士：这样每天醉生梦死的生活实在太没有意思了，我真的不想再做酒鬼了。

社工：你是指酒精常常成功地控制了你的生活？

E女士：是的。

社工：如果要给它取一个名字，你会叫它什么？

E女士：……叫它"小鬼"吧。

社工：为什么取这个名字？

E女士：小鬼难缠嘛，怎么都摆脱不掉。

社工：小鬼长什么样呢？

E女士：嗯，长得还挺可爱的。

社工：可以再具体一点吗？比如它脸是什么样的？头发是什么颜色？穿着什么样的衣服？

E女士：……圆圆的脸，五官清秀，笑起来像个孩子，很可爱，但是一生气就变得面目狰狞，像动漫里的反派一样，两眼放寒光。头发是红色的泡面头，很另类，穿着经常变，可爱的时候就是粉嫩系的小清新，狰狞的时候就是暗黑系的怪物，它还会变身，忽大忽小的……

社工：当你想到它的时候，你有什么感受？

E女士：有点烦躁，嗯，有时候还会有沮丧和自责。

社工：能说说小鬼对你的生活有哪些影响呢？

E女士：一回家就会挨骂，经常熬夜皮肤也不好了，而且白天上班总犯困，影响我的工作啊。

社工：确实有蛮多影响啊，具体一点的话，小鬼对你的情绪影响是怎样的？

E女士：情绪……反正我最近情绪都挺低落的，也容易发脾气。

社工：小鬼缠身啊，这会对你看待你自己有什么影响吗？

E女士：我现在每天都死气沉沉的，我很讨厌这样的自己。

社工：听起来真的是蛮压抑的，小鬼对你的人际关系有什么影响吗？

E女士：有时候宿醉会影响第二天的工作，有两个同事因此对我很有意见，还有，原来的一些好朋友现在也和我疏远了，现在和我走得近的都是酒友。

社工：我们刚才谈到的这些影响中哪个目前最让你困扰？

E女士：（停顿）情绪吧。

社工：嗯，那么，什么时候你对小鬼的影响大？什么时候小鬼对你的影响大？

E女士：咋个说呢，自我感觉好的时候我对它的影响大，不太容易被它左右，但一旦受挫或者压力大的时候，小鬼就完全控制住我了。

社工：你分辨得很清楚啊，我猜这种感觉不好过。被小鬼完全控制住是什么感受？

E女士：一开始很放松很开心啊，什么烦恼都没有了，可是酒醒之后就会自责和懊恼。

社工：好像是挥之不去的烦恼，那么小鬼带给你的这些影响哪些是你想要的？哪些不是？

E女士：想要的？（停顿几秒）放松吧，也算是缓解压力，喝醉了什么烦恼都没有了。不想要的还挺多的，我爸妈总为喝酒的事骂我，日夜颠倒的作息对我身体也不太友好，自己的状态也经常不好，还感觉到，能交心的朋友越来越少了。

社工：好像带来的烦恼更多一些。

E女士：虽然它能给我短暂的快乐，但我一直想灭了它，可很少能做到，大部分时候都是被它牵着鼻子走。

社工：我听到了你的愿望。那如果小鬼会说话，它想表达什么？

E女士：它一定会说："我又赢了，你就是个loser。"

社工：好像小鬼很渴望赢。我会有点好奇，那小鬼希望如何被倾听、被理解？

E女士：我没有想过，（停顿），应该是——不要这样视我为敌、非要除之而后快。我们可以和平相处，我一直都在，你对我的需求可以少一点，实在撑不住的时候再呼唤我。

社工：（点头）啊，小鬼的内在渴求是什么？

E女士：不要灭我，我有我的价值。（目光凝定，若有所思）

社工：社工：（缓慢地）有道理啊，那么你希望和小鬼保持什么样的关系？

E女士：朋友关系吧，它做我的"秘密武器"，非必要时不使用。（眼神回转，又变得坚定）

社工：很好啊，此刻我会有点释然的感觉，你呢？

E女士：突然觉得轻松多了，原来小鬼不是我的敌人，而是我的朋友，我痛苦的时候只有它能给我最及时的安抚，但我又不想和它做亲密的朋友，我们太亲密的话我感觉又会很糟糕，又想灭了它……

社工：如果我是小鬼，听到你这样讲，会很难过。或许你需要找到和小鬼相处的距离？

E女士：或者我可以多方寻找几个像它一样能给我安抚的朋友，不能只有它一个，否则太容易依赖它了。

在本次介入中，社工通过询问"小鬼"的长相、穿着等帮助E女士将酗酒这一问题进行具象化，随着E女士对"小鬼"越来越丰富和清晰地描述，社工看到了酗酒在E女士心中的形象的两面性，并能推测其带来的影响也是双重的。在E女士对酗酒进行命名后，酗酒作为"小鬼"从E女士身上抽离出来，成为一个有生命、有情感、有思想的个体并能与之对话。社工的提问不断地引导E女士去反思自己和"小鬼"的互动和影响双方关系的因素，有效地帮助E女士将注意力聚焦在解决问题上。通过对E女士和"小鬼"双方诉求的探索，促使E女士看到自己酗酒背后的真实需求以及自己能主导的部分，最终帮助其增加了对生活的掌控感。

社工首先使用了隐喻的语言带动E女士将酗酒和其自身分开，是"酒精常常成功控制了你的生活"，而非"你是一个酒鬼"，前者更能带来希望和鼓励。接着社工邀请E女士对酗酒进行命名，这一过程是对问题仔细地深究，促进E女士进行反思并重新构建生命故事。随后双方就问题对E女士的生活、工作、情绪、人际关系等方面的影响进行讨论，并引导其思考增强和削弱问题带来的影响的因素。紧接着社工邀请E女士对影响进行了评估，有效地帮助她认识到问题带来的影响有好有坏，且好的影响正是其内心真实的需求。在此基础之上，社工通过将问题拟人化，帮助E女士转化视角来看待自身和问题的关系，最终促进E

女士领悟到自己对于生活还有更多的选择和可能性。

需要注意的是社工是在和 E 女士建立了良好的介入关系之后才开始使用外化技术。在本次介入中 E 女士采用"小鬼"来命名酗酒，双方有剑拔弩张之势，而在后续两个月的介入中，"小鬼"给 E 女士带来的负面感受逐渐减少，E 女士也不再使用"小鬼"这一名称来描述酗酒，取而代之的是"老朋友"或"小可爱"。同时 E 女士也逐渐认识到酗酒是自己主动的选择，而非受其支配。在需要安抚情绪或缓解压力时，除了酗酒自己还可以有很多种选择，且选择的内容、时机、频率也都是可以由自己决定的。社工通过外化技术的使用不仅帮助 E 女士以更开放的态度来应对酗酒，而且赋予了其积极主宰自身生活的力量，为新的更具建设性的自我看法开拓了空间。

四、重构技术

（一）重构技术的概念

重构技术是家庭治疗的重要干预技术，体现了家庭治疗的系统观和资源取向。重构技术是采用系统视角改变了某一事件或某一情境原本赋予的意义，将事件和情境放入新的背景之中，以提供积极的、宏观的或关系取向的其他解释。个案矫正工作中，重构技术提供更具建设性的视角，从而改变社区矫正对象看待事物或情境的方式。比如，社区矫正对象有着难以控制的大量饮食的行为表现，社工改变疾病视角，去掉其"暴食症"的标签，而且将大量饮食的行为放在家庭系统中，看到社区矫正对象和父亲的对抗及其对母亲的失望，从而将大量饮食的行为重构为社区矫正对象自主性的表达。通过重构技术，干预社区矫正对象的家庭对问题或行为的界定，从而改变家庭功能的互动模式，或改变家庭边界和家庭子系统中存在的问题。

（二）重构技术的作用

1. 改变僵化的视角

重构技术能改变社区矫正对象及其家庭僵化地看待问题及行为等的视角。社工采用重构技术能提供更为积极的、更为宏观的和关系取向的视角帮助社区矫正对象及其家庭成员建构新的理解。社区矫正对象及家庭成员改变认知的风格和倾向，对待目前的问题更为积极，获得的体验更为丰富和灵活。比如前述案例中将"暴食症"放到了家庭系统甚至更大的系统中，将大量饮食行为重构为社区矫正对象对自主的渴望。这样的意义建构使得家庭对问题理解从负面的、个体化的理解，转化为积极的、联系的理解。

2. 改善互动的模式

重构技术能干预社区矫正对象与其他家庭成员之间失功能的互动模式。重构技术体现了系统思维，能起到帮助社区矫正对象家庭成员认识到自身行为对家庭问题，尤其是社区矫正对象当前困境的作用。比如当社工以更系统的视角将社区矫正对象的大量饮食的行为定义为表达自主性的象征，促进了社区矫正对象思考是否有其他的行为可以表达自主，促进社区矫正对象的父母思考是否需要给予孩子更多自主的空间。特别是结合循环提问等技术能有效干预社区矫正对象家庭成员间固有的无效的互动模式，促使其建立新的建设性的互动模式。

3. 促进家庭的适应

重构技术作为家庭治疗的干预技术，不仅关注社区矫正对象症状的改善，而且关注其所在系统的适应和发展。重构技术能矫正社区矫正对象家庭系统中僵化或模糊的边界、促进家庭系统的良好运作。社工运用重构技术能改变社区矫正对象家庭的结构，提升社区矫正对象家庭的功能，促进社区矫正对象回归社会。比如，社工通过对社区矫正对象大量饮食行为的重构，促进社区矫正对象的父母重新界定孩子做主的空间，矫正过去模糊的亲子界限，重建清晰的亲子边界。

（三）重构技术的实施

1. 识别固有的理解

建构主义是家庭治疗的理论基础之一。建构主义认为主体通过与外界环境的相互作用自主地建构意义。运用重构技术，社工需要识别社区矫正对象及其家庭成员对问题及困境的固有理解。尤其是识别社区矫正对象及其家庭成员对当前问题及困境的负面的、片面的、微观的、个别取向的解释。比如：社工需要能识别"暴食症"的定义表达了社区矫正对象及家庭成员对社区矫正对象大量饮食行为的负面的解释，忽略了该行为的意义；表达了社区矫正对象及家庭成员更多关注该行为与其他人饮食习惯的差异，忽略了社区矫正对象大量饮食行为的功能；表达了社区矫正对象及家庭成员将问题界定为社区矫正对象个人化的问题，忽略了大量饮食行为可能象征互动的结果。

2. 探索问题发生的情境

社会工作的基本理念和家庭治疗的基本理念均认同"人在情境中"。运用重构技术，社工需要探索社区矫正对象当前问题及困境的情境，并以系统的视角进行理解。如前所述，社区矫正对象有大量饮食行为，家庭治疗取向的社工会关注该行为在什么情况下更突出，该行为对哪位家庭成员的影响更强烈等。通过层层深入的探索，社工更深刻地了解社区矫正对象大量饮食问题发生的情境。同时运用家庭治疗理论，比如家庭边界、循环因果、代际传递等理论理解社区矫正对象家庭如何维持了社区矫正对象大量饮食的问题。

3. 重构崭新的理解

社工在探索问题发生的背景时，运用家庭治疗理论形成对社区矫正对象问题及困境的更为系统的、积极的理解。同时，在探索问题发生背景的阶段，随着循环提问、四面结盟等大量技术的运用，社工一定程度帮助社区矫正对象及家庭成员从更宏观的、正面的视角理解问题。社工再运用重构技术将社区矫正对象及家庭成员过去对于当前问题及困境的解释重构为更为积极、宏观、关系取向的解释。如前所述，将社区矫正对象及家庭成员对大量饮食的行为定义为"暴食症"，重构为大量饮食行为是社区矫正对象在表达对父亲日常控制的对抗，在表达对自我行为的自主性等。

（四）重构技术的注意事项

1. 注意不断维护关系

个案矫正中，重构技术的运用需要保持在建立良好关系的背景下。社工在运用重构技术的时候，对于社区矫正对象的痛苦如果没有足够的认可和充分的共情，积极的重构往往会导致相反的效果。社区矫正对象会感受到被否认、被忽略，可能会破坏继续工作的基础。

2. 注重社区矫正对象的社会背景及文化特点

家庭治疗认为：社区矫正对象是基于个体自身解释来与世界相连接的，而且这些解释是社区矫正对象自身的背景决定的。社区矫正对象的成长经历、家庭环境、同伴关系、学校环境、社区文化、社会经济状况、民族习俗与宗教信仰等都是社区矫正对象的社会背景,而不同的社会背景往往又呈现出特定的文化差异。社工使用重构技术时,需要注意自身的社会背景及文化特点与社区矫正对象的背景及文化特点的差异,采用系统理论进行社区矫正对象面对的问题及困境的意义重构时,需要结合其社会背景、融入其文化特点。

3. 注意充分探索情境并把握恰当时机

使用重构技术需要探索充分问题及困境产生或维持的情境。家庭治疗认为,家庭成员的问题产生在一系列的行为互动中。通过具体化和情境化,社工可以充分探索家庭成员之间的互动,相互影响的交叉作用,问题及困境弱化、维持及强化的条件。社工深入理解社区矫正对象的犯因性问题与适应性问题等的意义后,才能更好地使用重构技术。如果社工对于社区矫正对象面临的问题的意义了解得太少,重构可能会过于机械化和表面化。

(五)重构技术的应用

案例 6-31

个案简介

小 C,男,17 岁,排行老大,有一妹妹,父母为建筑工人。小 C 的父母忙于生计、早出晚归,对孩子疏于照料和引导。他受同学教唆,参与因口角问题而打群架的行为中,因寻衅滋事罪被判决有期徒刑三个月,缓刑后需接受为期十个月的社区矫正。刑事处罚不久后,小 C 遭遇了车祸,导致多处轻微擦伤、膝盖骨折,治疗后医生要求小 C 卧床休养。小 C 发生安全事故后,生活暂不能自理,与父母疏远。

社工对小 C 及家人开展介入工作,在进行了前五次介入工作后,社工通过主动关怀和尊重接纳,与小 C 建立了良好的信任关系,让小 C 放下戒备心理,察觉到自己目前的状态及需求,使其愿意与社工一同努力改善现状。在第六次介入工作时,社工与小 C 及家人一起探索小 C 打架斗殴、触犯法律的行为背后的深层原因。

社工:你进行社区矫正也有一段时间了,现在回过头看之前打架斗殴这个事情,你有什么新的感受吗?

小 C:现在想想,那个时候确实是太冲动了,情绪一下子上来就控制不住了;还是后悔的。

社工:嗯嗯,我听到了。在你的日常生活中这样情绪上头的情况多吗?

小 C:经常会有,有时候就是因为别人的一句话我的情绪就来了,就忍不住想要动手。

社工:会有失控的感觉。一般当你情绪上头的时候,你的父母会安抚你吗?

小 C:他们哪里有时间管我啊,有时候看见我发脾气也只是吼我,让我不要发疯。他们也从来不知道我为什么发脾气。(声音越来越低)

社工:听起来他们并不理解你,更不可能在你情绪上头的时候安抚你。(缓慢而温柔的语气)

小 C:嗯,不会。

社工:我猜父母这样做也是有原因的。当他们不能理解你,也不会安慰你的时候,你心里是什么样的感受?

小 C:(看看父母,低沉着头说)会更加愤怒,感觉情绪没有出口,就想打人。有时候也会觉得有点伤心。

社工：爸爸妈妈，听到小C这样说，你们是怎样的感受？

小C妈妈：（沉默了一会儿）我们确实也是有责任的。我和他爸整天忙着讨生活，很辛苦，真的是没有精力管他们兄妹两个。

社工问小C：当你情绪上头的时候，希望爸爸妈妈做点什么，你会感觉好一点？

小C：嗯……希望他们能问清楚是什么原因，不要什么都不清楚就吼我。如果不能理解我也没有关系，安慰我一下，或者不用管我，我就会好一些。

小C爸爸：（面向小C说）你有什么要好好地和我们说，不要发着脾气大吼大叫，我们累了一天，听见你那样吼，我们会觉得烦躁得很，哪里还会想着理解你啊！

小C：（有点委屈地说）我吼还不是想让你们关心我一下，我还不是不好过？有时候我遇到事情自己处理不来，想和你们说说，你们也是一点都不耐烦，不想听我说。

社工：听起来大家都不容易，你都遇到些什么事情？能具体说一件吗？

小C：比如，有次我同学的哥哥让我们借零花钱给他，他要去做小生意，我说我没有钱，他就让我帮他去借，说要是我不帮他去借他就要打我，还说做生意赚了钱给我分红。我不知道该怎么办，不知道该如何是好，有点害怕被打，但是又有点心动。

社工：社工（对小C父母）：爸爸妈妈听说过这些事情吗？

小C爸爸：大概说过的，我们喊他不要一天到晚想这些不靠谱的事情，要把心思放在学习上。

社工：嗯，我听到父亲的关心。（对小C）那你希望他们在当时做的是什么？

小C：我当时有点好奇，但是又有点害怕，也不知道这个事情要怎么处理，如果他们能教我咋个办，或者是好好地和我讲为什么这样的事情不能做，可能我就不会那么为难，也就知道该怎么办了。

社工：这么说，你其实是希望爸爸妈妈在你好好地和我讲为哪样（为什么）这样的事情不能做？

小C：是这样的。

社工：你想和爸爸妈妈有更多的联结，并不仅仅只是每天生活在一起，你希望在情感上你们也能有更多的联系。

小C：是的，（低下头，声音变小）我觉得那样才像是家人的感觉。

社工：小C爸爸妈妈，听起来，小C的很多行为，包括后来和别人打架这个事情，其实都更像是小C想要努力地和你们有更深的联结，但是他不知道如何联结。表面上是这些叛逆的行为，但是其实是想通过这样的方式来靠近你们。

小C妈妈：（眼睛里噙着泪水）我们肯定是爱这个娃娃的，只是其实我们自己有时候也不知道要怎么和娃娃沟通交流，只能喊他们好好学习，想着我们尽量多赚一点钱，让他们吃好一点穿好一点……没想到会是现在这样，也怪我们疏忽了。

社工：我特别能理解你们为人父母对孩子的那份心，你们也不要太自责。

（面向小C）事情也过去了几个月了，相信你也因为这个事情成长了很多，最近和爸爸妈妈的关系怎么样？

小C：自从我被车撞了嘛，都是妈妈抽时间照顾我。她早上很早就要起来给我和妹妹准备好早饭和午饭，然后她就去上班了，下班又急着回来照顾我，就是很辛苦。

· 274 ·

社工：在和妈妈的相处过程中，有什么和以前不一样的吗？

小 C：妈妈会比较关心我，偶尔也会和我讲一些道理，好像也不是什么大道理，也就是一些对我的期望吧。

社工：好像和妈妈的关系近一些以后，你也更能感受到她对你的关心了。

小 C：是的，以前更多的是说我、骂我，我以为他们都不爱我。

社工：爸爸妈妈应该对你内心的想法也有了更多的了解，你对他们应该也有了更多的理解吧。爸爸妈妈每天这么辛苦，也希望得到孩子的理解和关心。假如你可以试着把自己内心的需要直接表达出来，会不会有所不同？

  社工在运用重构技术之前，和社区矫正对象建立了良好的关系。在充分了解了社区矫正对象和父母的互动模式以后，引导社区矫正对象及家人看到对社区矫正对象问题的片面的、负面的理解，认为就是社区矫正对象不听话，不好好学习的结果。然后，社工通过引导社矫对象及家人回到具体的情境中，看到社区矫正对象的种种行为都是有着特殊的作用的，社区矫正对象想通过这些行为引起父母的关注，拉近与父母之间的关系，问题的维持是社区矫正对象渴望重建良好亲子关系的一种努力。本案例中，将小 C 的问题行为重构为渴望和父母建立联结。当帮助社区矫正对象及家人建立了对问题更为积极、更为宏观的理解以后，问题的解决也就有了方向。引导社区矫正对象和家人通过表达对彼此的理解和关心，表达自己的需要等方式来修复社区矫正对象与父母的关系。在这个过程中，社工注意站在不同的角度理解社区矫正对象和其父母的感受，与双方都维护好关系，便于介入工作的不断推进。在介入工作时，关注到社区矫正对象的父母所在的社会阶层，考虑到他们受教育的程度及生活的社会背景，尽量把问题运用通俗易懂的方式呈现出来，并引导其意识到需要改变的方面。在运用重构技术的时候，引导社区矫正对象和家人回到具体的情境中，在情境中呈现对问题理解的变化以及问题解决的方法、家庭互动的模式的改变等，对介入工作效果起到较好的巩固作用。

参 考 文 献

[1] 王丹丹，黎键．社区矫正社会工作服务指南［M］．北京：中国社会出版社，2016．
[2] 侯国云．刑罚执行问题研究［M］．北京：中国人民公安大学出版社，2005．
[3] 王耀忠．非监禁刑研究［M］．北京：法律出版社，2003：314．
[4] 曹海青，苗泳．购买社区矫正社会工作服务法律问题研究［M］．北京：中国政法大学出版社，2017．
[5] 贾宇．社区矫正导论［M］．北京：知识产权出版社，2009．
[6] 王顺安．社区矫正研究［M］．济南：山东人民出版社，2008．
[7] 陈俊生，郭华．国（境）外社区矫正立法［M］．北京：法律出版社，2013．
[8] 王红星．社区矫正工作实务［M］．武汉：华中科技大学出版社，2022．
[9] 王思斌，中国社会工作教育协会．社会工作概论［M］．北京：高等教育出版社，2014：8－9．
[10] 许莉娅．个案工作［M］．北京：高等教育出版社，2013：8－9．
[11] 何显兵．社区矫正辅助力量建设研究［J］．犯罪与改造研究，2007（2）：45－48．
[12] 刘丹福，李芳．社区矫正人员心理矫正［M］．北京：中国政法大学出版社，2015．
[13] 芭芭拉·特．社会工作理论与方法［M］．余潇，刘艳霞，黄玺，等译．上海：华东理工大学出版社，2013．
[14] 董云芳，王春燕，张健．个案工作［M］．济南：山东人民出版社，2012．
[15] 王爱立，姜爱冬．中华人民共和国社区矫正法释义［M］．北京：中国民主法制出版社，2020．
[16] 肖乾利，熊启然．社区矫正基本问题研究［M］．北京：法律出版社，2022．
[17] 范燕宁，谢谦宇，罗玲，等．社区矫正社会工作［M］．北京：中国人民公安大学出版社，2015．
[18] 宋行．服刑人员个案矫正技术［M］．北京：法律出版社，2006．
[19] 周晓虹．现代社会心理学［M］．上海：上海人民出版社，1997．
[20] BRANHAM L S, MICHAEL S H. The Law and Policy of Sentencing and Corrections［M］. St. Paul, MN: West/Thomson, 2005.
[21] 田国秀．社会工作个案方法在社区矫正中的意义与运用［J］．首都师范大学学报（社会科学版），2004（5）：90－95．
[22] 翟进，张曙．个案社会工作［M］．北京：社会科学文献出版社，2001．
[23] SOMMERS－FLANAGAN J, SOMMERS－FLANAGAN R. 心理咨询面谈技术［M］．陈

祉研，江兰，黄峥，译. 4 版. 北京：中国轻工业出版社，2014.

[24] 隋玉杰，杨静. 个案工作［M］. 北京：中国人民大学出版社，2007.

[25] 陈金定. 心理咨询技术（上）［M］. 广州：世界图书出版公司，2003.

[26] 陈金定. 心理咨询技术（下）［M］. 广州：世界图书出版公司，2003.

[27] 杨凤池. 咨询心理学［M］. 北京：人民卫生出版社，2018.

[28] 谢里·科米尔，保拉·S. 纽瑞尔斯. 心理咨询师的问诊策略［M］. 张建新，等译. 5 版. 北京：中国轻工业出版社，2004.

[29] 张雄. 个案社会工作［M］. 上海：华东理工大学出版社，2001.

[30] 刘琰. 社区矫正社会工作案例评析［M］. 北京：中国社会出版社，2017.

[31] 布莱克曼. 心灵的面具 101 种心理防御［M］. 上海：华东师范大学出版社，2011.

[32] PERRI K. A Not Entirely Benign Procedure：Four Years As a Medical Student［M］. New York：Plume，1987.

[33] 郑宁. 个案工作实务［M］. 北京：高等教育出版社，2014.

[34] 郑轶. 个案工作实务［M］. 北京：中国轻工业出版社，2014.

[35] COMPTOH B R，GALAWAY B. Social Work Processes［M］. Pacific Grove：Brooks Cole Publishing Company，1994.

[36] 中国就业培训技术指导中心，中国心理卫生协会. 心理咨询师　三级［M］. 北京：中国劳动社会保障出版社，2017.

[37] 钱铭怡. 心理咨询与心理治疗［M］. 北京：北京大学出版社，2016.

后 记

社区矫正法和社区矫正法实施办法的颁布，标志着我国社区矫正工作真正走向法治化、规范化和专业化。为了实现社区矫正的目的，促使社区矫正对象顺利融入并最终回归社会，对社区矫正对象开展个案矫正已成为一项重要的矫正手段。各地社区矫正机构也在不断探索个案矫正的方法，其急需个案矫正技术的专业教材。为了保障社区矫正专业人才的培养，云南民族大学与云南司法警官职业学院基于"3+2"高本贯通合作编写了《社区矫正个案技术》，教材充分体现了科学性、专业性、实用性，体现出高职教材教、学、做一体化的理念，期望能对基层社区矫正个案矫正工作起到指导作用。本教材的编写参考了社区矫正和社会工作的多部文献，在此感谢相关作者！因条件和能力限制，本教材存在疏漏乃至错误之处在所难免，敬请读者不吝指正。

本教材的编写分工如下：

张婕（云南民族大学教授）负责统筹教材的编写、进行各章编写的指导；负责全书的统稿、校稿及修改；负责编写和修改"第五章　社区矫正个案矫正个案概念化技术"。

唐锦江（云南司法警官职业学院副教授）负责部分内容的统稿，负责编写"第一章　社区矫正个案矫正导论""第二章　社区矫正个案矫正的准备"的第一节和第二节。

高俊（云南民族大学讲师）负责教材首轮和最后一轮的校对工作，负责编写"第二章　社区矫正个案矫正的准备"的第三节和"第三章　社区矫正个案矫正建立关系技术"。

王东萌（云南司法警官职业学院教师）负责教材前期调研，提供教材编写指导意见和案例编写建议。

赵向兵（云南司法警官职业学院讲师）负责全书二十大报告内容的融入，负责每章导读内容的制作和参考文献的整理工作。

罗鸣春（云南民族大学教授）负责伦理审查和技术规范，负责"第六章　社区矫正个案矫正干预技术"全章的指导、修改和校对工作。

陈柳（云南民族大学副教授）负责教育规范审核，负责"第一章　社区矫正个案矫正导论"和"第二章　社区矫正个案矫正的准备"共两章的修改和校对工作。

宋玉婷（云南司法警官职业学院讲师）负责编写"第四章　社区矫正个案资料收集的技术"。

赵丽（云南司法警官职业学院讲师）负责协助副主编完成首轮校稿工作，负责编写"第六章第四节人本主义取向个案干预技术"。

赵红金（云南司法警官职业学院副教授）负责编写第六章第一节"个案矫正干预技术概述"。

后记

潘志敏（云南司法警官职业学院讲师）负责编写第六章第三节"认知行为个案矫正干预技术"。

倪正鹏（云南司法警官职业学院讲师）负责编写第六章第五节"家庭治疗个案矫正干预技术"。

舒姝（云南司法警官职业学院讲师）负责编写第六章第二节"精神分析个案矫正干预技术"。